教育部哲学社会科学研究重大课题攻关项目“中国特色社会主义政治经济学理论与实践研究”（20JZD005）
教育部“101”计划《政治经济学》虚拟教研室建设项目
教育部人文社科重点研究基地——中国西部经济发展研究院建设项目
西北大学中国特色社会主义政治经济学研究中心建设项目
西北大学“双一流”建设项目资助
Sponsored by First-class Universities and Academic Programs of Northwest University

中国特色社会主义政治经济学创新发展研究报告

（2022—2023年）

RESEARCH REPORT ON THE INNOVATIVE DEVELOPMENT OF SOCIALIST POLITICAL ECONOMY WITH CHINESE CHARACTERISTICS 2022-2023

何爱平 赵仁杰 安梦天 等◎著

中国经济出版社
CHINA ECONOMIC PUBLISHING HOUSE
·北 京·

图书在版编目（CIP）数据

中国特色社会主义政治经济学创新发展研究报告．2022—2023年／何爱平等著．--北京：中国经济出版社，2024.10．-- ISBN 978-7-5136-7955-8

Ⅰ．F120.2

中国国家版本馆CIP数据核字第2024SB8977号

责任编辑　贺　静
责任印制　马小宾
封面设计　任燕飞设计

出版发行　中国经济出版社
印 刷 者　宝蕾元仁浩（天津）印刷有限公司
经 销 者　各地新华书店
开　　本　710mm×1000mm　1/16
印　　张　22.75
字　　数　326千字
版　　次　2024年10月第1版
印　　次　2024年10月第1次
定　　价　98.00元
广告经营许可证　京西工商广字第8179号

中国经济出版社　**网址** http://epc.sinopec.com/epc/　**社址** 北京市东城区安定门外大街58号　**邮编** 100011
本版图书如存在印装质量问题，请与本社销售中心联系调换（联系电话：010-57512564）

目录 CONTENTS

专题三　马克思主义政治经济学与西方经济学比较研究

专题四　绿色发展专题研究

2022—2023 年中国特色社会主义政治经济学研究的新进展

何爱平　庞雨佳①

摘要：自习近平总书记在2014年7月召开的中央经济工作会议上强调要坚持中国特色社会主义政治经济学的重要原则后，中国特色社会主义政治经济学研究获得了迅速发展。2022年10月，习近平总书记在党的二十大报告中强调，不断谱写马克思主义中国化时代化新篇章，是当代中国共产党人的庄严历史责任。2022—2023年，学术界对中国特色社会主义政治经济学的研究更加全面和深入，形成了一系列重要理论成果，有力推动了中国特色社会主义政治经济学的创新发展。本文从马克思主义政治经济学基本理论研究的新进展、习近平经济思想研究的新进展、中国特色社会主义政治经济学理论体系研究的新进展、关于中国特色社会主义重要现实问题的研究新进展、中国式现代化相关问题研究的新进展以及数字经济相关问题研究的新进展六大方面对这些理论成果进行梳理与总结，力求充分反映中国特色社会主义政治经济学研究的最新进展。

关键词：中国特色社会主义政治经济学；理论与现实问题；新进展

中国特色社会主义政治经济学是马克思主义政治经济学在当代的创新发展，是指导中国特色社会主义经济建设的理论基础。自2014年7月习近平

① 何爱平（1967—），女，河南济源人，经济学博士，西北大学中国特色社会主义政治经济学研究中心主任，经济管理学院教授，博士生导师，研究方向为政治经济学；庞雨佳（2000—），男，陕西西安人，西北大学经济管理学院硕士研究生，研究方向为政治经济学。项目来源：教育部哲学社会科学研究重大课题攻关项目“中国特色社会主义政治经济学理论与实践研究”（项目编号：20JZD005）、西北大学研究生创新项目（项目编号：CX2023163）。

总书记在中央经济工作会议上强调要坚持中国特色社会主义政治经济学的重要原则后，中国特色社会主义政治经济学研究获得了迅速发展。2022 年 10 月，习近平总书记在党的二十大报告中强调，不断谱写马克思主义中国化时代化新篇章，是当代中国共产党人的庄严历史责任。2022—2023 年，学术界围绕马克思主义政治经济学基本理论、习近平经济思想、中国特色社会主义政治经济学理论体系、中国特色社会主义重要现实问题、中国式现代化相关问题、数字经济相关问题等专题进行研究，取得了一系列重要进展。

一、马克思主义政治经济学基本理论研究的新进展

马克思主义政治经济学基本理论研究是中国特色社会主义政治经济学创新发展的基础和源泉。当前，新一轮科技革命和产业变革加速推进，当代资本主义经济内在危机发生深刻变革，现代经济学研究方法与经典理论不断融合创新，马克思主义政治经济学基本理论研究提出了一系列新观点。2022—2023 年，学术界围绕马克思主义政治经济学基本理论，在劳动价值理论、资本积累与经济危机理论、马克思地租理论、一般利润率趋向下降规律等方面进行研究，取得了一系列重要进展。

（一）劳动价值理论研究的新进展

2022—2023 年，学术界关于劳动价值理论研究的新进展可以概括为以下三个方面。

第一，运用数理分析法、计量分析法等现代经济学的研究方法，对马克思劳动价值理论的基本问题进行了更深入的探讨。李帮喜和赵文睿（2022）基于对全劳动生产率（TLP）和全要素生产率（TFP）理论内涵的比较分析，从实证层面验证了以 TLP 分析中国经济增长的稳健性。① 李艳

① 李帮喜，赵文睿．从全要素生产率到全劳动生产率——中国全劳动生产率及其对增长的贡献率测算［J］．政治经济学评论，2022，13（4）：69－91.

芬和荣兆梓（2022）将马克思劳动价值理论与典型资本主义国家的经验数据相结合，实证检验了虚拟经济挤占实体经济利润、加速社会利润下降、引发经济危机的自我增值机制。① 卢荻等（2022）将马克思关于劳动榨取的理论引入新古典增长核算模型，建构起纳入劳动强度的经济增长核算模型，进而从经验研究的角度科学回应了人口红利论和劳动压榨论。② 范欣和刘伟（2023）揭示出新古典增长理论在核算中国全要素生产率时存在的缺陷，提出将全要素生产率纳入马克思主义政治经济学分析框架的必要性。③ 卢江和郭子昂（2023）依据马克思劳动价值理论推导出了囊括技术变迁、平均利润率与劳动生产率的数理公式，并结合实证分析，得出技术变迁与平均利润率对劳动生产率具有正向影响的结论。④

第二，以劳动价值理论为基础，探讨了新科技革命背景下劳动的新样态与劳动创造价值的新形式。盖凯程和李孟杰（2022）基于马克思分析资本主义机器大工业时提出的“技术—劳动过程—劳资关系”三维作用机制，分析了由智能技术重塑的资本主义劳动过程新特点及以资本主义劳动过程为限度的劳资关系新特征。⑤ 程恩富和潘越（2023）认为，在智能化技术广泛应用的背景下，劳动过程的要素构成、技术组织形式以及所有制关系均会呈现出系列新特征。⑥ 黄静秋（2023）认为，智能化技术应用扩大了“活劳动”范畴的内涵，革新了劳动过程，变革了劳动方式，但并未

---

① 李艳芬，荣兆梓．虚拟经济自增长机制及适度规模边界——基于劳动价值论视角[J]．财经科学，2022(10)：60－75.

② 卢荻，李思沛，高岭，等．纳入劳动强度的中国经济增长核算[J]．世界经济，2022，45(7)：3－26.

③ 范欣，刘伟．全要素生产率再审视——基于政治经济学视角[J]．中国社会科学，2023(6)：4－24，204.

④ 卢江，郭子昂．技术变迁、平均利润率与劳动生产率——基于中国 2006—2020 年 290 个城市面板数据的实证研究[J]．上海经济研究，2023(4)：72－83.

⑤ 盖凯程，李孟杰．工业智能化的政治经济学分析——基于“技术—劳动过程—劳资关系”三维作用机制[J]．财经科学，2022(6)：50－61.

⑥ 程恩富，潘越．智能经济条件下劳动过程的新变化——基于马克思主义劳动过程理论[J]．管理学刊，2023，36(4)：1－12.

改变活劳动创造价值的实质。[①] 李清华和何爱平（2023）以马克思的价值实现理论为基础，认为数据商品化和商品数据化会通过拓展商品交换市场的方式重构价值实现的逻辑起点。[②] 肖峰（2023）将对数字化劳动的个性分析与马克思对劳动生产性、目的性、工作性和神圣性等共性特征的规定相结合，构建起界定数字劳动的数字化边界与劳动边界。[③] 谢富胜和邓可为（2023）基于对受众商品论、数字劳动论、非物质劳动论、情感劳动论以及马克思劳动价值论的比较分析，得出只有生产使用价值且生产出可供交换的产品或服务的劳动才能创造价值的结论。[④]

第三，以劳动价值理论为基础，研究了当代资本主义经济内生危机的发展演变。刘儒和李超阳（2022）认为，由于在资本逻辑下生产资料的社会化会随着信息数据爆炸式增长与生产性应用而扩展，当代资本主义社会对雇佣劳动者的剥削会不断随之强化。[⑤] 秦臻和王生升（2022）认为，当代资本主义社会依托信息技术革命，形成了相对扁平的网络化组织结构，使垄断资本和小资本、资本和劳动、积累和消费等资本主义经济的内在危机持续加深。[⑥] 吴静（2022）认为，当代资本主义社会劳动协作和劳动成果的组织方式出现颠覆性变化，表现为网络经济的边际收益递增和网络外部性所带来的劳动社会化外溢，最终会演变为具有超强中枢节点的平台生态系统和更加集约化的平台资本主义垄断。[⑦] 邱海平和曾悦梅（2023）认

① 黄静秋．人工智能算法赋能劳动的新样态——基于马克思劳动价值论视域的研究[J]．经济学家，2023(10)：33－42.

② 李清华，何爱平．数字经济价值实现的逻辑起点、运行机理与现实批判——基于马克思主义政治经济学的分析[J]．财经科学，2023(12)：58－67.

③ 肖峰．数字劳动的边界论析——基于马克思劳动观的考察[J]．马克思主义研究，2023(4)：88－99，156.

④ 谢富胜，邓可为．"劳动新形态"价值创造问题的政治经济学解析[J]．南京大学学报（哲学·人文科学·社会科学），2023，60(3)：15－27，157.

⑤ 刘儒，李超阳．人工智能时代价值和剩余价值源泉再认识[J]．马克思主义理论学科研究，2022，8(1)：49－58.

⑥ 秦臻，王生升．信息技术条件下生产网络的特征与影响——一个政治经济学分析[J]．教学与研究，2022(5)：99－111.

⑦ 吴静．平台资本主义的劳动协作与剩余价值形成的政治经济学解读[J]．马克思主义与现实，2022(5)：169－176.

为，数字技术的广泛应用在推动了资本主义零工经济与零工劳动现象持续蓬勃发展的同时，也在扩大劳动力商品化的范围、加剧劳动力商品化的不稳定性。①

（二）资本积累与经济危机理论研究的新进展

以劳动价值理论为基础建立起来的资本积累与经济危机理论，是马克思主义政治经济学的重要组成部分。2022—2023 年，学术界关于资本积累与经济危机理论研究的新进展，可以概括为以下两个方面。

第一，运用数理分析法、计量分析法等现代经济学的研究方法，对马克思资本积累与经济危机理论的基本问题进行了更深入的讨论。裴宏和王诗桪（2022）以马克思资本循环理论为基础，构建起关于资本流通时间的数理模型，从实证层面为马克思关于节约流通时间的系列论述提供了经验证据。② 冯金华（2022）将马克思关于社会总产品构成的论述与数理分析法相结合，从简单再生产和扩大再生产的实现条件揭示了两大部类积累率的内在联系，并得出了全社会总积累和总消费比率的决定与变动规律。③ 乔晓楠和马飞越（2022）以马克思社会总资本再生产理论为基础，通过建构一个包含三部门的线性生产模型讨论了消费能力扩大对社会再生产的影响，认为消费能力扩大会提升产能利用率、优化社会再生产的比例关系。④ 赵峰等（2023）则通过构建起包含固定资本在内的三部类社会再生产模型，将收入分配和技术结构纳入财政支出乘数的分析框架，并利用中国 1992 年以来的投入产出表实证检验了收入分配结构变迁等典型事实对财政

① 邱海平，曾悦梅．零工劳动与当代资本主义生产方式——劳动力商品化理论视角［J］．政治经济学评论，2023，14（5）：154－171.

② 裴宏，王诗桪．马克思流通时间的理论、模型和测算方法：资本循环视角［J］．经济学动态，2022（1）：58－78.

③ 冯金华．论积累和消费——基于马克思两大部类模型的一项研究［J］．上海经济研究，2022（12）：35－46.

④ 乔晓楠，马飞越．马克思主义消费理论及其对构建新发展格局的启示［J］．消费经济，2022，38（5）：3－15.

支出乘数的实际影响。①

第二，以马克思资本积累与经济危机理论为基础，对在新科技革命背景下资本的新样态与资本攫取剩余价值的新形式以及当代资本主义经济内生危机的发展演变进行了更深入的讨论。刘凤义和曲佳宝（2022）认为，数字技术的资本主义应用使资本积累呈现出新样态，主要体现为信息、文化娱乐、公共服务与共享经济等领域的商品化，而这种社会生活的商品化必然会导致收入差距扩大、劳动剥削等问题更加严重。② 牛建国和张世贤（2022）以马克思资本积累理论为基础，认为表现为数字技术的资本积累不能解决社会分配公平问题，无法自发地促成共同富裕的实现。③ 杨善奇和胡震涛（2023）认为，平台资本会通过广告费、中介费与利息分红等数字垄断租金的形式实现对全社会剩余价值的分割，其积累的真正来源依赖于新价值的再分配过程而非生产领域的价值创造过程。④ 罗铮和宁殿霞（2022）认为，当代数字资本主义经济的利润源自对生产部门工人所生产的剩余价值的分割，会导致逆向商品拜物教、数字异化以及社会关系与社会活动的商品化等危机。⑤ 徐景一（2022）以马克思资本积累理论为基础，发现数字资本通过数字生产资料的采集占有、数字商品的生产流通，将数字资本积累的增值链条融入资本主义经济生产体系，最终衍生出数字平台生产相对过剩与数字金融投机下的社会对立危机。⑥ 张新春和张婷（2022）认为，数字技术应用使当代资本主义社会再生产表现出明显的分层趋势，

① 赵峰，钟荣盛，赵奕菡，等．收入分配、技术结构与财政支出乘数——基于马克思再生产理论的分析框架和经验研究［J］．财贸经济，2023，44（9）：22－39.

② 刘凤义，曲佳宝．数字资本主义时代资本积累的新动向及其矛盾［J］．马克思主义与现实，2022（3）：170－177，204.

③ 牛建国，张世贤．数字经济、凯恩斯“世纪预言”与共同富裕［J］．经济学家，2022（10）：64－73.

④ 杨善奇，胡震涛．数字劳动生产性和非生产性问题的再探究——兼论平台资本积累的真正来源［J］．经济学家，2023（6）：15－23.

⑤ 罗铮，宁殿霞．数字资本主义视域下的价值增殖研究——基于西方数字资本主义价值生产研究的思考［J］．政治经济学评论，2022，13（2）：198－210.

⑥ 徐景一．马克思资本积累理论视角下的西方数字资本主义批判［J］．马克思主义研究，2022（11）：133－142.

而作为资本积累新路径的社会再生产分层存在诸如技术垄断、资本权力跨领域扩张、财富分化、中等收入群体经济基础退化等危机。① 蒋茜（2023）认为，当代资本主义主导的经济全球化蕴含“技术—资本—国家”三重逻辑，三者共同构成当代资本主义主导经济全球化的逻辑整体。②

（三）马克思地租理论研究的新进展

马克思地租理论是在批判地继承古典政治经济学地租研究成果的基础上，以剩余价值理论为基础创立的科学理论。根据学者们研究的不同侧重点，可将其新进展概括为以下两个方面。

第一，运用数理分析法、计量分析法等现代经济学的研究方法，以马克思地租理论为基础，对新科技革命背景下地租形式的新样态与广义土地要素参与剩余价值分配的新形式进行了更深入的研究。骆桢（2022）以巴苏地租模型为基础，构建起一个由农产品均衡产出、价格、土地规模和地租共同决定的模型体系。③ 谢地等（2022）将马克思地租理论的基本原理与中国 273 个地级市的面板数据相结合，实证检验了城市宏观级差地租对城市高质量发展水平的促进效应。④ 盖凯程和胡鹏（2022）认为，平台能在边界扩张和权力收缩的双向运动中完成数字空间的“圈地运动”，平台资本能通过控制连接市场的通道、对供求双方实施锁定的方式，向入驻商家征收数字地租。⑤ 乔晓楠和冯天异（2023）将数字平台企业获得的收益划分为平均利润、级差租金和垄断租金，并借助数理模型分别讨论了各部

① 张新春，张婷．数字技术下社会再生产分层：表现、实质与启示［J］．教学与研究，2022（2）：27－38.

② 蒋茜．当代资本主义主导经济全球化的逻辑与困境——基于马克思主义政治经济学的分析［J］．政治经济学评论，2023，14（3）：196－211.

③ 骆桢．巴苏地租模型中的所有权缺失和边际分析谬误——理论评述与模型修正［J］．政治经济学报，2022，22（1）：105－115.

④ 谢地，荣莹，叶子祺．城市高质量发展与城市群协调发展：马克思级差地租的视角［J］．经济研究，2022，57（10）：156－172.

⑤ 盖凯程，胡鹏．平台经济、数字空间与数字地租——一个马克思地租理论范式的拓展分析［J］．当代经济研究，2022（9）：38－46.

分收益的来源与影响。[①] 贾利军和郝启晨（2023）认为，原始数据的积累会导致数据地租的不断增长，其所有权和使用权直接合一，通过数据地租资本化形成原始数据积累与资本积累相互增强的正反馈机制。[②]

第二，以马克思地租理论为基础，对当代资本主义经济内在危机的发展演变进行了更深入的研究。周绍东和戴一帆（2022）基于马克思地租理论，建构起一个包含经营性用户与非经营性用户的双边垄断模型，并由此揭示了当代数字资本主义平台垄断形成的内在机理与危机。[③] 谢地等（2023）将马克思地租理论的视角与法国调节学派和美国积累社会结构学派理论进行结合，建构起用于分析当代资本主义地租形成过程、积累体制、调节方式以及相关利益主体之间相互关系的分析框架。[④] 谢亚洲和刘婷（2023）建构起“生产空间—城市空间—数字空间”的资本主义地租问题分析框架，认为产业地租、城市地租与平台地租在不同领域瓜分社会总价值，将不断加深资本主义社会的贫富差距和阶级分化。[⑤]

（四）一般利润率趋向下降规律研究的新进展

一般利润率趋向下降规律被马克思称为政治经济学最重要的规律，因而围绕这一规律的争论一直以来都是马克思主义政治经济学研究的热点。在这些争论中，置盐定理是最具代表性的议题。李帮喜等（2022）从经验层面对置盐定理进行了检验和反思，通过使用中国（1987—2017 年）和日本（1960—2015 年）的投入产出数据，基于三大部类模型对两国的生产成

---

① 乔晓楠，冯天异．地租理论与数字平台企业的租金研究[J]．政治经济学季刊，2023，2(3)：37－58.

② 贾利军，郝启晨．基于马克思地租理论的数据生产要素研究[J]．经济纵横，2023(8)：1－11.

③ 周绍东，戴一帆．数字劳动、平台租金与双边垄断——马克思地租理论视阈下的平台资本主义批判[J]．西部论坛，2022，32(5)：1－11.

④ 谢地，荣莹，叶子祺．积累体制、调节方式与利益主体关系——马克思主义地租理论的视角[J]．经济学动态，2023(8)：31－43.

⑤ 谢亚洲，刘婷．当代资本主义地租形式及其逻辑探析——基于马克思主义资本循环理论[J]．马克思主义理论教学与研究，2023，3(1)：60－69.

本变化、均衡利润率以及实际利润率进行测算，对置盐定理及其所依托的生产价格体系提出了批评。[①] 梁俊尚和苏立君（2023）以马克思的资本流通理论为基础，构建了一个在技术革新情境下生产与流通相统一的投入产出模型，从而不仅在理论上拓宽了置盐定理的适用范围，还在实践上拓展了现实经济技术选择的可行域。[②] 王生升（2023）通过梳理自20世纪70年代以来国内外学术界围绕置盐定理的争论，比较分析了置盐定理与马克思利润率趋向下降规律的本质差异，并在此基础上揭示了利润率趋向下降规律在整个马克思主义政治经济学中发挥的“范式功能”。[③] 周钊宇（2023）批判了西方激进政治经济学在否定一般利润率趋向下降规律时提出的三种替代性理论，并从资本有机构成以及非生产性劳动的相对扩张速度两个维度论证了这一规律的科学性。[④]

二、习近平经济思想研究的新进展

习近平经济思想是马克思主义政治经济学在当代中国的最新理论成果。深入推进习近平经济思想研究是构建中国特色社会主义政治经济学理论体系的根本前提。学术界围绕习近平经济思想，在理论内涵及理论特征、理论体系及理论贡献等方面进行研究，取得了一系列重要进展。

（一）习近平经济思想理论内涵及理论特征研究的新进展

顾海良（2022）聚焦于习近平总书记关于人类命运共同体的重要论述，认为习近平经济思想不仅囊括着中国特色社会主义政治经济学的研

---

① 李帮喜，顾珊，梁俊尚．成本准则、技术进步与利润率——对置盐定理的经验检验[J]．中国经济问题，2022(6)：36－51.

② 梁俊尚，苏立君．生产与流通相统一视角下对置盐定理的推广[J]．南开经济研究，2023(9)：40－54.

③ 王生升．政治经济学范式视阈下的利润率趋向下降规律——兼评置盐定理对社会总资本再生产理论的系统偏离[J]．马克思主义研究，2023(7)：92－109，156.

④ 周钊宇．论马克思利润率趋向下降规律的当代表现——驳西方激进政治经济学的三种替代性理论[J]．马克思主义理论学科研究，2023，9(8)：24－32.

究，还包含着对当代资本主义政治经济学和人类命运共同体政治经济学的研究。[①] 何自力和李路遥（2022）认为，加强党对经济工作的集中统一领导是习近平经济思想的重要组成部分，能为建设社会主义现代化强国提供重要的行动指南。[②] 韩保江（2022）将习近平经济思想的理论内涵概括为四个问题，即新时代中国为什么发展、新时代中国应该实现什么样的发展、新时代中国怎样实现高质量发展、如何保障新时代中国的高质量发展。[③] 陈健和张旭（2023）提出，新发展理念是习近平经济思想的重要内容，在逻辑上贯穿新发展格局、现代化经济和产业体系、供给侧结构性改革、扩大内需、扎实推进共同富裕等系列战略部署及各类规划，是贯穿高质量发展和中国式现代化的逻辑主线。[④] 刘凤义（2023）认为，习近平总书记关于高质量发展的重要论述体现了对马克思主义政治经济学关于经济规律体系思想方法的创造性运用和创新性发展，构成了习近平经济思想的重要内容。[⑤]

裴长洪（2022）聚焦于习近平经济思想中的开放发展理念，认为习近平开放发展理念具有新的理论深度、新的历史站位以及认识和把握未来发展规律的理论特征。[⑥] 谢富胜和匡晓璐（2022）围绕新发展理念，认为新发展理念是习近平经济思想标志性的原创性特征。[⑦] 余斌（2022）基于整体性视角，认为习近平经济思想的本质特征在于立足实体经济，满足人民需要，牢牢把握住生产的本质和新时代中国的社会主要矛盾。[⑧] 顾海

---

① 顾海良．人类命运共同体政治经济学初探[J]．教学与研究,2022(4):23－34.

② 何自力,李路遥．习近平加强党对经济工作集中统一领导思想研究[J]．政治经济学评论,2022,13(1):33－46.

③ 韩保江．论习近平经济思想的基本问题[J]．党的文献,2022(4):3－13.

④ 陈健,张旭．新发展理念的政治经济学阐释[J]．中州学刊,2023(6):34－41.

⑤ 刘凤义．在经济规律体系中深入理解和把握高质量发展[J]．马克思主义研究,2023(7):1－9,155.

⑥ 裴长洪．习近平开放发展理念对中国特色社会主义政治经济学的新贡献[J]．财贸经济,2022,43(9):10－14.

⑦ 谢富胜,匡晓璐．人类文明新形态与中国特色社会主义[J]．中国人民大学学报,2022,36(5):10－23.

⑧ 余斌．试论习近平经济思想的本质特色[J]．马克思主义研究,2022(2):55－63,155－156.

良（2023）认为，开拓了以社会主义经济关系“形成史”为主要对象的中国特色“系统化的经济学说”，是习近平经济思想最突出的理论特征。①

（二）习近平经济思想理论体系及理论贡献研究的新进展

马艳等（2022）探讨了习近平经济思想的逻辑引领、逻辑基础、逻辑起点、逻辑主线、逻辑关系、逻辑框架、逻辑路径、逻辑目标以及逻辑保障等问题。② 庞明川和祝建辉（2022）从新时代中国特色社会主义经济规律体系构建的角度，对习近平经济思想的内在理论体系进行了系统考察。③ 周文（2022）从实践逻辑、理论逻辑、历史逻辑统一的视角，考察了习近平经济思想的内在理论体系。④ 孔祥利和张倩（2023）认为，习近平经济思想的十三个方面构成了一个逻辑严整、内涵丰富、博大精深的理论体系，开辟了马克思主义政治经济学中国化与时代化新境界。⑤

逄锦聚（2022）从整体与部分两个维度阐释了习近平经济思想的理论贡献，认为习近平经济思想在整体上体现原创性的同时兼具了时代性、继承性和人民性，并从党对经济工作全面领导、以人民为中心发展思想、全面建设社会主义现代化国家等十五个具体方面论述了习近平经济思想的原创性贡献。⑥ 蒋永穆和亢勇杰（2022）认为，习近平经济思想历经了初步形成与持续发展两个阶段，系统回答了经济发展为谁服务、谁来领导经济工作、新时代如何促进经济发展、如何开展经济工作等重大问题，并进一

① 顾海良．习近平经济思想与中国特色“系统化的经济学说”的开拓［J］．经济研究，2023，58（9）：31－42.

② 马艳，王琳，严金强．习近平经济思想的逻辑架构及其学理研究［J］．上海经济研究，2022（9）：31－49.

③ 庞明川，祝建辉．新时代中国特色社会主义经济规律及其体系研究［J］．财经问题研究，2022（6）：16－30.

④ 周文．习近平经济思想的实践逻辑、理论逻辑与历史逻辑［J］．马克思主义理论学科研究，2022，8（5）：17－27.

⑤ 孔祥利，张倩．习近平新时代中国特色社会主义经济思想的新飞跃新境界新篇章［J］．陕西师范大学学报（哲学社会科学版），2023，52（2）：65－77.

⑥ 逄锦聚．习近平经济思想对马克思主义政治经济学的原创性贡献［J］．马克思主义理论学科研究，2022，8（10）：4－16.

步从马克思主义政治经济学的基本立场、基本观点以及基本方法三个方面总结了习近平经济思想的理论贡献。① 周文和施炫伶（2023）认为，习近平经济思想的理论贡献主要表现在四个方面：一是以新发展理念超越了西方主流经济学的陈旧理论范式；二是以中国式现代化拓宽了世界发展中国家实现现代化的道路选择；三是以构建高水平市场经济体制破解了政府与市场关系的世界经济难题；四是以构建人类命运共同体理念回应了发展过程中的大国担当命题。②

三、中国特色社会主义政治经济学理论体系研究的新进展

2022—2023 年，学术界围绕中国特色社会主义政治经济学理论体系，在中国特色社会主义政治经济学的性质与特点、研究对象与研究任务、方法论与研究方法以及建构中国特色社会主义政治经济学自主知识体系等问题上，取得了一系列重要进展。

（一）中国特色社会主义政治经济学的性质与特点

明确中国特色社会主义政治经济学的性质与特点，是构建中国特色社会主义政治经济学理论体系的首要前提。刘伟（2022）指出，政治经济学作为全部经济学理论的基础，是研究社会生产方式发展的历史科学，既具有自然性与人文性的双重一般性质，又具有科学性与阶级性、继承性与批判性、民族性与世界性以及思想性与逻辑性等特殊性质。③ 洪银兴（2022）认为，中国特色社会主义政治经济学作为 21 世纪的马克思主义政治经济学，是中国经济学的核心，是对在改革开放中形成的中国特色社会主义制

① 蒋永穆，亢勇杰．习近平经济思想对马克思主义政治经济学的坚持和发展[J]．社会科学战线，2022(9)：1－12.

② 周文，施炫伶．论习近平经济思想的丰富内涵与世界意义[J]．理论月刊，2023(10)：67－78.

③ 刘伟．关于政治经济学的性质和特点的再讨论——学习习近平《在哲学社会科学工作座谈会上的讲话》的体会[J]．政治经济学评论，2022，13(5)：3－22.

度、经济发展道路进行理论概括的系统性经济学说。① 谢伏瞻（2022）聚焦于中国特色社会主义政治经济学的世界意义，提出中国特色社会主义政治经济学具有的开放性特征，即其具有指引和解释中国经济实践以及引领发展中国家实现赶超的特殊性质。② 顾海良和张凯（2023）认为，中国特色社会主义政治经济学从开创到形成、发展，再到拓展和系统化的过程，既是当代中国马克思主义政治经济学及其科学体系的形成和发展过程，也是马克思主义政治经济学中国化时代化的历史与理论演进过程。③

（二）中国特色社会主义政治经济学的研究对象与研究任务

刘伟和邱海平（2022）认为，作为广义马克思主义政治经济学的重要组成部分，中国特色社会主义政治经济学的研究对象是社会主义生产方式以及与之相适合的生产关系体系，其研究任务在于揭示社会主义国家的经济运动规律。④ 宋冬林和孙尚斌（2023）提出，尽管中国特色社会主义政治经济学的具体研究任务会随着社会生产力水平发展、社会主要矛盾的变化等原因而相应调整，但实现人类解放始终是中国特色社会主义政治经济学的根本任务。⑤ 丁堡骏和吴霞（2023）认为，政治经济学研究对象的确立应回归马克思在《资本论》第一版序言中所规定的科学提法，而中国特色社会主义政治经济学应以认识和探索中国特色社会主义生产方式及其发展规律为研究任务。⑥ 刘伟（2023）指出，发展阶段的判断是否科学准确从根本上涉及对一定历史条件下社会生产力的性质、发展要求、基本特点

---

① 洪银兴．中国经济学理论体系的构建和创新[J]．马克思主义理论学科研究，2022，8(3)：4－14.

② 谢伏瞻．中国经济学的形成发展与经济学人的使命——《中国经济学手册·导言》[J]．经济研究，2022，57（1）：4－15.

③ 顾海良，张凯．马克思主义政治经济学与中国特色社会主义政治经济学[J]．政治经济学评论，2023，14(4)：29－70.

④ 刘伟，邱海平．中国特色社会主义政治经济学[J]．经济研究，2022，57(1)：22－28.

⑤ 宋冬林，孙尚斌．论人民作为中国特色社会主义政治经济学的核心范畴[J]．经济学动态，2023(2)：3－18.

⑥ 丁堡骏，吴霞．论作为政治经济学研究对象的资本主义生产方式——一个唯物史观发现和深化的视角[J]．当代经济研究，2023(5)：5－14.

的认识，以及基于生产力性质和水平的对生产关系性质、特点、运动规律与趋势的认识，中国特色社会主义政治经济学必须是能够回应新时代中国发展阶段问题的。[①] 赵敏和王金秋（2023）认为，政治经济学作为历史的科学，在不同的社会历史条件下，由于经济学家秉持的方法论与研究方法差异，政治经济学的研究对象和研究任务还会呈现出历史的变化。[②]

（三）中国特色社会主义政治经济学的方法论与研究方法

王立胜和郭冠清（2022）认为，哲学基础层面的唯物主义历史观是中国特色社会主义政治经济学的方法论基础；科学研究方法层面的辩证思维、系统思维、创新思维、底线思维，以及在实践认识论层面坚持的问题导向、稳中求进的工作总基调，共同构成中国特色社会主义政治经济学的研究方法体系。[③] 韩喜平和马晨钤（2023）通过梳理马克思创立唯物辩证法的历史过程，认为中国特色社会主义政治经济学应当在坚持唯物辩证法方法论的基础上，批判和吸收诸如数理分析、计量分析、心理分析等其他众多现代科学的研究方法，从而推进经济学研究方法的融合创新。[④] 逄锦聚（2023）基于对方法论与研究方法的内涵差异辨析，认为辩证唯物主义与历史唯物主义的方法论贯彻在中国特色社会主义政治经济学的研究始终，并表现为诸如抽象法、历史与逻辑相统一的方法、人民是历史主体的分析方法、矛盾分析法、以实践为基础的分析方法等一系列具体研究方法。[⑤] 孙浩进（2023）通过对当前学术界理论研究标签化、政策研究边缘

---

① 刘伟．科学认识发展阶段是中国特色社会主义政治经济学的重要命题[J]．政治经济学评论，2023，14(6)：3－6.

② 赵敏，王金秋．中国特色社会主义政治经济学研究[J]．政治经济学评论，2023，14(2)：50－68.

③ 王立胜，郭冠清．论中国特色社会主义政治经济学的方法论[J]．马克思主义与现实，2022(2)：33－39，203－204.

④ 韩喜平，马晨钤．构建中国自主知识体系的政治经济学的着力点[J]．经济问题，2023(8)：1－6.

⑤ 逄锦聚．建构中国经济学自主知识体系的方法论和方法[J]．经济研究，2023，58(8)：4－14.

化、研究范式虚化等问题的深入分析，认为中国特色社会主义政治经济学的方法论与研究方法不是单一或零散的若干原则，而是具有整体性、综合性、系统性的方法体系。①

（四）中国特色社会主义政治经济学的逻辑起点、逻辑主线与逻辑框架

程恩富和段学慧（2022）以马克思在《〈政治经济学批判〉导言》中对政治经济学方法的论述为基础，提出在确立中国特色社会主义政治经济学的逻辑起点时，应注重区分逻辑起点与研究的出发点、经济学逻辑起点与哲学逻辑起点的差异，并据此认为商品是中国特色社会主义政治经济学的逻辑起点。② 周文和代红豆（2022）认为，应注重把握原则性与现实适用性的辩证统一关系，因此将坚持和完善社会主义基本经济制度作为中国特色社会主义政治经济学的逻辑起点。③ 丁晓钦和杨华伟（2023）在进一步提出确立中国特色社会主义政治经济学逻辑起点所应坚持的方法论与标准的基础上，得出“社会主义公有制市场经济条件下的商品”是中国特色社会主义政治经济学逻辑起点的结论。④ 谢富胜和康萌（2023）在针对已有研究关于逻辑起点争议以及梳理黑格尔、马克思对逻辑起点确立方法分歧的基础上，认为中国特色社会主义政治经济学应以商品作为逻辑起点。⑤

关于中国特色社会主义政治经济学的逻辑主线，洪银兴（2023）认为，中国特色社会主义政治经济学的逻辑主线涉及生产力和生产关系两大

① 孙浩进．建构中国特色社会主义政治经济学的方法论体系[J]．学术交流，2023(6)：95－104.

② 程恩富，段学慧．中国特色社会主义政治经济学逻辑起点方法论溯源[J]．《资本论》研究，2022，18(1)：1－16.

③ 周文，代红豆．中国特色社会主义政治经济学逻辑起点再讨论[J]．广西师范大学学报(哲学社会科学版)，2022，58(6)：1－13.

④ 丁晓钦，杨华伟．中国特色社会主义政治经济学逻辑起点研究[J]．海派经济学，2023，21(1)：43－60.

⑤ 谢富胜，康萌．中国特色社会主义政治经济学的逻辑起点[J]．马克思主义与现实，2023(2)：111－120.

方面，综合而言，解放、发展和保护生产力，实现共同富裕是中国特色社会主义政治经济学的逻辑主线。① 谢富胜和杜欣林（2023）指出，逻辑主线作为贯穿理论体系的脉络线索，是构建理论体系的重点问题，中国特色社会主义政治经济学理论体系的各种特殊层次，均是在以生产方式为核心的逻辑主线下展开的。②

关于中国特色社会主义政治经济学的逻辑框架，何自力和张俟（2023）认为，中国特色社会主义政治经济学自主知识体系的逻辑框架，应突出人民性、历史性、实践性、民族性、开放性等理论品质，着力研究中国式现代化的制度基础、发展理念、战略目标以及运行机制。③ 黄泰岩（2023）运用生产力决定生产关系运动规律的历史唯物主义世界观，对构建中国特色社会主义政治经济学逻辑框架的理论、历史和实践逻辑作了全方位阐述。④ 杨承训和杨咏梅（2023）认为，中国特色社会主义政治经济学可被分为三大体系：一是中国特色社会主义事业的宏观体系；二是完善的中国特色社会主义基本经济制度体系；三是倡导与运用中国特色社会主义政治经济学的方法体系。⑤

四、关于中国特色社会主义重要现实问题的研究新进展

坚持问题导向是马克思主义政治经济学的鲜明特点，也是构建和完善中国特色社会主义政治经济学理论体系的根本出发点。2022—2023 年，学术界围绕中国特色社会主义重要现实问题，在正确认识和把握实现共同富

---

① 洪银兴．中国经济学的学科特点和理论创新[J]．南京大学学报(哲学·人文科学·社会科学)，2023，60(2)：75－87.

② 谢富胜，杜欣林．构建中国特色社会主义政治经济学理论体系[J]．经济学动态，2023(8)：19－30.

③ 何自力，张俟．中国式现代化与中国经济学自主知识体系建构[J]．中国高校社会科学，2023(2)：46－56，158.

④ 黄泰岩．运用历史唯物主义世界观构建中国经济学[J]．经济学动态，2023(1)：3－10.

⑤ 杨承训，杨咏梅．中国特色社会主义政治经济学的新坐标[J]．广西财经学院学报，2023，36(4)：1－10.

裕的战略目标和实践路径、正确认识和把握资本的特性和行为规律、高水平社会主义市场经济体制的价值意涵与建构路径、构建新发展格局与推动高质量发展、新质生产力的内涵要义与培育机制五个方面，取得了一系列重要进展。

（一）正确认识和把握实现共同富裕的战略目标和实践路径

第一，在共同富裕的理论内涵与评价指标方面，学者们从不同的理论和现实基点出发，进行了多样化的探索。白暴力等（2022）聚焦于共同富裕的生态意蕴，认为以推动自然生态要素参与生产和分配为主抓手的生态经济对实现全体人民共同富裕具有显著促进作用。① 钞小静和任保平（2022）基于发展成果共享理念，从收入与财产、发展能力以及民生福祉三个维度构建了共同富裕的评价指标体系，并初步提出了权重和指数合成的设想。② 尹庆双等（2023）认为，物的全面丰富和人的全面发展是中国式现代化的长远目标，推进人的全面发展要遵从生产方式发展规律，在共同体与个人协同互动的过程中，实现物质发展与精神发展的高度统一。③ 陈宗胜和杨希雷（2023）基于对新时代共同富裕内涵与特征的分析，从共同和富裕两个基本维度构建共同富裕的评价指标体系，并以国际通用指标确定了有关指标的标准限阈值。④ 简新华和聂长飞（2023）认为，基尼系数是衡量收入和财富分配差距的指标，贫困是否消除、需要是否被满足才是衡量共同富裕是否实现及其实现程度的基本指标。⑤

---

① 白暴力，程艳敏，白瑞雪．发展生态经济助力实现共同富裕研究——基于中国式现代化视角[J]．上海经济研究，2022(12)：5－16，124.

② 钞小静，任保平．新发展阶段共同富裕理论内涵及评价指标体系构建[J]．财经问题研究，2022(7)：3－11.

③ 尹庆双，肖磊，杨锦英．人的全面发展：时代特质、内涵延展与理论意义[J]．政治经济学评论，2023，14(6)：102－126.

④ 陈宗胜，杨希雷．论中国共同富裕测度指标和阶段性进展程度[J]．经济研究，2023，58(9)：79－97.

⑤ 简新华，聂长飞．必须正确认识共同富裕及其实现途径——共同富裕的政治经济学学理性解读[J]．政治经济学评论，2023，14(4)：71－89.

第二，在共同富裕的驱动机制与实践路径方面，学者们也进行了许多有益的探索。吴振磊和程旭翀（2023）认为，应在社会再生产四环节的历史过程中动态推进共同富裕，实现社会再生产四个环节的有机衔接和社会再生产的循环流转。① 乔晓楠等（2023）认为，收入分配调整将会通过劳动者自身再生产消费规模的变化以及工资变化所导致的利润率变化影响经济循环的效率，因此推进共同富裕促进新发展格局的构建兼具必要性与可行性。② 谢地和贺城（2023）认为，应充分认识国有经济对推进共同富裕的杠杆作用，从“制度、体制、机制”三维度和“发展生产力、调整生产关系”两方面构建国有经济推进共同富裕的实现路径。③ 郑礼肖（2023）认为，共同富裕的实现路径隐藏于生产方式变革的历史必然性中，劳动者是推动生产方式变革的主体，高质量发展是现阶段中国以生产方式变革推进共同富裕的关键。④

（二）正确认识和把握资本的特性和行为规律

第一，在深化社会主义市场经济条件下的资本理论研究方面，学者们进行了许多有益的探索。顾海良（2022）认为，《1857—1858 年经济学手稿》“资本章”对马克思资本理论以及新时代资本理论研究的重要意义体现在三个方面：一是以“六分结构”和“三分结构”奠定了资本理论的学理基础；二是以“资本一般”和“许多资本”范畴及其关系为主线明确了资本理论的研究主题；三是以资本理论总体关系与特征揭示了资本内在的

---

① 吴振磊，程旭翀．社会再生产四环节理论架构中的共同富裕：一般路径与中国实践[J]．人文杂志，2023(10)：119－128.

② 乔晓楠，李欣，蒲佩芝．共同富裕与重塑中国经济循环——政治经济学的理论逻辑与经验证据[J]．中国工业经济，2023(5)：5－23.

③ 谢地，贺城．略论国有经济推进共同富裕的杠杆作用[J]．马克思主义与现实，2023(4)：95－105，204.

④ 郑礼肖．劳动者作用的全面提升与生产方式的变革——迈向共同富裕的政治经济学分析[J]．经济学家，2023(10)：14－22.

历史性、社会性和阶级性。[①][②] 简新华（2023）认为，“资本一般”是所有资本的共同特征，包括存在于不同社会形态的资本，而不只是指资本在资本主义社会的各种形式，在社会主义市场经济中存在公有制资本与私有制资本，只有公有制资本才能称为社会主义资本。[③][④] 关于这一点，孟捷（2023）进一步从国家和企业、资本和劳动、资本和资本三重维度，刻画了“国有资本”在社会主义市场经济中的重要性。[⑤] 邱海平等（2022）基于经济思想史角度讨论资本问题，认为对资本范畴的讨论涉及财富生产和价值生产之间的关系，因此应从辩证法角度形成对资本两面性作用的全面理解。[⑥] 荣兆梓（2023）在以资本的社会形式规定性定义“资本一般”和内容规定性定义“公有资本”与“私有资本”组成的“资本特殊”基础上，[⑦] 认为在社会主义市场经济条件下驾驭资本，需要从微观与宏观两个层次充分利用“场与结构的耦合效应”。[⑧]

第二，在防止资本无序扩张及规范和引导资本健康发展方面，学者们也提出了许多具有建设性的观点。洪银兴等（2022）认为，法律精细化程度、监管能力完备水平尚存不足是现阶段资本无限制无序扩张的重要原因。[⑨] 此外，资本扩张是在资本运动中实现的，在完善社会主义市场经济

---

① 顾海良．马克思“资本一般”和“许多资本”理论与中国资本问题研究［J］．马克思主义理论学科研究，2022，8（8）：4－16.

② 顾海良．马克思对资本特性和过程的政治经济学分析及当代意义——马克思《1857—1858 年经济学手稿》再研究［J］．经济学家，2022（8）：5－13.

③ 简新华．社会主义市场经济的资本理论的几个争议问题［J］．福建论坛（人文社会科学版），2023（7）：5－14.

④ 简新华，余江．正确认识和把握资本的特性和行为规律［J］．上海经济研究，2023（1）：5－22.

⑤ 孟捷．略论社会主义市场经济中的国有资本［J］．马克思主义与现实，2023（2）：103－110.

⑥ 邱海平，孟捷，周建波，等．经济思想史视阈下的资本［J］．经济思想史学刊，2022（2）：122－140.

⑦ 荣兆梓．论社会主义公有资本的资本形态：国有资本和集体资本［J］．人文杂志，2023（6）：10－20.

⑧ 荣兆梓．社会主义政治经济学的资本范畴及资本作用两面性［J］．中国经济问题，2023（4）：1－11.

⑨ 洪银兴，彭文生，聂辉华，等．资本的特性、行为规律与发展规范［J］．国际经济评论，2022（4）：4，9－29.

过程中，不只是要规范资本本身的行为，还应规范资本无序扩张的外部环境。[①] 郭威和李泽浩（2022）以马克思主义政治经济学关于资本增殖和扩张的理论为基础，分析了资本扩张的理论逻辑和内在动因。[②] 胡乐明（2022）指出，资本扩张是资本永无止境地追求规模增大、空间扩展以及权力膨胀的历史过程，规模逻辑、空间逻辑和权力逻辑是资本扩张的三重基本逻辑。[③] 周绍东（2023）认为，资本是一种“总体性权力”，社会主义市场经济不能放任其无序扩张，应从生产关系和上层建筑两个维度形成遏制资本无序扩张的具体举措。[④] 郭冠清（2022）基于对马克思唯物史观、列宁社会变革实践与新中国成立以来资本文明观历史演进过程的系统梳理，认为从计划经济时代对资本野蛮性的批判到市场经济时代合理利用资本的转换，对于在新发展阶段规范和引导资本健康发展具有重要启示。[⑤] 胡怀国（2022）认为，资本的逐利性、流动性和扩张性赋予了资本优化资源配置、推动经济发展的重要作用，但与此同时使其成为经济发展的扰动因素和宏观不稳定的重要根源，因此在社会主义市场经济中必须规范和引导资本健康发展。[⑥] 刘凤义（2022）基于资本的特性、性质与形态三个维度，构建了发挥社会主义市场经济的制度优势、规范和引导资本健康发展的总体框架。[⑦] 张旭（2022）认为，资本的特性在于资本是一种历史的生产关系，然而由于当前资本的历史作用还尚未终结，在社会主义市场经济

---

① 洪银兴．社会主义市场经济中的资本：属性、行为和规范——《资本论》的启示[J]．学术月刊,2022,54(5):39-45.

② 郭威,李泽浩．资本无序扩张行为的政治经济学分析[J]．经济学家,2022(10):14-23.

③ 胡乐明．规模、空间与权力：资本扩张的三重逻辑[J]．经济学动态,2022(3):3-11.

④ 周绍东．遏制资本无序扩张：一个政治经济学的解读[J]．社会科学辑刊,2023(3):125-134.

⑤ 郭冠清．新中国成立以来资本文明观的历史演进及其对构建新发展格局的启示[J]．扬州大学学报(人文社会科学版),2022,26(5):26-37.

⑥ 胡怀国．社会主义市场经济条件下的资本要素：特性、作用和行为规律[J]．经济学动态,2022(9):18-31.

⑦ 刘凤义．论社会主义市场经济中资本的特性和行为规律[J]．马克思主义研究,2022(9):93-101,156.

制度下必须约束和引导资本健康发展。①

（三）高水平社会主义市场经济体制的价值意涵与建构路径

第一，在高水平社会主义市场经济体制的价值意涵方面，学者们提出了许多具有建设性的观点。韩文龙和晏宇翔（2022）认为，构建高水平社会主义市场经济体制是立足新发展阶段、贯彻新发展理念、构建新发展格局，实现高质量发展的现实需要，也是开启全面建设社会主义现代化国家新征程和实现共同富裕的战略需要。② 宁阳（2023）认为，高水平社会主义市场经济体制的内涵要义体现为有效市场和有为政府的深度融合、经济发展和生态保护的有机统一、区域协调发展与共同富裕的内在契合、高水平对外开放与新发展格局的良性互动等多方面。③ 乔榛和徐宏鑫（2023）认为，高水平社会主义市场经济体制是社会主义市场经济体制的一个新阶段，具有新型举国体制的重要特征，能够实现社会主义与市场经济的有效结合。④

第二，在高水平社会主义市场经济体制的建构路径方面，学者们也进行了许多有益的探索。方福前（2022）认为，构建高水平社会主义市场经济体制应围绕基本经济制度高水平、政府与市场关系协调适配高水平、发展动力高水平与对外开放高水平四个方面进行。⑤ 高建昆（2023）认为，高水平社会主义市场经济体制应该从所有制基础、市场在资源配置中的决定性作用以及政府在重要资源配置中的导向性三个维度系统推进。⑥ 刘志

① 张旭．正确认识资本的特性与发挥资本要素的积极作用[J]．当代经济研究，2022(5)：5－15.

② 韩文龙，晏宇翔．构建高水平社会主义市场经济体制的重大理论与实践问题研究[J]．政治经济学评论，2022，13(2)：44－68.

③ 宁阳．高水平社会主义市场经济体制的内涵要义与建构路径[J]．马克思主义研究，2023(3)：67－75.

④ 乔榛，徐宏鑫．高质量发展的体制基础：高水平社会主义市场经济体制[J]．求是学刊，2023，50(6)：1－10.

⑤ 方福前．全面深化改革　构建高水平社会主义市场经济体制[J]．经济理论与经济管理，2022，42(11)：4－9.

⑥ 高建昆．构建高水平社会主义市场经济体制[J]．政治经济学研究，2023(1)：52－61.

彪（2023）认为，高水平社会主义市场经济体制的建构路径，主要体现在“两个毫不动摇的所有制基础 + 全国统一大市场 + 有为政府 + 新型分配机制 + 高水平对外开放”这一制度框架中。① 平新乔（2023）认为，高水平社会主义市场经济体制的建构路径包括坚持和完善社会主义基本经济制度、以标准化入手推动制度型开放以及统筹要素流动型开放与制度型开放三个方面。②

（四）构建新发展格局与推动高质量发展

董志勇（2022）认为，新发展格局和高质量发展的根本落脚点都是发展，加快构建新发展格局能通过畅通国内大循环、促进国内国际双循环的方式，为高质量发展提供根本保证。③ 韩保江（2022）认为，高质量发展、新发展格局和现代经济体系“三位一体”并内在统一于新发展理念，以加快构建新发展格局推动高质量发展必须统筹好国内大循环与国际大循环的关系、质的有效提升和量的合理增长的关系、经济发展和经济安全间的关系。④ 刘灿和韩文龙（2022）认为，构建新发展格局是促进中国经济高质量发展的战略路径，畅通双循环促进经济高质量发展的实现路径需要从社会再生产的生产、交换、分配和消费四个环节构建起经济大循环体系，发挥国内国际双循环的协同效应。⑤ 李琼和张耀军（2022）认为，发展是中国共产党带领中华民族实现伟大复兴的理论与实践的主题与主线，构建新发展格局是对“发展主题”的继承与创新，是“发展主线”阶段性与连续

① 刘志彪．高水平社会主义市场经济体制：框架、挑战与对策[J]．学术月刊，2023，55(4)：82－90.

② 平新乔．构建高水平社会主义市场经济体制的几点思考[J]．经济纵横，2023(3)：1－7.

③ 董志勇．新发展格局与高质量发展的内在逻辑[J]．北京大学学报（哲学社会科学版），2022，59(1)：128－136.

④ 韩保江．加快构建新发展格局，着力推动高质量发展[J]．科学社会主义，2022(6)：34－41.

⑤ 刘灿，韩文龙．构建新发展格局促进中国经济高质量发展[J]．马克思主义理论学科研究，2022，8(10)：44－53.

性的统一。[①] 何自力（2023）认为，加快构建新发展格局是推动高质量发展的战略基点，新发展格局以增强自主创新能力为导向为高质量发展提供强大动力，以扩大内需为目标为高质量发展提供市场支撑，以强化实体经济和制造业为着力点为高质量发展奠定坚实产业基础。[②]

（五）新质生产力的内涵要义与培育机制

2023 年 9 月，习近平总书记在黑龙江考察时首次提出“新质生产力”概念。学术界围绕这一专题，形成了一系列理论成果。

关于新质生产力的内涵要义，程恩富和陈健（2023）基于对马克思科技生产力理论、中国化马克思主义科技生产力理论、习近平总书记关于新质生产力系列重要论述的梳理，认为新质生产力是科技创新在其中发挥主导性作用的生产力，其发展具有显著的高效率、高质量的特征。[③] 高帆（2023）以马克思主义政治经济学“生产力—生产关系”矛盾运动规律为基础，构建了理解新质生产力内涵的分析框架，并依据该框架阐释了新质生产力在结果、要素、要素组合、产业形态以及保障等维度的内涵，形成对新质生产力和一般生产力内涵的多维比较。[④] 胡洪彬（2023）提出，新质生产力是以科技创新为主导、契合高质量发展要求、以战略性新兴产业和未来产业为引领、能够带来高品质社会生活的生产力。习近平总书记关于新质生产力的系列重要论述源于对马克思主义生产力理论的继承与创新、对党解放和发展生产力的探索和总结，也源于新时代社会经济发展的

① 李琼，张耀军．构建新发展格局与实现高质量发展［J］．政治经济学评论，2022，13（2）：30－43.

② 何自力．加快构建新发展格局是推动高质量发展的战略基点［J］．红旗文稿，2023（7）：35－38.

③ 程恩富，陈健．大力发展新质生产力　加速推进中国式现代化［J］．当代经济研究，2023（12）：14－23.

④ 高帆．“新质生产力”的提出逻辑、多维内涵及时代意义［J］．政治经济学评论，2023，14（6）：127－145.

现状要求。① 邹起浩和任保平（2024）认为，发展新质生产力是实现经济现代化的内在要求，构建有利于新质生产力的正式制度与非正式制度能够为经济高质量发展提供激励和约束。②

关于新质生产力的培育机制，简新华和聂长飞（2023）认为，新质生产力是新型的高水平生产力，新质生产力的培育机制应包括依靠自主创新、发展现代教育、建立高新技术产业、推进数字产业化和产业数字化等方面。③ 李政和廖晓东（2023）认为，新质生产力代表了生产力的革新和未来发展方向，其培育机制应包括加快科技创新体系建设、加快构建现代化产业体系、深化改革开放、强化人才培养质量等方面。④ 曾立和谢鹏俊（2023）认为，新质生产力具有鲜明的目标导向和功能定位，要以新型举国体制确保关键核心技术攻关，健全以创新能力为导向的高水平人才培养体系，充分发挥有效市场和有为政府对新质生产力萌发的协同作用，布局和形成一大批以新促质的新型和未来产业。⑤ 周绍东和胡华杰（2023）基于量变和质变间关系的基本原理，认为孕育新质生产力的量变基础是成熟的国内大市场，其关键要素是高质量劳动力。⑥

五、中国式现代化相关问题研究的新进展

概括、提出并深入阐述中国式现代化理论，是党的二十大的一个重大

---

① 胡洪彬．习近平总书记关于新质生产力重要论述的理论逻辑与实践进路[J]．经济学家，2023(12)：16－25.

② 邹起浩，任保平．中国式现代化新征程中经济高质量发展的制度安排[J]．财经问题研究，2024(2)：12－27.

③ 简新华，聂长飞．论新质生产力的形成发展及其作用发挥——新质生产力的政治经济学解读[J]．南昌大学学报(人文社会科学版)，2023，54(6)：29－36.

④ 李政，廖晓东．发展"新质生产力"的理论、历史和现实"三重"逻辑[J]．政治经济学评论，2023，14(6)：146－159.

⑤ 曾立，谢鹏俊．加快形成新质生产力的出场语境、功能定位与实践进路[J]．经济纵横，2023(12)：29－37.

⑥ 周绍东，胡华杰．新质生产力推动创新发展的政治经济学研究[J]．新疆师范大学学报(哲学社会科学版)，2023(10)：1－9.

理论创新，是中国特色社会主义的重大理论成果。2022—2023 年，学术界围绕这一专题，在中国式现代化的内涵与特征、内在逻辑、实践路径与时代意义等方面，取得了一系列重要进展。

第一，在中国式现代化的内涵与特征方面，学者们提出了许多具有建设性的观点。丁堡骏（2022）认为，中国式现代化是跨越了卡夫丁峡谷的科学社会主义道路，唯物史观是科学总结和论证中国式现代化道理的理论基础。① 进而，基于马克思唯物史观的理论形态和应用范式，中国式现代化实现了对资本主义、传统社会主义现代化的两重超越。② 高培勇等（2022）指出，中国共产党的领导是形成中国式现代化的最关键决定性因素，只有在党的领导下，以“人民中心论”“本国国情论”“文明协调论”“和平发展论”为内核的中国式现代化，才能呈现出保持国家的独立自主性以及形成过程的并联性、叠加性和跨越性。③ 葛扬（2022）从共同富裕的中国式现代化是区别于其他现代化的根本特征、共同富裕的中国式现代化是不断实践的历史过程出发，阐释了中国全体人民共同富裕现代化的理论内涵。④ 丁任重和徐志向（2022）提出，中国式现代化的提出表明中国在追求现代化的过程中，既遵循世界现代化的一般规律，又具有中国的特色和内容，是马克思主义中国化时代化的一项重要内容。⑤ 韩保江和韩晓梅（2023）聚焦中国式现代化的“中国特色”，从历史、现实、实践三个维度阐释了中国式现代化的理论内涵。⑥ 何自力和王传智（2023）基于整体性视角考察了中国式现代化五大特征的内在联系，并从坚持党的领导、坚持中国特色社会主义、实现高质量发展、发展全过程人民民主、丰富人

① 丁堡骏．中国道路是跨越卡夫丁峡谷的科学社会主义道路[J]．当代经济研究，2022(1)：22－24.

② 丁堡骏．以唯物史观解读中国式现代化的科学内涵及其本质[J]．当代经济研究，2023(1)：18－20.

③ 中国式现代化研究课题组，高培勇，黄群慧．中国式现代化的理论认识、经济前景与战略任务[J]．经济研究，2022，57(8)：26－39.

④ 葛扬．走共同富裕的中国式现代化道路[J]．经济学家，2022(12)：22－24.

⑤ 丁任重，徐志向．中国式现代化的现实底色[J]．经济学家，2022(12)：15－18.

⑥ 韩保江，韩晓梅．中国式现代化具有鲜明的“中国特色”[J]．理论探索，2023(4)：5－11.

民精神世界、实现全体人民共同富裕、促进人与自然和谐共生、推动构建人类命运共同体等维度阐释了中国式现代化的本质要求。① 洪银兴（2023）从“人的生活品质”“人的精神文明”“人的全面发展”三个维度出发，阐释了人的现代化是中国式现代化的重要内涵。②

第二，在中国式现代化的内在逻辑方面，学者们也进行了许多有益的探索。洪银兴（2022）从中国式现代化的思想探索、经济目标、实践道路、新征程布局以及制度保障出发，系统阐释了中国式现代化的内在逻辑。③ 何爱平和李清华（2022）基于马克思对人类社会现代化一般特征和发展趋势的深刻论述，认为中国式现代化的独特逻辑进路表现为以解放和发展生产力为推进主线，通过生产关系的变革与调整凸显矛盾运动中的阶段性演化，依靠科学技术创新实现递进式发展，以社会主义制度和市场经济的结合构成内生运行过程，将人的自由全面发展作为多元复合目标。④ 蒋永穆等（2022）认为，构建中国式现代化评价指标体系应始终把握中国式现代化历史逻辑、理论逻辑与现实逻辑的辩证统一关系。⑤ 张旭（2022）从人类发展规律、人民立场、唯物史观、世界历史等方面出发，集中阐述了中国式现代化的理论逻辑。⑥ 高帆（2023）基于城乡融合发展的视角，认为中国式现代化是由“禀赋—目标—路径—制度”构成且四者之间存在紧密逻辑关联的完整体系，而中国城乡融合发展的历程为考察中国式现代化的内在逻辑提供了生动案例。⑦

第三，在中国式现代化的实践路径与时代意义方面，学者们也进行了

① 何自力，王传智．深刻把握中国式现代化的中国特色及其本质要求［J］．经济纵横，2023（1）：17－24.

② 洪银兴．促进人的现代化是中国式现代化的重要内容［J］．教学与研究，2023（6）：5－11.

③ 洪银兴．论中国式现代化的经济学维度［J］．管理世界，2022，38（4）：1－15.

④ 何爱平，李清华．马克思现代化视野下中国式现代化道路的逻辑进路［J］．中国特色社会主义研究，2022（1）：13－22.

⑤ 蒋永穆，李想，唐永．中国式现代化评价指标体系的构建［J］．改革，2022（12）：22－35.

⑥ 张旭．论中国式现代化道路的理论逻辑［J］．当代经济研究，2022（8）：5－15.

⑦ 高帆．中国式现代化的内在逻辑：一个基于城乡融合发展的考察［J］．复旦学报（社会科学版），2023，65（5）：1－12.

深入的研究。丁任重和李溪铭（2023）认为，人与自然和谐共生是中国式现代化的重要特征，加快发展方式的绿色转型在中国建设社会主义现代化强国以及全面推进中华民族伟大复兴的战略布局中占据重要地位。[①] 刘守英（2022）认为，以共同富裕推进实现中国式现代化的路径，应以实现共享发展、全面推进乡村振兴、促进区域协调发展、完善分配制度、扩大中等收入群体、实施就业优先战略、健全社会保障体系为基础。[②] 刘灿（2023）认为，社会主义基本经济制度是实现中国式现代化的制度基础，中国式现代化的实践路径应包括完善社会主义分配制度、构建高水平社会主义市场经济体制等内容。[③④] 刘凤义和赵夫鑫（2023）认为，中国式现代化的推进路径应包括坚持党的全面领导、坚持以人民为中心的发展思想、坚持推进高质量发展、坚持促进共同富裕等内容。[⑤] 黄泰岩和韩梦茹（2023）认为，实现共同富裕的中国式现代化，必须把工作重点放在如何增加低收入者的收入上，并从工资性收入、经营性收入、财产性收入和转移性收入四个维度，分别提出了增加低收入群体的途径。[⑥] 封凯栋和陈俊廷（2023）聚焦于初次分配，认为企业是现代化国家内部社会关系和经济关系最重要的再生产机制，并据此为推进全体人民共同富裕的中国式现代化构建了新时代的企业组织模式。[⑦]

六、数字经济相关问题研究的新进展

发展数字经济是把握新一轮科技革命和产业变革新机遇的战略选择。

---

① 丁任重，李溪铭．深刻理解加快经济发展方式绿色转型的重大意义[J]．经济纵横，2023(7)：1－7.

② 刘守英．共同富裕的中国式现代化[J]．中国人民大学学报，2022，36(6)：9－12.

③ 刘灿．社会主义基本经济制度与中国式现代化[J]．政治经济学评论，2023，14(2)：3－13.

④ 刘灿．中国式现代化的制度基础[J]．当代经济研究，2023(2)：17－19.

⑤ 刘凤义，赵夫鑫．推进中国式现代化的几点思考[J]．理论与现代化，2023(2)：5－13.

⑥ 黄泰岩，韩梦茹．共同富裕的中国式现代化目标、重点和途径[J]．经济理论与经济管理，2023，43(4)：4－12.

⑦ 封凯栋，陈俊廷．探索共同富裕的企业模式[J]．文化纵横，2023(1)：88－102.

学术界在数字经济的基本范畴、运行机制及数字资本主义的逻辑批判以及推动中国数字经济与实体经济融合发展等方面，取得了一系列重要进展。

第一，在数字经济的基本范畴方面，学者们围绕数据要素、数字商品、数字货币、数字资本、数字财富等概念进行了许多有益探索。蔡继明等（2023）以广义价值论框架与功能性分配模型为基础，从产权界定与分配机制两个方面界定了数据生产要素的内涵。[①] 刘震和张立榕（2023）聚焦于数字资本概念，从数据资源经历的“商品化—生产要素化—资本化”历程中探究了数字资本的生成，并分析其独特属性和所产生的影响。[②] 袁辉（2022）认为，货币体系不可能实现“完全去中心化”和“不依赖信任”，以比特币为代表的私人数字货币更接近于投机性的加密资产，而只有以真实资产储备作支撑的稳定币才能成为现行货币体系的补充。[③] 周文和韩文龙（2023）聚焦于数字财富概念，认为数字劳动和数据要素是创造数字财富的重要源泉，数字财富的创造同时体现在数字商品价值形成和价值增殖过程中，也反映在数据生产资料的扩大再生产过程中。[④]

第二，在数字经济的运行机制方面，学者们进行了深入的研究。谢富胜等（2022）认为，各类数字平台嵌入了各类劳动者所创造价值的实现过程，因而能够通过“数字圈地”与“赢者通吃”两条关键机制获取对产业资本利润的索取权力和巨额的利润让渡收入。[⑤] 蒋永穆和亢勇杰（2022）认为，数字经济与共同富裕都是现代化建设的重要主题，具有强烈的互动耦合性，数字经济可以通过提升社会生产效率、拓展发展渠道、加快产业

① 蔡继明，曹越洋，刘乐易．论数据要素按贡献参与分配的价值基础——基于广义价值论的视角[J]．数量经济技术经济研究，2023，40(8)：5－24.

② 刘震，张立榕．数据资本形成及其特征的政治经济学分析[J]．学习与探索，2023(9)：84－92.

③ 袁辉．私人数字货币的后凯恩斯主义分析与启示[J]．学习与探索，2022(12)：99－106.

④ 周文，韩文龙．数字财富的创造、分配与共同富裕[J]．中国社会科学，2023(10)：4－23，204.

⑤ 谢富胜，江楠，吴越．数字平台收入的来源与获取机制——基于马克思主义流通理论的分析[J]．经济学家，2022(1)：16－25.

绿色转型、优化市场运行、丰富个体社会生活等多种方式促进共同富裕。① 何爱平和李清华（2022）认为，作为新经济形态的数字经济不仅能够为区域经济增长注入新动能，更能通过市场化水平提升效应与劳动力资源配置改善效应成为推进区域经济协调发展的重要契机。② 何爱平和徐艳（2022）基于《资本论》中的国民经济循环原理，认为数字经济赋能新发展格局的内在机理主要表现为单个资本、社会总资本以及国际资本循环三个层面。③ 刘涛雄等（2023）使用成本法和增值法估算了中国在 2003—2020 年价值层面的数据资本形成额以及数据资本存量，并通过省级面板模型估算了数据资本对经济增长产出弹性及其对经济增长率贡献的实际影响。④ 严金强和武艺扬（2023）认为，数字经济能够为生产、分配、交换、消费四个社会再生产环节赋能增效，因此是赋能中国经济高质量发展的新引擎。⑤

第三，在数字资本主义的逻辑批判方面，宋宪萍（2022）认为，数字技术的资本主义应用引发资本主义社会关系重构的极化效应，包括资本积累的数据垄断日益强化的生产极化效应、结构性的数字鸿沟不断凸显的区域极化效应与劳动过程实际隶属逐渐加深的收入极化效应。⑥ 黄再胜（2022）认为，生产和占有数字剩余价值是数字时代资本主义运动的新动力，其主要表现为数字劳动的普遍物化、双边市场的动态形构、数字资本的全面宰制等方面。⑦ 蓝江（2022）认为，平台和数据—流量不仅是理解数字资本主义生产方式的历史生成的重要切入点，也是理解数字劳动、数

① 蒋永穆，亢勇杰．数字经济促进共同富裕：内在机理、风险研判与实践要求［J］．经济纵横，2022（5）：21－30，135.

② 何爱平，李清华．数字经济、全劳动生产率与区域经济发展差距［J］．经济问题，2022（9）：9－17.

③ 何爱平，徐艳．《资本论》视域下数字经济赋能新发展格局的内在机理［J］．教学与研究，2022（1）：24－33.

④ 刘涛雄，戎珂，张亚迪．数据资本估算及对中国经济增长的贡献——基于数据价值链的视角［J］．中国社会科学，2023（10）：44－64，205.

⑤ 严金强，武艺扬．数字经济赋能高质量发展的理论机理与实践路径——基于马克思社会再生产“四环节”理论框架［J］．上海经济研究，2023（6）：53－67.

⑥ 宋宪萍．数据资本的利润来源及其极化效应［J］．马克思主义研究，2022（5）：133－144.

⑦ 黄再胜．数字剩余价值的生产、实现与分配［J］．马克思主义研究，2022（3）：104－119.

字生产关系与数字资本主义内在结构的基础。① 程恩富和余晓爽（2023）认为，在资本主义社会，围绕数据要素展开的竞争将会造成资本增殖空间的扩大、资本统治力度的增强以及传统经济空间的萎缩。② 温旭（2023）认为，数字资本主义金融化是资本主义金融化在数字时代的最新表现，代表着数字资本更加脱离实际价值创造，采用数字金融资本的形式开展数字剩余价值侵占将加速资本主义数字金融危机的爆发。③

第四，在推动中国数字经济与实体经济融合发展方面，学者们提出了许多具有建设性的观点。郭丽娟和赵春雨（2023）认为，当前数字经济与实体经济的融合发展，还存在核心技术储备不足、行业融合不均衡、改造创新度不够、治理体系滞后以及缺乏联动机制等制约因素。④ 洪银兴和任保平（2023）认为，推动数字经济与实体经济走向融合，需实现数字技术和数据要素双轮驱动，应包括数字经济与技术创新、产业创新以及企业组织创新的深度融合三个方面。⑤ 韩文龙等（2023）认为，数字经济与实体经济有机融合是推动构建新发展格局的关键因素，其主要表现为数字产业化、产业数字化、数据要素化、治理数字化四个方面。⑥

---

① 蓝江．作为历史概念的数字资本主义——如何用历史唯物主义破除数字资本的神话[J]．当代世界与社会主义，2022(5)：4－13.

② 程恩富，余晓爽．数字经济时代的数据垄断与掠夺路径分析[J]．理论月刊，2023(9)：76－83.

③ 温旭．数字资本主义金融化的政治经济学分析[J]．经济学家，2023(3)：14－23.

④ 郭丽娟，赵春雨．数字经济与实体经济深度融合：逻辑机理与实现路径[J]．经济问题，2023(11)：33－39.

⑤ 洪银兴，任保平．数字经济与实体经济深度融合的内涵和途径[J]．中国工业经济，2023(2)：5－16.

⑥ 韩文龙，晏宇翔，张瑞生．推动数字经济与实体经济融合发展研究[J]．政治经济学评论，2023，14(3)：67－88.

专题一

中国特色社会主义政治经济学的理论创新研究

马克思“六册计划”体系与新发展格局构建

赵景峰　王长明①

摘要：“六册计划”是马克思曾构想但并未实现的系统考察资产阶级经济制度的理论巨著。它所内含的研究范式、逻辑结构及分析工具等理论特质，既是马克思构筑经济学体系的关键所在，也为审视中国经济运行提供了科学的理论指导。新发展格局是综合研判新时期经济发展的历史与现实、国内与国际、局部与整体等各方面演变趋势与发展规律后的战略抉择，其建构和运作具有深厚的马克思经济学理论内涵。当前，应重点以马克思经济学理论体系为根据，结合“六册计划”的研究基础、研究对象、研究内容与研究方法，来把握新发展格局的生成逻辑、内在结构、战略重点及重要着力点等关键问题，推动形成“内循环为主、外循环赋能、双循环互动”的新发展格局。

关键词：“六册计划”；马克思经济学体系；新发展格局；启示

一、引言

1843年伊始，马克思在长达十余年的经济学研究过程中，对经济学体系不断探索、反复构思，于19世纪50年代末计划以《政治经济学批判》

① 赵景峰(1963—)，男，陕西合阳人，经济学博士，西北大学经济管理学院教授，博士生导师，研究方向为马克思主义经济学与世界经济；王长明(1990—)，男，河南新乡人，西北大学经济管理学院博士后，研究方向为世界经济与国际贸易。项目来源：国家社会科学基金后期资助项目“新贸易保护下中国对外贸易高质量发展的产业逻辑”(项目编号：20FJLB008)。

为总标题将自己考察资产阶级经济制度的全部成果分为六册展开写作和出版，这个宏伟计划就是马克思设计的经济学体系结构“六册计划”。马克思经济学理论体系是一个从一般到特殊、从抽象到具体依次展开的多层面体系，它从最一般、最抽象的“商品”范畴出发，以对资本主义经济制度进行深入研究的过程中所坚持的立场、采取的方法及得出的观点和判断，构成了一个有机整体。尽管由于各种原因，马克思仅完成了“六册计划”中第一册的“资本一般”篇，但马克思留下的关于政治经济学的研究范式和分析工具仍具有强大的生命力，对于剖析和指导当下政治经济现象具有重要的理论价值和方法论意义。2019 年中共十九届四中全会指出“当今世界正经历百年未有之大变局，我国正处于实现中华民族伟大复兴关键时期”，国际层面中美贸易摩擦全面升级、多边国际经济秩序趋向停摆、全球产业链增长停滞、数字技术驱动全球创新链成为趋势。国内层面要素禀赋持续改变、供需结构失衡严重、社会主要矛盾发生变化、经济运行稳中向好。站在“两个大局”历史性交汇的关键节点，2020 年中共十九届五中全会强调要“加快构建以国内大循环为主体、国内国际双循环相互促进的新发展格局”。新发展格局的提出是综合研判国际国内形势变化做出的一项长期重大战略部署，是习近平新时代中国特色社会主义政治经济学的最新成果，其建构和运作具有深厚的马克思经济学理论内涵。

新发展格局提出以来，学术界围绕这一概念的理论逻辑进行了诸多探讨，涉及领域覆盖了马克思政治经济学的社会再生产理论、剩余价值理论、世界市场理论、空间生产理论、生产力与生产关系理论，而从马克思经济学理论体系的整体性和系统性出发分析新发展格局的研究还较为薄弱。马克思基于总体方法论，按照“生产—生产关系—阶级关系—权力关系—国际关系—世界市场与危机”的逻辑结构系统考察了资本主义国内经济循环，并揭示了国际国内经济的运行机理和内在联系，为构建“双循环”新发展格局提供了科学的分析方法和理论支撑。从马克思经济学理论体系审视新发展格局，对于我们理解新发展格局的历史性生成和系统性演进，把握新发展格局的内在结构、核心问题和关键着力点意义重大。本文重点梳理了“六册计划”的逻辑结构，从研究基础、研究对象、研究内容和研究方法上对马克思经济学理论体系进行了整体性阐释，在此基础上对于怎样构建“内循环为主、外循环赋能、双循环互动”的新发展格局作出有益探索。

“六册计划”理论体系的形成历程是马克思从唯心主义向唯物主义、从民主主义向共产主义转变的漫长过程，深入探析“六册计划”的内容体系和逻辑结构，有助于全面认识和了解其当代价值，为构建“以国内大循环为主体、国内国际双循环相互促进”的新发展格局提供理论。

二、“六册计划”的理论体系及其逻辑结构

“六册计划”是一个篇幅庞大、内容充实、结构严密的经济学体系，是一个从抽象上升到具体的多层面结构，相应地，其研究对象、研究内容等也自然表现为多层次性。因此，从研究基础、研究对象、研究内容和研究方法上分析“六册计划”，对于准确把握马克思经济学理论体系的内在联系和逻辑结构，正确理解马克思政治经济学的整体性、合理性和辩证性，进一步揭示马克思政治经济学的历史性、实践性和发展性的理论品质，以更好地继承和发展马克思经济学理论体系，具有重要的指导作用。

（一）从研究基础看，“六册计划”是一个以反映资本主义国内经济关系为基础，逐步延伸至资本主义国际经济关系的逻辑体系

马克思在《序言》中写道：“我考察资产阶级经济制度是按以下的次序：资本、土地所有制、雇佣劳动；国家、对外贸易、世界市场。在前三项下，我研究现代资产阶级社会分成的三大阶级的经济生活条件；其他三项的相互联系是一目了然的。”① 这表明“六册计划”有其内在逻辑，即从资本主义三大阶级经济关系入手，然后统一于国家层面，接着进入国家主体之间的经济关系，最后在世界市场形成统一。这种逻辑关系不是马克思

① 中共中央马恩列斯著作编译局．马克思恩格斯选集：第2卷[M]．北京：人民出版社，1995：81.

随意构想的，而是由各分册在资产阶级社会中的地位和互相关系决定的。马克思认为“资本是资产阶级社会的支配一切的经济权力。它必须成为起点又成为终点”,[①] 因此，“资本”册对于其整个经济学体系具有决定性的意义，“这一卷的内容就是英国人称为‘政治经济学原理’的东西。这是精髓（同第一部分合起来），至于余下的问题（除了不同的国家形式对不同的社会经济结构的关系以外），别人就容易在已经打好的基础上去探讨了”。[②] 事实上，马克思对各分册的篇幅安排是有差别的，“整个著作将分为六册，不过我并不准备每一册都探讨得同样详尽；相反，在最后三册中，我只打算作一些基本的论述，而前三册专门阐述基本经济原理，有时可能不免要作详细的解释”。[③] 在前三册中，从资本主义经济活动的资源所有者看，资本家、土地所有者和雇佣劳动者分别拥有资本、土地和劳动力，这是当时资本主义生产的三大基本条件，他们之间的关系对资本主义经济发展有着重要影响，因此，马克思以“资本”册为起点，对这三个方面所代表的国内生产关系分别作了详尽的分析和阐述。前三册既先行于后三册，也是后三册的基础。马克思在对资本主义社会内部结构的经济关系加以概括的基础上，以国家为主体考察了生产的国际关系及世界市场总体。世界市场“是历史发展到一定时期的结果，它是以近代地理大发现为历史契机、以生产力发展和资本的扩张为基本动力而逐渐形成的”,[④] 是资本主义国内经济发展跨越国家界限的结果，并且“各民族之间的相互关系取决于每一个民族的生产力、分工和内部交往的发展程度”。[⑤] 由此可见，马克思正是在阐述国内经济关系的一些范畴、规律和基本原理的基础上，逐渐延伸至国家对外经济关系，从而全面揭示了资本主义经济制度的全貌。

---

① 中共中央马恩列斯著作编译局．马克思恩格斯选集:第2卷[M]．北京:人民出版社,1995:25.

② 中共中央马恩列斯著作编译局．马克思恩格斯选集:第30卷[M]．北京:人民出版社,1975:636.

③ 中共中央马恩列斯著作编译局．马克思恩格斯选集:第29卷[M]．北京:人民出版社,1972:534.

④ 中共中央马恩列斯著作编译局．马克思恩格斯选集:第46卷(上)[M]．北京:人民出版社,1979:48.

⑤ 中共中央马恩列斯著作编译局．马克思恩格斯选集:第1卷[M]．北京:人民出版社,1995:68.

(二)从研究对象看,“六册计划”是一个具有多层面性的经济学体系

19 世纪 40 年代,马克思运用唯物史观考察了政治经济学的研究对象,“政治经济学既要研究生产怎样在一定关系下进行,也要研究这些关系本身的历史运动。这也就是说,政治经济学正是在考察物质财富的生产怎样在一定关系下进行和发展的同时,揭示这种生产关系的历史过渡性”。[①] 这表明政治经济学的研究对象是一定关系下的物质生产,或者说,如何在一定生产关系下实现财富的增长。到了 20 世纪 50 年代末,马克思在《政治经济学批判》“总的导言”中进一步指出,“面前的对象,首先是物质生产”,而“说到生产,总是指在一定社会发展阶段上的生产……”[②]这意味着马克思整个经济学体系研究的不仅仅是局部的生产关系,而是“一个具有许多规定和关系的丰富的总体”,[③] 是扩展到整个经济制度的生产关系的总体,这一总体包括了多层次的内容,不仅有第一级的、原生的生产关系,而且有“第二级的和第三级的东西,总之,派生的、转移来的、非原生的生产关系”以及“国际关系在这里的影响”。[④] “六册计划”最后的“世界市场”就是这样的总体,即综合了所有规定性和复杂性的经济关系、“同时一切矛盾开展了”的资本主义生产的总体,在这里,资本主义经济制度作为世界市场总体考察时所表现出来的联系与各种要素之间的关系以“其真实性即普遍现实性”表现出来。需要说明的是,作为整体的马克思经济学体系,“六册计划”的研究对象要比《资本论》的研究对象宽泛得多,因为《资本论》仅相当于“六册

---

① 汤在新.《资本论》续篇探索[M]. 北京:中国金融出版社,1995:12.

② 中共中央马恩列斯著作编译局. 马克思恩格斯全集:第 46 卷(上)[M]. 北京:人民出版社,1979:18,22.

③ 中共中央马恩列斯著作编译局. 马克思恩格斯选集:第 2 卷[M]. 北京:人民出版社,1995:103.

④ 中共中央马恩列斯著作编译局. 马克思恩格斯选集:第 2 卷[M]. 北京:人民出版社,1995:112.

计划”中第一册第一篇的内容。[①]《资本论》研究的是“资本主义生产以及与它相适应的生产与交换条件”，[②] 而“六册计划”的研究对象不是局限于研究国内基本的经济关系，而是整体的“资产阶级经济制度”，其既要研究社会生产关系的内在结构，即社会生产中生产、交换、分配、消费的辩证关系，也要研究社会运动整体的系统关系，即生产力与生产关系的制约关系；既要研究第一级的本质关系，也要研究其他级的非本质关系；既要研究国内关系，也要研究国际关系。《导言》的研究对象具体体现在“六册计划”研究范围中，马克思在“资产阶级经济制度”这一整体的经济学体系研究对象下，为依次展开的各册确定了一贯的研究对象，“资本”册、“土地所有制”册和“雇佣劳动”册研究资本主义三大阶级内部及互相之间的生产关系，“国家”册研究资本主义生产关系在国内的总和，“对外贸易”册研究“生产的国际关系（条件）”，[③] 最后，作为资本主义生产关系的一切要素的总体承担者，“世界市场”册研究“生产者国家的关系”，[④] 进而从整体上全貌性地展现了资本主义经济关系。

（三）从研究内容看，“六册计划”是一个考察资本主义经济制度的科学理论体系

马克思将其经济学著作的研究范围从资本延伸至世界市场这样广泛的内容是由政治经济学的研究对象所决定的。在“六册计划”中，前三册“资本”“土地所有制”和“雇佣劳动”是一个互相联系的部分，考察资

---

① 刘远明教授认为“《资本论》虽然超出了《资本一般》最初设定的内容，结构也有所突破，但它并未超出《资本一般》对资本主义生产方式的考察范围，只是在这个范围内增加了新发现的内容，从而使《资本一般》更为充实。可以说，除了少部分内容超出了《资本一般》之外，《资本论》基本上相当于《资本一般》的内容”。[刘远明．马克思经济学著作“六册计划”的总体结构与内容探索[J]．政治经济学评论，2016，7（4）：131－161.]

② 中共中央马恩列斯著作编译局．马克思恩格斯全集：第 23 卷[M]．北京：人民出版社，1972：8.

③ 中共中央马恩列斯著作编译局．马克思恩格斯全集：第 46 卷（下）[M]．北京：人民出版社，1980：46.

④ 中共中央马恩列斯著作编译局．马克思恩格斯全集：第 46 卷（下）[M]．北京：人民出版社，1980：46.

本主义三大阶级构成及其生产关系的内部联系，[①] 可以看作马克思经济学体系中的“国民经济学”；[②] 后三册“国家”“对外贸易”和“世界市场”是另一个互相联系的部分，考察国家之间的经济联系即生产的国际关系，可以看作马克思经济学体系中的“世界经济学”。前三册以“资本”为核心分别考察“现代资产阶级社会分成的三大阶级的经济生活条件”，[③] 其中，“资本一般”篇的内容包括资本的生产过程、资本的流通过程、二者的统一，或资本和利润三项内容，[④]“竞争”篇、“信用”篇、“股份资本”篇分别考察“许多资本”瓜分剩余价值的内在关系、整个资本与单个资本之间的关系、“作为最完善的形式（导向共产主义的）”及其包含的“一切矛盾”。[⑤] 在这里，土地所有制是资本对封建地产和其他地产发生影响的产物，且土地所有制的最后产物就是雇佣劳动的普遍建立，这就为考察“资产阶级社会在国家形式的概括”，[⑥] 即研究生产关系总和的承担者“国家”奠定了基础。第四册“国家”是前三册理论内容的继续和延伸，也是后三册逻辑形成的起点，主要考察资本主义生产的国内关系，国家在后三册的逻辑结构中作为“综合的资本家”出现，“是从一国内资本主义经济关系的考察上升到对世界整体范围内资本主义经济关系考察的逻辑中介”。[⑦] 第五册“对外贸易”从国内生产上升到国际生产，从国内市场上升

---

① 马克思认为“资本向地产的转化同时又是历史的转化，因为现代形式的地产是资本对封建地产和其他地产发生影响的产物。同样，地产向雇佣劳动的转化不仅是辩证的转化，而且也是历史的转化，因为现代地产的最后产物就是雇佣劳动的普遍建立，而这种雇佣劳动就是这一堆讨厌的东西的基础”。（中共中央马恩列斯著作编译局．马克思恩格斯全集：第29卷[M]．北京：人民出版社，1972：299－300.）

② “在这本著作中说到的国民经济学同国家、法、道德、市民生活等等的关系，只限于国民经济本身所专门涉及的范围。”（中共中央马恩列斯著作编译局．马克思恩格斯全集：第42卷[M]．北京：人民出版社，1978：45.）

③ 中共中央马恩列斯著作编译局．马克思恩格斯选集：第2卷[M]．北京：人民出版社，1995：88.

④ 中共中央马恩列斯著作编译局．马克思恩格斯全集：第29卷[M]．北京：人民出版社，1972：534.

⑤ 中共中央马恩列斯著作编译局．马克思恩格斯全集：第29卷[M]．北京：人民出版社，1972：299.

⑥ 中共中央马恩列斯著作编译局．马克思恩格斯全集：第46卷（上）[M]．北京：人民出版社，1979：46.

⑦ 汤在新．《资本论》续篇探索[M]．北京：中国金融出版社，1995：404.

到国外市场，考察“资本主义生产的国际关系、国际分工、国际交换、输入和输出、汇率”，[①] 并且劳动价值论和剩余价值论仍然是“对外贸易”册的理论基础，“资本”册中分析过的商品、价值和资本等范畴与原来被抽象掉的国际经济关系结合起来，使原来的价值理论进一步上升为国际价值理论，并为“世界市场”册提供理论前提。最后一册“世界市场”进一步将资本主义各国的总和作为一个整体，考察世界范围内资本主义生产的特征和性质，真实再现了资本主义生产方式自身及其最终被共产主义经济制度取代的运动规律和历史趋势，由此形成了一个内容庞大且完整、科学的经济学理论体系。

（四）从研究方法看，“六册计划”是一个从抽象上升到具体的逻辑严密的理论体系

区别于重商主义和古典政治经济学，马克思认为建立政治经济学理论体系的正确方法应该是透过表象中的具体得到一些抽象的规定，然后经过一系列中介再由这些抽象的规定上升到具有许多规定和关系的越来越具体的总体。当“这些个别要素一旦多少确定下来和抽象出来，从劳动、分工、需要、交换价值等等这些简单的东西上升到国家、国际交换和世界市场的各种经济学体系就开始出现了”。[②] 因此，马克思在建立理论体系时，“从历史上和实际上摆在我们面前的、最初的和最简单的关系”出发，[③] 即从抽象的一般关系“商品”范畴出发，由“货币”上升到“资本”，在对资本的考察中，先考察“资本一般”，然后是“资本的竞争”“信用”以及“股份资本”，接着考察“土地所有制”及“雇佣劳动”，在一般的、本质的层面考察与资本相关的问题之后，继而考察“国家”这一资本主义生产关系的承担者，之后由“国家对内”升级到生产的国际关系即“国家

① 中共中央马恩列斯著作编译局．马克思恩格斯全集：第 46 卷（下）[M]．北京：人民出版社，1980：46.

② 中共中央马恩列斯著作编译局．马克思恩格斯选集：第 2 卷[M]．北京：人民出版社，1995：18.

③ 中共中央马恩列斯著作编译局．马克思恩格斯选集：第 2 卷[M]．北京：人民出版社，1995：43.

对外”，最后上升到各国资本主义社会总体范畴的“世界市场”。从一般性在具体经济领域的演进与运行看，在整个叙述中，马克思总是用已经阐明的抽象的规定性去解释更为具体的范畴直到“具有许多规定和关系的丰富的总体”。“六册计划”中，以“资本”册为核心的前三册分析了资本家阶级、土地所有者阶级和工人阶级的生产关系，揭示了资本主义经济制度的内部结构，这只是“资产阶级社会的普遍关系的抽象形式”。[1]“国家”是“有产阶级即土地所有者和资本家反对被剥削阶级即农民和工人的有组织的总合权力”,[2] 是资本运动逻辑发展的更为具体的阶段，“对外贸易”是资本的流通过程越出国境在国家层面上运动的更为丰富、更为具体的发展，最后过渡到最具体的、最丰富的、包罗万象的全部资本主义生产关系的“总体的前提和承担者”——“世界市场”。至此，马克思按照从简单上升到复杂、从抽象上升到具体的叙述方法，由最简单的、最抽象的、最本质的“商品”范畴开始分析，直到最复杂的、最具体的、最现实的“世界市场”层面，形成了科学而完整的考察资本主义经济制度的理论体系。

三、“六册计划”理论体系对于构建新发展格局的启示

马克思坚持从抽象的规定上升到具体的范畴的思维逻辑构建了一个结构复杂、系统完整的经济学理论体系，即从资本一般出发，由资本主义生产方式上升到资本主义生产关系的内在联系、由国家内部经济关系扩展到国家对外经济关系，在思维行程中经由国家、对外贸易最后发展到“世界市场”这个最丰富、最具体的资本主义生产的总体承担者，即所有规定性得到全面综合、所有危机得到全面说明、“一切矛盾展开了”的“总体”，从而科学地再现了资本主义社会全部经济关系及其最终被新的社会形态所

---

① 中共中央马恩列斯著作编译局．马克思恩格斯全集:第 46 卷(上)[M]．北京:人民出版社，1979:7.

② 中共中央马恩列斯著作编译局．马克思恩格斯选集:第 2 卷[M]．北京:人民出版社,1995:591.

取代的运动规律和历史必然性。尽管马克思生前只完成了“六册计划”中第一册第一篇“资本一般”的写作，但其整个经济学体系展现出来的叙述经济问题的广度和深度，为深入理解新发展格局的生成逻辑、辩证关系及关键着力点，推动形成“以国内大循环为主体、国内国际双循环相互促进”的新发展格局，提供了科学的理论方法和逻辑指南。

（一）构建新发展格局要以国内经济发展为基础，突出国内大循环的主体地位

马克思经济学理论体系以“资本”册为分析起点对资本主义三个主要经济关系进行了详细的分层研究，在概括资产阶级国内经济关系的基础上，上升到国内资产阶级的总代表——国家，并以国家为单位在更加具体、更大范围层面考察了国家的对外经济关系。从结构安排看，“六册计划”中前三册对国内经济关系的阐述是后三册分析国际经济关系的理论基础。从经济走向看，世界市场是资本主义国内经济发展的产物，是资本主义生产克服地域界限后“以其最发展的形式，以其世界市场的形式出现”,[①] 没有国内经济的发展就不会有世界市场的形成和发展。因此，从国家发展安全和经济韧性考虑，构建新发展格局应以国内经济发展为基础，充分发挥国民经济循环的主体作用。习近平总书记强调“推动国内大循环，必须坚持供给侧结构性改革这一主线，提高供给体系质量和水平，以新供给创造新需求，科技创新是关键。畅通国内国际双循环，也需要科技实力，保障产业链供应链安全稳定”。[②] 这就要求我们必须以科技创新驱动供给侧结构性改革，通过内生技术进步推动产业链与创新链的深度融合，提高产业链供应链的创新水平和现代化水平。通过加深产业链的纵向合作与横向互动，增强高质量有效供给能力，有效解决国内产业发展、区域发展、城乡发展、实体经济—虚拟经济发展失衡问题，提升供给效能与内需

① 中共中央马恩列斯著作编译局．马克思恩格斯全集：第46卷（上）[M]．北京：人民出版社，1979：7.

② 习近平．在科学家座谈会上的讲话[N]．人民日报，2020－09－11（002）.

潜力的适配性，促进国民经济的纵向循环与横向循环，并以国内大循环为基础重新部署国际循环策略，构建“以我为主”的全球供应链体系，把握发展的主动权，重构竞争的新优势，通过“以内为主、内外互促”为实现经济发展质量变革、效率变革、动力变革提供有力保障。

（二）构建新发展格局要以生产关系变化为中心依据，积极应对国际国内生产关系调整

第一，从国际生产关系来看，“六册计划”从“一般抽象的规定”具体到基本经济范畴，最后到资本主义全部经济关系的总体承担者“世界市场”，可以看出，马克思经济学理论体系研究的是“资本主义经济制度”，这不仅包括《资本论》的资本主义生产，还包括生产者国家、生产的国际关系和突破国家界限的资产阶级社会。马克思运用总体方法论证明了在资本运动中世界市场形成的客观必然性，证明了隐藏在国际生产关系背后世界经济一体化的历史趋势。世界市场揭示了资本主义国家通过国际循环反过来促进国内生产力发展的原理，而资本主义生产力的发展将进一步深化国际分工并推动“各国人民日益被卷入世界市场网，从而资本主义制度日益具有国际的性质”。[①] 改革开放以来，我国通过大口径国际循环的模式极大地扩展了国内循环的生产边界，带动了国内经济持续高速增长。然而，在资本主义生产最大限度追求剩余价值的本性驱动下，伴随着全球经济失衡的不断积累，迫使以美国为中心的资产阶级企图通过再平衡或再工业化来调整资本主义国际生产关系，由此带来的全球经济发展非均衡性、利益分配不平等性等问题，使国际循环的功能逐渐弱化。因此，分析全球经济状况，以世界范围内资本主义生产方式为基础探究国际生产关系，适时转向以国内循环为主来规避发达资本主义国家政策的外生冲击，通过发展格局的调整有效应对国际生产关系的变化，重新谋划中国参与国际循环的决

① 中共中央马恩列斯著作编译局．马克思恩格斯全集：第 23 卷［M］．北京：人民出版社，1972：831.

策部署，构建更加安全、更高水平的外循环模式，就成为新时期经济发展逻辑的必然。

第二，从国内生产关系来看，“六册计划”作为研究生产关系的科学著作，着眼于生产关系的总体，研究的是一定经济制度下生产关系对物质财富增长的作用，因而不能仅限于揭示物质生产的本质关系，还应包含生产方式、发展方式等某些环节[①]，这为我们探寻中国特色社会主义经济改革和经济建设提供了指导思想。列宁曾指出：“只有把社会关系归结于生产关系，把生产关系归结于生产力的水平，才能有可靠的根据把社会形态的发展看作自然历史过程。”[②] “社会主义的本质，是解放生产力，发展生产力，消灭剥削，消除两极分化，最终达到共同富裕。”[③] 这就决定了社会主义生产与资本主义生产的本质区别。社会主义生产的目的在于全面满足人民的物质消费需求和美好生活需要，因而在中国特色社会主义生产关系条件下，国内经济大循环的中心任务就应该立足于我国国情和发展实践，通过价值循环运动为社会再生产的发展、人民生活水平的提高创造物质条件。近年来，“中国市场和资源两头在外的发展模式已经悄然改变……国内消费成为经济增长的主要动力”。[④] 但是，由于供需结构性失衡问题严重，供给体系难以有效适配国内需求，造成当下国内循环乏力。所以，国内大循环作为对生产关系的重大调整，应从需求端和供给端发力，将释放内需潜力和强化有效供给作为战略重点，以扩大消费比例、升级消费结构、创新消费业态、畅通城乡及区域循环为方向，以提升自主创新能力、加快科技成果转化、优化产业空间布局为抓手，形成“需求牵引供给、供给创造需求”的高水平动态平衡，化解外需疲软带来的负面影响，加快实

---

① 洪银兴教授认为“政治经济学涉及的内容非常广泛，既涉及制度分析，也涉及经济运行和发展分析”，包括四个层面：“一是生产关系即经济制度层面；二是经济运行层面，即资源配置层面；三是经济发展层面，即从落后状态向现代化状态的研究；四是对外经济层面。”[洪银兴. 进入新时代的中国特色社会主义政治经济学[J]. 管理世界，2020(9)：1－10.]

② 中共中央马恩列斯著作编译局. 列宁专题文集·论辩证唯物主义和历史唯物主义[M]. 北京：人民出版社，2009：161.

③ 中共中央文献研究室. 邓小平文选：第3卷[M]. 北京：人民出版社，1993：373.

④ 习近平. 构建新发展格局 实现互利共赢[N]. 人民日报，2020－11－20(001).

现更可持续、更有效率、更高质量的国内大循环。

（三）构建新发展格局要遵循马克思经济学体系结构，统筹考虑国民经济与国际经济

马克思的“六册计划”既要考察国内关系也要考察国际关系，其经济学体系从资本主义关系下生产的抽象形式出发，考察现实生产中资本主义社会的阶级构成及其经济关系，从而揭示了生产的具体形式，即“国家”。在研究国内关系之后，还要研究国家对外的问题，去发现国际生产关系乃至“世界市场”这个最高具体，从而使各国被整合为一个互相依存、互相依赖的有机整体。遵从马克思的逻辑思路，在双循环新发展格局中，要协调好国内循环与国际循环的关系，以畅通国内循环为前提，以畅通国际循环为保障，形成国内经济与国际经济的互通有无、互相促进，为我国经济高质量发展注入新活力。

第一，“六册计划”的前三册“国民经济学”研究国家内部三大阶级的资本主义经济关系。从体系结构看，前三册是后三册的逻辑起点，从资本主义经济循环看，国内经济是基础和主体，当微观层面单个资本的循环及周转保持连续和宏观层面社会总资本的再生产及流通顺利实现，国民经济才能保持良性循环，而当国内资本积累达到极限后就会产生国际资本循环，从而使经济循环在国际展开。习近平总书记指出：“人类历史上，没有一个民族、没有一个国家可以通过依赖外部力量、跟在他人后面亦步亦趋实现强大和振兴。”[①] 因此，构建新发展格局应以国内大循环为主，通过优化内需体系、深化供给侧改革、畅通现代流通、完善中国特色社会主义分配制度等路径，着力推动国内经济的良性循环。只有“国内循环越顺畅，越能形成对全球资源要素的引力场，越有利于构建以国内大循环为主体、国内国际双循环相互促进的新发展格局，越有利于形成参与国际竞争

---

① 习近平．习近平谈治国理政：第一卷［M］．北京：外文出版社，2017：29.

和合作新优势”。①

第二，“六册计划”的后三册“世界经济学”研究跨越国界的国家主体间的经济关系，从体系结构看，后三册是前三册逻辑行程的延续，从资本主义经济循环看，国际经济是在国内经济基础上的延伸和补充。马克思认为“资本主义离开对外贸易是根本不行的”，②“世界市场不仅是同存在于国内市场以外的一切外国市场相联系的国内市场，而且同时也是作为本国市场的构成部分的一切外国市场的国内市场”。③ 对于社会主义而言，列宁认为“人类的整个经济、政治和精神生活在资本主义制度下已经愈来愈国际化了。社会主义会把这三方面的生活完全国际化”。④ 因此，构建新发展格局应在立足国内大循环的同时，重视国际循环的良性运行，通过推进“一带一路”建设、发展区域全面经济伙伴关系、重组产业链国际布局、构建人类命运共同体等路径塑造更高水平的外循环经济，推动形成“内循环为主，双循环互动”的新发展格局。正如习近平总书记所说，“以国内大循环为主体，绝不是关起门来封闭运行，而是通过发挥内需潜力，使国内市场和国际市场更好联通，更好利用国际国内两个市场、两种资源，实现更加强劲可持续的发展”。⑤

（四）构建新发展格局要坚持总体性方法论，以历史思维和系统思维为基本逻辑遵循

总体性思想是马克思经济学理论体系的内在理论特质。马克思曾指出：“无论我的著作有什么缺点，它们却有一个长处，即它们是一个艺术

① 习近平．国家中长期经济社会发展战略若干重大问题［J］．求是，2020（21）：1－4.

② 中共中央马恩列斯著作编译局．马克思恩格斯全集：第24卷［M］．北京：人民出版社，1972：528.

③ 中共中央马恩列斯著作编译局．马克思恩格斯全集：第46卷（上）［M］．北京：人民出版社，1979：238.

④ 中共中央马恩列斯著作编译局．列宁全集：第23卷［M］．北京：人民出版社，1990：332.

⑤ 习近平．在企业家座谈会上的讲话［N］．人民日报，2020－07－22（002）.

的整体。但要达到这一点，只能用我的方法。”① 这一方法就是总体性方法，其逻辑流程为“表象中的具体→内部有序联系→表面的规定→具体整体”。作为马克思经济学的基本方法，总体范畴既包含了社会历史发展的总体性，也包含了社会系统结构的总体性。新发展格局是“根据我国发展阶段、环境、条件变化提出来的”，② 是关联全局的系统性变革。因此，应该遵循马克思总体方法论的历史逻辑和系统逻辑，考察新发展格局的历史轨迹和系统生成，从总体性视野推动构建新发展格局。

第一，从历史逻辑来看，马克思以唯物史观为指引，从历史性出发将商品细胞作为其经济学体系的起点范畴，并在具体历史形式和历史环境的矛盾运动中实现了对资本主义经济制度的总体性解剖。历史逻辑是“对包含着一连串互相衔接的阶段的发展过程的阐明”，③ 只有“把社会生活中的孤立事件作为历史发展的环节并把它们归结为一个总体的情况下，对事实的认识才能成为对现实的认识”。④ 这要求我们必须回归到具体的历史环境和历史阶段去审慎发展格局，通过把握新发展格局的历史性生成再现其内在规定。新中国成立初期，为迅速恢复生产并建立社会主义工业化体系，国家通过实施“一化三改”形成了高度集中的计划经济体制，自力更生地建立起了以政府为主导的国内循环体系。改革开放初期，党中央适时地把工作重心转移到经济建设上来，随着计划经济向市场经济转型，国家以“出口创汇”为重点实施对内改革、对外开放的方针，将国际循环作为辅助国内经济循环的重要着力点。自 2001 年我国加入 WTO 至 2013 年跃升为全球货物贸易第一大国，在外向型经济模式下，国际循环作用逐渐上升并占据主导地位。这种发展格局极大地推动了国内经济体系各要素循环，但也带来了许多隐患，如产业循环失衡、城乡循环不畅等。进入新发展阶

---

① 中共中央马恩列斯著作编译局．马克思恩格斯《资本论》书信集［M］．北京：人民出版社，1976：196.

② 习近平．在经济社会领域专家座谈会上的讲话［N］．人民日报，2020－08－25(002).

③ 中共中央马恩列斯著作编译局．马克思恩格斯选集：第 4 卷［M］．北京：人民出版社，1995：680.

④ ［匈］卢卡奇．历史与阶级意识［M］．北京：商务印书馆，1999：56.

段，外部循环条件持续恶化，内部循环结构性失衡加剧，我国面临开放中的博弈和发展中的困境，应以长期全局的眼光审视发展格局，将国际国内循环纳入世界经济和中国经济历史变迁的长河中，总体把握发展格局的历史逻辑，准确判断发展格局的现实规定，及时转移经济发展阵地，促进形成以国内循环为主体、国际国内循环双轮驱动的新发展格局。

第二，从系统逻辑来看，马克思强调“现在的社会不是坚实的结晶体，而是一个能够变化并且经常处于变化过程中的有机体”。[①] 正是通过考察社会有机体的系统运动，马克思确定了其经济学体系的研究对象、研究内容等。系统思维的要义是以物质生活为基点，用系统观念认识事物，把事物作为体系各层级和内部子系统互相影响、联系和作用的总体性存在，动态把握系统结构的每一层级和子系统之间的有机联系和变化规律，达到最优解决问题的思维方式。当前，“我国发展环境面临深刻复杂变化，发展不平衡不充分问题仍然突出，经济社会发展中矛盾错综复杂，必须从系统观念出发加以谋划和解决”，[②] 构建新发展格局是一项事关全局的复杂工程，需要以总体的系统逻辑为指引，加强系统内部一切要素的关联性、稳定性、矛盾性研究。从外部结构的整体性看，每个国家作为世界经济整体的一个要素，并非处于封闭的系统，而是同其他经济体普遍联系并相互作用和影响，新发展格局的提出是在与世界的对话中生成的，要注重从总体布局和战略全局研判国际形势变化，把握国际循环的战略意义，明确国际循环的系统定位，在世界经济的系统运动中加强国际国内要素间的关联性、有序性。从内部结构的整体性看，国内循环作为我国社会总体系统的关键因素，要加强对系统内各要素的全局性谋划和整体性推进，坚持全国“一盘棋”，破除要素流动壁垒，优化系统内部各要素活力，减少系统运动的不确定性，通过整体谋划及顶层设计提升国内循环的系统性、协同性、

① 中共中央马恩列斯著作编译局．马克思恩格斯选集：第 2 卷［M］．北京：人民出版社，1995：102.

② 本书编写组．党的十九届五中全会《建议》学习辅导百问［M］．北京：党建读物出版社，学习出版社，2020：58.

开放性和优化性，促进国民经济循环的发展和升级。

马克思的“六册计划”理论体系基于总体方法论，按照“生产—生产关系—阶级关系—权力关系—国际关系—世界市场与危机”的逻辑结构系统考察了资本主义国内经济循环，并揭示了国际国内经济的运行机理和内在联系，为构建我国“双循环”新发展格局提供了科学的分析方法和理论支撑。为此，我们一方面要加快构建全国统一大市场，激发市场主体活力，优化营商环境，加快构建高水平社会主义市场经济体制；另一方面，要持续推进更大范围、更宽领域、更深层次和更高水平的对外开放，实现国内国际两个市场、两种资源联动循环，切实实现国内国际循环质量和水平的提高。

数字经济价值分配的基本特征、理论意蕴及其现实借鉴

——基于马克思价值分配理论的分析

李清华①

摘要：数字经济在重塑生产方式的同时，重塑了与之相适应的分配结构。以马克思价值分配理论为基础，数字经济价值分配呈现出以下新特征：数据要素出场并未改变价值分配内容的本质，但成为参与价值分配的新要素主体；多样化数字雇佣条件和数字生产资料占有形式加剧了不同数字劳动者与数字资本家分配权利的不对等；数字资本扩张下数字劳资收入失衡的分配结果推动数字垄断资本形成。这些新特征背后体现着数字经济价值分配的理论意蕴。数字经济价值分配依据由数字劳动创造价值的唯一性决定；价值分配条件由数字经济的劳动过程、劳动方式及其劳资关系主导；价值分配关系的对抗性矛盾则与数字资本积累的历史叙事相关。对数字资本主义价值分配规律的切实把握为中国情境下数字经济价值分配实践提供了借鉴。结合中国特色社会主义基本经济制度优势，以公有制为主体的多种所有制经济制度为分配前提，推进数据要素确权；以按劳分配为主体的多种分配方式为分配路径，构建按劳动贡献分配导向；以社会主义市场经济体制为分配基础，提升数字经济生产力条件。

关键词：数字经济；价值分配；数据要素；数字资本主义

---

① 李清华(1995—)，女，陕西西安人，西北大学经济管理学院博士研究生，研究方向为中国特色社会主义政治经济学。项目来源：教育部哲学社会科学研究重大课题攻关项目“中国特色社会主义政治经济学理论与实践研究”(项目编号:20JZD005)。

马克思在研究资本主义分配问题时指出，分配关系“是同生产过程的历史地规定的特殊社会形式，以及人们在他们的人类生活的再生产过程中相互所处的关系相适应的，并且是由这些形式和关系产生的”，[①]“分配关系和分配方式只是表现为生产要素的背面”，“分配结构完全决定于生产的结构”。[②] 进入以数据和信息为驱动力的数字经济时代以来，社会生产和再生产模式发生了极大变化，生产关系也在数字经济的全面渗透中进行了调整，这种生产领域的颠覆性变革重塑了数字经济价值分配模式和分配关系。一方面，数字经济的价值分配仍然是商品经济下的价值分配，在资本主义语境中，可以被归纳到数字资本主义范畴。数字资本主义的概念最早由美国学者丹·希勒（Dan Schiller）提出，数字资本主义以信息技术革命的发生为标志，仍然在扩张性市场逻辑下，遵循着工业经济时代资本运行的基本模式，资本家和劳动者之间的价值分配规律并未发生实质性改变，马克思关于资本主义分配的相关理论在数字经济时代依然具有根本指向性。然而，在数字技术、数据要素的参与下，数字资本的“剥夺性积累”特征更加明显，由此加剧了分配领域的两极分化，激化了分配关系中的矛盾冲突。另一方面，数字经济的价值分配呈现出数字化的新特征。随着数据生产要素的出场，数字劳动者和数字资本家等新的分配参与主体出现，传统劳动者和工业资本家按照数字经济时代生产条件和组织形式重新进行分配权利的布局，形成新的分配结果与分配格局。

从现有文献来看，关于数字经济及其分配问题的讨论正日益成为数字经济政治经济学分析领域的热点话题，相关研究主要集中在以下几个方面：第一种观点基于马克思主义政治经济学理论探讨了数字经济如何发挥其对收入分配的普惠效应，促进分配格局调整，使得数字经济发展的成果由全体参与者共享。[③④] 第二种观点从马克思主义政治经济学不同理论出

① ［德］马克思．资本论：第3卷［M］．北京：人民出版社，2018：999－1000.

② 中共中央马恩列斯著作编译局．马克思恩格斯选集：第2卷［M］．北京：人民出版社，2012：695.

③ 韩文龙，陈航．数字化的新生产要素与收入分配［J］．财经科学，2021（3）：56－68.

④ 师博．数字经济下政治经济学理论创新研究［J］．政治经济学评论，2022，13（2）：182－197.

发，聚焦数字经济的价值分配，如从劳动价值论出发探讨数字经济价值分配领域的新型劳资关系以及劳动收入分配中的新问题；① 从生产条件分配理论出发讨论数字化新要素在价值分配中的作用及其在数字经济时代的收入分配问题；② 从资本主义及其剩余价值生产出发，数字资本支配使剩余价值分配范围、分配形式和分配结果研究出现了“窄化”“租金化”和“垄断化”。③ 第三种观点也是研究较多的观点，是具体到数字经济关键性要素——数据要素的价值分配，包括数据要素参与分配的路径、数据要素参与分配中的问题、数据要素价值化中的分配正义等方面。④⑤⑥⑦⑧

总体来看，关于数字经济及其分配问题的政治经济学研究已初具体系，但重点仍然在数据要素的价值分配上，缺少从马克思分配理论整体上对数字经济及其价值分配问题的逻辑把握，并且围绕数据要素价值分配向数字经济分配其他方面的拓展仍有待进一步深入。因此，通过对马克思分配理论的全面梳理，并用其检视数字经济时代的价值分配，能够更加充分地把握数字经济价值分配规律的建设性和批判性本质。同时，从价值分配的内容、形式，分配权利，分配结果三个层面对数字经济价值分配进行现实解构，将数据要素、数字劳动者、数字资本家、数字资本等都纳入数字经济价值分配的分析过程中，并进一步复归马克思的分配理论，从价值分配的来源、价值分配的生产方式基础与价值分配关系揭示数字经济价值分

---

① 任保平，王子月．基于政治经济学视角的数字经济价值创造与分配[J]．学术研究，2023(8)：76－83.

② 韩文龙，陈航．数字化的新生产要素与收入分配[J]．财经科学，2021(3)：56－68.

③ 黄再胜．数字剩余价值的生产、实现与分配[J]．马克思主义研究，2022(3)：104－119.

④ 张忠跃．数字经济时代数据要素参与非劳动收入分配的理论与实践[J]．当代经济研究，2023(3)：90－97.

⑤ 崔平，彭鸽．数据要素参与分配：价值、困境与路径[J]．上海经济研究，2022(6)：27－35.

⑥ 李标，孙琨，孙根紧．数据要素参与收入分配：理论分析、事实依据与实践路径[J]．改革，2022(3)：66－76.

⑦ 黄再胜．平台权力、劳动隐化与数据分配正义——数据价值化的政治经济学分析[J]．当代经济研究，2022(2)：77－87.

⑧ 李政，周希禛．数据作为生产要素参与分配的政治经济学分析[J]．学习与探索，2020(1)：109－115.

配基本特征形成背后的理论依据，能够为更好促进中国情境下数字经济价值分配公平正义、增强数字经济的经济增长驱动力提供现实借鉴。

一、马克思价值分配理论的核心思想

马克思认为分配不过是生产的另一面，分配关系由生产关系决定，分配的形式则是生产条件本身的分配，分配的结构完全取决于生产的结构。资本主义生产方式下，价值分配的特殊性本身就是由价值生产的特殊性导致的。马克思关于资本主义价值分配的理论以劳动价值论为基础，剖析资本主义生产方式下的价值分配规律，分析了资本主义生产关系和分配关系的相互作用，并进一步提出关于共产主义价值分配的设想。

第一，分配内容和形式由生产的内容和形式决定。马克思在《1857—1858年经济学手稿》中指出："分配的结构完全决定于生产的结构。分配本身是生产的产物，不仅就对象说是如此，而且就形式说也是如此。"① 资本主义的分配内容和分配形式由资本主义的生产方式决定。资本主义生产具有两个特征：一是"它生产的产品是商品"；② 二是"剩余价值的生产是生产的直接目的和决定动机"。③ 因此，庞大的财富堆积是资本主义生产方式下社会财富的直接形式，这决定了资本主义分配在内容上首先以商品为外在形式，而资本主义商品生产的目的在于生产价值和剩余价值，实现资本增殖。以剩余价值生产为目的的商品生产决定了资本主义分配内容实质上是新创造的价值和剩余价值在整个社会主体间的分配。

新创造的价值和剩余价值的分配在资本主义生产过程中分别按生产条件分配，即按个人占有的生产要素取得工资、利润和地租的分配形式，从而赋予了分配主体获取分配权利的合理性。这三种收入形式中，工人在工资名义下获得劳动力的价值；资本家以资本利润形式获得商品的剩余价

① 中共中央马恩列斯著作编译局．马克思恩格斯文集：第8卷[M]．北京：人民出版社，2009：19.
② [德]马克思．资本论：第3卷[M]．北京：人民出版社，2018：995.
③ [德]马克思．资本论：第3卷[M]．北京：人民出版社，2018：997.

值；土地所有者“也要在地租的形式上，按照以前已经说明的规律，再从资本家那里吸取这个剩余价值或剩余产品的一部分”。① 资本主义这三种不同分配形式实际上体现了生产条件分配的历史规定性，使不同分配主体根据所占有生产条件或者说生产要素获得合理的分配权利。因为“在分配是产品之前，它是：（1）生产工具的分配；（2）社会成员在各类生产之间的分配”。② 雇佣工人虽然直接从事生产，但他不占有任何生产要素，连他自己的劳动力也作为商品被出卖给资本家，因而他只有获得工资收入的分配权利，用以维持劳动力再生产。资本家获得资本利润的分配权利则来自对生产资料和劳动力的占有，进而获得不变资本和可变资本等资本要素的所有权。土地所有者的分配权利来自对土地要素的占有，土地作为生产条件之一，使土地所有者能够以地租名义从资本家利润中分割剩余价值。随着资本主义工业大机器时代的到来，不仅机器等不变资本更加重要，可变资本劳动力本身也越发重要，这是因为活劳动作为价值创造的唯一源泉，是新创造价值和价值在不同主体间进行分配的依据。雇佣工人除了自己劳动力的价值，无法从其他地方获得收入。资本家只有实现科学技术在大机器上更加普遍的应用，加深对雇佣工人分配权利的客体化的外在夺取，才能从劳动者身上占有更多剩余价值。土地所有者亦是如此，如果无法直接从雇佣工人身上榨取剩余价值，就只能从资本利润里进行抽成。分配主体对劳动力、资本、土地等生产要素的所有权和占有比例决定了他们能从活劳动中榨取和占有多少价值和剩余价值。

第二，分配关系由生产关系决定。分配决定于生产，分配关系“包含在生产过程本身中并且决定生产的结构”。③ 分配关系与生产关系本质上是同一的，是生产过程中人们的社会关系在分配领域的集中体现。资本主义生产关系是以资本主义私有制为基础的雇佣劳动制度，正是由于劳动采取雇佣的形式，生产资料采取资本的形式的前提，价值才表现为剩余价值，

---

① ［德］马克思．资本论：第3卷［M］．北京：人民出版社，2018：929.

② 中共中央马恩列斯著作编译局．马克思恩格斯文集：第8卷［M］．北京：人民出版社，2009：20.

③ 中共中央马恩列斯著作编译局．马克思恩格斯文集：第8卷［M］．北京：人民出版社，2009：20.

进一步表现为资本家的盈利，即利润，于是“用来扩大再生产并构成一部分利润的追加生产资料，才表现为新的追加资本，并且整个再生产过程的扩大，才表现为资本主义的积累过程”。[①] 一方面，生产者与生产资料相分离使资本家对剩余价值的无限追求和劳动者无法享有自己所创造的剩余价值的现实矛盾加剧着分配关系的异化。生产资料私有制放大了资本家剥削雇佣工人的欲望，这种欲望反馈在雇佣工人身上则表现为一种由资本驱使下技术异化、机器异化带来的人的异化。“科学通过机器的构造驱使那些没有生命的机器肢体有目的地作为自动机来运转，这种科学并不存在于工人的意识中，而是作为异己的力量，作为机器本身的力量，通过机器对工人发生作用。”[②] 创造价值的活劳动就被机器这种自为存在的价值所占有，“对象化劳动在劳动过程本身中与活劳动相对立而成为支配活劳动的力量，占有活劳动的资本就其形式来说就是这样的力量”。[③] 由这种充满矛盾的生产关系所塑造的分配关系同样是充满对抗性的、异化的，劳动者被机器当作活的附属物并入死机构同其作为参与分配的具有能动性的价值创造主体相异化。另一方面，对抗性的异化分配关系同样影响着生产的形式和全部运动。对抗性分配关系带来两极化的分配结果，一边是资本家无限扩大再生产的资本追加，另一边是雇佣工人受剥削程度日益加强造成的贫困的无限积累。这种严重失衡的分配结果激化了社会化大生产与生产资料私人占有之间的矛盾，这是“产生现代社会的一切矛盾的基本矛盾，现代社会就在这一切矛盾中运动，而大工业把它们明显地暴露出来了”。[④] 资本主义生产过剩与消费不足成为资本主义经济危机的根源。

第三，价值分配规律在未来社会的延伸与发展。无论是从两极分化的

① 中共中央马恩列斯著作编译局．马克思恩格斯选集：第 2 卷［M］．北京：人民出版社，2012：652.

② 中共中央马恩列斯著作编译局．马克思恩格斯文集：第 8 卷［M］．北京：人民出版社，2009：185.

③ 中共中央马恩列斯著作编译局．马克思恩格斯文集：第 8 卷［M］．北京：人民出版社，2009：185－186.

④ 中共中央马恩列斯著作编译局．马克思恩格斯选集：第 3 卷［M］．北京：人民出版社，2012：816.

分配结果还是从不断异化的分配关系来看，资本主义分配方式是一种不公平的分配方式，其加速资本主义制度终结的根源在于生产力飞速发展下，要求生产资料具备社会生产力的性质与其实际上呈现出的资本属性相矛盾。因此，马克思指出，未来生产力高度发达的共产主义社会将取代资本主义社会，公有制取代私有制将使得价值分配规律产生新变化。马克思按生产力发展水平将共产主义生产方式下的分配制度划分为两个阶段。首先是刚从资本主义社会产生出来的，带着旧社会痕迹、生产力发展不够充分的共产主义初级阶段，即实行按劳分配的社会主义阶段。在《哥达纲领批判》中，马克思对此作出较为详细的论述，按劳分配的前提是在全社会范围内实现生产资料公有制，集体的劳动所得就是社会总产品，在社会总产品中相继扣除补偿所消耗的生产资料部分、用来扩大再生产的追加部分、后备基金等生产资料部分，再从消费资料中扣除管理费用、社会保障费用等，才能在劳动者之间进行按劳分配。他同时指出这样一种形式的一定量的劳动同另一种形式的同量劳动的交换仍然属于商品经济范围内资产阶级法权的平等权利。生产者权利与他们提供的劳动成比例，导致按劳分配仍是一种不公平的分配制度。因为在以劳动为同一衡量尺度时，劳动能力、劳动天赋和劳动条件的差异使得这种平等的权利变成一种不平等的权利。要完全消除这种不平等，必须在生产力更加发达的共产主义高级阶段才能实现。社会化生产“不仅可能保证一切社会成员有富足的和一天比一天充裕的物质生活，而且还可能保证他们的体力和智力获得充分的自由的发展和运用”。① 在商品生产完全消失、产品对生产者的统治完全消失的生产方式和生产关系中，才能真正实现各尽所能、按需分配。这也是生产本身实现无限增长的唯一先决条件。

---

① 中共中央马恩列斯著作编译局．马克思恩格斯选集：第 3 卷［M］．北京：人民出版社，2012：816.

二、数字经济价值分配的基本特征

（一）分配内容与形式层面：数据要素参与分配成为分割剩余价值的一个要素主体

“消费资料的任何一种分配，都不过是生产条件本身分配的结果。而生产条件的分配，则表现生产方式本身的性质”，[①] 数据生产要素的出场意味着在科技进步的推动下我们进入数字化生产方式的全面转型阶段，数据与土地、劳动力、资本和技术一起构成生产要素，参与生产过程，成为数字经济时代生产的前提条件，因而在分配形式层面出现了按数据要素参与分配的形式，但数据要素的出场并未使商品经济分配内容发生本质变化。

商品经济条件下，数据作为一种虚拟化的客体存在物即使参与生产过程，或是作为劳动对象都不能使其劳动产品跳出现有分配内容范畴。数据要素参与生产的结果首先仍然以商品形式呈现。数据是一种以数字化的知识和信息存在的经济资源，并非如土地一样是自然的，而是人类社会特有产物，是无形的、非物质的，但其存在需要依附于物质载体。[②] 数据化商品的一部分以图文影音等数字化虚拟形态为内容，通过物质载体进行表达；另一部分则充分地结合了实体硬件，以智能化和数字化电子产品为主。无论哪种数据化商品的生产，数据要素都在其中发挥着必不可少的作用，都生产出作为价值和使用价值统一体的商品。更重要的是，数据要素参与生产并未改变劳动创造价值和剩余价值的本质，因此也就不能改变分配内容是价值和剩余价值的本质。数据要素在生产过程中是一种客体化的存在，能够帮助劳动者提高劳动价值创造效率，但并不能替代劳动本身。数据的自动生成也离不开包含了物化劳动的实物生产资料载体，离不开程

---

① 中共中央马恩列斯著作编译局．马克思恩格斯选集：第3卷[M]．北京：人民出版社，2012：365.

② 宋冬林，孙尚斌，范欣．数据成为现代生产要素的政治经济学分析[J]．经济学家，2021(7)：35－44.

序设计的劳动加工，数据要素参与生产的目的正如工业资本主义时期大机器的使用一样，以提高劳动生产效率，创造更多剩余价值为目的。数据本身的虚拟性、可复制性、共享性和广泛适用性使生产过程中的数据要素具有无限扩容和倍增积累的特性，能够与各行各业中其他劳动、资本、技术、管理等要素深度融合，并随着数据量的增加呈现出生产边际成本递减和规模报酬递增趋势。因此，数据商品已然成为数字经济时代物质财富的重要组成部分，数字劳动所创造的价值和剩余价值也成为数字经济时代价值分配的重要内容。

从价值分配形式历史演进的视角看，数据成为生产要素并重塑价值分配形式有其历史必然性。农业经济时代以土地和劳动生产要素为主，封建土地所有制将农奴束缚于土地这一生产资料上，地主对土地的世袭特权造就了他们按土地所有权支配劳动力并占有劳动产品的分配特权。资本主义工业经济时代，资本成为主导生产的关键要素，资本主义私有制也顺势将劳动变成资本所占有的私有物，资本通过占有剩余劳动最终以利润的形式参与分配，劳动在其中也就获得了工资的分配形式。数字经济时代，数据要素在生产过程的广泛参与对于其他所有生产要素来说更像是催化剂和黏合剂，其在价值创造中表现为一种依附性，数据要素与资本要素的结合形成了数据资本，数据要素与劳动要素的结合创造了数据商品；数据要素与技术要素的结合形成了数字技术；数据要素与知识、管理等要素的结合创新了知识和信息的传递方式；数据与土地要素的结合形成了土地资源利用的数据整合。数据本身无法创造价值，但是它与其他生产要素的结合使得它也成为分割剩余价值的一个要素主体，数据要素在数据资本中取得利润的形式，在数字劳动中取得工资的形式，数据由人类活动所生成的社会属性决定数据要素在价值分配中难以独立去衡量，并获得一种特定的收入分配形式。它必须在与其他生产要素的结合中获得属于自己的价值分配的一部分。数据要素的出现虽然创造了数字化的生产方式，但从根本上来看并未完全颠覆现有的生产条件，因而数据要素对剩余价值的分割更主要取决于数据的所有权。

（二）分配权利层面：数字雇佣条件与数字生产资料占有形式的多样化催生了不同数字劳动者与数字资本家

价值分配的具体形式还取决于分配权利主体的类型。分配主体根据他们所掌握的或使用的不同生产要素获得不同的分配权利。数字经济时代，价值分配主体最显著的变化体现在劳动者与资本家身上。一方面，根据马克思的劳动价值论，劳动创造的新价值是所有收入分配的源泉，那么数字劳动也就是数字经济时代价值分配的重要源泉。目前关于数字劳动尚未形成统一权威的定义，大部分学者从劳动内容和劳动方式出发去界定数字劳动，主要从价值创造和生产的角度展开。但从价值分配的生产条件视角来看，数字劳动是在生产过程中对劳动要素和数据要素以及数字技术要素的共同使用，表现为以互联网技术为支撑，运用数据等知识和信息资源，经过人的脑力或体力加工生产出用于交换的数字化劳动产品的过程。因此，数字劳动者的工资中既包含着劳动要素的分配权利，也包含着数据要素和数字技术要素的分配权利。如果说数字技术可以内生于劳动者的个人劳动能力，那么数据要素就是完全独立于个人劳动能力，数据要素的所有权决定了工资收入中包含的数据要素分配权利的归属。另一方面，资本要素决定了利润和利息这种分配形式，利润和利息作为资本增殖的形式，成为资本主义社会再生产的前提，资本家基于对生产资料占有获得的以利润和利息形式出现的资本要素的分配权利关乎剩余价值在其他分配主体间的分配。数字资本家是数字经济时代数字化、信息化经济资源的所有者，数字资本家利用数字技术将数据要素变成可以被占有的数字化生产资料，进而生产出数字化商品，变成可以带来利润和利息的商品资本。数字资本家所取得的分配权利既来自对机器、厂房等传统生产资料的占有，也来自对技术要素和数据要素共同参与生产的数字生产资料的占有。

无论是数字劳动者还是数字资本家，在其不同类型上获得的分配权利也不完全相同。数字劳动者的类型与他被雇佣的形式有关，一种是正式雇佣形式下的数字劳动者，包括在传统雇佣经济领域下应用数字和人工智能系统，使用智能设备进行生产的劳动者，也包括数字资本公司的数字技术工人，如编程人员和数据分析师等。[①] 他们获得的分配权利仍然是在传统资本逻辑下，在劳动条件完全被剥夺的情形中按照劳动要素参与分配的方式获得工资。另一种是非正式雇佣和隐形雇佣形式下的数字劳动者，主要表现为互联网零工和提供免费劳动的产消劳动者。零工经济中，如滴滴打车司机、美团外卖员等劳动者在物理空间中拥有少量的劳动工具，信息数据等核心数字生产资料仍然被数字资本家占有。虽然表面上看，数字零工劳动者似乎在工作时长上具有较强机动性，但算法逻辑的支配在每一单服务中变得更加苛刻，以另一种形式压缩零工劳动者的分配权利。隐形雇佣形式下的数字劳动者严格意义上并不能算数字劳动者，只有当他的“互联网足迹”被资本家攫取并带来利润时才被纳入真正的数字劳动者群体，由于这种雇佣形式相当隐蔽，并且难以判断利润来源，这类数字劳动者在分配权利的获取上处于更加劣势的地位。

数字资本家的类型是根据他所占有的生产资料的形态和占有方式以及利润收入主要来源区分的，可以分为产业数字资本家、商业数字资本家和银行数字资本家。产业数字资本家是指在占据传统实物生产资料和劳动力商品基础上，对劳动力和生产资料进行数字化转型进而生产商品的资本家，其利润收入仍直接来自劳动者的剩余劳动。相较于传统产业资本家，在大数据和数字技术驱使下的智能化生产中，数字产业资本家将利润作为传统实物资本所有权表现为占有他人劳动产品的手段开始弱化。然而，实际上由于智能制造业中技术延伸增强了对工人劳动过程的控制，数字资本家的利润获取方式在事实上除了通过实物资本占有劳动产品外，还包括凭借对数字技术的拥有而自然地占有他人劳动产品。商业数字资本家以平台资本家为代表，以一般商业资本为前提，借助数据要素优势进一步分割生产领域剩余价值。平台资本家的分配权利一部分仍是来自对数字劳动者剩余劳动的占有，如对正式雇佣形式下的进行数字平台搭建、平台服务提供

① 韩文龙，刘璐．数字劳动过程及其四种表现形式[J]．财经科学，2020(1)：67－79.

的数字劳动者的剩余劳动的占有，这与产业资本家对数字劳动者劳动产品占有相类似，不过平台资本家所拥有的非实物生产资料所占比例更大。还有对提供服务和数字商品的非正式雇佣劳动者剩余劳动的占有，这部分分配权利就全然来自数字平台的数据和技术垄断权。另一部分分配权利则来自协助产业资本进行价值实现的职能，如帮助商品缩短停留在流通领域的时间，平台资本家通过无形市场使商品经营资本职能运行效率提升的这种特征必须以额外支付物流服务费用和那些不创造剩余价值的平台商业雇佣工人工资为代价，因而要据此从产业资本所占有的剩余价值中分一杯羹。银行数字资本家是对数字金融资本占有者的一种笼统描述。数字金融资本的诞生以数字技术的发展和数据要素的应用为前提，是职能资本扩张对信用制度提出更高要求的产物。一方面，数字金融资本家的分配权利随着职能资本与金融资本的深度结合而增大。“金融 + 产业 + 生态”的新模式使得金融资本对未来生产的索取权不断膨胀，而商业平台的金融化趋势则将数据本身当作一种抵押凭证，或将平台卖家的商品作为一种有息借贷资产，从中获取利息，进而使其资本中的虚拟部分快速增加。另一方面，信用制度的升级和完善，使得数字金融资本家的分配权利与其所拥有的金融资本的成倍增加成正比。数字金融业务利用大数据、云计算的数字技术对用户的信用风险和借贷能力进行评估分级，以精准提供不同类型的金融产品，再通过数字化支付业务减少借贷成本，提高借贷效率，促使金融资本扩张效率不断提升。

（三）分配结果层面：数字资本扩张下的数字劳资收入分配失衡推动形成数字垄断资本

资本主义的价值分配是按照资本逻辑，以资本为主导的价值分配。资本逐利的特性必然会造成资产阶级和无产阶级之间分配结果的不公平。资本一方面需要更多工人创造剩余价值，以增加利润和利息收入的绝对量。另一方面通过机器和科学技术的使用，使得劳动力贬值，压缩必要劳动时间，延长剩余劳动时间，从而增加剩余劳动量。劳动生产力提高的同时资本有机构成也不断提高，导致平均利润率下降，于是就会带来劳动剥削程度进一步提高、工资收入进一步压低、相对过剩人口增加的结果。这意味着，随着资本扩张和资本积累，收入在利润和工资之间的分配会呈现出两极化的趋势，最终导致生产过剩危机。数字经济时代推动传统资本主义社会走向数字资本主义社会，数字资本的扩张和资本积累将在数字资本家和数字劳动者以及不同数字资本集团中形成新的分配结果。

相较于工业资本，数字资本对数据等非实物生产资料和生产要素的使用比例更大，尤其是平台资本具有显著的“轻”资产特征，甚至从形式上消灭了传统的线下工厂，极大地节约了不变资本的投入，同时，数据生产资料的边际成本递减特征反而使得资本有机构成不断下降，为数字资本吸纳更多劳动者创造了条件。由于数字资本的逐利特性并未发生改变，数字资本将倾向于从更多的非正式雇佣形式和隐形雇佣形式下的数字劳动者身上吸取更多剩余劳动，在“算法支配”“注意力经济”等新的剥削逻辑下，强化对所有数字劳动者剩余价值的榨取。数字劳动者和互联网用户黏性随着数字平台规模扩张而增强，就会免费生产出更多互联网数据，从而转化为更多的数据生产资料，形成数字垄断资本，与之相伴随的是数字资本家的利润和数字劳动者工资分配比例的日益失衡。

数字资本主义在其积累和扩张的过程中，更容易走向数字垄断资本主义，形成数字寡头，同时在数字技术通用性增强的数字经济时代，数据的快速生成和数据的便捷抓取为更多中小数字平台、数字企业的诞生提供了机遇。利润和利息在不同数字资本集团之间的分配结果也发生了变化。资本家集团之间的分配结果是由利润率的平均化和与之相适应的资本在不同社会生产之间的分配决定的。其中，利息从利润中分割出来“是由于资本作为自行增殖的、生产剩余价值的价值的发展……这种分割从它本身发展出了信用和信用制度”。[①] 而利润本身则表现为“资本和劳动本身在不同生产部门之间的分配的因素”。[①]数字资本家集团的分配结果主要由其对数据

① ［德］马克思．资本论：第 3 卷［M］．北京：人民出版社，2018：999.

要素和数字技术要素的占有决定。例如，谷歌、亚马逊、脸书等互联网巨头企业通常兼有平台性和自营性两类业务，在平台性业务对外开放的同时凭借对搜索引擎技术或用户数据的过度采集来强化自营优势，建立自营业务领域的垄断壁垒，削弱第三方市场竞争。[①] 由此导致大小数字资本集团之间利润分配出现失衡：一方面，在互联网所创造的更加开放的市场中，更多中小数字企业的进入门槛降低，其获得利润分割的机会大大增加；另一方面，数字寡头企业的数字霸权破坏了市场的良性竞争，长期获得超额垄断利润，使得中小数字企业难以为继，最终被淘汰出局。此外，互联网巨头企业通过数字技术渗透与金融资本联姻，进一步巩固其数字霸权地位，实现超额垄断利润和金融垄断利息的双重占有，同时挤占了金融领域中小企业的生存空间。

三、数字经济价值分配的理论意蕴

（一）数字经济的价值来源与价值分配依据

庸俗经济学家认为资本创造利润、土地生产地租、劳动取得工资，资本、土地和劳动分别表现为利润、地租以及工资的源泉。马克思对此进行批判，认为所谓的源泉“就像公证人的手续费、甜菜和音乐之间的关系一样”毫无关系，[②] 在“三位一体”公式中一切的社会生产关系都被混淆和掩盖，基于此的利润、地租和工资的分配不合理性和非公正性也就变得合理化和天然化。马克思指出，这三种收入就是产品价值的三个部分，而被庸俗经济学家所抹去的中介则是劳动，如果没有劳动创造的价值，那么三个公式就存在不可通约的矛盾。在一定意义上，资本、土地和劳动也是利润、地租和工资收入的源泉，资本汲取雇佣工人的剩余劳动，土地吸收一

---

① 陈晓仪，常庆欣．从“血汗工厂”到“技术牢笼”：数字资本主义社会中劳动与资本的关系变化[J]．当代经济研究，2022(4)：14－21.

② [德]马克思．资本论：第3卷[M]．北京：人民出版社，2018：922.

部分资本汲取的剩余价值，工人则在工资的名义下获得自己创造价值的一部分，[①] 由此形成不同社会主体间的分配依据。但无论如何，价值总是来自劳动，只是根据劳动者所处的一定社会生产关系，将其他社会主体对剩余价值的夺取和分割按一定社会形式进行分配。

在技术、数据等生产要素发挥越来越重要作用的数字经济时代，价值分配的依据也随着分配主体的增加而更加多元。数字经济的价值分配依据与数字经济的价值来源以及与之相关的一定社会生产关系相关。首先，数字经济的价值来源本质上，仍然是由劳动创造的，并且主要由数字劳动者创造，但由于数字经济的网络外部性和数据的多元共享性，数字劳动的价值创造路径不再清晰。互联网用户线上活动留下的“互联网足迹”既有可能是不具有使用价值的无意义数据，也有可能是被平台企业攫取的用于生产或出售的数据商品。同一数据商品同时进行多次交换的行为使商品生产者对其产品的所有权逐渐动摇，越来越多的交换主体通过市场交换获得超出数据商品本身价值的超额利润，它既不是来自生产效率的改进，也并非对数据商品的垄断。这种游离于所有权属之外的超额利润价值似乎更加难以直接界定。

其次，数字经济的价值分配依据是由生产关系所决定的对数字劳动所创造的剩余价值的占有和分割。数字技术和资本的结合催生了一种数字劳动的弹性雇佣机制，劳动者在正式雇佣、非正式雇佣和隐形雇佣形式下的灵活转换，使得资本在尽可能多地吸收剩余劳动方面占据绝对优势。对于资本家来说，与劳动者形成的雇佣关系越不稳定，意味着资本越能够利用占有的数字生产资料对劳动者施以更加严密且隐形的控制，以算法剥削代替机器剥削，优化利润最大化的生产目标。对于劳动者来说，灵活工作形式能够让劳动者从主观上自动成为被剥削者，通过寻找最适合的岗位，发挥生产剩余价值的最大能力，以获得工资收入。无论是数字劳动者的工资还是数字资本家的利润，他们获得收入的依据都是在生产中形成的资本对

① ［德］马克思．资本论：第3卷［M］．北京：人民出版社，2018：931.

劳动的控制和占有，只不过逐渐被更加隐匿的剥削关系和灵活的就业方式所掩盖。此外，还有部分平台资本凭借对用户数据的垄断权通过投放广告获得“数字地租”，在这种盈利模式中，互联网原始数据发挥着类似于土地的自然物的作用，平台资本家既凭借对数字生产资料和数字劳动者的占有获得利润，也通过对互联网用户的吸收垄断互联网原始数据，并获得数字地租，从其他资本那里分割剩余价值。

最后，由一定生产关系决定的对劳动者创造的剩余价值的分配依据在数字经济时代也产生了新的问题。一方面，数字劳动者价值创造路径的不清晰使得价值归属和价值界定产生困难，导致价值分配依据更加混乱，存在一部分互联网劳动者虽然创造价值但无法获得工资收入的情形，比如在平台组织这种价值共创的商业生态系统中，存在部分消费者或者用户上传的图片、视频、文字等数据信息产品被平台无偿攫取用于吸引流量带来平台资本的隐形增殖的情形。另一方面，劳动和资本雇佣边界的模糊会导致价值分配依据的脆弱性增强，资本将正式雇佣工人以外的工人也纳入剥削范围，扩大了资本吸收剩余劳动的规模，相应地也就缩小了劳动获得工资的范围。

（二）数字经济的生产方式与价值分配条件

资本主义生产方式的确立既代表着生产力层面物质基础的进步，也意味着与之相适应的生产关系维度的突破性发展，从而与生产相对应的分配条件也得到重大变革。分配条件总是由生产条件所决定，生产条件又由一定社会发展阶段的生产力和生产关系所决定。马克思描绘了资本主义生产方式下，生产力发展经历的简单协作、分工和工场手工业以及机器大工业三个阶段。[①] 生产力的发展体现在每一个劳动过程的历史形式中，由科学的发展、生产工艺的应用、生产的社会结合以及自然条件等多种因素决

① 卫兴华，田超伟．论《资本论》生产力理论的深刻内涵与时代价值[J]．中国高校社会科学，2017(4)：21－31，157.

定，这些决定社会生产水平的因素同样构成了社会分配的生产力条件。生产力越发达、参与生产的要素越多、生产过程越精细，分配条件就越充分。人们生产物质资料的特殊方式决定了一定社会的生产关系，机器体系下的社会化大生产决定了雇佣劳动和生产资料私有制是资本主义社会生产关系的主要形式。资本主义私有制下，劳动力成为商品意味着劳动的价值创造过程从属于资本，生产过程和生产形式由资本主导，那么分配生产关系的条件也是由资本主导，一旦劳动对资本由形式从属转向实际从属，分配条件的资本主导偏向也就更加强烈。

数字经济的迅猛发展下，数字技术通过创新和整合生产要素，为生产力的进步和变革创造了有利的外部条件，使得数字经济时代价值分配的生产力条件有了极大的发展，体现在由生产力提高引起的价值分配在总量上和复杂程度上的条件更加充分。一方面，在智能的驱动下，价值分配的总量快速增大。《全球数字经济白皮书（2022）》数据显示，全球47个国家2021年数字经济增加值规模达到38.1万亿美元，同比名义增长15.6%，占GDP的比重达到45.0%。[①] 另一方面，数字经济时代生产的社会化必然会带来智能机器取代传统工业机器，平台资本介入生产过程，数字劳动者普遍采用数字化的劳动方式以及精细化的分工模式，多样化的分配参与主体和多元化的分配形式不断延长和扩充剩余价值分割环节，使得价值分配条件更加复杂。生产关系层面上，对数字生产资料和数字技术的垄断强化了数字资本在价值分配中的主导地位。数据作为数字资本存在的一种形式，被数字资本的主导地位赋予了拜物教性质。数据只有通过劳动加工成为数据商品，或取得商品的形式，进而转化为数字资本，并带来价值增殖，数字经济的价值分配才能以具体的形式展现出来，数据成为头脚倒立的“物神”，带上了商品拜物教、货币拜物教和资本拜物教的烙印。[②] 人们在劳动中的社会关系也就表现为数据这种物的关系及其社会关系，劳动者

---

① 中国信息通信研究院．全球数字经济白皮书(2022)[M/OL]．北京:中国信息通信研究院，2022[2022-12]．http://www.caict.ac.cn/kxyj/qwfb/bps/202212/P020221207397428021671.pdf.

② 杨慧民，宋路飞．大数据拜物教的政治经济学分析[J]．经济学家，2022(7):43-52.

因此被抽象掉，成为数字资本的附属物，劳动的社会关系从属于数字资本的社会关系，这就导致价值分配关系本身也由其生产条件，或者说数字资本所主导，从而形成两个矛盾。一是生产资料私有制与数据商品可复制带来的非排他性之间的矛盾使分配权利的所有权前提被削弱，但强化了数据拜物教对更广泛分配参与主体的驱使；二是互联网用户同样被数据信息拜物教驱使自愿依附于互联网平台，带来互联网用户在实际上从属于数字资本，但形式上却不从属于资本的矛盾，这进一步加强了生产关系上资本对分配的主导作用。

（三）数字资本主义与价值分配关系的对抗性

从历史叙事的视角看，资本主义的发展和壮大实质上是资本积累的过程，资本积累的速度取决于有多少实现的剩余价值被分配到用于扩大再生产的用途上。而这种价值分配结果在现实层面以财富的拥有量为表征。资本主义生产资料私有制使得内嵌于资本主义生产中的工资、利润、利息和地租等分配形式和分配权利成为服务于资本积累的合理方式，但同时这些分配的不同形式也使得无产阶级与资产阶级的对立更加突出，从而不可避免地发展出资本主义的阶级对抗性。由于资本的逐利性，资本要维持自身的再生产，资本与劳动力之间的收入和财富分配必须是不平等的，将薪资维持在使资本有利可图的限度内，实现利润的最大化，是资本流通和积累的普遍化趋势。① 他们必须不断压缩工人的财富，才能生产自己的财富，于是"在一极是财富的积累，同时在另一极，即把自己的产品作为资本来生产的阶级方面，是贫困、劳动折磨、受奴役、无知、粗野和道德堕落的积累"。②

数字经济时代价值分配的对抗性关系有了新的表现形式，但究其本质来说，仍是生产资料私有制下的以资本积累为目的的剩余价值分配。数字资本主义同样是一个追求持续不断积累资本的体系，只不过主要是运用数

① ［英］大卫·哈维．资本社会的17个矛盾［M］．许瑞宋，译．北京：中信出版集团，2016：187.

② ［德］马克思．资本论：第1卷［M］．北京：人民出版社，2018：743－744.

字技术，通过发现、利用、创造差异来获取利润，[①] 是资本主义生产力发展的新的阶段。它比机器大工业资本主义更能体现马克思所说的资本主义的文明面，即“它这种榨取剩余劳动的方式和条件，同以前的奴隶制、农奴制等形式相比，都更利于生产力的发展，有利于社会关系的发展，有利于更高级的新形态的各种要素的创造”。[②] 一方面，数字经济对生产力的驱动作用增强了资本积累中资产阶级财富积累的便捷性和合理性。大数据和数字技术的联通作用推动机器体系的数字化和智能化，产业资本家利用智能机器进行生产的趋势更加普遍。随着传统产业资本向数字产业资本转型，智能机器对劳动力的大规模替代导致产业资本家压低工人薪资和进行规模性裁员不可避免；平台资本正在取代传统线下商业资本，借由互联网难以克服的网络外部性对非雇佣形式劳动者的数据产出进行占有以此获得垄断性商业利润；金融资本的数字化形态能够利用大数据和云计算实现更有效的资本配置，加速产业资本、商业资本和金融资本对剩余价值占有的合谋。另一方面，数字资本主义正在更大范围内形成价值分配的对抗性关系，激化着价值分配的对抗性矛盾。数字资本的掠夺性积累特征比工业资本更加明显，从而掀起新一轮全球化的数字殖民。数字资本的积累和扩张以数据流量的垄断为基础，实现对廉价劳动力剩余劳动的剥夺。在全球化视野中，数字资本主义对利润的分割主要来自发达国家数字寡头对落后国家廉价劳动力的剥削，被剥削的劳动者是在刚果和拉丁美洲开采矿物的有色人种，他们都是被数字寡头公司通过软件、硬件、网络连接等架构的建设控制起来，服务于数字寡头公司人工智能数据生产的廉价劳动力大军。[③] 全球性产业后备军也会随着数字经济网络化生产布局的扩大而不断被生产出来，这将越发固化数字资本主义价值分配的对抗关系。数字殖民造成的价值分配在世界范围的严重失衡不仅表现为支付社会需求能力的普遍下

① 周绍东，初传凯．数字资本主义研究综述[J]．世界社会主义研究，2021，6(12)：96－105，116.

② 中共中央马恩列斯著作编译局．马克思恩格斯文集：第7卷[M]．北京：人民出版社，2009：927.

③ 薛丁辉．数字资本主义的发展逻辑[J]．科学社会主义，2022(5)：123－131.

降，而且对道德层面的人的自由全面发展需求提出重大挑战，这种分配权利和分配结果的不公平和不可持续会随着数字经济推动资本积累程度的加深而使得资本主义基本矛盾被更快地激发出来，从而进一步强化资本主义制度的过渡性。

四、数字经济价值分配的现实借鉴

资本逻辑下，数字经济的价值分配随着数据要素的出场、数字劳动者与数字资本家矛盾的凸显，以及数字资本积累的扩张，发生了显著变化。在价值分配新特征背后，实质上隐藏的是资本，或者说是数字资本的逻辑。祛除数字经济价值分配的资本剥削逻辑，消解数字经济价值分配关系中日趋增强的对抗性矛盾，促进数字经济价值分配的公平正义，正是中国特色社会主义实践的价值旨归。根据数字经济价值分配的基本特征和理论意蕴，在中国特色社会主义实践的语境下，需要从数字经济的价值分配前提、价值分配路径和价值分配基础三个方面，结合中国特色社会主义基本经济制度的独特优势，通过推进数据要素确权、构建数字经济的劳动贡献分配导向以及提升分配的数字经济生产力条件，来规避数字经济价值分配的资本化倾向，实现价值分配的公平正义。

（一）以公有制为主体的多种所有制经济制度为价值分配前提，推进数据要素确权

生产资料所有制形式是一切价值分配的前提，数字经济价值分配问题从根本上仍然是对生产资料的占有问题，特别是对关键性数据信息生产资料的占有问题。对数据信息等生产资料的占有比例在制度层面也表现为凭借数据要素所有权获得收入的多少。生产要素对财富分配具有导向作用，①

---

① 王宝珠，王朝科．数据生产要素的政治经济学分析——兼论基于数据要素权利的共同富裕实现机制[J]．南京大学学报（哲学·人文科学·社会科学），2022，59（5）：21－36，165.

资本主义私有制使得资本家在数字经济时代依然凭借对数字化生产资料的绝对占有而将数据要素的所有权据为己有，并对数字劳动者创造的数据产品或互联网用户的私人数据进行肆意掠夺，导致价值分配依据更加混乱和脆弱，进而带来价值分配结果失衡。而庞大的数据要素市场和多元化的价值分配主体使得这一分配难题更加难以破解。因此，从根源上解决数字经济价值分配问题还需要坚持以社会主义公有制为前提，发挥多种所有制经济优势，推进数据要素和数据生产资料确权。

一方面，要加快以实现共同富裕为目的的数据资源的公有制道路探索，鼓励国有企业与民营经济合作开展数字化技术研发，参与数据中心等数字化基础设施建设和应用创新，在助力民营经济数字化转型和数字技术创新的同时，使国有经济也能更广泛地参与数据要素收益分配，这也有利于防范数据资本外逃、完善数据要素管理市场。我国人口众多、经济体量庞大、产业门类齐全，具有总量可观的生产性和生活性数据资源。在数字资源的收集、存储、应用方面需要有公有制主体的介入，以严格区分数据的公有权和私有权，特别是应将关涉经济安全、社会安全的关键性数据尽快纳入国有资产管理，例如，建立国有大数据平台。在此基础上，探索公共数据、企业数据和个人数据的分类分级确权授权制度，加快实现数据资源持有权、数据加工使用权、数据产品经营权“三权分置”。推进数据使用的公共利益和公共安全保障，防止资本对私人数据的过度攫取以及公共数据外泄。另一方面，确认非公经济中数据要素权属对于解决数字经济价值分配的制度性难题具有重要意义。数据要素与其他传统要素相比，其无形性、可复制性、易传播性，以及传播链的复杂性都造成数据确权困难，难以适应传统要素交易市场，因此更要通过完善非公经济促进数据要素确权。一是构筑多种所有制经济中数据要素的财产权制度基础，确保各经济主体依据其数据要素所有权获得收入分配的合法权益，并依据数据的数量、质量差异，规范数据权利在多种经济形式间的有序流转。根据不同所有制形式的经济主体制定差异化的数据财产权利和数据权利边界，以保障数据要素收益分配权的合理有效，打破平台寡头企业的数据垄断和数据权利滥用行为。二是鼓励数据要素与其他生产要素充分结合，通过发展多种所有制经济拓宽数据要素的资源化与资产化渠道，释放数据要素潜能，提高数据要素参与分配效率，提升收入分配总量。

（二）以按劳分配为主体的多种分配方式为价值分配路径，构建数字经济的劳动贡献分配导向

资本主义私有制和雇佣劳动制度必然导致资本主义的按资分配，因此割裂了劳动者与其劳动产品的统一性，使劳动者陷入异化劳动困境。数字资本主义下的价值分配表现出明显的数字资本主导特征，数字劳动者受困于算法支配的数字剥削逻辑中，长期处于分配话语权弱势地位，他们的劳动收入部分因为数据所有权的缺失而遭到平台资本剥削，进而导致其按劳动贡献参与价值分配的公平性受到侵害。资本主义分配制度带来的劳动异化现象在数字经济时代越发突出。破除数字经济价值分配的资本主导力量，需要构建以按劳分配为主体的数字劳动贡献导向分配路径，同时以多种分配方式并存的形式推动以数据要素为主的生产要素充分涌流。

按劳分配制度是实现分配公平和正义的根本保障，首先需要更加强调数字劳动的按劳分配，将数字劳动者的劳动条件与其数据要素所有权的缺失进行弥合，重新定义数字经济按劳分配的劳动尺度。一是随着数字经济贡献占比的不断提高和数字劳动生产效率的提升，应提高劳动报酬在数字经济初次分配中的比重，进一步提升和保障数字化弹性用工制度下数字劳动者的最低工资标准。二是不断完善平台用工的劳动保障权益，在“去劳动关系化”的表象下，增强平台劳动者进行自身权益申诉的合理性与合法性，缓解数字经济价值分配中对抗性关系的矛盾冲突。按生产要素分配也是我国多种所有制经济结构和市场经济体制的客观要求，在按劳分配为主体的前提下，明确生产要素按贡献分配同样要有利于平衡劳资关系，以促进分配公平正义为目的。这就要求首先要完善关键性的数据生产要素由市场评价贡献、按贡献决定报酬的机制，加快数字经济共创成果在不同分配群体间的共享。其次就是要制定科学的数据贡献评价标准，明确不同层级

和不同质量数据在社会物质财富创造中所占的比例，实现按数据要素的公平分配。最后，由于数字经济发展存在“马太效应”，还需防范和化解数据资源和数字技术的垄断风险，在鼓励和保护数据、技术等生产要素按贡献获得收入分配的同时，防止区域间“数字鸿沟”的扩大。

（三）以社会主义市场经济体制为价值分配基础，提升分配的数字经济生产力条件

数字经济作为继工业经济时代之后的新经济形态，本质上体现了生产力的进步。而数字资本主义在世界范围内的扩张加剧了资本积累的两极分化趋势，一国之内乃至全球财富分配失衡现象更加令人担忧，阻碍了数字经济促进生产力的持续提升。因此，为扭转数字资本主义主导下对抗性分配关系对数字生产力的破坏，必须在社会主义制度下，以市场经济的不断完善作为数字经济价值分配的基础，通过分配关系的持续改善来提升数字经济的生产力条件。

社会主义市场经济体制的最大特点是社会主义基本经济制度与市场经济的有机结合，以及政府与市场的有机结合。[①] 将社会主义市场经济作为数字经济价值分配的基础，一方面，要进一步发挥市场在资源配置中的决定性作用，以放大数字经济提高资源配置效率和生产效率、降低交易成本、增加市场准入的积极效应，加速价值分配中数字经济的“利益扩散”为目的。[②] 具体而言，应不断激发数字经济市场主体价值创造活力，特别是对于处于数字分配话语权相对弱势的众多中小平台企业，需通过规范平台经济市场秩序，引导平台资本有序健康发展，防止大型垄断平台资本对中小平台企业分配权利的挤压，增强中小平台企业可持续发展能力和市场竞争力。同时，要推动数据等新经济要素的市场化改革，创新要素市场化配置方式，建立有效的市场淘汰机制，提高数字经济价值分配效率，释放

---

① 何自力．社会主义基本经济制度[J]．经济研究，2022，57(9)：4－12.

② 牛建国，张世贤．数字经济、凯恩斯“世纪预言”与共同富裕[J]．经济学家，2022(10)：64－73.

数字经济的生产力潜能。另一方面，数字经济由于自身特性具有更强的资本化趋势，在市场经济的运行机制中更容易偏向大型资本，不利于实现价值分配的公平性。因此，要更好发挥政府参与数字经济价值分配的再分配调节作用，更有效地驱动数字经济促进经济增长。完善政府机制核心在于纠正数字经济价值分配中的资本导向趋势，构建以人为中心的分配机制取向，将人的全面自由发展作为数字经济价值分配的目标，并非单纯地以分配结果的公平为标准，而是同样追求分配机会、分配过程的平等。发挥政府税收调节和转移支付对数字人力资本提升的积极作用，通过劳动能力的普遍提高，缩小数字劳动者能力差距，抵抗数字技术群体分化下数字经济价值分配机会的不平等。完善和落实不同数字行业间的税收征管和税收返费政策，协调数字资本集团的利益分配，打击数字垄断，创造更加公平的数字竞争环境，提高经济效率。

融合与超越：共同富裕思想对马克思分配理论的时代创新

赵任洁[①]

摘要：共同富裕是社会主义的本质要求，是中国式现代化的重要特征。马克思分配理论以生产和分配的同一性为分配一般规律的基本原则，以人的自由全面发展为分配理念的最高价值追求，以物质产品和精神产品为分配内容的双重向度，以生产力发展为分配制度的演进依据，其中蕴含的共同富裕思想为在中国式现代化进程中扎实推动共同富裕提供了理论依据。立足新时代，共同富裕思想的时代内涵表现为生产性、人民性、全面性和动态性，分别从在高质量发展中促进共同富裕、共同富裕与人的全面发展高度统一、将良好生态环境视为最普惠的民生福祉和构建协调配套的分配制度体系四个方面，继承并拓展了马克思分配理论的分配一般规律、分配理念、分配内容和分配制度，推动了马克思主义政治经济学的中国化和时代化。

关键词：共同富裕；马克思分配理论；中国特色社会主义政治经济学

2021 年 8 月，习近平总书记在中央财经委员会第十次会议上强调"现在，已经到了扎实推动共同富裕的历史阶段"[②]。2022 年 10 月，党的二十大报告进一步指出"中国式现代化是全体人民共同富裕的现代化。共同富

---

① 赵任洁(1994—)，女，陕西西安人，西北大学经济管理学院博士研究生，研究方向为政治经济学。项目来源：教育部哲学社会科学研究重大课题攻关项目"中国特色社会主义政治经济学理论与实践研究"(项目编号：20JZD005)。

② 习近平．扎实推动共同富裕[J]．求是，2021(20)：4－8.

裕是中国特色社会主义的本质要求，也是一个长期的历史过程。我们坚持把实现人民对美好生活的向往作为现代化建设的出发点和落脚点，着力维护和促进社会公平正义，着力促进全体人民共同富裕，坚决防止两极分化”。[①] 这充分表明，共同富裕在我国全面建设社会主义现代化国家新征程中具有越来越重要的战略地位。实现共同富裕不仅是中国共产党人的初心使命和奋斗目标，而且始终是马克思关于未来社会的理想目标。马克思在其著作中虽然没有明确提出“共同富裕”概念，但共同富裕思想却内生于他对资本主义积累造成贫富两极分化的批判，以及对未来社会分配方式的构想之中，是马克思分配理论的题中之义。据此，本文从马克思分配理论的核心思想出发，考察了共同富裕思想的理论依据，并结合共同富裕思想新的时代内涵，研究了其对马克思分配理论的继承和拓展，对于促进马克思主义政治经济学的中国化时代化发展具有重要意义。

一、马克思分配理论的核心要义

马克思运用历史唯物主义分析方法，考察生产关系和分配关系的动态演进过程，揭示了生产决定分配，分配反作用于生产，分配关系和生产关系具有同一性的一般规律。资本主义生产方式和分配方式蕴含的矛盾和危机，必然使其走向灭亡并向共产主义过渡，未来社会的分配方式将以人的自由全面发展为分配理念的最高价值追求，以物质产品和精神产品为分配对象的双重向度，以生产力发展为分配制度的演进依据，体现着共同富裕思想这一最高理想和最终目标。

（一）以生产和分配的同一性为分配一般规律的基本原则

马克思反对将分配独立于生产或分配决定生产的错误观点，认为生产

---

① 习近平．高举中国特色社会主义伟大旗帜　为全面建设社会主义现代化国家而团结奋斗［N］．人民日报，2022－10－26(001)．

决定分配，生产关系决定分配关系，分配关系是生产关系的反面，二者本质上是同一的，具有同样的历史暂时性。从产品的分配来看，表面上，产品一经生产完成，就与生产者是一种外在的关系，分配是处于生产之外的独立环节。实际上，“分配的结构完全决定于生产的结构。分配本身是生产的产物，不仅就对象说是如此，而且就形式说也是如此。就对象说，能分配的只是生产的成果，就形式说，参与生产的一定方式决定分配的特殊形式，决定参与分配的形式”①。以劳动力要素为例，在奴隶制度下，奴隶劳动采取强迫劳动的方式，决定了奴隶只能得到最低限度的生活资料；在封建制度下，农民向封建地主租种土地的劳动方式，决定了其劳动成果除大部分以地租的形式缴纳给封建地主外，还有少量剩余归自己支配；在资本主义制度下，工人以雇佣劳动的方式参与生产，才使得劳动参与分配的方式表现为工资。由此可见，“一定的分配形式是以生产条件的一定的社会性质和生产当事人之间的一定的社会关系为前提的。因此，一定的分配关系只是历史地规定的生产关系的表现”②。从生产条件的分配来看，直觉上，一个社会成员对生产资料的占有决定了他在社会生产中的地位，或生产资料新的分配形式决定了生产方式新的性质。例如，奴隶制生产方式以奴隶主占有全部生产资料和奴隶本身为前提；封建制生产方式以封建地主占有绝大部分生产资料，农民仅拥有少量生产资料为前提；资本主义生产方式则以生产资料与劳动工人相分离，集中到少数资本家手中为前提。似乎在上述意义上分配先于生产并决定生产，马克思明确否定了这种观点，指出“在所有的情况下，生产方式……总是决定新出现的分配。因此，虽然这种分配对于新的生产时期表现为前提，但它本身又是生产的产物，不仅是一般历史生产的产物，而且是一定历史生产的产物”。③ 也就是说，生产条件分配的特殊形式决定于生产的历史方式，“是属于生产本身内部的问题”。综上，“消费资料的任何一种分配，都不过是生产条件本身分配的

① ［德］马克思，恩格斯．马克思恩格斯文集：第8卷［M］．北京：人民出版社，2009：19.
② ［德］马克思，恩格斯．马克思恩格斯文集：第7卷［M］．北京：人民出版社，2009：998.
③ ［德］马克思，恩格斯．马克思恩格斯文集：第8卷［M］．北京：人民出版社，2009：21.

结果；而生产条件的分配，则表现生产方式本身的性质”①，不论是产品的分配还是生产条件的分配，都是由生产决定的。因此，研究分配领域的问题，不能就分配论分配，必须从生产入手，将一定社会发展阶段中的生产力和生产关系作为出发点。

马克思在强调生产的支配作用的同时，也明确指出了分配对生产的反作用。一是产品分配对劳动者具有直接的激励作用，不公平的分配结果会造成社会成员收入差距不断扩大，导致社会矛盾激化和劳动者生产积极性下降，从而影响生产的效率。二是分配联结着生产和消费，社会成员分配的财富量决定其消费，“消费创造出新的生产的需要，也就是创造出生产的观念上的内在动机”②，从而间接作用于生产。三是生产要素在不同地区、不同行业之间的分配，影响着社会的产品结构。例如，随着资本在不同产业之间积聚规模的变化，社会生产结构也就发生变动。因此，适应生产力和生产关系发展的分配方式，能够促进生产的发展；反之，则对生产起阻碍甚至破坏作用，这对于完善分配制度具有重要的理论指导意义。

（二）以人的自由全面发展为分配理念的最高价值追求

马克思在《资本论》中深入剖析了资本主义积累对工人阶级命运的影响。当资本有机构成不变时，资本积累首先带来的是对劳动力需求的增加和工人工资的提高。然而，这种工资的提高始终被限制在维持资本主义生产和扩大再生产的界限内，也就是说，工资增长对工人生活质量的改善，“实际上不过表明，雇佣工人为自己铸造的金锁链已经够长够重，容许把它略微放松一点”③，丝毫不会影响工人对资本的从属关系。“因此，资本的积累就是无产阶级的增加”④，扩大了资本剥削和统治的范围。当资本有机构成随着劳动生产率的增长而不断提高时，资本对劳动力的需求相对甚

① ［德］马克思，恩格斯．马克思恩格斯文集：第3卷［M］．北京：人民出版社，2009：436.
② ［德］马克思，恩格斯．马克思恩格斯文集：第8卷［M］．北京：人民出版社，2009：15.
③ ［德］马克思，恩格斯．马克思恩格斯文集：第5卷［M］．北京：人民出版社，2009：714.
④ ［德］马克思，恩格斯．马克思恩格斯文集：第5卷［M］．北京：人民出版社，2009：709.

至绝对减少，产生相对过剩人口“为不断变化的资本增殖需要创造出随时可供剥削的人身材料”①。失业工人通过竞争增大就业工人的压力，迫使其付出更多的劳动并绝对地隶属于资本家，这必然导致工人阶级状况的恶化。于是，资本积累的一般规律“把工人钉在资本上”②，一边是资产阶级财富的积累，另一边是工人阶级贫困的积累，形成贫富两极分化的必然趋势。此时，工人更加无法摆脱资本对其劳动的支配和统治，“他在自己的劳动中不是肯定自己，而是否定自己，不是感到幸福，而是感到不幸，不是自由地发挥自己的体力和智力，而是使自己的肉体受折磨、精神遭摧残”③。工人的劳动越来越成为其谋生的手段，成为一种外在的、被迫的活动，“他的活动属于别人，这种活动是他自身的丧失”④。

人的自由全面发展是马克思理想社会的最高价值追求。马克思在《资本论》第一卷中将未来社会设想为一个“以每一个个人的全面而自由的发展为基本原则的社会形式”⑤，在《共产党宣言》中也指出，“代替那存在着阶级和阶级对立的资产阶级旧社会的，将是这样一个联合体，在那里，每个人的自由发展是一切人的自由发展的条件”。⑥ 由此可见，人的自由全面发展是马克思所设想的未来社会的重要标志，是实现劳动者自主、自觉和自愿参与劳动并平等占有劳动成果的过程。在这一过程中，人的自由发展和人的全面发展相辅相成、不可分割。具体表现为随着劳动生产率的提高，“社会工作日中用于物质生产的必要部分就越小，从而用于个人的自由活动，脑力活动和社会活动的时间部分就越大”⑦，剩余劳动时间转变为自由时间。每个人成为自己时间的主人，能够自由支配时间，通过接受教育、实践活动充分发展自己的脑力和体力，最大限度地克服外在条件的限

① ［德］马克思，恩格斯．马克思恩格斯文集：第5卷［M］．北京：人民出版社，2009：729.
② ［德］马克思，恩格斯．马克思恩格斯文集：第5卷［M］．北京：人民出版社，2009：743.
③ ［德］马克思，恩格斯．马克思恩格斯文集：第1卷［M］．北京：人民出版社，2009：159.
④ ［德］马克思，恩格斯．马克思恩格斯文集：第1卷［M］．北京：人民出版社，2009：160.
⑤ ［德］马克思，恩格斯．马克思恩格斯文集：第5卷［M］．北京：人民出版社，2009：683.
⑥ ［德］马克思，恩格斯．马克思恩格斯文集：第2卷［M］．北京：人民出版社，2009：53.
⑦ ［德］马克思，恩格斯．马克思恩格斯文集：第5卷［M］．北京：人民出版社，2009：605.

制，“随自己的兴趣今天干这事，明天干那事”①，从而进一步发展各项能力和素质，彰显个性，使“人以一种全面的方式，就是说，作为一个完整的人，占有自己的全面的本质”②。

（三）以物质产品和精神产品为分配内容的双重向度

资本主义生产方式必然引起物质生产与精神生产的严重失衡。资本主义生产方式使生产力得到迅猛发展，创造了以往社会都无法比拟的巨大财富，正如《共产党宣言》中所指出的，“资产阶级在它的不到一百年的阶级统治中所创造的生产力，比过去一切世代创造的全部生产力还要多，还要大”③。但资本主义生产追求利润最大化和价值无限增殖的根本目的，使全部社会财富都采取商品、货币或资本等物的形式，仿佛它们自身天然就能创造出剩余价值，这直接导致了拜物教思想的产生。从商品拜物教到货币拜物教，再到资本拜物教的出现，人与人之间的社会关系被颠倒为物与物的关系，物被赋予了一种主宰人类命运的神秘力量。因此，以资本逻辑为核心的生产方式，在不断创造物质利益的同时，造成精神产品的匮乏，“它使人和人之间除了赤裸裸的利害关系，除了冷酷无情的‘现金交易’，就再也没有任何别的联系了。它把宗教虔诚、骑士热忱、小市民伤感这些情感的神圣发作，淹没在利己主义打算的冰水之中”④。

马克思认为社会生产的目的是满足人的“物质”和“精神”双重需要。他所构想的未来理想社会要“建立这样一种制度，使社会的每一成员不仅有可能参加社会财富的生产，而且有可能参加社会财富的分配和管理，并通过有计划地经营全部生产，使社会生产力及其成果不断增长，足以保证每个人的一切合理的需要在越来越大的程度上得到满足”⑤，实现物质和精神的全面解放。同时，物质需要和精神需要是协调发展的统一体。

① ［德］马克思，恩格斯．马克思恩格斯文集：第1卷［M］．北京：人民出版社，2009：537.
② ［德］马克思，恩格斯．马克思恩格斯文集：第1卷［M］．北京：人民出版社，2009：189.
③ ［德］马克思，恩格斯．马克思恩格斯文集：第2卷［M］．北京：人民出版社，2009：36.
④ ［德］马克思，恩格斯．马克思恩格斯文集：第2卷［M］．北京：人民出版社，2009：34.
⑤ ［德］马克思，恩格斯．马克思恩格斯文集：第3卷［M］．北京：人民出版社，2009：460.

一方面，物质需要是精神需要的基础，精神需要反作用于物质需要。马克思指出“物质生活的生产方式制约着整个社会生活、政治生活和精神生活的过程”①，只有当人们在物质层面得到充分满足时，才有可能对精神层面的发展提出要求，“但是这并不排斥思想领域也反过来对物质存在方式起作用”②，影响着物质需要的发展方向。另一方面，物质需要和精神需要的发展具有历史阶段性。随着物质财富的多样化，人的精神需要也会变得越来越多元化，不仅涵盖文化生活领域，还涉及社会生活、政治生活等各个方面，是一个不断丰富着的、从低层次到高层次的过程。

（四）以生产力发展为分配制度的演进依据

资本主义社会分配原则的本质是资本家无偿占有工人创造的剩余价值。在资本积累的过程中，生产规模的不断扩大和社会分工的广泛发展，使资本主义生产越来越具有社会性，社会生产力迅速提高。但是，资本家却凭借着对生产资料的私有权将这种社会生产力作为加强对工人进行剥削，从而榨取更多剩余价值的手段，“使社会上大多数人的消费缩小到只能在相当狭小的界限以内变动的最低限度”③。社会化生产与资本主义私人占有之间的矛盾，借由分配的反作用，表现为生产和消费之间的深刻矛盾。也就是说，劳动工人有支付能力的需求落后于社会生产能力的增长，造成生产相对过剩，从而商品价值甚至剩余价值无法实现，引起生产过程的突然中断，最终导致危机的到来。因此，马克思指出“资本主义生产的真正限制是资本自身”④，要从根本上解决这些矛盾，只有进行生产关系的变革。当资本主义生产关系被一种新的生产关系所替代时，由其产生的一定分配关系也会随之消失。

马克思设想未来社会全部生产资料被社会成员共同占有和使用，每一

① [德]马克思，恩格斯．马克思恩格斯文集：第2卷[M]．北京：人民出版社，2009：591.
② [德]马克思，恩格斯．马克思恩格斯文集：第10卷[M]．北京：人民出版社，2009：586.
③ [德]马克思，恩格斯．马克思恩格斯文集：第7卷[M]．北京：人民出版社，2009：273.
④ [德]马克思，恩格斯．马克思恩格斯文集：第7卷[M]．北京：人民出版社，2009：287.

个生产者除了自己的劳动都不占有也不能提供其他任何东西，“劳动时间就会起双重作用”①。一方面，对于生产条件的分配，“劳动时间的社会的有计划的分配，调节着各种劳动职能同各种需要的适当的比例”，使整个生产过程被有意识、有计划地管理成为可能。另一方面，对于消费资料的分配，“每个生产者在生活资料中得到的份额是由他的劳动时间决定的”②，也就是说，劳动者给予社会的全部劳动量不再被他人无偿占有，全部属于劳动者本人。马克思在《资本论》第二卷和《哥达纲领批判》中，都曾对这种按劳分配的具体形式进行了描述，即劳动者得到一张能够证明他个人劳动时间的纸的凭证，他根据这张凭证从社会储存中领得一份耗费同等劳动量的消费资料。但是，无产阶级消灭私有制建立起来的共产主义社会第一阶段，是“经过长久阵痛刚刚从资本主义社会产生出来的”③，不可避免地“在经济、道德和精神方面都还带着它脱胎出来的那个旧社会的痕迹”④。因此，实行按劳分配所体现的平等权利只在于消费资料使用同一尺度来计量，但其中遵循的等量劳动相交换的原则，对于天然在体力或智力上存在差异的劳动者来说，仍然是一种不平等的“资产阶级权利”。而在生产力高度发达、物质极大丰富基础上的共产主义社会高级阶段，“在迫使个人奴隶般地服从分工的情形已经消失，从而脑力劳动和体力劳动的对立也随之消失之后；在劳动已经不仅仅是谋生的手段，而且本身成了生活的第一需要之后；在随着个人的全面发展，他们的生产力也增长起来，而集体财富的一切源泉都充分涌流之后，——只有在那个时候，才能完全超出资产阶级权利的狭隘眼界，社会才能在自己的旗帜上写上：各尽所能，按需分配！”⑤

① ［德］马克思，恩格斯．马克思恩格斯文集：第5卷［M］．北京：人民出版社，2009：96.
② ［德］马克思，恩格斯．马克思恩格斯文集：第5卷［M］．北京：人民出版社，2009：96.
③ ［德］马克思，恩格斯．马克思恩格斯文集：第3卷［M］．北京：人民出版社，2009：435.
④ ［德］马克思，恩格斯．马克思恩格斯文集：第3卷［M］．北京：人民出版社，2009：434.
⑤ ［德］马克思，恩格斯．马克思恩格斯文集：第3卷［M］．北京：人民出版社，2009：435－436.

二、共同富裕思想的时代内涵

共同富裕不仅是马克思所设想的未来社会的一种理想状态，也是一个动态的发展过程，在不同历史阶段有着不同的时代内涵。新中国成立初期，《中共中央关于发展农业生产合作社的决议》提出“使农民能够逐步完全摆脱贫困的状况而取得共同富裕和普遍繁荣的生活”①，这是“共同富裕”一词首次出现在党的文献中。毛泽东《在资本主义工商业社会主义改造问题座谈会上的讲话》中进一步指出，“现在我们实行这么一种制度，这么一种计划，是可以一年一年走向更富更强的，一年一年可以看到更富更强些。而这个富，是共同的富，这个强，是共同的强，大家都有份”②。改革开放以来，邓小平在总结社会主义实践经验的基础上，把共同富裕提到了社会主义本质要求的高度，明确指出“社会主义的本质，是解放生产力，发展生产力，消灭剥削，消除两极分化，最终达到共同富裕”③，并创造性地提出了“一部分地区、一部分人可以先富起来，带动和帮助其他地区、其他的人，逐步达到共同富裕”④。当前，我国进入新发展阶段，习近平总书记围绕共同富裕目标提出了一系列新理念和新思想，指出“共同富裕是社会主义的本质要求，是中国式现代化的重要特征。我们说的共同富裕是全体人民共同富裕，是人民群众物质生活和精神生活都富裕，不是少数人的富裕，也不是整齐划一的平均主义”⑤，使共同富裕的内涵进一步得到丰富和深化。

---

① 中共中央文献研究室．建国以来重要文献选编:第四册[M]．北京:中央文献出版社,1993:569－570.

② 中共中央文献研究室．建国以来重要文献选编:第七册[M]．北京:中央文献出版社,1993:292.

③ 邓小平．邓小平文选:第三卷[M]．北京:人民出版社,1993:373.

④ 邓小平．邓小平文选:第三卷[M]．北京:人民出版社,1993:149.

⑤ 习近平．扎实推动共同富裕[J]．求是, 2021(20):4－8.

（一）共同富裕的生产性：生产力与生产关系的统一

共同富裕是由生产主导的，要靠全体人民共同奋斗。习近平总书记指出，中国要实现共同富裕，但不是搞平均主义，而是要先把“蛋糕”做大，然后通过合理的制度安排把“蛋糕”分好，水涨船高、各得其所，让发展成果更多更公平惠及全体人民。由此可见，共同富裕包含“共同”和“富裕”两个方面内容，反映了生产力和生产关系之间的相互联系。一方面，“富裕”是对财富丰裕程度的刻画，体现了社会生产力的发展水平，是共同富裕的物质基础。立足新发展阶段，全面建成小康社会第一个百年奋斗目标的如期实现，为扎实推动共同富裕提供了坚实的物质保障。但就现实国情而言，我国仍处于社会主义初级阶段，与马克思构想的生产力高度发达的未来社会还有很大差距。因此，解放、发展和保护生产力仍然是实现共同富裕的核心任务，“如果没有这种发展，那就只会有贫穷、极端贫困的普遍化；而在极端贫困的情况下，必须重新开始争取必需品的斗争，全部陈腐污浊的东西又要死灰复燃”①。另一方面，“共同”是对财富生产方式的界定，体现了社会生产关系和与之相适应的分配关系，是共同富裕的根本途径。习近平总书记强调，“鼓励勤劳创新致富。幸福生活都是奋斗出来的，共同富裕要靠勤劳智慧来创造”②。我国公有制为主体、多种所有制共同发展，按劳分配为主体、多种分配方式并存，以及社会主义市场经济体制的基本经济制度，为全体人民共同奋斗提供了制度前提。只有充分调动广大人民群众共同参与社会建设的积极性、主动性和创造性，人人参与、人人尽力，才能真正形成人人享有的合理分配格局，实现对美好生活的向往。因此，共同富裕是高度发达的社会生产力和以生产资料公有制为基础的生产关系的统一，任何时候都不能脱离生产和发展来谈分配和共同富裕问题。

---

① ［德］马克思，恩格斯．马克思恩格斯文集：第1卷［M］．北京：人民出版社，2009：538．

② 习近平．扎实推动共同富裕［J］．求是，2021（20）：4－8．

（二）共同富裕的人民性：以人民为中心的根本立场

人民性贯穿于共同富裕的目标、过程和结果，体现了以人民为中心的根本立场。从目标来看，共同富裕承载着人民对美好生活的向往。党的十九大报告指出，“带领人民创造美好生活，是我们党始终不渝的奋斗目标。必须始终把人民利益摆在至高无上的地位，让改革发展成果更多更公平惠及全体人民，朝着实现全体人民共同富裕不断迈进”。党的二十大报告也指出，“我们要实现好、维护好、发展好最广大人民根本利益，紧紧抓住人民最关心最直接最现实的利益问题……扎实推进共同富裕”。由此可见，共同富裕的目标始终围绕着“人民”展开，把握住人民，就把握住了前进的方向。从过程来看，推进共同富裕必须依靠人民的力量。“人民是历史的创造者”，“一百年来，我们取得的一切成就，是中国共产党人、中国人民、中华民族团结奋斗的结果”①，因此，在实现共同富裕的道路上，同样离不开广大人民群众的勤劳和智慧。只有保证人人平等享有发展权利，形成人人参与的发展环境，避免“内卷”“躺平”，才能把人民群众中蕴藏的智慧和力量充分激发出来，转化为促进共同富裕的强大动能。从结果来看，实现共同富裕有助于实现人的全面发展。习近平总书记多次强调要促进人的全面发展，而实现共同富裕正是人的全面发展的现实基础。一方面，共同富裕的实现建立在一定的生产力水平之上，为人的全面发展提供了物质基础，使人们摆脱了物质生产的束缚，有了较为充足的时间去全面发展自己的才能。另一方面，共同富裕实现了物质产品和精神产品“双富裕”，能够不断满足人民群众多样化、多层次、多方面的精神文化需求，为人的全面发展提供了精神动力，让人民群众在更高的精神追求中进一步发挥才能。

---

① 习近平．在庆祝中国共产党成立100周年大会上的讲话[N]．人民日报，2021-07-02(002).

（三）共同富裕的全面性：经济、政治、文化、社会、生态全面进步

共同富裕是一种全面综合发展的状态，“是人民群众物质生活和精神生活都富裕”①。新的历史时期，人民群众对共同富裕的内容提出了新的要求，要使现代化建设在经济、政治、文化、社会、生态各个领域全面进步，全方位满足人民日益增长的美好生活需要。其中，经济富裕是共同富裕的基础，主要体现为缩小居民收入分配和实际消费水平差距，推动更多低收入人群迈入中等收入行列，规范和调节过高收入，坚决防止两极分化；政治民主是共同富裕的保障，推进社会主义民主政治建设，不断加强人民当家作主的制度保障，使全体人民共同享有参与国家政治生活和管理国家事务的平等权利；文化繁荣是共同富裕的动力，要让先进文化在人民群众之间广泛传播，为广大人民提供丰富的精神文化产品，有利于增强文化自信和文化认同感，提高社会精神文明程度，培育和弘扬社会主义核心价值观，“使全体人民在理想信念、价值理念、道德观念上紧紧团结在一起”②；社会和谐是共同富裕的前提，通过完善公共服务体系，确保人民安居乐业、社会安定有序，实现社会治理成果共同享有，不断提升人民群众的获得感、幸福感、安全感，为其他各领域建设发展创造公平正义的社会环境；生态文明是共同富裕的根基，“生态文明建设是关乎中华民族永续发展的根本大计，保护生态环境就是保护生产力，改善生态环境就是发展生产力，决不以牺牲环境为代价换取一时的经济增长”③，绿水青山既是自然财富、生态财富，又是社会财富、经济财富，理应成为全体人民共享的“财富”内容之一。物质生产力是社会全部生活的物质前提，物质生活的

---

① 习近平．高举中国特色社会主义伟大旗帜　为全面建设社会主义现代化国家而团结奋斗［N］．人民日报，2022－10－26（001）．

② 习近平．决胜全面建成小康社会　夺取新时代中国特色社会主义伟大胜利［N］．人民日报，2017－10－28（001）．

③ 中共中央关于党的百年奋斗重大成就和历史经验的决议［N］．人民日报，2021－11－17（001）．

富裕是精神生活富裕的基础，精神生活的全方位提升又反作用于物质生活，因此，共同富裕是经济富裕、政治民主、文化繁荣、社会和谐、生态文明的全面协调发展。

（四）共同富裕的动态性：共同富裕的持续发展与演进

共同富裕不是同时富裕、同步富裕，是一个从低层次到高层次、从局部到整体的动态过程。习近平总书记强调，“我们要实现 14 亿人共同富裕，必须脚踏实地、久久为功，不是所有人都同时富裕，也不是所有地区同时达到一个富裕水准，不同人群不仅实现富裕的程度有高有低，时间上也会有先有后，不同地区富裕程度还会存在一定差异，不可能齐头并进。这是一个在动态中向前发展的过程，要持续推动，不断取得成效”①。立足中国社会主义初级阶段，面对发展不平衡不充分的现状，扎实推动共同富裕必须正确认识共同富裕的动态性。首先，共同富裕的动态性体现在发展成果在不同社会群体之间的分配是一个从不均衡到均衡的过程。现阶段，城市和农村、发达地区和欠发达地区的居民在收入、社会保障制度、基本公共服务等方面还有一定差距，这个差距是随着社会经济制度的完善而逐渐缩小的。其次，当前经济、政治、文化、社会、生态各领域的发展速度不同，全面发展的水平还不够高。虽然经济的优先发展为其他领域的发展奠定了物质基础，但社会的全面进步仍需要一定时间。最后，共同富裕不是整齐划一的平均主义。人的能力有大小，在社会建设中的贡献有差异，因而在财富分配时应当有所区别，盲目追求平均会挫伤人们的积极性，阻碍长期的发展。共同富裕的动态性决定了共同富裕不是一蹴而就，要经过一部分人、一部分地区先富起来，再由先富带动后富的长期探索过程。即使实现了共同富裕，经济社会发展依然还有巨大的向上空间，共同富裕的内涵、目标会随着社会生产力和生产关系的变革而不断变化。因此，追求共同富裕没有终点，是一个在动态变化中持续向前发展的历史过程。

---

① 习近平．扎实推动共同富裕[J]．求是，2021(20)：4－8.

三、共同富裕思想的时代创新

共同富裕思想以高质量发展为经济支撑，坚持以人民为中心的发展思想，强调人与自然和谐共生，要求构建协调配套的分配制度体系，是对马克思分配理论在分配一般规律、分配理念、分配对象和分配制度上的融合和超越，促进了马克思主义的中国化和时代化。

（一）在高质量发展中促进共同富裕，是对马克思分配一般规律的运用

高质量发展是全面建设社会主义现代化国家的首要任务，是“十四五”乃至更长时期我国经济社会发展的主题。习近平总书记提出“在高质量发展中促进共同富裕”的重要论断，突出体现了实现共同富裕的决定性力量是发展。高质量发展是实现共同富裕的动力基础，共同富裕是高质量发展的目标指引，这是对马克思分配一般规律的生动实践。

在高质量发展中促进共同富裕，首先，是社会主要矛盾深刻变化的必然选择。习近平总书记在2021年《求是》杂志发表的《扎实推动共同富裕》一文中明确指出，“适应我国社会主要矛盾的变化，更好满足人民日益增长的美好生活需要，必须把促进全体人民共同富裕作为为人民谋幸福的着力点”，而高质量发展“就是能够很好满足人民日益增长的美好生活需要的发展”①。由此可见，共同富裕是高质量发展的内在要求，与高质量发展的发展目标不谋而合。其次，是社会主义市场经济体制改革的必然结果。我国坚持社会主义市场经济改革方向，充分发挥市场在资源配置中的决定性作用，既有利于激发各类市场主体的积极性和创造性，共同推动经济发展实现质的有效提升和量的合理增长，又有利于保障各类市场主体公平参与市场竞争、平等获取资源要素、共同分享发展成果，为在高质量发

① 习近平．习近平谈治国理政：第3卷[M]．北京：外文出版社，2020：238.

展中扎实推进共同富裕创造了良好的制度环境。最后，是转变发展方式和优化经济结构的必然要求。高质量发展就是从“有没有”转向“好不好”，关键在于能否实现由要素驱动和投资驱动向创新驱动转变，只有创新驱动才能推动我国经济从外延式扩张上升为内涵式发展，从而以质量变革、效率变革、动力变革和经济结构的优化升级为促进共同富裕提供新动能。

（二）共同富裕与人的全面发展高度统一，是对马克思分配理念的继承

马克思从资产阶级和工人阶级贫富两极分化的现象中，看到了阶级对立、阶级剥削和压迫对人类发展的影响，从而提出了人的自由全面发展思想，这不仅反映了马克思分配理念的最高价值追求，也体现出了马克思对人类的终极关怀。进入新发展阶段，共同富裕思想以人民为中心的根本立场越来越表现出与人的全面发展相同的价值旨归。党的十九届六中全会提出，“推动人的全面发展、全体人民共同富裕取得更为明显的实质性进展”，习近平总书记也指出，“促进共同富裕与促进人的全面发展是高度统一的”①。由此可见，实现共同富裕的过程就是实现人的全面发展的过程，这是对马克思人的自由全面发展思想的一脉相承。

共同富裕的实现要满足人民对美好生活的需要，但美好生活是等不来、要不来的，物质和精神产品的极大丰富只能是共同奋斗、创造的结果。只有“为人民提高受教育程度、增强发展能力创造更加普惠公平的条件，提升全社会人力资本和专业技能，提高就业创业能力，增强致富本领”②，才能通过人们知识、技能和创新能力的不断提升促进人的全面发展，进而促进共同富裕。因此，在推进共同富裕的过程中，一方面，要加大对教育的投资，统筹城乡义务教育资源促进基础教育公平化，让每个人享有公平而有质量的教育；另一方面，要强化就业优先政策，健全就业促

---

① 习近平．扎实推动共同富裕[J]．求是，2021(20)：4－8.

② 习近平．扎实推动共同富裕[J]．求是，2021(20)：4－8.

进机制，促进高质量充分就业，破除妨碍劳动力、人才流动的体制和政策弊端，消除影响平等就业的不合理限制和就业歧视，使人人都有通过勤奋劳动实现自身发展的机会①。

（三）将良好生态环境视为最普惠的民生福祉，是对马克思分配内容的拓展

良好的生态环境是实现共同富裕的内在要求。习近平总书记反复强调“绿水青山就是金山银山”，良好的生态环境既是自然财富，也是经济财富；既是物质财富，也是精神财富，是满足人民日益增长的美好生活需要的重要内容之一，拓展了马克思分配理论的分配内容。

首先，良好的生态环境是最公平的公共产品，是最普惠的民生福祉，是人民群众最基本的需要之一，为全体人民提供更多优质生态产品，让人民群众在天蓝、地绿、水清的优美生态环境中生产生活，是体现社会公平正义、实现共同富裕的基本保证。其次，保护生态环境就是保护生产力，改善生态环境就是发展生产力。生态环境是人们生产和生活的重要物质条件，是可持续经济发展的重要生产力，为实现共同富裕提供了前提条件。再次，良好的生态环境本身就是经济财富，将欠发达地区的自然资源禀赋转化为经济发展红利，将农村各类自然资源转化为助推农民增收的资产，将生态文明建设水平的提升与增进经济福祉、社会福祉紧密结合，是推动共同富裕的重要抓手。最后，绿色发展观念促进了社会主义生态文化，随着人民群众节约意识、环保意识、生态意识的觉醒和持续增强，对绿色低碳生活方式的高度认同与积极追求，体现了对人与自然、人与人之间和谐关系的精神需求。在人与自然和谐共生价值目标的引领下，生态文化倡导尊重自然、顺应自然、保护自然，要增强优质生态环境对人民生活幸福感的促进作用，弘扬我国生态文明建设取得的成就和其中蕴含的时代精神，

① 习近平．高举中国特色社会主义伟大旗帜　为全面建设社会主义现代化国家而团结奋斗［N］．人民日报，2022－10－26(001)．

为实现共同富裕提供强大的精神动力。

（四）构建协调配套的分配制度体系，是对马克思分配制度的创新

分配制度作为基本经济制度的重要内容，反映了生产资料所有制的结构和性质，体现了各个经济主体之间的利益关系，是促进共同富裕的基础性制度。马克思认为，即使是在实行生产资料公有制的共产主义社会的两个不同阶段，生产力的发展水平也是有差异的，因而具体的分配制度也有所不同。立足我国社会主义初级阶段的基本国情，坚持按劳分配为主体、多种分配方式并存，并结合社会生产力发展的具体实际，提出“构建初次分配、再分配、第三次分配协调配套的制度体系”，是对马克思分配制度的创新发展。

初次分配以市场机制为主导，一方面，坚持劳动者的主体地位，落实按劳分配原则，提高劳动收入占比，“在经济增长的同时实现居民收入同步增长、在劳动生产率提高的同时实现劳动报酬同步提高”①，把收入分配的差距控制在合理的范围内。另一方面，完善非劳动生产要素按贡献参与分配并由市场决定报酬的机制，充分调动资本、技术、管理、知识、数据等生产要素所有者的积极性和创造性，提高财富创造效率，促进社会生产力的发展。这种分配方式同允许一部分人先富起来的大政策是一致的，为先富带动后富奠定了经济基础。再分配以政府为主导，在初次分配基础上发挥对部分收入进行二次分配的补充调节作用。要健全以税收、社会保障、转移支付等为主要手段的再分配调节机制，通过完善相关制度和政策，加大调节力度并提高精确性，实现“扩大中等收入群体比重，增加低收入群体收入，合理调节高收入，取缔非法收入，形成中间大、两头小的橄榄型分配结构”②，改善不同社会成员之间的分配关系，缩小贫富差距，

① 习近平．决胜全面建成小康社会　夺取新时代中国特色社会主义伟大胜利［N］．人民日报，2017 - 10 - 28(001).

② 习近平．扎实推动共同富裕［J］．求是，2021(20)：4 - 8.

促进社会公平。第三次分配以道德、文化、政策为引导，发挥辅助作用，是促进全体人民共同富裕的重要手段。第三次分配既不是“劫富济贫”，更不是“强制平均”，而是要通过加强慈善文化建设、健全慈善事业激励政策和法律制度、拓宽慈善捐赠领域等方式，营造扶弱济贫、关爱奉献的氛围，引导鼓励高收入人群和企业自愿地回报社会，真正实现先富带后富、帮后富。

专题二

中国式现代化发展的政治经济学研究

人口规模巨大的中国式现代化：独特优势、现实挑战与突破路径

吴振磊　程旭翀①

摘要：党的二十大报告指出，“中国式现代化是人口规模巨大的现代化”。人口规模对一国的现代化进程有多方面影响，人口规模巨大是中国式现代化的重要特征。人口规模巨大的中国式现代化在人口结构、经济规模、现代化进程和国家治理四个维度上具有独特优势，也面临现实挑战。首先，人口规模巨大的中国式现代化具有人力资本规模优势，但也面临人口结构转换问题；其次，人口规模巨大的中国式现代化具有规模经济优势，但也面临资源环境约束；再次，人口规模巨大的中国式现代化具有发展纵深优势，但也面临更加严重的发展不平衡问题；最后，人口规模巨大的中国式现代化具有治理能力优势，但也面临更为复杂的治理场景。进一步推进人口规模巨大的中国式现代化，要坚持党的集中统一领导，要以优化人口发展应对人口结构转换问题，要以推进人与自然和谐共生的现代化破解资源环境约束，要以推进全体人民共同富裕改善收入与财富分配不平衡，要以推动区域城乡协调发展改善区域和城乡发展不平衡，要推动国家治理能力与治理体系现代化以适应复杂治理场景。

关键词：现代化；中国式现代化；人口规模巨大

---

①　吴振磊(1982—)，男，山东临清人，经济学博士，西北大学党委常委、副校长，教育部人文社会科学重点研究基地——西北大学中国西部经济发展研究院院长，经济管理学院教授、博士生导师，研究方向为中国市场经济理论与实践和城乡关系理论；程旭翀(1999—)，男，陕西西安人，西北大学经济管理学院博士研究生，研究方向为中国特色社会主义政治经济学。项目来源：陕西省社会科学基金项目“东西部协作促进陕西脱贫地区发展的效应评估与提升路径研究”(项目编号:2022D036)、陕西高校青年创新团队“城乡发展一体化与反贫困创新团队”。

一、引言

党的二十大报告指出："中国式现代化是人口规模巨大的现代化。"2023年2月，习近平总书记在学习贯彻党的二十大精神研讨班开班式上的重要讲话指出，人口规模巨大的现代化等中国式现代化的特征"既是理论概括，也是实践要求"。现有对中国式现代化的研究已然众多，而聚焦"人口规模巨大"这一特征的研究尚显不足。一些研究从经济学角度分析人口规模巨大对中国式现代化的实现方式和推进路径等方面的影响，[①②] 而另一些研究则从人口学角度讨论中国人口总量与结构状况及其对中国式现代化的影响。[③④⑤] 这些研究从不同学科视角考察人口规模巨大对中国式现代化的影响，但却未能完整、充分归纳人口规模巨大的中国式现代化所内含的特殊性。本文首先从理论渊源到中国实际梳理了人口规模与现代化的关系，进而从人口结构、经济规模、现代化进程与国家治理四个维度系统剖析人口规模巨大的中国式现代化具有何种独特优势、面临何种现实挑战，最后提出推动人口规模巨大的现代化的突破路径。

二、人口规模与现代化：从理论渊源到中国式现代化

人口是构成国家的基本要素，人口规模对国家的发展与现代化具有关键性影响。亚当·斯密等学者在经济学理论史中从多角度阐述了人口规模与现代化的关系，为人口规模巨大的中国式现代化研究提供了理论渊源。

---

① 高帆．中国人口规模巨大的现代化究竟意味着什么[J]．人民论坛，2022(22)：18－23.

② 黄泰岩．中国式现代化是人口规模巨大的现代化[J]．经济学家，2022(11)：13－14.

③ 原新．人口规模巨大的现代化建设之路[J]．人口研究，2022，46(6)：3－9.

④ 穆光宗，侯梦舜，郭超，等．论人口规模巨大的中国式现代化：机遇、优势、风险与挑战[J]．中国农业大学学报(社会科学版)，2023，40(1)：5－22.

⑤ 穆光宗．主持人评论：论人口规模巨大的中国式现代化[J]．人口与发展，2023，29(1)：101－103.

从人口大国与人口小国比较的角度看，人口规模从发展自主性、禀赋优势、社会治理难度和外部环境四个方面塑造人口大国与小国现代化进程的差异。同以往的现代化国家比较，中国在实现现代化过程中始终面临巨大的人口规模，这使得人口规模巨大成为中国式现代化的重要特征。

（一）人口规模与现代化关系的理论渊源

人口规模对于一国现代化究竟具有何种意义，这一问题在经济学理论传承中有一条清晰的脉络。亚当·斯密首先注意到人口规模直接形成了市场规模，并以古代中国为例解释："中国的幅员是那么广大，居民是那么多，气候是各种各样，因而各地方有各种各样的产物，各省间的水运交通大部分又是极其便利，所以单单这个广大国内市场，就够支持很大的制造业……"① 阿尔弗雷德·马歇尔指出，人口规模的有效投入就形成生产规模以及规模报酬递增。西蒙·库兹涅茨则从国际贸易依存度的角度分析认为，人口大国的国内市场及资源条件允许其发展专业化和规模经济，因而更不依赖对外贸易，可以通过"内循环"获得发展动能。② 人口因素在经济增长与结构转型理论中同样具有重要位置，马尔萨斯的人口论指出不经节制的人口增长将使经济剩余主要用于生活资料的消费而非投资与积累，从而使人落入贫困陷阱。刘易斯的二元经济理论按照农业部门和非农部门划分人口，指出农业部门的大量剩余劳动力进入非农产业的过程形成经济增长；索洛的新古典经济增长模型也认为劳动力要素是驱动经济增长的关键要素之一，但需配合资本要素和技术进步才能使经济保持长期增长。③ 这些理论从市场规模、生产规模、人口—资源关系、城乡结构等视角分析了人口之于现代化的意义。

---

① ［英］亚当·斯密．国民财富的性质和原因的研究：上卷［M］．郭大力，等，译．北京：商务印书馆，1972：16．

② 欧阳峣．大国经济特征、优势识别与发展格局［J］．人民论坛·学术前沿，2023（7）：14－23．

③ 蔡昉．理解中国经济发展的过去、现在和将来——基于一个贯通的增长理论框架［J］．经济研究，2013，48（11）：4－16，55．

（二）人口规模如何影响现代化进程：人口大国与人口小国的比较

从世界各国的现代化历程看，人口规模深刻地影响着现代化的道路选择和实践，是影响现代化发展的关键性因素。一般而言，小国的人口、资源和经济总量较小，与此相适应的经济和社会结构较为简单。相比之下，大国在较大的人口规模基础上，通常拥有更大的经济体量、总量更丰富的资源和较复杂的社会结构，能够形成较为齐全的产业部门和复杂的经济体系。人口大国和人口小国的现代化进程存在明显差异（见表1）。一是现代化进程中道路选择差异，大国依托其规模人口优势、资源禀赋优势，受益于规模经济效应，更有可能构建完整的国民经济体系，往往选择独立自主的发展道路。小国面对相对缺乏的资源禀赋条件和较小的经济体量，缺乏构建完整产业体系的条件，往往选择积极融入发达国家主导的产业和经济体系，在此基础上打造自身特色优势。北欧西欧的部分国家和亚洲的韩国和新加坡等国家在现代化进程中均选择了类似的发展道路。二是现代化进程中禀赋优势差异，大国依托较大的人口规模，通常拥有更大的经济体量和市场规模，这有助于社会分工的充分展开，一方面有利于构建更为丰富的产业体系和经济结构；另一方面有利于增强产业链韧性，提升抗风险能力，兼顾发展与安全。小国经济体量小，更容易利用现代技术和经济增长潜力做出必要的社会调整，有更多机会利用比较优势，在国际贸易中弥补资源禀赋和产业结构上的短板，打造新的竞争优势，实现现代化进程中的跨越式发展。三是现代化进程中社会治理难度的差异。现代化进程涵盖政治、经济、社会和文化等诸多方面，其中社会治理复杂程度和人口规模有着直接关系。大国往往面临更复杂的治理对象与治理场景，在治理能力上的要求更高。四是现代化进程中面临外部竞争环境的差异。在激烈的大国竞争中，主导国际秩序的“守成大国”往往把发展中大国视为潜在的或现实的对手，会在其快速发展过程中采取较为激烈的竞争和抑制策略，促使新兴大国谋求独立发展以保障国家安全。如中国在现代化进程中就受到了以美国为首的发达国家的抑制。对于小国，守成大国通常将其看作可以利用和合作的对象。一些小国准确把握这一国际社会的现实，通过与大国的积极合作实现快速发展。

表1　人口大国与人口小国在现代化进程中的差异比较

现代化进程的差异	人口大国	人口小国
发展自主性	独立自主的发展道路	融入发达国家主导的体系
禀赋优势	更大的经济体量和市场规模、更为丰富的产业体系和经济结构以及更强的产业链韧性	更多利用比较优势，在国际贸易中弥补资源禀赋和产业结构上的短板
社会治理难度	更复杂的社会阶层和治理难题	相对简单同质的社会结构
外部环境	主导国际秩序的守成大国往往把发展中大国视为潜在的或现实的对手	守成大国通常将小国看作可以利用和合作的对象

（三）人口规模巨大是中国式现代化的重要特征

习近平总书记强调，“我国14亿多人口整体迈进现代化社会，规模超过现有发达国家人口的总和，艰巨性和复杂性前所未有，发展途径和推进方式也必然具有自己的特点”。① 相较于其他国家的现代化道路，中国式现代化在人口的绝对规模与相对规模方面有重大差别。早期的现代化是西方资本主义国家实现的现代化，具有先发的、人口规模较小的特点。英国作为典型的先发式现代化国家，在第一次工业革命结束后的1850年约有2736万人口——彼时世界人口约为12.7亿，英国人口占世界总人口比重约为2.2%。而在第二次工业革命中实现现代化的美国，其人口在20世纪占世界总人口的比例约为5%。② 作为一个人口大国，1949年年初我国人口占世界总人口的22%左右，至今仍以14亿人口占据世界总人口的17%（见图1）。从人口的绝对规模来看，现有的现代化实践尚未有过14亿级别

① 习近平. 高举中国特色社会主义伟大旗帜　为全面建设社会主义现代化国家而团结奋斗——习近平同志代表第十九届中央委员会向大会作的报告摘登[N]. 人民日报，2022-10-17(002).

② 英国与美国的人口数据来自世界银行数据库。

人口的案例，随着人口规模的算术级数增长，现代化难度也会呈几何级数增长。从人口的相对规模来看，先发国家利用其在资本主义世界体系中的优势地位，以较少的国内人口剥削奴役不发达国家的众多人口，例如，欧洲国家通过黑奴贸易，美国通过华工贸易，获取了不发达国家大量的经济剩余用于其现代化发展。中国作为人口规模巨大的后发国家，既面临总人口约为10亿的资本主义先发国家（占世界总人口的比重约为12.5%）的阻碍，也不能剥削其他发展中国家，因而必然要在先发国家预设的国际分工、分配体系和自然资源占有的现实约束中突围并实现现代化。

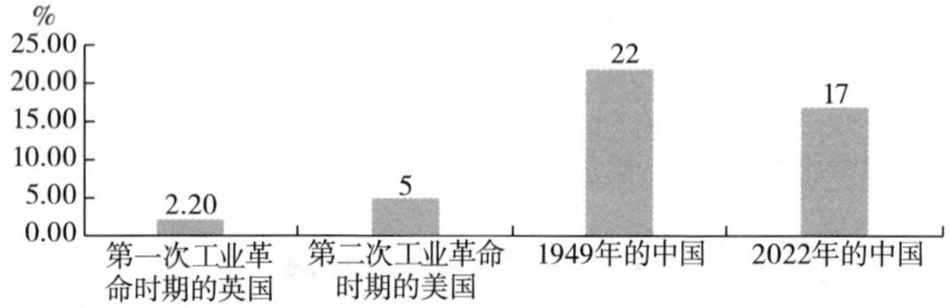

图1　英国、美国与中国在实现现代化过程中的人口占世界总人口的比重

资料来源：世界银行。

三、人口规模巨大的中国式现代化：独特优势与现实挑战

人口规模巨大从多个维度赋予中国式现代化以独特优势，也使推进中国式现代化面临多重现实挑战（见表2）。从人口结构的视角看，大规模的高素质人才形成人力资本规模优势，但也面临更为复杂的人口结构转换问题。从经济规模视角看，大规模的人口形成规模经济优势，也面临更为严峻的资源环境约束。从现代化过程的视角看，大规模人口现代化的过程呈现出发展纵深优势，但也面临更加严重的发展不平衡问题。从国家治理的视角看，我国在党的坚强领导下形成了治理能力优势，但也面临更为复杂的治理场景。基于此，下文将从以上四个维度分析人口规模巨大带给中国式现代化的独特优势，以及随之而来的现实挑战。

表 2　人口规模巨大的中国式现代化的独特优势与现实挑战

独特优势	现实挑战
人力资本规模优势	面临更为复杂的人口结构转换问题
规模经济优势	面临更加严峻的资源环境约束
发展纵深优势	面临更加严重的发展不平衡问题
治理能力优势	面临更为复杂的治理场景

（一）人口规模巨大的中国式现代化具有人力资本规模优势，但也面临更为复杂的人口结构转换问题

人口在中国现代化的历程中发挥过重大作用，人口红利在未来将以人力资本规模优势的形态继续为现代化提供动力。巨大的人口规模以“人口红利”的形态推动了中国的经济增长已是广为人知的共识。从 20 世纪 60 年代尤其是改革开放后直到 2015 年前后，中国因年龄结构的人口转变出现一个劳动供给迅速扩大、劳动年龄人口维持较高比例同时抚养比降低的时期，为这一时期的经济增长提供了重要的有利条件，使经济增长以更高速度维持更长时间，是为人口红利。[①] 经蔡昉等学者的估算，人口红利对我国 1982—2000 年人均 GDP 增长率的贡献为 26.8%。[②] 随着人口转变进入新的阶段，单纯凭借劳动力供给数量已不足以形成比较优势。“人口红利”说更多从人口数量的角度理解中国规模巨大的人口，相对忽略了劳动力质量变化对经济增长的作用，而人力资本理论把人的知识能力作为经济增长的源泉，[③] 更符合当前和未来一个时期中国劳动力总体状况的描述。随着劳动力的世代更替，我国劳动力人口素质明显提升，人力资本对经济发展

① BLOOM, DAVID, DAVID CANNING, JAYPEE SEVILLA. The demographic dividend: a new perspective on the economic consequences of population change[M]. Santa Monica: Rand Corporation, 2003: 25 – 42.

② CAI FANG, DEWEN WANG. China's demographic transition: implications for growth, in Garnaut and Song(eds.) The China boom and its discontents[M]. Canberra: Asia Pacific Press, 2005: 34 – 52.

③ 王明杰，郑一山．西方人力资本理论研究综述[J]. 中国行政管理，2006(8): 92 – 95.

的贡献更加凸显，一些研究称之为“人口质量红利”或“第二次人口红利”。[①②] 历年全国人口普查公报显示，在我国 15 岁及以上人口中，平均受教育年限 1990 年仅为 6.43 年，30 年间由 7.85 年（2000 年）增长至 9.08 年（2010 年），到 2020 年则已达到 9.91 年；人口受教育结构方面，1982 年我国拥有大学受教育程度的人口仅 602 万人，到 2020 年达到近 2.2 亿人，1982 年初中及以上受教育程度人口占总人口的 41.38%，到 2020 年为 72.42%，而高中及以上受教育程度人口 2020 年占比达 34.01%。[③] 林毅夫曾指出，中国巨大的人口规模必然蕴含着大量的科学家和工程师等高素质人才。[④] 教育水平的提高是激活这种人才优势的必要条件，为经济发展潜力的激发提供坚实基础。在平均受教育年限不断提高和受高等教育人口快速累积的过程中，中国的人力资本规模优势已经逐步显现。

随着人口素质的提升，人口结构显示出年龄结构变化和生育结构变化两方面突出问题。第一，人口老龄化问题越来越成为影响中国发展的长期因素。据人口学家分析，未来我国 60 岁及以上老年人口规模将快速扩张，2025 年将超过 3 亿人，2033 年超过 4 亿人，2054 年达到峰值 5.2 亿人；人口老龄化程度将在 2024 年超过 20%，在 2035 年跨越 30%，于 2054 年超过 40%，届时中国将成为人口老龄化程度最高的国家之一。[⑤] 同时，因为发展水平和收入水平尚不够高，针对老年人的基础设施和社会保障尚不健全，我国的老龄化进程显现出“未富先老”的特点。[⑥] 规模巨大的人口老龄化会带来前所未有的年龄结构压力，且其他国家尚未有过处理此种规模

① LEE R, MASON A. What is the demographic dividend[J]. Finance and Development, 2006, 43(3): 16-17.

② 王树．“第二次人口红利”与经济增长：理论渊源、作用机制与数值模拟[J]．人口研究，2021,45(1):82-97.

③ 黄凡，段成荣．从人口红利到人口质量红利——基于第七次全国人口普查数据的分析[J]．人口与发展，2022,28(1):117-126.

④ 林毅夫，蔡昉，李周．中国的奇迹：发展战略与经济改革[M]．上海：上海人民出版社，1999:9.

⑤ 原新．人口规模巨大的现代化建设之路[J]．人口研究，2022,46(6):3-9.

⑥ 孙鹃娟，高秀文．国际比较中的中国人口老龄化：趋势、特点及建议[J]．教学与研究，2018(5):59-66.

问题的先例。第二，生育率持续走低给经济长期健康发展带来重大风险。国家统计局数据显示，全国出生人口由2016年的1786万人下降至2022年的956万人，在6年间近乎减半，达到新中国成立以来的最低值。梁建章等撰写的《中国生育成本报告（2022版）》估算了中国与其他国家的生育成本，按照把一个孩子抚养到年满18岁所花的成本相对于人均GDP的倍数计算，澳大利亚是2.08倍、法国是2.24倍、美国是4.11倍、日本是4.26倍，而中国是6.9倍，几乎为全球最高。在社会层面，长期严格的一孩政策形成了低生育文化，使我国育龄夫妇的生育意愿比多数极低生育率国家还要低，落入超低生育陷阱，生育结构形势严峻。① 在这一趋势下，联合国《世界人口展望2022》预测，2035年之后我国人口总抚养比将超过50%，这意味着每两个劳动年龄人口平均要抚养超过一个老人或儿童，劳动力规模将在未来迅速缩减。

（二）人口规模巨大的中国式现代化具有规模经济优势，但也面临更加严峻的资源环境约束

人口规模巨大意味着中国式现代化可以实现不同于人口小国发展的规模经济效益，这体现在生产规模巨大和市场规模巨大两个方面。首先，超大生产规模已成为中国持续稳定发展极其重要的优势。经过70余年的经济发展，中国的巨大人口规模转化为巨大的经济规模，2022年中国GDP已达到17.5万亿美元。在超大经济规模的推动下，中国在生产率提高速度、产业体系完整程度、高水平创新创业能力和城市群聚集效应等方面表现出突出优势，这成为中国经济持续稳定发展的重要条件。② 其次，超大市场规模从需求侧为中国发展提供优势。人口规模与经济规模使“内需”成为中国经济增长的一种独特资源。库兹涅茨指出，大国与小国现代化道路的

---

① 穆光宗，侯梦舜，郭超，等．论人口规模巨大的中国式现代化：机遇、优势、风险与挑战［J］．中国农业大学学报（社会科学版），2023，40（1）：5－22.

② 国务院发展研究中心课题组，马建堂，张军扩．充分发挥“超大规模性”优势　推动我国经济实现从“超大”到“超强”的转变［J］．管理世界，2020，36（1）：1－7，44，229.

一项重要区别就是小国的发展必须依赖国外市场，以外部需求匹配其不断扩张的生产能力，而大国可以更多依赖本国市场产生的内需，依靠内循环推进本国的发展。[①] 中国经历几十年的高速增长，培育了4亿人次的中等收入群体和巨量的国内需求。能够同时用好国内国外两个市场两种资源，尤其是通过沟通国内供给侧的规模效益与国内大市场巨量需求，在外部需求不稳定的情况下实现内部的供需平衡并保持增长，使内需规模巨大成为中国式现代化的独特优势。

巨大的人口总量与相对有限的自然资源将长期制约中国式现代化的发展路径。马尔萨斯理论指出了自然资源的绝对稀缺性，而针对中国的情形，伊懋可（Mark Elvin）则用"高水平均衡陷阱"描述明清时期中国在资源环境约束下经济社会发展趋于停滞的局面。[②] 中国自晚清以来就始终以人口众多著称于世，新中国成立后人口规模也始终在全球排名第一。联合国《世界人口展望2022》预测，中国人口总量虽已进入缓慢缩减阶段，但在2035年以前依然保持在14亿人以上，2050年将降至13.17亿人，依然是全球仅有的两个规模超过10亿人的人口超级大国之一。[③] 相对于14亿人口，中国的自然资源总量多、人均占有量少，如人均淡水、耕地、森林、石油和铁矿石资源仅分别为世界平均水平的28%、43%、25%、7.7%和17%。[④] 不仅如此，中国生态环境承载力有限，呈东强西弱的局面，如西北和华北等地区，气候条件较为干旱、人口超载、粮食短缺，生态环境承载力较差。这使中国的发展面临严峻的资源环境约束。习近平总书记指出："在未来相当长时期内，我国人口众多的基本国情不会根本改变，人口对经济社会发展的压力不会根本改变，人口与资源环境的紧张

---

① Kuznets, Simon. Population change and aggregate output(eds.) In demographic and economic change in developed countries[M]. N. J. :Princeton University Press, 1960: 324 – 351.

② [英]伊懋可. 中国的历史之路:基于社会和经济的阐释[M]. 王湘云,李伯重,张天虹,等译. 杭州:浙江大学出版社,2023.

③ 原新. 人口规模巨大的现代化建设之路[J]. 人口研究,2022,46(6):3 – 9.

④ 杜鹰. 中国可持续发展20年回顾与展望[J]. 中国科学院院刊,2012,27(3):268 – 273.

关系不会根本改变。”[①] 面向现代化的宏伟蓝图，中国需要在资源环境的约束下寻求可持续的高质量发展。

（三）人口规模巨大的中国式现代化具有发展纵深优势，但也面临更加严重的发展不平衡问题

中国不同地区的资源禀赋条件差异极大，这种地区间依据资源禀赋展开协调配合的能力让中国式现代化具有发展纵深优势。在不同的历史时期，现代化面临不同的内外部环境和战略目标时，大国可以对不同禀赋地区的战略分工作出顶层设计，从而达到区域协作统筹推进大国现代化的目的。晚清洋务派在推动中国现代化的初步尝试时，就对江南制造局等第一批官办工业企业的选址问题产生过争论，这正反映了洋务派官员在设计工业布局时重点考虑了如何更好利用大国的发展纵深优势。[②] 新中国成立初期，中国采用重工业优先发展战略，并从1964年开始在中西部十三个省和自治区进行“三线建设”，正是在西方国家经济政治封锁的背景下发挥三线地区在国防能力方面的比较优势的战略选择。改革开放以来，在发展战略上选择发挥市场机制在资源配置中起决定性作用，逐步形成了今日的中国区域发展布局。在省际层面，长三角和珠三角等城市群因其地理位置、交通条件或政策条件优势，通过率先发展累积经济优势，在改革开放以来迅速崛起，聚集大量优势产业，成为辐射全国的增长极。在省内层面，各省也会在发展条件较好的地区形成增长极，并依据比较优势发展优势产业，参与全国和区域分工。不同区域的增长极偏重不同产业，共同参与区域分工，加之国内需求存在多样性和多层次结构，中国逐渐建立起门类齐全的产业结构和国民经济体系，成为全世界唯一拥有联合国产业分类当中全部工业门类的国家，形成较完备的制造业体系和生产网络。[③] 因为在不

① 坚持计划生育基本国策的重大战略部署[N]．中国人口报，2016－01－06(001)．

② 张忠民．晚清江南制造局的“内迁”——兼论中国工业发展中的战略纵深[J]．清史研究，2013(3)：54－61．

③ 苏剑．新发展格局下中国经济发展：充分发挥大国优势[J]．人民论坛·学术前沿，2023，263(7)：67－75．

同区域布局不同产业，让中国的经济发展拥有纵深空间，某个区域的经济衰退、某种产业的衰落不至于对整个国民经济造成重大影响，使中国产生能够抵抗外部风险冲击的经济韧性。①

人口规模巨大的现代化在推进过程中既具有发展纵深优势，也面临更加严重的发展不平衡问题，这突出表现在城乡区域发展不协调与收入和财富分配不平衡两个方面。首先，从城乡区域发展来看，大规模人口的分地区分布形成了区域发展、城乡发展不协调的问题。改革开放以来，东部地区依靠区位和政策优势在市场经济的浪潮下迅速发展，如上海市在 2022 年人均 GDP 达到 2.69 万美元，接近欧洲发达国家水平。而在近 20 年，南方省市实现经济赶超，逐渐同北方地区拉开差距。例如，2021 年全国人均 GDP 最高的北京市就比最低的甘肃省高出 4 余倍。这就造成区域上的东西差距和南北差距。在城乡差距层面，三次产业分工、市场制度水平和要素流动不畅造成广大农村地区低收入、低消费的现状。根据第七次全国人口普查数据，我国农村拥有近 5 亿人口，但在 2022 年我国城镇居民人均消费支出几乎达到农村居民人均消费支出的 2 倍。区域和城乡发展不协调是发展不平衡不充分的一个重要方面，是中国式现代化新征程上亟待解决的问题。其次，从不同人群的财富与收入结构来看，收入分配失衡问题在巨大人口规模的叠加效应下严重影响经济发展潜力与社会信心。国家统计局 2021 年数据显示，按全国居民五等份收入分组，我国高收入组人均可支配收入为 85836 元，低收入组人均可支配收入为 8333 元，处于收入分配两极的两组人口收入差距超过 10 倍。一个较为健康的财富与收入结构可以形成充分的有效需求，有效需求将会刺激供给侧的生产运转，形成的社会财富又以多种收入的形式回到需求侧，形成有效需求。而群体间过大的财富与收入差距会导致一部分群体基本需求得不到满足，限制其劳动力再生产，而另一部分群体的巨量财富不进入实体经济，难以形成有效需求，从而使得社会再生产无法畅通循环，经济社会发展就会面临阻碍。

---

① 欧阳峣．大国经济特征、优势识别与发展格局[J]．人民论坛·学术前沿，2023(7)：14－23.

（四）人口规模巨大的中国式现代化具有治理能力优势，但也面临更为复杂的治理场景

规模巨大的人口对于国家的治理者来说是一种可供利用的资源，新中国成立以来经过多年探索形成了中国特色的治理能力优势。第一，中国共产党在治理人口大国的过程中形成“党领导一切”的治理模式，能更好发挥人口规模巨大的优势推动国家发展。与其他治理模式不同，中国的治理模式更加强调党和政府在经济和社会发展中积极有为发挥作用，从而党和政府的政策工具箱中的工具比其他治理模式的国家更多。例如，针对不同地区间发展不平衡问题，在自由市场经济条件下只能依靠企业和个人等主体的自发行为调整区域间差距。而在中国的治理模式下，通过政府主导的区域间协作，国家内的不同地区可以在发挥自身比较优势的前提下协作互助，让发达地区为欠发达地区提供经济、技术和人才支持，加快欠发达地区发展，缩小区域差距。[①] 此外，基于中国的中央和地方政府财政收入分成关系，中央政府也可以通过转移支付直接实现财政资源的统筹调配，让一个大国之内的不同地区可以通过转移支付等方式克服地区性经济问题，为地区提供来自中央政府的“保险”。第二，人口规模不仅是生产规模和市场规模，也是税基规模。在相同的财政汲取能力下，人口大国的财政收入更高，这保证了大国的公共资源供给能力，使国家提供同等水平公共产品的人均成本更低，从而在同等收入、同等纳税力度的条件下，大国的民众首先可以享有更高水平的公共产品。[②] 例如，中国政府从2012年开始大规模开展高铁建设，在10年间形成“四纵四横”高铁主骨架和“八纵八横”的高铁主通道，高铁营业里程从9000千米增长至42000千米，工程速度和总里程数稳居世界第一，[③] 通过快速布置起横跨全国的大型基础设施，

---

① 吴国宝．东西部扶贫协作困境及其破解[J]．改革，2017(8)：57－61.

② ［意］阿尔伯托·阿莱西纳，恩里科·斯波劳雷．国家的规模[M]．戴家武，欧阳峣，译．上海：格致出版社，上海人民出版社，2020：3－4.

③ 中国高铁运营里程达到4.2万公里[N]．人民日报（海外版），2023－01－14(001).

为中国民众提供了高性价比的公共产品。

人口规模巨大对于国家治理来说是对治理能力的有效增益，但纷繁复杂的治理内容也让中国面临更为复杂的治理场景。首先，“人多”意味着“地方多”，这就产生了中国长期存在的央地矛盾。中国的央地矛盾根本在于中央政府要求国家政策、资源调配和人事管理上的一元化统理，而各地方的差异性巨大，这要求各地因地制宜，从而产生中央集权与地方分权的矛盾。[①] 集权的中央政府通过政令驱动国家发展，但很难考虑到各地方条件差异性、偶然性带来的政策实施困难，因而需要赋予地方一定权力，如毛泽东所说的“发挥中央和地方两个积极性”。但地方权力过大则会形成“藩镇割据”的局面，地方自行其是，拒绝接受中央政府的指挥，使国家治理丧失有效性。如何在发挥地方积极性的同时制衡地方防止其损害全局利益，是中国国家治理首要面对的场景。其次，中国众多的“地方”及其差异性也产生了复杂的地方间矛盾。当一个地区的发展状况持续向好、与周边地区的差距拉大时，可能会形成对周边地区人才、资金等资源的掠夺，以“虹吸效应”抑制其他地方的发展。而当一个地区同邻近地区在发展基础、发展目标和发展策略方面的同质化较为严重时，地方间的良性竞争就可能演变为“以邻为壑”的恶性竞争。最后，政府对社会的治理因治理对象的复杂性而面临重重困难。巨大的人口规模、巨大的物理空间叠加愈加精细化的治理内容总和构成了中国政府对社会治理的“治理负荷”。[②] 以贫困治理为例，中国在改革开放以来实施了一系列连续性的农村扶贫开发工作，从最初的开发式扶贫转向综合扶贫开发，再到精准扶贫与脱贫攻坚，从“输血”到“造血”，从单一主体参与到多元主体共同参与，[③] 完善扶贫体系构建的过程体现了国家对治理对象与治理目标的不断调整，也反映了这一治理场景的复杂性。随着绝对贫困的消除，中国的贫困治理进

---

① 周雪光. 中国国家治理及其模式：一个整体性视角[J]. 学术月刊，2014，46(10)：5-11，32.

② 周雪光. 国家治理规模及其负荷成本的思考[J]. 吉林大学社会科学学报，2013，53(1)：5-8.

③ 吴振磊，张可欣. 改革开放40年中国特色扶贫道路的演进、特征与展望[J]. 西北大学学报(哲学社会科学版)，2018，48(5)：101-111.

入了相对贫困治理与推动共同富裕的阶段，治理对象更多元、致贫要素更复杂。[①] 贫困治理面临的难点表明了“治理负荷”是如何产生与复杂化的。

四、人口规模巨大的中国式现代化：突破路径

推进人口规模巨大的中国式现代化，要充分研判我国人口变化的关键趋势及其对经济社会发展的深刻影响，采取因势利导型措施，充分发挥人口规模巨大所蕴含的独特优势，有效解决人口规模巨大所内含的现实挑战。根据前文的分析，我国人口在生育结构、年龄结构和教育结构等方面发生深刻变化，对劳动力供给的量与质、内需规模和结构以及财富与收入分配等方面均产生重大影响。因此，本文提出应从以下六个方面的路径推进人口规模巨大的中国式现代化。

（一）坚持党的集中统一领导，强化中国式现代化的组织保障

一个国家的现代化需要社会成员的广泛参与和共同推进，14 亿人口的中国式现代化更需要调动各地区各阶层主体的积极性、主动性，这需要发挥中国共产党的领导核心作用。第一，用好“集中力量办大事”的优势。针对现代化进程面临的“卡脖子”技术难题和亟须攻关的重大项目，要进一步发挥集中力量办大事优势，集中人力物力，凝聚共识、凝聚智慧、凝聚力量，汇聚合力，突破难题障碍。第二，健全全过程人民民主的政治发展道路。依据人民当家作主、人民起来监督、人人起来负责、人民全过程参与国家和社会事务的原理，构建体系化、机制化、绩效化的现代化政治制度体系，保证人民当家作主。第三，不断提高党驾驭市场经济和领导高质量发展的能力。社会主义市场经济体制是我国基本经济制度，高质量发展是全面建设社会主义现代化国家的首要任务，要研究和遵循现代市场经济规律和高质量发展规律，发挥党在经济社会发展中的领导核心作用。

---

① 吴振磊．相对贫困治理特点与长效机制构建[J]．红旗文稿，2020，420（12）：23－24.

（二）优化人口发展，应对人口结构转换问题

人口结构转换是中国式现代化必须面对的结构性挑战，应当通过优化人口发展，积极有为应对人口问题。其一，强化人力资本投资。更加注重人力资本投资对于中国式现代化的意义，加强对人力资源、人力资本和劳动力有效供给的研究，提升全社会对教育和健康的投资，注重精神文明与物质文明协调发展，更加重视社会主义意识形态和社会主义核心价值观在全社会的塑造、宣传和教育，推动人的全面发展。其二，为生育率适当提升创造条件。完善生育支持政策体系，全面推进经济刺激、时间支持、托育服务、技术供给、生育关怀、舆论环境等生育支持举措，重视生殖健康，保护我国人口的生育力，建设生育友好型社会。其三，为老龄人口提供全面服务。推行积极老龄观和健康老龄化理念，从住房、就业、医疗、产业发展、文化建设等方面入手，提高社会适老化水平，并让老年人自身积极适应时代的变迁和新生活方式的普及，打造老年友好型社会。

（三）推进人与自然和谐共生的现代化，破解资源环境约束

在自然资源有限、生态环境承载力有限的双重约束下，需要以人与自然和谐共生的原则推进中国式现代化。第一，推进绿色发展。推广绿色低碳的生产方式，全面提高自然资源利用率，推动产业绿色化转型，建立绿色技术创新体系，以绿色化为重要目标打造现代产业体系。第二，建立生态经济体系。建立以产业生态化和生态产业化为主体的生态经济体系，对三次产业进行绿色化改造，实现传统产业的绿色转型升级，同时发展新型生态产业，把生态资源转变为生态产品。第三，构建生态环境治理体系。加快完善生态环境治理制度，健全自然资源资产产权制度和使用管制制度，形成党委领导、政府主导、企业主体、公众和社会组织共同参与的现代环境治理体系。

（四）推进全体人民共同富裕，改善收入与财富分配不平衡

应对财富与收入结构失衡问题，需要推进全体人民共同富裕的中国式

现代化。一方面，以创新推动生产力发展。坚持把发展生产力作为提高人民富裕程度的治本之策，强调创新在生产力发展中的核心地位，实施创新驱动发展战略，完善科技创新体系，激发各种主体的创新动力，把握数字经济发展浪潮的机遇，实现以创新为根基的技术进步，让创新成果不断涌现，为现代化提供内生动力。另一方面，以三次分配调节收入分配。健全三次分配制度，在初次分配阶段要使市场发挥决定性作用，确保各要素平等参与收入分配。在再分配阶段，要健全税收征管体系，提升税收、转移支付与社会保障体系的力度与精准度，在第三次分配中，树立全社会的慈善意识，号召全体人民广泛参与，完善个人慈善捐赠税收优惠政策，扩大慈善捐赠的规模，并强化相关制度建设的规范化、标准化。

（五）推动城乡区域协调发展，改善区域和城乡发展不平衡

针对区域和城乡发展不平衡问题，应推动区域协调发展和城乡融合发展，构建完善国内统一大市场。第一，推进区域协调发展。更加重视发挥西部地区、东北地区和中部地区的资源禀赋优势、区位优势和比较优势，同时丰富府际协调合作的机制、渠道与内容，依托长江经济带发展战略和黄河流域生态保护和高质量发展战略等区域重大战略，促成区域间协作共进。第二，促进城乡融合发展。深化城乡分工协作，推进城市产业转型升级，完善农村产业体系，同时全面深化农村产权制度、土地制度改革，推进城乡公共资源配置机制对接并轨，完善农村基础设施建设。第三，建设国内统一大市场。打破地方保护和区域壁垒形成的市场分割和地区封锁，打造统一的要素和资源市场，健全城乡统一的土地和劳动力市场，全国统一的资本、数据、能源和生态环境市场，并推动完善统一的产权保护制度、市场准入制度、公平竞争制度和社会信用制度。

（六）推动国家治理现代化，适应复杂治理场景

要应对更为复杂的治理场景，需要推动国家治理体系与治理能力现代化。第一，提高治理精细化水平。对社会治理的构成要素、实现目标、关

键环节、考核反馈等进行精细化分析与研究，改善决策流程，优化决策目标，提升决策质量，明晰决策的效果。第二，以制度建设完善治理体系。改革和完善政绩考核制度，建立程序规范、内容全面、措施适用的制度体系、规则体系和法律体系。第三，合理利用数字化手段提升治理能力。运用前沿数字技术，协同社会主体，通过政府数字化转型重塑治理结构、优化政府职能、革新治理理念，引发传统政府向数字政府的转变，通过数据融合化、业务协同化、线上线下一体化的数字化转型提升治理能力。

政府间跨部门信息共享与税收治理现代化

赵仁杰　赵欣仪　孙华臣　周小昶[①]

摘要：数字时代政府部门的海量数据为提升国家治理现代化提供了重要支撑，但部门间“信息孤岛”严重制约着大数据治理效能的发挥，加快跨部门数据融通、信息共享迫在眉睫。本文围绕跨国企业海外避税治理中的信息获取难题，基于各城市商务部门向税务局共享企业海外投资信息的政策实践和手工整理的2009—2021年上市集团公司关联网络数据，分析境外投资信息共享的税收治理效应。研究发现，海外投资信息的跨部门共享会显著降低母公司在避税天堂的投资，减少政策试点地区上市公司约10亿元的海外税收流失，但对企业在非避税天堂的投资没有明显影响；跨部门信息共享对企业海外避税的抑制作用主要体现在民营企业、税收征管力度和融资约束较大的企业中，在税率较高的避税地表现更为明显；跨部门信息共享会降低跨国公司与海外避税地的关联交易，并且主要表现为减少向关联方低价销售的转让定价行为，这是跨部门信息共享抑制税基侵蚀的重要机制。本文不仅为新一轮全球税收竞争背景下治理跨国公司利润转移和促进投资回流提供了重要启示，更为数字时代通过构建政府部门间信息共享长效机制、发挥大数据信息的国家治理效能提供了经验借鉴。

关键词：跨部门信息共享；税基侵蚀；利润转移

---

① 赵仁杰，男，经济学博士，西北大学经济管理学院副教授；赵欣仪，上海财经大学公共经济与管理学院博士研究生；孙华臣，经济学博士，山东省人民政府发展研究中心研究员；周小昶，经济学博士，中南财经政法大学财政税务学院讲师。项目来源：国家自然科学基金项目（项目编号：72203167）、陕西高校青年创新团队“中国特色社会主义政治经济学与财税体制改革创新”项目、泰山学者工程专项经费。

一、引言

实行高水平对外开放，加快企业“走出去”参与全球竞争是构建新发展格局的内在要求。但与此同时，跨国公司在对外投资中也会频繁利用国际税收治理漏洞进行激进的利润转移和税基侵蚀①②，据统计，避税天堂隐匿的财富相当于全球生产总值的 10%③。中国企业也存在利润转移和税基侵蚀行为④⑤，2015 年中国境内企业对外投资中流向中国香港、荷兰、开曼群岛、英属维尔京群岛、百慕大群岛等避税地的投资共计 1164.4 亿美元，占当年对外投资流量总额的 79.7%。2019 年内地企业在中国香港、英属维尔京群岛、新加坡、开曼群岛的投资存量多达 1.75 万亿美元，占中国对外直接投资存量总额的 79.40%。⑥ 由此可见，无论是从流量还是存量角度来看，中国内地企业在海外避税地的投资占对外投资额的比重都明显偏高。出于避税目的的海外投资不仅会对国家财政收入造成巨大损失，给国际税收秩序带来严峻挑战⑦，而且企业通过在避税天堂设立分支机构隐藏巨额债务融资⑧，也不利于防控其债务风险。习近平总书记多次在 G20 峰

① 刘志阔，陈钊，吴辉航，等．中国企业的税基侵蚀和利润转移——国际税收治理体系重构下的中国经验[J]．经济研究，2019，54(2)：21－35.

② TØRSLØV T, WIER L, ZUCMAN G. The missing profits of nations[J]. The Review of Economic Studies, 2023, 90(3): 1499－1534.

③ ALSTADSÆTER A, JOHANNESEN N, ZUCMAN G. Tax evasion and inequality[J]. American Economic Review, 2019, 109(6): 2073－2103.

④ 张瑶．情报交换协定是否能遏制企业的税基侵蚀和利润转移行为[J]．世界经济，2018，41(3)：127－146.

⑤ 白思达．中国跨国公司税基侵蚀和利润转移问题新研究[J]．世界经济，2019，42(4)：174－192.

⑥ 数据来源：《2015 年度中国对外直接投资统计公报》《2019 年度中国对外直接投资统计公报》。

⑦ TØRSLØV T, WIER L, ZUCMAN G. The missing profits of nations[J]. The Review of Economic Studies, 2023, 90(3): 1499－1534.

⑧ COPPOLA A, MAGGIORI M, NEIMAN B, ET AL. Redrawing the map of global capital flows: the role of cross－border financing and tax havens[J]. The Quarterly Journal of Economics, 2021, 136(3): 1499－1556.

会上提出要进一步打击国际逃避税，营造公平有序的税收环境和国际税收秩序。因此，有效降低企业海外投资中的避税行为，不仅关系我国税收安全，还直接影响着高质量对外投资和高水平对外开放格局的形成，也是国家税收治理能力现代化的内在要求。

跨国企业海外避税治理中面临的关键问题是对其海外真实经营信息的获取和涉税风险甄别。在企业通过诸如转让定价①②、资本弱化③、设立受控外国企业④等途径实施利润转移时，由于涉及大量境外经营行为，国内税务机关难以有效获取相关涉税信息从而给避税治理带来困难。近年来，随着各国反避税立法和国际税收情报交换协定等法规制度的完善，税务机关对企业海外经营的税收治理能力有所提升。⑤⑥ 但现实中各国反避税立法的进度不一，加上受利润被转移到第三方、协定双方选择性执行以及纳税人信息权保护等因素影响⑦，情报交换协定在抑制跨国税基侵蚀时作用受限。特别是，随着近年来经济逆全球化、贸易战等影响跨国治理与经济合作的不稳定因素频发，各国合作促进国际税收治理的目标和实践分歧加大。⑧ 因此，提升税务机关对跨国企业境外投资信息的获取和海外避税治理能力，仍需要从国内制度建设层面寻找突破口。

事实上，中国在加入 WTO 以后就已经建立起了较为完备的境内企业

---

① DAVIES R B, MARTIN J, PARENTI M, ET AL. Knocking on tax haven's door: multinational firms and transfer pricing[J]. Review of Economics and Statistics, 2018, 100(1): 120 - 134.

② 白思达. 中国跨国公司税基侵蚀和利润转移问题新研究[J]. 世界经济,2019,42(4): 174 - 192.

③ DHARMAPALA D, RIEDEL N. Earnings shocks and tax - motivated income - shifting: evidence from European multinationals[J]. Journal of Public Economics, 2013(97): 95 - 107.

④ EGGER P H, WAMSER G. The impact of controlled foreign company legislation on real investments abroad: a two - dimensional regression discontinuity design[J]. Journal of Public Economics, 2011, 129(4):77 - 91.

⑤ BUETTNER T, OVERESCH M, SCHREIBER U, ET AL. The impact of thin - capitalization rules on the capital structure of multinational firms[J]. Journal of Public Economics, 2012,96(11 - 12): 930 - 938.

⑥ 何杨,徐润. 税收情报交换、双边税收协定与国际避税——来自全球离岸证券投资的证据[J]. 财贸经济,2016(6):35 - 50.

⑦ 张瑶. 情报交换协定是否能遏制企业的税基侵蚀和利润转移行为[J]. 世界经济,2018,41(3):127 - 146.

⑧ 王文静,曹明星. BEPS 十年:国际反避税全球共治观察[J]. 税务研究,2023(9):86 - 93.

境外投资的审批和信息备案制度。商务部《关于境外投资开办企业核准事项的规定》和《境外投资管理办法》均明确要求境内企业要向所在地商务部门上报境外投资企业的名称、注册资本、投资金额、经营范围、经营期限、投资内容、股权结构和资金往来等信息，因此，商务部门掌握着较为完备的境外投资企业的生产经营和财务信息。① 但是，商务部门并不承担打击海外避税的工作职能，在政府各部门信息管理和工作运转相对独立的情况下，受部门职能、利益和信息安全等因素的影响，政府各部门间普遍存在着“信息孤岛”。②③ 这导致商务部门掌握的大量企业海外投资信息并不能被有效用于税务机关的海外避税治理，不仅造成政府信息资源的浪费，也制约着税基侵蚀治理效能的提升。因此，推动商务部门的境外投资信息向税务机关共享对于改善集团企业海外避税治理具有重要意义。

尽管当前在全国层面还未形成商务部门与税务机关共享信息的制度规范和常态化机制，但各地政府在推动综合治税过程中，已经逐步开展商务、国土资源、财政、工商管理等部门与税务机关的信息共享实践，这为考察境外投资信息共享的避税治理效应提供了宝贵机会。随着数字化步伐的加快，近年来中国政府各部门间的信息分割和“信息孤岛”问题得到了学术界的广泛关注，但绝大部分研究仍聚焦于信息分割的成因和跨部门信息共享的影响因素④⑤⑥分析，缺乏基于大样本微观数据对政府跨部门信息共享政策效应及其实现机制的经验研究。这不仅难以为在更大范围内推动跨部门信息共享改革提供研究支撑，也不利于完善跨部门信息共享的政策

① 李俊杰．中国境外投资审批制度的演变[J]．清华金融评论，2015(11)：41－44.

② 唐平秋，蒋晓飞．论“信息孤岛”对政府组织发展的制约与对策——基于学习型组织理论的视角[J]．中国行政管理，2015(5)：61－64.

③ 郁建兴，高翔．浙江省“最多跑一次”改革的基本经验与未来[J]．浙江社会科学，2018(4)：76－85，158.

④ 游路．政府部门信息共享的现实难题与法治保障[J]．行政管理改革，2022(8)：64－74.

⑤ 陈思霞，卢盛峰，王冰璇．跨部门信息分享与地方税收入增长：基于联合激励的视角[J]．财政研究，2021(7)：98－113.

⑥ 胡平，甘露，罗凌霄．地方政府部门间信息共享的影响因素间关系研究[J]．管理工程学报，2009，23(3)：85－89.

和制度建设。党的二十大做出加快数字中国建设部署，以信息化推动国家治理体系完善和治理能力提升是数字时代的必然选择。通过跨部门信息共享并充分发挥好政府各部门海量数据的治理效能，是实现国家治理数字化和现代化的重要支撑。

基于此，本文利用各地级市政府推动综合治税中商务部门与税务机关信息共享政策，基于2009—2021年上市公司及其境内外子公司数据，研究境外投资信息的跨部门共享对跨国公司海外避税治理的影响。结果发现，首先，境外投资信息的跨部门共享使得政策实施地企业设立在避税天堂的子公司数量平均减少了1.12个，相当于避税天堂子公司数量均值的141%，并且降低了企业在避税地新设子公司的动机，但政策对跨国公司在非避税天堂的投资没有影响，这说明境外投资信息的跨部门共享主要会降低跨国企业出于避税目的的海外投资，有助于减少税基侵蚀。其次，跨部门信息共享对企业海外避税的影响主要体现在民营企业、地区税收征管力度较大、融资约束较强的企业中，更有助于减少跨国集团在税率相对较高的避税天堂的投资。再次，境外投资信息共享会使跨国集团减少与避税天堂关联方的转让定价，减少与海外避税地的关联交易强度，这是境外投资信息共享抑制税基侵蚀的重要作用机制。最后，本文测算发现海外投资信息的跨部门共享能够使样本期间内政策实施地的上市集团企业减少大约9.76亿元的海外税收流失，这表明推动政府间跨部门信息共享能够发挥显著的治理效应。

相较于既有文献，本文的边际贡献主要体现在：第一，首次从国内政府部门合作视角拓展了对中国企业跨境避税行为治理的实证研究。现有文献讨论跨境利润转移时主要关注以情报交换协定为代表的国际税收合作的影响①②③④，

① HANLON M, MAYDEW E L, THORNOCK J R. Taking the long way home: US tax evasion and offshore investments in US equity and debt markets[J]. The Journal of Finance, 2015, 70(1): 257 - 287.

② ZUCMAN G. The hidden wealth of nations: the scourge of tax havens[M]. Chicago: University of Chicago Press, 2015.

③ 张瑶. 情报交换协定是否能遏制企业的税基侵蚀和利润转移行为[J]. 世界经济, 2018, 41(3): 127 - 146.

④ 何杨, 徐润. 税收情报交换、双边税收协定与国际避税——来自全球离岸证券投资的证据[J]. 财贸经济, 2016(6): 35 - 50.

对国内政府部门间合作的关注不足。本文立足各地商务与税务机关的信息共享实践，研究发现推动国内各部门信息共享与治税合作对于抑制税基侵蚀具有重要作用，为近年来跨国治理与经济合作不稳定因素频发背景下中国寻求更加有效的税基侵蚀治理方案提供了政策启示。第二，为政府间跨部门信息共享的治理效应及其实现机制提供了微观经验证据。受部门职能划分、部门利益以及信息安全风险等因素影响，政府跨部门信息共享的合理性和潜在效果一直备受争议且缺乏经验证据支撑，改革实践也相对缓慢。①②③④⑤ 本文基于海外避税治理中信息获取的独特场景，研究发现跨部门信息共享的确能够带来显著的治理效应，为通过部门协同发挥大数据信息资源的治理效能提供了理论支撑。第三，为在其他领域通过跨部门信息合作与大数据共享提升治理水平提供了政策启示。党的二十大报告提出要深入推进数字政府建设，当前中国政府各部门掌握着海量数据，但大多采用部门内垂直管理模式，部门间的信息分割不仅造成数据资源浪费，也抑制了大数据治理效能提升。本文的研究表明，通过建立跨部门信息共享的顶层设计和长效机制、搭建部门间信息共享平台对于数字时代促进国家治理现代化具有重要作用。商务部门与税务机关信息共享实践也能够为在生态环境、市场监管、食品安全、国土资源等多个领域充分发挥以信息共享为载体的部门协同治理优势提供政策借鉴。

本文其余部分的结构安排如下：第二部分阐述制度背景并提出研究假说；第三部分介绍数据、变量和计量模型；第四部分呈现基本回归结果与

---

① 胡平，甘露，罗凌霄．地方政府部门间信息共享的影响因素间关系研究[J]．管理工程学报，2009，23(3)：85－89.

② 郭志东．政府部门间涉税信息共享的困境及破解思路——以《税收征管法》修订为背景[J]．税收经济研究，2016，21(4)：63－70.

③ 游路．政府部门信息共享的现实难题与法治保障[J]．行政管理改革，2022(8)：64－74.

④ YANG T M, MAXWELL T A. Information－sharing in public organizations: a literature review of interpersonal, intra－organizational and inter－organizational success factors[J]. Government Information Quarterly, 2011, 28(2): 164－175.

⑤ BIGDELI A Z, KAMAL M M, De CESARE S. Electronic information sharing in local government authorities: factors influencing the decision－making process[J]. International Journal of Information Management, 2013, 33(5): 816－830.

稳健性检验；第五部分为异质性分析、机制检验与进一步讨论；第六部分为结论和启示。

二、制度背景与研究假说

随着经济全球化的深入，企业的海外投资与经营活动越来越普遍，但相伴而生的跨国避税问题也给各国税基安全和国际税收治理带来了严峻挑战。据统计，在2015年《财富》500强的美国跨国企业中，有367家公司在避税天堂设立了共计10366个分支机构。根据Tørsløv等（2023）的估算，2015年全球跨国企业向避税天堂转移的利润达6160亿美元，约占其税前利润总额的40%，其中有接近30%被转移的利润来自发展中国家，跨国公司的海外避税严重影响了各国税收安全。① 值得注意的是，中国企业同样进行频繁的海外避税活动②，白思达（2019）测算发现2006年中国跨国公司仅在出口环节侵蚀的企业所得税规模约为6.44亿元③。商务部公布的《2020年度中国对外直接投资统计公报》数据显示，截至2020年年底中国企业在中国香港、英属维尔京群岛、开曼群岛这三个典型避税地的投资流量高达1046.9亿美元，占当年中国对外直接投资流量总额的69.1%，并且主要是通过在避税地的子公司来实现的。④⑤ 由此可见，在避税天堂的投资仍是目前中国企业对外投资资金的主要流向，也表明抑制海外投资中的利润转移和税基侵蚀是我国税收治理和提高对外投资质量的关键所在。

---

① TØRSLØV T, WIER L, ZUCMAN G. The missing profits of nations[J]. the Review of Economic Studies, 2023, 90(3): 1499 - 1534.

② COPPOLA A, MAGGIORI M, NEIMAN B, ET AL. Redrawing the map of global capital flows: the role of cross - border financing and tax havens[J]. The Quarterly Journal of Economics, 2021, 136(3): 1499 - 1556.

③ 白思达. 中国跨国公司税基侵蚀和利润转移问题新研究[J]. 世界经济,2019,42(4): 174 - 192.

④ BILICKA K A. Comparing UK tax returns of foreign multinationals to matched domestic firms[J]. American Economic Review, 2019, 109(8): 2921 - 2953.

⑤ 《2020年度中国对外直接投资统计公报》,商务部。

税务机关对企业涉税信息的获取是影响税收治理的重要因素。[①②] 近年来，随着“金税三期”工程以及国地税机构合并等改革实施，税务机关对中国企业境内业务涉税信息的获取能力大幅提升，有效抑制了企业在境内生产经营过程中的逃避税行为。[③④⑤] 但对于跨国公司而言，税务机关对其海外业务信息的掌握仍较为有限，阻碍了税务机关打击海外投资和经营活动中的避税行为。如何有效提高境内税务机关对跨国企业海外投资信息的获取和甄别能力成为治理跨国避税的关键所在。现有文献主要探讨了国家（地区）之间签订情报交换协定对抑制海外避税的影响。[⑥⑦⑧] 但一方面，由于情报交换协定往往限于双方之间，其作用会因利润被转移到第三方、协定双方的选择性执行以及纳税人信息权保护等因素而受到制约。[⑨⑩] 另一方面，情报交换所能覆盖的纳税对象和范围较为有限，信息交换过程面临执行动力不足、国际环境影响的不确定性等困境。[⑪⑫] 因此，提升税务机关

① POMERANZ D. No taxation without information: deterrence and self - enforcement in the value added tax[J]. American Economic Review, 2015,105(8):2539 - 2569.

② 田彬彬,杨健鹏,汪丹,等．第三方信息获取与税收征管效率:来自有奖发票推行的证据[J]. 世界经济,2021,44(9):103 - 124.

③ 张克中,欧阳洁,李文健．缘何“减税难降负”:信息技术、征税能力与企业逃税[J]. 经济研究,2020,55(3):116 - 132.

④ 樊勇,李昊楠．税收征管、纳税遵从与税收优惠——对金税三期工程的政策效应评估[J]. 财贸经济,2020,41(5):51 - 66.

⑤ 田彬彬,余白雪,叶菁菁．合并征管、信息获取与企业实际税负[J]. 世界经济,2022,45(12):153 - 174.

⑥ HANLON M, MAYDEW E L, THORNOCK J R. Taking the long way home: US tax evasion and offshore investments in US equity and debt markets[J]. The Journal of Finance, 2015, 70(1): 257 - 287.

⑦ 何杨,徐润．税收情报交换、双边税收协定与国际避税——来自全球离岸证券投资的证据[J]. 财贸经济,2016(6):35 - 50.

⑧ 张瑶．情报交换协定是否能遏制企业的税基侵蚀和利润转移行为[J]. 世界经济,2018,41(3):127 - 146.

⑨ 许多奇,廉洁．国际税收情报交换中的纳税人信息权保护[J]. 税务研究,2018(5):82 - 85.

⑩ 张瑶．情报交换协定是否能遏制企业的税基侵蚀和利润转移行为[J]. 世界经济,2018,41(3):127 - 146.

⑪ 马乐．OECD税收情报自动交换新标准的发展与局限[J]. 暨南学报(哲学社会科学版),2015,37(5):119 - 127.

⑫ 羌薇,王雄飞．金融开放下中国税收情报交换发展的历史演进、基本经验与现实困境[J]. 经济体制改革,2020(3):130 - 136.

从国内渠道获取跨国公司境外投资信息的能力对于治理利润转移和税基侵蚀仍至关重要。

在中国，根据《关于境外投资开办企业核准事项的规定》和《境外投资管理办法》，境内企业在境外投资设立非金融企业需要经商务部门核准备案，其中包括所投资境外企业的名称、注册资本、投资金额、经营范围、经营期限、投资资金来源情况说明、投资具体内容、股权结构等多个方面的财务和经营信息。并且，商务部门还承担着境内企业对外投资的审批、核查等职能，对企业上报的境外投资信息的真实性具有较强的管理和识别能力。[①] 由此可见，商务部门对本地跨国企业的境外投资及相关经营业务拥有较充分的信息。但根据部门职能划分，商务部门并不承担识别和打击境外投资避税的工作职责，其掌握的对外投资信息也就难以在抑制集团企业海外避税中充分发挥作用。因此，实现境外投资信息由商务部门向税务部门的共享就成为破解税务机关境外投资信息的获取难题和提升海外避税治理能力的重要一环。

利润转移和税基侵蚀会直接损害地方税收收益，因此在税收征管实践中，各地区已经通过综合治税行动推动商务部门与税务机关的信息共享。自20世纪90年代各地区就开始探索各部门联合的综合治税模式，在综合治税过程中，财政、工商、国土资源、商务、金融和发展改革等掌握涉税信息的部门会被地方政府统一要求通过信息共享等方式配合税收征管。各部门掌握的业务信息不同，对税务机关税收治理的影响也存在差异。就本文所研究的集团公司海外避税而言，向位于海外避税地的子公司转移利润是实现避税的主要渠道[②]，税收征管的核心在于获取境外投资的真实信息。各地在综合治税方案中规定商务部门向税务机关共享涉税信息后，税务机关能够通过商务部门提供的境外投资企业的名称、注册资本、投资金额、经营范围、经营期限、资金往来等信息，结合境内集团企业的经营、利润

① 李俊杰．中国境外投资审批制度的演变［J］．清华金融评论，2015（11）：41－44.

② 白思达．中国跨国公司税基侵蚀和利润转移问题新研究［J］．世界经济，2019，42（4）：174－192.

和纳税等相关信息，综合判断境外子公司的涉税风险，提高境外避税行为的侦查和治理能力。基于此，本文提出有待检验的假说1。

假说1：境外投资信息跨部门共享能显著降低集团企业海外避税，减少政策实施地集团企业在避税天堂的子公司数量。

现有研究发现，向处在避税天堂的子公司转移利润是中国企业进行税基侵蚀的关键媒介和重要渠道。① Bilicka（2019）对英国企业的研究也发现，英国外资企业的平均申报利润仅为内资企业的一半，而那些在避税天堂拥有分支机构的外资企业其避税程度最为激进。② 跨国企业在避税天堂设立关联机构以后，通过向关联方注入资产③、隐匿离岸证券④等方式转移和隐藏财富，或者借助形式隐蔽、手段复杂的海外关联交易进行商品转让定价⑤、资本弱化⑥、无形资产转让⑦等行为实现利润转移，导致了严重的税基侵蚀问题。王卉乔等（2020）研究显示，企业与避税天堂地的关联方发生关联交易后，出现了明显的利润转移行为。⑧ 由于低税率是避税天堂吸引外部投资的重要政策工具，集团公司位于避税天堂的关联方在一定程度上会受到所在地的信息保护，因此即便存在与避税地的情报交换协定，

---

① 王卉乔，林高怡，李艳．中国企业的海外关联交易与利润转移[J]．财贸经济，2020，41（11）：141－161.

② BILICKA K A. Comparing UK tax returns of foreign multinationals to matched domestic firms[J]. American Economic Review, 2019, 109(8): 2921－2953.

③ ZUCMAN G. The hidden wealth of nations: the scourge of tax havens[M]. Chincago: The University of Chicago Press, 2015.

④ COPPOLA A, MAGGIORI M, NEIMAN B, ET AL. Redrawing the map of global capital flows: the role of cross－border financing and tax havens[J]. The Quarterly Journal of Economics, 2021, 136(3): 1499－1556.

⑤ CRISTEA A D, NGUYEN D X. Transfer pricing by multinational firms: new evidence from foreign firm ownerships[J]. American Economic Journal: Economic Policy, 2016, 8(3): 170－202.

⑥ BUETTNER T, OVERESCH M, SCHREIBER U, et al. The impact of thin－capitalization rules on the capital structure of multinational firms[J]. Journal of Public Economics, 2012, 96(11－12): 930－938.

⑦ DISCHINGER M, RIEDEL N. Corporate taxes and the location of intangible assets within multinational firms[J]. Journal of Public Economics, 2011, 95(7－8): 691－707.

⑧ 王卉乔，林高怡，李艳．中国企业的海外关联交易与利润转移[J]．财贸经济，2020，41（11）：141－161.

抑制利润转移的关键还是在于提升境内主管部门对海外关联方的信息获取和识别能力。集团公司在境外设立子公司时，要就公司的名称、注册资本、投资金额、经营范围、经营期限、资金往来等详细信息向商务部门报备和审核，因此境外投资信息由商务部门向税务机关共享能够帮助税务机关重点关注海外避税地的子公司，抑制集团公司与避税地关联方的关联交易强度。

通过关联交易转移利润主要存在两种方式，即高价购买和低价销售。由于设立在避税地的子公司大多承担避税和中转贸易的功能，缺乏制造和生产能力，且避税地的生产成本相对较高，国内公司较少采取向避税地关联方高价购买方式进行利润转移。此时，带有低价销售性质的转让定价就成为中国跨国公司转移利润的主要渠道。① 转让定价是指高税国的跨国企业以低价向低税国的关联方销售商品或提供劳务，以此将利润转移至低税国，实现降低企业整体税负的目的。② 既有研究发现，跨国企业在避税天堂设立子公司后，其出口商品的价格显著下降③，并且转让定价集中出现在差异性比较高、难以获取准确市场公允价格的商品中④。白思达（2019）关于中国企业跨国避税的研究表明，中国与出口目的地企业所得税率之差每提升1%，关联交易价格会降低0.85%，且该效应在避税天堂更为明显。⑤ 尤其是转让定价过程涉及较为复杂的海外经营信息，也给税务机关的治理带来难度。因此，如果境外投资信息的跨部门共享能够降低企业海外避税动机和关联交易行为，那么也相应会减少跨国企业的转让定价行

---

① 刘志阔，陈钊，吴辉航，等．中国企业的税基侵蚀和利润转移——国际税收治理体系重构下的中国经验[J]．经济研究，2019，54(2)：21－35.

② CLAUSING K A. Tax－motivated transfer pricing and US intrafirm trade prices[J]. Journal of Public Economics，2003，87(9－10)：2207－2223.

③ DAVIES R B，MARTIN J，PARENTI M，ET AL. Knocking on tax haven's door：multinational firms and transfer pricing[J]. Review of Economics and Statistics，2018，100(1)：120－134.

④ CRISTEA A D，NGUYEN D X. Transfer pricing by multinational firms：new evidence from foreign firm ownerships[J]. American Economic Journal：Economic Policy，2016，8(3)：170－202.

⑤ 白思达．中国跨国公司税基侵蚀和利润转移问题新研究[J]．世界经济，2019，42(4)：174－192.

为，具体表现为对避税天堂出口的商品价格相对上升。基于上述分析，本文提出有待验证的假说 2。

假说 2：境外投资信息跨部门共享会减少集团公司与海外避税地的关联交易，导致企业向避税天堂出口的商品价格明显升高，抑制向海外避税地的转让定价行为。

三、数据、变量与计量模型

（一）数据来源与变量说明

1. 数据来源

本文以沪深两市全部 A 股上市公司及其境内外关联子公司为研究对象，利用各地级市实施的商务部门与税务局境外投资信息共享政策，从集团企业海外避税的角度研究政府部门间信息共享对企业税收治理的影响。本文选取的样本期间为 2009—2021 年，将样本限定在这一范围，一方面能够排除 2008 年企业所得税制改革导致所得税率大幅变动对企业海外投资的冲击，另一方面还可以削弱 2008 年全球金融危机以及 2009 年增值税转型政策等对企业海内外投资行为造成的干扰。[①]

本文在实证过程中主要使用了四套数据：第一套是 2009—2021 年上市公司财务特征和治理结构数据，该数据来自 CSMAR 数据库和上市公司年报，包括资产总计、负债合计、净利润、研发投入、大股东持股比例、董事会构成、利润总额等相关指标。第二套是上市公司国内和境外子公司分布数据，分别来源于 CSMAR 数据库的“上市公司子公司联营合营情况表”和“海外关联公司表”，这两份数据提供了国内外子公司的名称、注册地、母公司持股比例等信息。第三套数据是上市公司出口情况，来源于“中国

① 申广军，陈斌开，杨汝岱．减税能否提振中国经济？——基于中国增值税改革的实证研究[J]．经济研究，2016，51（11）：70－82.

海外进出口数据库”，本文首先根据年份和企业名称将海关数据库与上市公司子公司名单进行匹配，得到出口企业所属的上市公司，然后剔除非隶属上市公司的企业。第四套数据是上市公司海外关联交易情况，来自CSMAR数据库的“关联交易情况文件”，本文将其与海外子公司名单进行匹配，得到海外关联交易的时间、关联方所处国家、交易金额等信息。

2. 变量说明

本文的主要被解释变量是避税天堂子公司数量。现有研究表明，位于避税天堂的分支机构是企业向海外转移利润的关键载体。①② 因此，本文以避税天堂子公司数量反映上市公司的海外避税行为，位于避税天堂的子公司数量越多说明企业海外避税能力越强，数量减少则意味着企业海外避税能力减弱。关于避税天堂的界定，本文参考代表性文献的做法，以法定税率、商业保密立法、离岸金融中心建设等条件划分避税天堂。③④ 在稳健性检验中，本文还使用了新增避税天堂子公司数量和是否有避税天堂子公司作为替代性指标，以及使用非避税天堂子公司数量进行安慰剂检验。

本文的核心解释变量是各地市商务部门与税务局的信息共享政策。在中国，商务部门负责境内企业境外投资的核准与信息备案，对企业境外投资和子公司信息掌握得较为充分，商务部门与税务局信息共享能够显著提升税务机关对企业境外投资的信息获取能力，减少在海外避税治理中面临的信息阻碍。本文根据各地级市出台的关于综合治税的政策文件，手动搜集整理出2009—2021年各地级市商务部门与税务局信息共享的政策变量。首先，本文从各省、市人民政府网站等官方渠道查阅与综合治税信息共享

① 白思达. 中国跨国公司税基侵蚀和利润转移问题新研究[J]. 世界经济,2019,42(4):174－192.

② 刘志阔,陈钊,吴辉航,等. 中国企业的税基侵蚀和利润转移——国际税收治理体系重构下的中国经验[J]. 经济研究,2019,54(2):21－35.

③ HINES Jr J R, RICE E M. Fiscal paradise: foreign tax havens and American business[J]. The Quarterly Journal of Economics, 1994, 109(1): 149－182.

④ BENNEDSEN M, ZEUME S. Corporate tax havens and transparency[J]. The Review of Financial Studies, 2018, 31(4): 1221－1264.

政策有关的文件、通知和资讯。其次，利用北大法宝、威科先行和北大法意等政策信息库分地区逐一检索政策文件，对政策变量做进一步补充。最后，使用搜索引擎分地区查找与综合治税涉税信息共享有关的文件、新闻，利用网络平台公开信息做最后的查漏补缺。在利用上述三种渠道获得涉税信息共享政策后，针对多个数据来源中政策实施时间不一的情况，以官方文件所标注的实施时间为准。考虑到不同地区涉税信息共享政策涉及的部门各不相同，对于实施涉税信息共享政策但没有注明商务部门需要提供具体信息的地区，认定该地未实施境外投资信息共享。经过上述步骤，最终得到地级市层面商务部门与税务局涉税信息共享的政策变量（见图 1）。

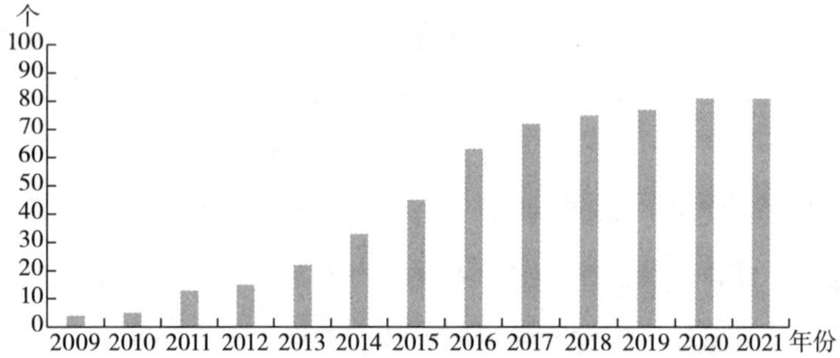

图 1　2009—2021 年商务部门与税务局信息共享累计城市数量

在机制检验部分，本文重点关注商务部门向税务机关共享上市公司境外投资信息对其海外关联交易和转让定价行为的影响。通过上市公司子公司名单确定上市公司与子公司的关联关系，计算上市公司与避税天堂和非避税天堂关联方的关联交易金额，以海外关联交易金额与资产总额之比来衡量关联交易强度。进一步地，为识别关联交易的实现方式，本文将上市公司数据与海关数据库（2009—2015 年）匹配得到上市公司出口商品指标，随后计算第 i 个上市公司在第 t 年对第 j 个国家出口的第 k 种商品的平均价格，从转让定价角度揭示境外投资信息共享促进海外避税治理的作用机制。

除了本文研究的境外投资信息共享外，其他企业或行业的特征也会影响企业在避税天堂投资。本文在企业财务特征方面控制了子公司总数、资产规模、资产负债率、资产净利率、资本密集度、现金流量，考虑到经营业务与海外联系越密切的企业在避税天堂设有子公司的概率越大，还控制了海外业务收入占比。为排除公司治理结构对避税的影响，本文进一步控制了股权集中度、董事会人数、独立董事比例。此外，企业所属行业的竞争程度会影响其避税行为①，本文以二位数行业的赫芬达尔指数作为行业集中度的代理变量，对样本进行了以下处理：①剔除金融类上市公司；②剔除样本期间内被 ST、PT 的公司；③剔除对境外子公司信息披露不完整的公司；④对公司财务特征变量进行了 1% 和 99% 的缩尾处理。表 1 展示了主要变量的具体定义和描述性统计。

表 1　主要变量定义和描述性统计

变量名称	变量定义	平均值	标准差	最小值	最大值
避税天堂子公司数量	避税天堂子公司数量	0.778	3.381	0	205.000
信息共享	商务部门与税务局信息共享 =1，否 =0	0.475	0.499	0	1.000
子公司总数	ln（国内外子公司总数 +1）	2.543	0.985	0	7.234
企业规模	资产总额取对数	21.102	1.591	11.348	31.947
资产负债率	负债总额/资产总额	0.436	0.224	0.051	0.985
资产净利率	净利润/资产总额	0.035	0.070	-0.365	0.263
现金流量	经营活动产生的现金流净额/资产总额	0.044	0.075	-0.204	0.253
海外业务收入	海外业务收入/营业收入总额	0.073	0.169	0	0.948
股权集中度	前十大股东控股比例的平方和	0.162	0.118	0	0.809
出口商品价格	出口商品金额/单位	13.136	9.318	0.498	4846.441
海外关联交易强度	海外关联交易金额/资产总额	0.0002	0.010	0	0.988
避税强度	实际税率与适用税率之比	0.529	0.549	0	1.667

（二）计量模型与研究设计

本文所研究的境外投资信息的跨部门共享政策在各地级市是分批实施的，对此可以通过建立双向固定效应模型，检验跨部门信息共享对企业海外避税的影响，具体估计方法如模型（1）所示：

① CAI H, LIU Q. Competition and corporate tax avoidance: evidence from Chinese industrial firms [J]. The Economic Journal, 2009, 119(537): 764 - 795.

$$heaven_{jit} = \beta_0 + \beta_1 policy_{jt} + \gamma \times Control_{it} + \mu_t \times f(Z_{j,2008}) + \delta_i + \zeta_{dt} + \eta_{pt} + \varepsilon_{jt} \quad (1)$$

其中，下标 i 、j、t 、d、p 分别为上市公司、城市、年份、行业和省份；$heaven_{jit}$ 为处在城市 j 的上市公司 i 在第 t 年设立在避税天堂的子公司数量；$policy_{jt}$ 为企业所在的城市 j 在第 t 年是否实施了商务部门与税务局的涉税信息共享，是，则赋值 1，否，则为 0；$Control_{it}$ 为前文中列举的可能会影响企业海外避税行为的一系列企业层面的控制变量。除此之外，考虑到跨部门涉税信息共享是各地级市自主实施的，为减少地区经济社会特征对政策实施和企业海外避税行为的影响，参照已有文献的做法，本文在模型（1）中还加入了样本起始年份前一年（2008 年）各城市经济社会变量与年份固定效应的交互项。①② 同时，本文还控制了企业个体固定效应（δ_i）、行业—年份固定效应（ζ_{dt}）、省份—年份固定效应（η_{pt}），用以剔除个体、行业层面的不可观测因素或所在省份随时间变化的经济社会特征及政策因素（如金税三期工程）对实证结果造成的干扰。考虑到跨部门涉税信息共享政策是在地级市层面执行，本文将标准误 ε_{jt} 聚类到城市层面，β_1 是本文重点关注的系数。如果研究假说 1 成立，那么 β_1 显著为负，表明境外投资信息的跨部门共享能够降低政策试点地区企业在避税天堂的投资，抑制了集团企业的税基侵蚀。

为研究跨部门信息共享减少企业海外避税的作用渠道，本文进一步分析跨部门信息共享对集团企业关联交易和转让定价行为的影响。根据本文的研究假说，商务部门与税务局共享企业境外投资信息，能够提升税务机关对集团企业海外投资业务及其避税行为的识别能力，弱化了企业海外避税的动机。从集团企业海外避税的渠道来看，增加与避税地子公司之间的

① 宋弘，封进，杨婉彧．社保缴费率下降对企业社保缴费与劳动力雇佣的影响[J]．经济研究，2021，56(1)：90－104.

② 赵仁杰，赵欣仪，钟世虎，等．征管模式、征管技术与税收治理——来自取消税管员固定管户的证据[J]．经济研究，2023，58(9)：133－151.

关联交易是集团企业进行避税的重要手段。① 并且，这种效应主要体现在出口定价策略上，表现为境内集团公司会降低对避税天堂关联方的出口商品价格，实现利润由境内向境外转移。② 为验证这一推断，本文通过构建模型（2）来研究境外投资信息共享对集团企业关联交易和转让定价行为的影响。

$$RPT_{jit} = \beta_0 + \beta_1 policy_{jt} + \gamma \times Control_{it} + \mu_t \times f(Z_{j,2008}) + \delta_i + \zeta_{dt} + \eta_{pt} + \varepsilon_{jt} \quad (2)$$

其中，RPT_{jit} 为关联交易强度，采用关联交易金额除以上市公司总资产度量。在回归中，本文首先将第 t 年第 i 个上市公司发生在不同国家（地区）的每一笔关联交易的金额进行加总，根据关联方是否处于避税地，分别测算第 t 年第 i 个公司与避税天堂和非避税天堂发生的关联交易额。然后，根据上市公司在关联交易中的地位，区分了销售和购买两类关联交易行为，如果上市公司主要通过给避税地低价销售商品实现利润向境外子公司转移，那么境外投资信息跨部门共享主要会降低上市公司作为卖方的关联交易，此时处在避税地的关联方作为买方关联交易中，式（2）中 β_1 的系数应该显著为负。进一步地，为检验上市公司是否通过低价销售的出口定价策略实施利润转移，本文构造式（3）在商品层面检验境外投资信息共享对企业出口商品定价的影响。

$$pro_{jitck} = \beta_0 + \beta_1 policy_{jt} + \mu_t \times f(Z_{j,2008}) + \delta_{ick} + \zeta_{jt} + \gamma_{kt} + \eta_{pt} + \varepsilon_{jt} \quad (3)$$

其中，pro_{jitck} 为第 j 个城市的第 i 个企业在第 t 年向 c 国家（地区）出口的 k 类商品的平均价格；δ_{ick} 为上市公司—出口目的国—商品固定效应；ζ_{jt} 为出口目的国—时间固定效应，用来排除中国与出口国之间签订情报交换协定等其他反避税政策造成的影响；γ_{kt} 为商品—时间固定效应，用来克服不同商品随时间变化的不可观测因素对其出口价格的影响。式（3）的回

---

① 王卉乔，林高怡，李艳．中国企业的海外关联交易与利润转移[J]．财贸经济，2020，41(11)：141－161.

② 白思达．中国跨国公司税基侵蚀和利润转移问题新研究[J]．世界经济，2019，42(4)：174－192.

归也将标准误聚类到城市层面，其他变量的含义与模型（1）相一致。如果境外投资信息跨部门共享能够降低集团企业的出口转让定价，抑制向避税地的低价销售行为，那么式（3）中 β_1 的估计系数应该显著为正。

四、基本回归结果与稳健性检验

（一）基本回归结果

集团企业境外投资的信息获取对于税务机关治理海外避税和利润转移至关重要，本文利用各地商务部门与税务局共享企业境外投资信息的政策试验，研究跨部门信息共享对企业海外避税的影响。表 2 是基于模型（1）的回归结果。在第（1）列中只控制了企业个体固定效应和时间固定效应，第（2）列中进一步加入了企业层面可能影响海外投资的其他控制变量。为进一步排除各城市经济社会因素对跨部门信息共享和企业海外投资造成的影响，以及样本区间内其他税收政策冲击比如“金税三期”推行、“营改增”等对估计结果产生的干扰，在第（3）列中控制了样本起始年份之前（2008 年）各城市经济社会变量与年份固定效应的交互项、省份—年份联合固定效应，结果显示核心解释变量的系数在 1% 的水平上显著为负。第（4）列进一步加入行业—年份联合固定效应排除行业层面不可观测因素对企业海外投资行为的影响。以第（3）列的回归结果为例，在其他因素不变的情况下，商务部门与税务局共享企业境外投资信息会导致所在城市企业在海外避税地的子公司数量减少 1. 1 个，相当于样本企业避税天堂子公司数量均值（0. 778）的 141%，在拥有海外避税地子公司的集团企业样本中，占其海外避税地子公司均值的 32%。[①] 表 2 的结果初步证实了本文的研究假说 1，即海外投资信息的跨部门共享提升了税务局对企业利润

① 需要说明的是，2009—2021 年样本中有大量企业在海外避税地的子公司数量为 0，在海外避税地子公司数量大于 0 的样本中，每个上市公司在海外避税地的子公司数量均值为 3. 42 个。

转移的治理能力，导致集团企业在避税天堂子公司数量减少，抑制了跨国企业的税基侵蚀。

表 2 跨部门信息共享企业海外避税的影响

	(1)	(2)	(3)	(4)
	避税天堂子公司数量			
信息共享	-0.921*** (0.313)	-1.055*** (0.327)	-1.052*** (0.308)	-1.121*** (0.314)
海外业务收入		1.063 (0.668)	1.058 (0.649)	0.959 (0.587)
企业规模		1.133*** (0.191)	1.147*** (0.195)	1.183*** (0.190)
资产负债率		-0.524 (0.435)	-0.632 (0.456)	-0.387 (0.381)
单位资产利润率		0.892 (0.550)	0.872 (0.548)	0.823** (0.357)
子公司数量		0.971*** (0.154)	1.006*** (0.159)	1.044*** (0.166)
现金流水平		0.731** (0.364)	0.834** (0.379)	0.626 (0.404)
股权集中度		-0.797 (0.845)	-0.660 (0.934)	-1.452 (0.910)
企业固定效应	YES	YES	YES	YES
年份固定效应	YES	YES	NO	NO
地区控制变量_2008×年份固定效应	NO	NO	YES	YES
省份×年份固定效应	NO	NO	YES	YES
行业×年份固定效应	NO	NO	NO	YES
N	39739	37498	37404	37346
R^2	0.639	0.668	0.674	0.696

注：①***、**分别代表在1%、5%的水平上显著；②括号中是城市层面聚类调整后的稳健标准误。

在表 2 中，主要采用避税天堂子公司数量来度量企业海外避税行为。

为了验证其稳健性，本文进一步将被解释变量替换为新增避税天堂子公司数量以及是否有避税天堂子公司。首先，新增子公司数量能够体现企业的边际投资意愿，有助于规避投资存量对实证结果的干扰①，如果海外投资信息共享能够有效抑制集团公司出于避税目的的海外投资，那么会降低其在避税地新设子公司的意愿。表3第（1）列和第（2）列是以新增避税天堂子公司数量为被解释变量的回归结果。可以发现，跨部门信息共享有效抑制了集团企业对避税天堂地区的新增投资，意味着提升税务机关对境外投资信息的获取能力会有效降低企业对避税天堂的新增投资。其次，本文进一步考察跨部门信息共享政策的广延边际效应（Extensive Margin Effect），也就是该境外投资信息向税务机关共享是否导致集团企业撤出在避税天堂的投资。在表3第（3）列和第（4）列中，本文以上市公司是否存在避税天堂子公司的虚拟变量作为被解释变量，核心解释变量的系数为 -0.087且在1%的水平上显著，这说明商务部门向税务局共享企业境外投资信息后，大约有9%的境内集团公司会全部撤销其设立在避税天堂的子公司，进一步验证了跨部门信息共享的治理效应。

表3　跨部门信息共享对新增避税天堂投资的影响以及广延边际效应

	(1)	(2)	(3)	(4)
	新增避税天堂子公司数量		是否有避税天堂子公司	
信息共享	-0.154** (0.071)	-0.182** (0.075)	-0.087*** (0.032)	-0.084*** (0.030)
控制变量	YES	YES	YES	YES
企业固定效应	YES	YES	YES	YES
地区控制变量_2008×年份固定效应	YES	YES	YES	YES
省份×年份固定效应	NO	YES	NO	YES
行业×年份固定效应	NO	YES	NO	YES
样本量	37404	37346	37404	37346

① 曹春方，贾凡胜．异地商会与企业跨地区发展[J]．经济研究，2020，55(4)：150-166.

续表

	(1)	(2)	(3)	(4)
	新增避税天堂子公司数量		是否有避税天堂子公司	
Adj R^2	0.407	0.440	0.631	0.652

注：①＊＊＊、＊＊分别代表在1%、5%的水平上显著；②括号中是经过城市层面聚类调整后的稳健标准误。

（二）稳健性检验

1. 事前平行趋势检验

使用双重差分模型进行政策效果评估的基本前提是处理组和对照组的变化在政策实施之前不存在系统性差异。具体到本文而言，就是实行海外投资跨部门信息共享政策和未实行跨部门信息共享政策的城市中，在跨部门信息共享政策实施之前企业在避税天堂的子公司数量没有显著区别。除此之外，随着跨部门信息共享政策的实施，税务机关对企业海外投资信息的掌握能力不断增强，考察政策实施之后的动态效应可以进一步反映其对海外避税行为的持续影响。为此，本文构建模型（4），采用事件研究法进行平行趋势和动态效应检验。

$$y_{ijt} = \beta_0 + \sum_{k=-5,k\neq -1}^{k=4} \alpha_k policy_{t-k,j} + \gamma \times Control_{it} + \mu_t \times f(Z_{j,2008}) + \delta_i + \zeta_t + \varepsilon_{jt} \tag{4}$$

其中，被解释变量 y_{ijt} 为城市 j 的上市公司 i 第 t 年在避税天堂的子公司数量、新增避税天堂子公司数量以及是否有避税天堂子公司。$policy_{t-k,j}$ 为虚拟处理变量，当 j 城市第 $t-k$ 年实行海外投资跨部门信息共享政策时，$policy_{t-k,j}$ 取 1，否则取 0。例如，$policy_{t+1,j}$ 表示第 j 个城市企业海外投资跨部门信息共享政策实施第一年，$policy_{t-2,j}$ 表示实施前两年，$k \neq -1$ 表示回归以政策实施前一年为基期。使用三种被解释变量进行回归时得到的各年份的处理变量系数 α_k 的估计值及其 95% 置信区间。无论采用哪一种度量指标，在海外投资跨部门信息共享政策实施之前，政策变量的估计系数与 0 均没有显著差异，证明模型（1）的设定和表 2、表 3 的估计结果满足事前平行趋势假设，图 2 呈现出了避税天堂子公司数量作为解释变量的结果。在政策实施之后，处理变量的系数在 5% 的水平上显著为负，体现了海外投资跨部门信息共享对企业利润转移的持续性抑制作用，验证了本文基本结论的稳健性。

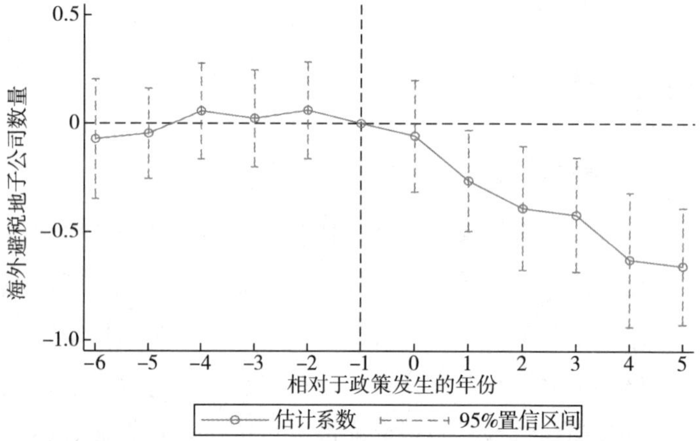

图 2　平行趋势与动态效应检验：避税天堂子公司数量

2. 更换计量模型、样本和安慰剂检验

本文对基本结论进行了一系列稳健性检验，以证明本文的基准结果不受回归模型设定、样本和指标选取的影响。

第一，使用 Tobit 模型重新进行估计。由于本文的被解释变量有大量的观测值在 0 处聚集，使用 OLS 模型可能会影响回归结果的准确性。借鉴曹春方和贾凡胜（2020）的方法，本文使用左侧受限的 Tobit 模型进行回归，核心解释变量的系数在 5% 的水平上显著为负，且数值与基准模型较为一致，说明本文的基本结论不受具体模型选取的影响。

第二，剔除其他政策的影响。对境外投资信息掌握不足一直是制约税务局利润转移治理的重要因素，除了各地政府在综合治税过程中推动境外投资信息跨部门共享之外，税务机关也一直尝试出台相关政策以提升自身对境外投资信息的获取能力。其中最具代表性的是 2014 年国家税务总局印发的《关于居民企业报告境外投资和所得信息有关问题的公告》（国家税务总局公告2014年第38号），第三条规定“在税务检查（包括纳税评估、税务审计及特别纳税调整调查等）时，主管税务机关可以要求居民企业限期报告与其境外所得相关的必要信息”，这一制度改革可能在一定程度上提升了税务检查过程中对企业境外投资信息的获取水平。为剔除这一政策对估计结果的影响，本文将样本限定在2014年以后重新进行回归，结果发现在考虑了税务机关其他政策的影响后基本结论仍然稳健。

第三，安慰剂检验。本文的逻辑是境外投资信息由商务主管部门共享给税务局能够有效提升税务局海外避税治理能力，降低企业在避税天堂的投资和利润转移。此时，境外投资信息共享如果能够发挥效应，主要是对避税地的投资产生作用。投资在非避税天堂的海外子公司主要承担生产制造或开辟海外市场的任务，而非避税的功能，境外投资信息共享对发生在非避税地的正常商贸和投资活动应该不会产生显著影响。将设立在非避税地的子公司数量作为被解释变量进行安慰剂检验，结果表明，境外投资信息的跨部门共享对企业在非避税地开展的出于正常生产经营目的的投资行为不会产生显著影响，进一步证实了本文的基本结论。

第四，使用上市公司—避税天堂面板数据克服投资地其他不可观测因素的影响。现有研究表明，除了母国的经济制度特征以外，投资目的国的资源禀赋、税率水平、政治制度等因素也会影响跨国公司对外投资的区位选择。[①] 在国际避税领域，张瑶（2018）的研究指出，税收情报交换协定遏制了中国跨国公司的利润转移行为[②]，白思达（2019）发现对外投资地区的税率变化会影响企业的避税策略[③]。在使用模型（1）进行回归时，由于我们不能区分上市公司的投资目的国，也就无法对投资地层面的变量加以控制。如果各地区跨部门信息共享政策的实施年份刚好与中国和避税天

① 王永钦，杜巨澜，王凯．中国对外直接投资区位选择的决定因素：制度、税负和资源禀赋[J]．经济研究，2014，49（12）：126－142.

② 张瑶．情报交换协定是否能遏制企业的税基侵蚀和利润转移行为[J]．世界经济，2018，41（3）：127－146.

③ 白思达．中国跨国公司税基侵蚀和利润转移问题新研究[J]．世界经济，2019，42（4）：174－192.

堂签订税收情报交换协定的时间重合，或者与避税天堂进行税率调整等其他政策变化的时间重合，那么本文的基本结论就会受到遗漏变量的威胁。为了解决这个问题，我们计算了样本期间内每一家上市公司每一年在每一个避税天堂拥有的子公司数量，将此作为被解释变量，同时控制了避税天堂—年份联合固定效应，以消除避税天堂国家（地区）的制度因素或宏观经济冲击的影响，核心解释变量的系数在 1% 的水平上显著为负，效应与表 2 估计的结果相近，进一步验证了本文基准结果的稳健性。

3. 虚拟处理效应

本文还需要考虑另一种竞争性假说，即基本结论是一种随机发生的结果。为了验证本文的结果是由跨部门信息共享引起的，而不是偶然因素或其他噪音效应，本文将政策实施情况在上市公司之间随机分配，然后用模型（1）进行回归，如此重复 1000 次，记录下每次回归交互项系数的 t 值，t 值大多集中在 0 附近，而本文基准回归得到的 t 值落在该分布的拒绝域内，这说明本文构造的虚拟处理效应不存在，因此基本结论不是由于偶然的、不可观测的因素造成。

4. staggered DID 异质性处理效应

本文所研究的地方商务部门与税务机关信息共享政策在各地区的实施时间存在差异，对于这种渐进实施的政策在采用式（1）的双向固定效应模型进行估计时，由于各地区接受政策处理的时间不同，此时当较早接受处理的样本被作为后接受处理样本的对照组时，处理效应的时变会造成 TWFE 模型估计的偏误。①②③④ 并且，现有研究指出即使采用培根分解得

① ATHEY S, IMBENS G W. Design - based analysis in difference - in - differences settings with staggered adoption[J]. Journal of Econometrics, 2022, 226(1): 62 - 79.

② CALLAWAY B, SANT' ANNA P H C. Difference - in - differences with multiple time periods [J]. Journal of Econometrics, 2021, 225(2): 200 - 230.

③ DE CHAISEMARTIN C, D'HAULTFOEUILLE X. Two - way fixed effects estimators with heterogeneous treatment effects[J]. American Economic Review, 2020, 110(9): 2964 - 2996.

④ BAKER A C, LARCKER D F, WANG C C Y. How much should we trust staggered difference - in - differences estimates? [J]. Journal of Financial Economics, 2022, 144(2): 370 - 395.

出导致异质性处理效应的负权重占比较低，也应该直接采用应对异质性处理效应的稳健估计量重新进行检验。①② 因此，本文采用两个有代表性的异质性处理效应稳健估计量做进一步检验。

借鉴现有文献的做法③④，主要采用 De Chaisemartin 和 D'Haultfoe-uille (2020) 提出的基于 did_ multiplegt 命令以及 Borusyak 等 (2022) 提出的插值法和基于 did_ imputation 命令的动态效应估计来呈现包括异质性效应处理后的稳健估计结果⑤⑥。图 3 和图 4 呈现了海外投资跨部门信息共享政策对避税地子公司数量的稳健估计量动态估计结果。可以发现在不同估计量下，一方面，在政策实施之前安慰剂估计量在 95% 的置信区间均不显著，这意味着实施了跨部门信息共享的地区与没有实施的地区在试点前对海外

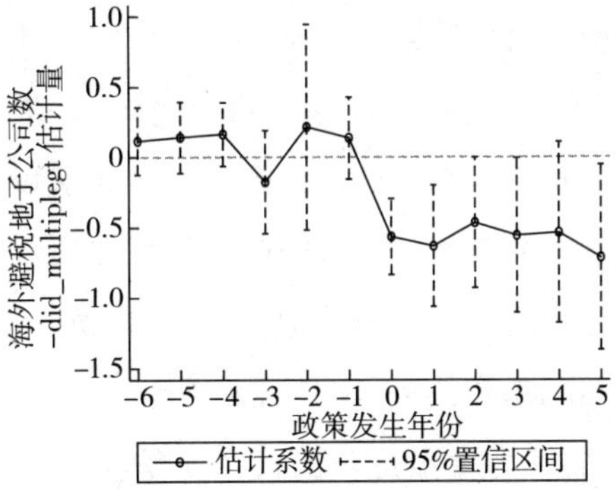

图 3　De Chaisemartin 和 D' Haultfoeuille (2020) 的稳健估计量

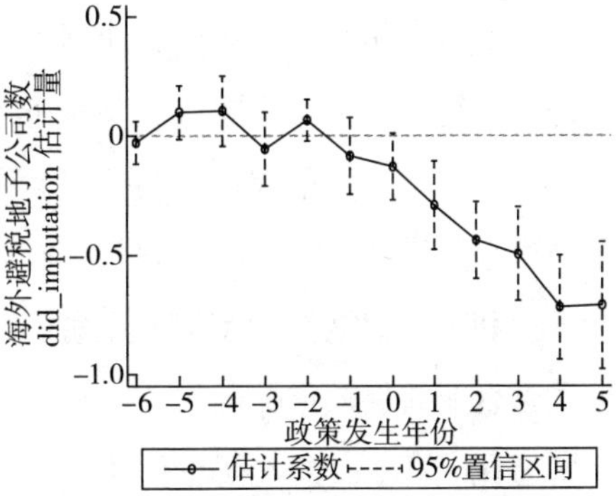

图 4　Borusyak 等 (2022) 的稳健估计量

---

① DE CHAISEMARTIN C, D'HAULTFOEUILLE X. Two - way fixed effects estimators with heterogeneous treatment effects[J]. American Economic Review, 2020, 110(9): 2964 - 2996.

② 赵仁杰,赵欣仪,钟世虎,等. 征管模式、征管技术与税收治理——来自取消税管员固定管户的证据[J]. 经济研究,2023,58(9):133 - 151.

③ 许文立,孙磊. 市场激励型环境规制与能源消费结构转型——来自中国碳排放权交易试点的经验证据[J]. 数量经济技术经济研究,2023,40(7):133 - 155.

④ 赵仁杰,赵欣仪,钟世虎,等. 征管模式、征管技术与税收治理——来自取消税管员固定管户的证据[J]. 经济研究,2023,58(9):133 - 151.

⑤ DE CHAISEMARTIN C, D'HAULTFOEUILLE X. Two - way fixed effects estimators with heterogeneous treatment effects[J]. American Economic Review, 2020, 110(9): 2964 - 2996.

⑥ BORUSYAK K, JARAVEL X, SPIESS J. Revisiting event study designs: robust and efficient estimation (April 19, 2022). Available at SSRN: https://ssrn. com/abstract = 2826228.

避税地的投资没有出现显著的差异化趋势。另一方面，稳健估计系数在政策实施后显著为负，且随着实施年份的推移其负向效应一直存在，这说明在采用应对异质性处理效应的稳健估计量进行检验后，本文的基本结论仍然成立，说明核心结论较少受到异质性处理效应估计偏误的影响。

五、异质性分析、机制检验与进一步讨论

（一）异质性分析

1. 所有制差异

前文的分析表明，集团企业境外投资信息的跨部门共享能够有效抑制其海外避税行为，由于不同所有制企业在税收敏感性方面存在明显差异①，跨部门信息共享的政策效果也会不同。在表4中，本文分析跨部门信息共享政策减少企业海外避税的所有制差异。现有研究表明，国有企业受其特殊的政治身份和利润上缴等因素影响，往往缺乏通过避税来增加税后利润的动机。但民营企业面临较重的税收负担和更严格的融资约束②，使民营企业拥有更强的避税动机③，税收征管能力提升和征管力度强化对民营企业纳税行为的影响更加明显④。表4报告了根据所有制性质对上市公司进行分组的异质性分析回归结果。可以发现，境外投资信息共享对海外避税的估计系数在民营企业中显著为负，且数值要大于基准回归的结果。但是，跨部门信息共享的政策效应在国有企业中并不显著。这说明，民营企业的海外避税行为对税务机关境外投资信息获取能力的敏感性更强，提升税务机关对境

---

① 吴联生．国有股权、税收优惠与公司税负[J]．经济研究，2009，44(10)：109－120.

② 王跃堂，王国俊，彭洋．控制权性质影响税收敏感性吗？——基于企业劳动力需求的检验[J]．经济研究，2012，47(4)：52－63.

③ CAI H，LIU Q．Competition and corporate tax avoidance：evidence from Chinese industrial firms[J]．The Economic Journal，2009，119(537)：764－795.

④ 赵仁杰，赵欣仪，钟世虎，等．征管模式、征管技术与税收治理——来自取消税管员固定管户的证据[J]．经济研究，2023，58(9)：133－151.

外投资的治税能力更有助于降低民营企业的税基侵蚀和利润转移。

表4　异质性分析Ⅰ：所有制差异

	(1)	(2)	(3)	(4)
被解释变量	国有企业		民营企业	
	避税天堂子公司数量			
信息共享	-1.379 (0.895)	-1.561 (0.949)	-0.851** (0.378)	-1.065*** (0.309)
控制变量	YES	YES	YES	YES
企业固定效应	YES	YES	YES	YES
地区控制变量_2008×年份固定效应	YES	YES	YES	YES
省份×年份固定效应	NO	YES	NO	YES
行业×年份固定效应	NO	YES	NO	YES
样本量	13099	12988	21535	21412
R^2	0.702	0.747	0.630	0.673

注：①＊＊＊、＊＊分别代表在1%、5%的水平上显著；②括号中是经过个体层面聚类调整后的稳健标准误。

2. 税收征管强度差异

税收治理主要受到税收能力和税收努力两大因素的影响①，跨部门信息共享虽然能够提升税务机关对境外投资的信息获取能力，但其政策效果也会受到税务机关征管努力的影响。在税收征管强度较高的地区，对涉税信息的监管手段比较完善，数据源的信息透明度和税务机关征管意愿较强，会加大企业面临逃税审查的概率和处罚金额②，更有助于发挥好跨部门信息共享的治理效应。相反，在征管意愿和征管努力较低的地区，即使税务机关对海外避税信息的获取能力提升，也不一定会导致海外避税行为的显著降低。因此，本文先从地区征管强度角度分析跨部门信息共享政策的差异化效果，借鉴储德银等（2019）的方法，根据回归拟合得到各省份

① 吕冰洋，郭庆旺．中国税收高速增长的源泉：税收能力和税收努力框架下的解释[J]．中国社会科学，2011(2)：76-90，221-222.

② 孙雪娇，翟淑萍，于苏．大数据税收征管如何影响企业盈余管理？——基于“金税三期”准自然实验的证据[J]．会计研究，2021(1)：67-81.

政府税收能力，以实际税收收入与政府税收能力之比度量税收征管力度。① 本文计算出各地区税收征管力度的平均值，按照中位数进行分组，大于中位数的为高税收征管地区，小于中位数的为低税收征管地区。表5第（1）列、第（2）列的结果表明，跨部门信息共享政策对企业海外避税的抑制作用在税收征管力度较高的地区更加明显。

对于征管努力，现有研究还发现不同征管机构的税收征管努力存在明显差别，相较于地税局，国税局的征管独立性和征管努力更高，企业实际税率也更高。②③ 因此，从税务机关征管努力影响跨部门信息共享政策效果角度出发，相较于地税局，跨部门信息共享对国税局征管的企业海外避税的治理效应会更加明显。除此之外，从跨部门信息共享对改善税务机关境外投资信息获取能力上来看，掌握境外投资信息的商务部门实行属地化管理，在政府统一要求跨部门信息共享之前同样采取属地化管理的地税局可以通过自发与属地的商务部门合作，提升信息获取能力。相应地，跨部门信息共享对其信息获取的改善效应相对有限，但对国税局征管能力的提升会更明显。基于上述两方面原因，在表5第（3）列、第（4）列进一步分析了跨部门信息共享政策在不同征管机构之间的差异。可以发现，境外投资信息获取能力的提升对海外避税的抑制作用主要体现在国税局征管的企业上，对地税局征管的企业影响相对较小。

表5　异质性分析Ⅱ：税收征管强度差异

	(1)	(2)	(3)	(4)
	避税天堂子公司数量			
	高征管力度	低征管力度	国税局征管	地税局征管
信息共享	-0.997*** (0.344)	-0.361 (0.267)	-2.359** (1.124)	-0.938* (0.539)

① 储德银，邵娇，迟淑娴．财政体制失衡抑制了地方政府税收努力吗？[J]．经济研究，2019，54(10)：41-56.

② 李明，李德刚，冯强．中国减税的经济效应评估——基于所得税分享改革“准自然试验”[J]．经济研究，2018，53(7)：121-135.

③ 范子英，赵仁杰．财政职权、征税努力与企业税负[J]．经济研究，2020，55(4)：101-117.

续表

	(1)	(2)	(3)	(4)
	避税天堂子公司数量			
	高征管力度	低征管力度	国税局征管	地税局征管
控制变量	YES	YES	YES	YES
企业固定效应	YES	YES	YES	YES
地区控制变量_2008×年份固定效应	YES	YES	YES	YES
省份×年份固定效应	YES	YES	YES	YES
行业×年份固定效应	YES	YES	YES	YES
样本量	13012	18609	10070	27027
R^2	0.843	0.660	0.872	0.619

注：①＊＊＊、＊＊、＊分别代表在1%、5%、10%的水平上显著；②括号中是经过城市层面聚类调整后的稳健标准误。

3. 融资约束差异

集团公司在发展过程中对资金的巨量需求促使其要维持资金流动性，而企业所得税是公司重要的现金支出，所得税费用会挤占企业现金流，因此，当面临较高的融资约束时，企业会通过避税来构建内部资本市场从而提升现金流水平。①②③ 基于此，本文认为融资约束越强的集团公司利用避税天堂实施避税的激励越大，相应地，跨部门信息共享对其海外避税的治理效应也越强。在融资约束的度量中，本文计算了政策实施之前集团公司的SA指数，并根据该指标的中位数将样本分组，中位数以上的为高融资约束样本，中位数以下的为低融资约束样本。基于融资约束的异质性分析结果如表6所示，企业海外投资信息的跨部门共享主要降低了政策实施前高融资约束企业的海外避税行为，对融资约束较低的样本而言则不存在显著影响。

① 王亮亮．金融危机冲击、融资约束与公司避税[J]．南开管理评论，2016，19(1)：155－168.

② 魏志华，赵悦如，吴育辉．“双刃剑”的哪一面：关联交易如何影响公司价值[J]．世界经济，2017，40(1)：142－167.

③ 陈作华，方红星．融资约束、内部控制与企业避税[J]．管理科学，2018，31(3)：125－139.

表 6　异质性分析Ⅲ：融资约束差异

	(1)	(2)	(3)	(4)
	避税天堂子公司数量			
	低融资约束		高融资约束	
信息共享	0.250 (0.303)	0.027 (0.245)	−0.975*** (0.340)	−0.578** (0.250)
控制变量	YES	YES	YES	YES
企业固定效应	YES	YES	YES	YES
地区控制变量_2008 × 年份固定效应	YES	YES	YES	YES
省份 × 年份固定效应	YES	YES	YES	YES
行业 × 年份固定效应	YES	YES	YES	YES
样本量	17926	17808	14050	13906
R^2	0.571	0.604	0.808	0.860

注：①***、**分别代表在1%、5%的水平上显著；②括号中是经过城市层面聚类调整后的稳健标准误。

4. 避税天堂税率差异

国内外税率差是诱发跨国企业海外避税的直接原因，国内与海外投资地的税率差大小会影响企业海外避税的收益，也会导致跨部门信息共享对企业境外避税的治理效应存在差异。在其他条件不变的情况下，海外投资地税率越高，资本净利率越低，因此跨国企业更有动机将资本和利润由高税国转移至低税国。① 这意味着境外投资地的税率越低于国内税率，企业境外投资避税的收益越大，跨部门信息共享对海外避税的抑制效应会越大。因此，本文考察境外投资的企业所得税法定税率对跨部门信息共享政策效果的异质性影响。尽管中国25%的法定企业所得税率与全球平均水平（2014 年为23.64%）接近②，但企业海外投资地之间的法定税率却存在较大差异。本文手动收集了样本中的上市公司投资的避税天堂国家或地区的

① TØRSLØV T, WIER L, ZUCMAN G. The missing profits of nations[J]. The Review of Economic Studies, 2023, 90(3): 1499 - 1534.

② 具体详见《2015 年毕马威全球税率调查》。

企业所得税法定税率，然后计算出样本期间内企业所得税率的均值。如图5所示，大多数避税天堂的税率在10%以下，但仍有部分地区的税率高于15%。如果境外投资信息的跨部门共享会促使集团公司减少海外避税活动，那么将会优先降低在海外较高税率地区的投资。

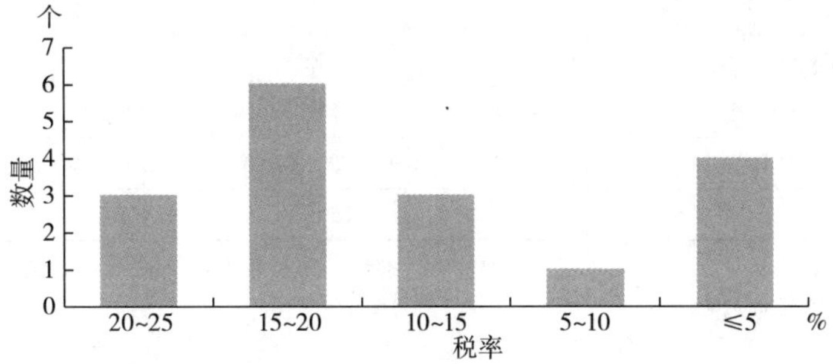

图5　避税天堂国家（地区）税率分布

为了验证上述猜想，本文按照法定税率的中位数将避税天堂分组，分别计算出上市公司在每个组别设立的子公司数量。表7的第（1）列和第（2）列是以设立在税率较低的避税天堂地区的子公司数量作为被解释变量的回归结果，可以看出，跨部门信息共享对企业在低税率地区的海外投资没有显著影响。在表7的第（3）列和第（4）列中，本文将被解释变量替换为位于平均税率大于中位数的高税率投资地的子公司数量，结果表明集团公司所在地实施境外投资信息的跨部门共享会导致上市公司平均减少0.590个子公司，且该效应在1%的水平上显著，这表明跨部门信息共享主要促使企业撤出在海外资本净利率相对较低地区的投资。

表7　异质性分析Ⅳ：避税天堂税率差异

	(1)	(2)	(3)	(4)
	避税天堂税率较低		避税天堂税率较高	
	避税天堂子公司数量			
信息共享	-0.178 (0.156)	-0.277* (0.159)	-0.559*** (0.127)	-0.590*** (0.159)
控制变量	YES	YES	YES	YES
企业固定效应	YES	YES	YES	YES

续表

	(1)	(2)	(3)	(4)
	避税天堂税率较低		避税天堂税率较高	
	避税天堂子公司数量			
地区控制变量_2008×年份固定效应	YES	YES	YES	YES
省份×年份固定效应	YES	YES	YES	YES
行业×年份固定效应	YES	YES	YES	YES
样本量	32283	32218	32283	32218
R^2	0.444	0.486	0.670	0.707

注：①＊＊＊、＊分别代表在1%、10%的水平上显著；②括号中是经过个体层面聚类调整后的稳健标准误。

（二）机制检验

1. 减少海外关联交易

关联交易是企业集团内部进行资源转移的关键渠道，也是企业实施税收筹划的主要手段。[①] 王卉乔等（2020）发现企业与避税天堂地关联方发生关联交易是向海外转移利润的重要方式。[②] 产生这一问题的原因在于关联交易涉及的信息较多，税务机关识别正常关联交易与避税目的的关联交易本身难度较大，尤其是在税务机关不掌握海外关联方信息的情况下，很难发现境内企业海外经营业务中的涉税风险。因此，商务部门向税务机关共享企业海外投资和交易信息，能够有效破解税务机关在海外关联交易避税治理中的信息获取难题，从而抑制集团公司通过海外关联交易实施税基侵蚀和利润转移。基于此，本文分别考察跨部门信息共享对发生在避税地和非避税地两类海外关联交易的影响。表8第（1）列、第（2）列的回归结果表明，海外投资跨部门信息共享政策实施后，上市公司与避税天堂子

① SHEVLIN T, TANG T Y H, WILSON R J. Domestic income shifting by Chinese listed firms[J]. Journal of the American Taxation Association, 2012, 34(1): 1-29.

② 王卉乔,林高怡,李艳. 中国企业的海外关联交易与利润转移[J]. 财贸经济,2020,41(11): 141-161.

公司的关联交易强度显著降低，而与非避税天堂地区的关联交易则不受影响，这一结果表明提升税务机关对海外投资信息的获取能力主要会减少出于避税目的的关联交易，对正常交易业务没有显著影响，进一步验证了跨部门信息共享对利润转移的抑制效应。

进一步地，在表8第（3）列、第（4）列，根据上市公司在关联交易中的地位，分别从关联销售和关联购买角度进行分析。从利用关联交易避税的角度来看，企业可以通过向避税地低价销售和高价购买两种途径来实现利润转移。第（3）列、第（4）列的结果表明跨部门信息共享会显著减少上市公司作为卖方的关联交易，但对其作为买方的关联交易影响并不显著。第（5）列、第（6)列进一步在上市公司作为卖方的关联交易中区分关联方在避税地还是非避税地，结果显示跨部门信息共享主要降低了上市公司作为卖方向避税地开展的关联交易业务，对向非避税地的关联销售并未产生显著影响，这说明跨部门信息共享主要通过减少上市公司向避税地的关联销售抑制其利润转移。可能的原因是，处在避税地的关联方本身主要出于避税目的而设立，缺乏产品的生产制造能力，而位于境内的上市公司则拥有正常的主营业务，更容易通过低价向关联方销售实施利润转移。为了进一步验证这一猜想，本文紧接着从出口转让定价角度作进一步分析。

表8　作用机制Ⅰ：减少海外关联交易

	(1)	(2)	(3)	(4)	(5)	(6)
	关联交易对象		关联交易性质		上市公司为卖方	
	避税地	非避税地	卖方	买方	避税地	非避税地
信息共享	-0.0011** (0.0005)	0.0005 (0.0003)	-0.0014** (0.0007)	0.0000 (0.0000)	-0.0015*** (0.0004)	0.0003 (0.0003)
控制变量	YES	YES	YES	YES	YES	YES
企业固定效应	YES	YES	YES	YES	YES	YES
地区控制变量_2008×年份固定效应	YES	YES	YES	YES	YES	YES
省份×年份固定效应	YES	YES	YES	YES	YES	YES

续表

	(1)	(2)	(3)	(4)	(5)	(6)
	关联交易对象		关联交易性质		上市公司为卖方	
	避税地	非避税地	卖方	买方	避税地	非避税地
行业×年份固定效应	YES	YES	YES	YES	YES	YES
样本量	32593	32593	32593	32593	32593	32593
R^2	0.4433	0.3697	0.4633	0.3957	0.4527	0.3736

注：①***、**分别代表在1%、5%的水平上显著；②括号中是经过个体层面聚类调整后的稳健标准误。

2. 抑制转让定价

转让定价是跨国企业规避税收的常用手段，主要表现为跨国企业以较低的价格向低税国出口商品。①② 如果境内上市公司主要通过低价向避税地的关联方销售商品来实施避税，那么跨部门信息共享会对低价销售行为产生抑制，进而提高上市公司向避税地出口商品的价格。在表9中，本文利用2008—2015年的海关出口数据，根据上市公司出口商品目的地是否处在避税地，将每一年上市公司在避税地和非避税地出口商品的总金额除以商品计价单位，得到每种商品在避税地和非税避税地平均出口价格，从而在商品层面进行实证检验。表9第（1）列的结果显示，在进一步控制了上市公司—出口目的国—商品固定效应、出口目的国—时间固定效应、商品—时间固定效应等多维固定效应后，海外投资信息的跨部门共享在整体上会提高跨国公司的商品出口价格。第（2）列、第（3）列进一步区分了商品出口地是否为海外避税地，结果显示企业在避税地的商品定价平均提高了15%，但在非避税地的出口商品价格没有发生显著变化。这说明境外投资信息的跨部门共享能够抑制跨国公司通过向避税地低价销售商品进行利润转移的行为，进一步验证了前文关于低价关联销售的作用渠道，也揭

① CRISTEA A D, NGUYEN D X. Transfer pricing by multinational firms: new evidence from foreign firm ownerships[J]. American Economic Journal: Economic Policy, 2016, 8(3): 170-202.

② DAVIES R B, MARTIN J, PARENTI M, ET AL. Knocking on tax haven's door: multinational firms and transfer pricing[J]. Review of Economics and Statistics, 2018, 100(1): 120-134.

示了境外投资信息的跨部门共享促进海外避税治理的内在机制。

表 9　作用机制Ⅱ：降低出口转让定价

	(1)	(2)	(3)
	全样本	避税天堂	非避税天堂
	出口商品价格		
信息共享	0.0299* (0.0180)	0.1477*** (0.0462)	0.0207 (0.0186)
地区控制变量_ 2008 × 年份固定效应	YES	YES	YES
上市公司—出口目的国—商品固定效应	YES	YES	YES
出口目的国—时间固定效应	YES	YES	YES
商品—时间固定效应	YES	YES	YES
省份—时间固定效应	YES	YES	YES
样本量	963818	76150	881653
R^2	0.9126	0.9430	0.9097

注：①＊＊＊、＊分别代表在1%、10%的水平上显著；②括号中是经过出口目的国—时间层面聚类调整后的稳健标准误。

（三）进一步讨论：缩小海外避税规模测算

前文的实证分析表明海外投资信息的跨部门共享显著降低了企业海外避税行为，减少了其向海外避税地的关联销售和转让定价。进一步地，该项政策在总体上会减少多大规模的海外利润转移和税基侵蚀呢？从公共政策的成本收益角度来看，推动政府间跨部门信息共享的成本或者说难点主要体现在制度建设、机制优化和部门间信息共享的平台搭建上。在当前加快数字政府建设背景下，跨部门信息共享的技术和平台条件已得到明显改善。如果通过完善制度设计和优化实施机制等政策改革就能够取得比较好的治理红利，对于实现数字化推动协同治理和通过完善跨部门信息共享的顶层制度来提升政府治理效能具有重要意义。

在表 10 中，本文首先基于样本范围内上市公司数据，计算每增加 1 个海外避税地子公司对集团公司税后净利润的影响，可以发现在 2009—2021 年，集团公司在海外避税地每增加 1 个子公司会使得其税前总利润减少

533.21万元，也意味着会导致转移海外的利润增加533.21万元。基准回归表2第（3）列的估计系数显示，海外投资跨部门信息共享会使得所在地集团企业平均减少1.121个海外避税地子公司，因此对于单个集团企业而言，海外投资跨部门信息共享会使得集团企业向海外避税地的利润转移额减少1.121×533.21万元=597.73万元。进一步地，样本期内拥有海外避税地子公司的上市集团企业数量为2405个，其中在政策试点地区共有897个在海外避税地设立子公司的上市企业，因此总的来看，该项政策会使得样本期内政策试点地区集团企业海外利润转移的规模减少597.73万元×897=53.62亿元。最后，样本期间内政策试点地区母公司的企业所得税法定税率平均为18.2%，可以得到在2009—2021年，集团企业海外投资信息的跨部门共享可以减少约53.62亿元×0.182=9.76亿元的税收流失，这说明通过制度改革发挥好公共部门大数据信息资源能够获得非常显著的治理效益。

考虑到在本文样本期间内仍然有超过60%的地级市还未开展境外投资信息的跨部门共享，而这些地区所涉及的在海外避税地设有子公司的上市集团公司多达1508个。因此，如果能够进一步推动境外投资跨部门信息共享在更大范围内开展，仅对上市集团公司而言，就会减少数十亿元的海外税收流失，加上大量拥有海外避税地投资业务的非上市公司，该项制度的推广完善在抑制跨国公司海外税基侵蚀上将会显现更大的治理效应。

表10　抑制海外税基侵蚀的规模测算

测算方式	测算结果
增加一个海外避税地子公司对集团公司利润额的影响	−533.21** （260.44）
跨部门信息共享对集团企业海外避税地子公司数的影响	−1.121*** （0.314）
跨部门信息共享对单个集团企业海外利润转移的作用	1.121×533.21=597.73万元
跨部门信息共享地区拥有海外避税地子公司的集团企业数	897
跨部门信息共享减少海外利润转移规模	597.73万元×897=53.62亿元
政策试点地区企业所得税平均税率	18.2%
跨部门信息共享减少政策实施地集团公司的海外避税规模	9.76亿元

注：①***、**分别代表在1%、5%的水平上显著；②表格中数据根据回归结果描述性统计结果手动测算。

六、结论和启示

在大数据时代，充分发挥好信息资源在国家治理中的作用是推进国家治理体系和治理能力现代化的必然要求。特别是在加快建设数字政府背景下，政府掌握的信息数据从少量“样本数据”向海量“全体数据”转变，为借助大数据信息提升国家治理现代化水平提供了有利条件。但与此同时，受政府各部门职能划分和治理权限条块分割等因素影响，长期以来我国政府部门的数据信息资源大多以部门为主呈现相对孤立状态，部门间的信息壁垒较为明显。对此，习近平总书记在 2016 年 4 月全国网络安全和信息化工作座谈会也指出“我们的国家治理中存在信息共享、资源统筹、工作协调不够等问题，制约了国家治理效率和公共服务水平”。因此，加快推进政府间的跨部门信息和数据共享，对于打通公共治理的信息壁垒、发挥好大数据信息的国家治理效能具有重要意义。

本文聚焦中国在跨国公司海外避税治理中商务部门与税务机关共享企业对外投资信息的政策实践，利用 2009—2021 年上市集团企业关联网络的独特数据集，研究发现掌握企业对外投资详细信息的商务部门向税务机关共享对外投资信息，能够有效抑制集团企业在海外避税地的投资活动，减少在海外避税天堂的子公司数量，从而减少税基侵蚀。并且，这一政策主要对民营企业、地区税收征管力度和融资约束较大的企业产生影响。机制分析表明，对外投资信息的跨部门共享会降低集团企业与境外避税地的关联交易和转让定价，从而抑制了企业较为隐蔽的避税行为。本文还测算了对外投资跨部门信息共享降低海外避税的规模，结果显示信息共享平均而言会导致每个集团企业向海外避税地的利润转移减少 597.73 万元，使得政策试点地区样本企业在 2009—2021 年的海外避税规模减少了 9.76 亿元，呈现出较为明显的政策改革红利。

近年来，随着数字政府建设步伐加快和数字社会治理体系逐步完善，政府等公共部门掌握的数据信息资源飞速增长，但大数据信息服务国家治理体系和治理能力现代化的水平还有待提升。本文以利润转移和税基侵蚀治理中政府部门间的信息共享为研究对象，实证检验了跨部门信息共享的治理效应，为通过构建部门间信息共享机制发挥好信息在国家治理现代化中的作用提供了以下政策启示。

第一，税务机关跨国避税治理应更重视境外投资信息获取的国内渠道建设和信息整合。境外投资信息的获取一直是跨国避税治理中的关键，对于这一问题的解决方案，实务界和学术界目前关注较多的是国家之间签订的国际情报交换协定。但是，由于存在利润被转移到第三方、协定双方选择性执行以及纳税人信息权保护等问题，加之近年来经济逆全球化、贸易战等影响跨国治理与合作的不稳定因素频发，情报交换协定对我国获取跨国公司境外投资经营信息的作用会进一步受限。本文研究表明通过优化国内商务部门与税务机关的信息共享能够显著抑制集团企业的海外避税，这为从国内渠道拓宽境外投资信息获取和促进海外避税治理提供了证据支撑和政策优化思路。

第二，跨部门信息共享提升大数据信息的国家治理现代化效能还存在很大改善空间。尽管随着数字政府建设，政府各部门掌握着海量数据信息，但当前各部门的信息收集和管理仍大多采取依据部门职能划分的单独管理模式，政府各部门间的信息分割问题仍然严重。本文的研究表明，地方商务部门和税务机关的信息共享实践能够减少政策试点地区数十亿元的海外税收流失，截至目前全国层面还未形成政府部门间信息共享制度规范，跨部门信息共享的改革实践也较为有限，这意味着在通过构建常态化的跨部门信息共享机制弥补部门之间的信息缺口、降低公共治理成本和改善国家治理效率等方面存在很大提升空间。特别是随着国家和区域性数据中心的设立，为跨部门信息共享提供了更加安全稳定的平台和技术支撑，能够更有效地发挥跨公共部门信息共享的治理效能。

第三，推进跨部门信息共享依赖于国家进行顶层设计和统筹安排。部门利益和信息安全风险一直是制约跨部门信息共享的关键因素，这意味着信息共享在单个部门之间自发推进存在较大困难。就本文所研究的各地市商务部门与税务机关的信息共享而言，也并非各地商务部门与税务局自发开展的共享协定，而是由地方政府主导的综合治税行动中对涉税信息各部门的统一制度安排。这种由政府统一推进而并非各部门自发开展的信息共享机制，一方面，可以借助强制性的共享要求规避部门利益所导致的不愿共享问题。另一方面，由于信息共享及其相关制度由更高层级政府统一设计而并非部门间自发开展，能降低部门信息共享面临的安全风险和责任压力，减少不敢共享的情况。总体而言，在大数据信息化时代要尽快通过顶层制度设计来形成跨部门信息共享的常态化机制，使得分散在各部门的海量数据资源真正转化为推动国家治理现代化的有力工具。

中国式现代化中经济安全发展理念的生成逻辑

宋　宇　孔维珊[①]

摘要："安全发展理念"是习近平总书记"国家安全观"一系列重要论述在经济安全与国家安全关系领域的发展体现，是中国特色社会主义理论的重要组成部分。首先，本文在阐释安全发展理念是新发展理念守正创新的基础上，提出应将经济安全发展理念提升为新发展理念的组成部分，说明了经济安全发展理念与新发展理念的内在一致性；其次，从中国式现代化所处的历史方位出发，分析了安全发展丰厚意蕴具有转变发展方式的共性要求、根本属性及其自身的特殊性，以及安全发展的生成逻辑及其实现路径；最后，结合应对日益严峻和复杂的国际环境和国内形势，在安全发展能力构建上给出实现中国式现代化经济安全发展的建议，为我国未来经济安全发展提供新的思考和启示。

关键词：总体国家安全观；经济安全发展理念；新发展理念

一、引言

党的二十大报告指出，"必须坚定不移贯彻总体国家安全观，把维护国家安全贯穿于党和国家工作各方面全过程，构建全域联动、立体高效的

---

① 宋宇(1966—)，男，陕西黄陵人，经济学博士，西北大学经济管理学院教授，博士生导师，研究方向为政治经济学；孔维珊(1999—)，女，河南郑州人，西北大学经济管理学院硕士研究生，研究方向为政治经济学。

国家安全防护体系”。[①] 这一重大判断是习近平总书记统筹国内国际两个大局，对马克思主义国家安全理论的创造性发展、对中国现阶段安全实践的战略谋划。其深刻揭示了国家经济安全发展的基本内涵和实践要求，体现了新时代中国特色社会主义思想关于国家经济安全发展的重大理论创新和实践创新，为全面建设中国特色社会主义现代化国家提供了重要战略支撑。随着时代的变迁和国际格局的演变，国家安全面临日益复杂多变的形势和威胁，其中既有传统的安全问题，如领土争端、军事对抗、恐怖主义等，也有非传统的安全问题，如网络安全、气候变化、能源安全等。新形势下，不论何种安全，无一不包含经济因素。国家安全不仅指一般意义上的以经济安全为基础的国家安全，国家安全本身在很大程度上就是经济安全。[②] 因此，在国家安全的综合体系中，经济安全被视为最优先保障的安全领域之一，加强经济安全的工作对于推动中国式现代化进程具有重要意义。

在党的十八届五中全会上，习近平总书记首次提出牢固树立创新、协调、绿色、开放、共享的新发展理念。那时国际环境相对缓和，中西方之间合作大于竞争，对于这五个方面的内涵、重要意义等已有很多文献进行过论述。但对于这一理念的补充与发展，迄今为止，少有文献进行阐述。因此笔者尝试提出，在中国式现代化的进程中，针对发展环境中的风险化解问题应树立经济安全发展理念，并将其提升为新发展理念的组成部分，以丰富和发展中国特色社会主义经济发展规律体系。经济安全不仅依赖政治、文化、社会、科技、生态等领域深刻复杂的发展环境，更是夯实这些领域安全发展的物质基础。因此，经济安全发展的理念生成及实现，是我国发展道路的重要开拓和科学指引。

① 习近平．高举中国特色社会主义伟大旗帜　为全面建设社会主义现代化国家而团结奋斗——在中国共产党第二十次全国代表大会上的报告[J]．中华人民共和国国务院公报，2022(30)：4－27.

② 陈健，郭冠清．统筹发展和安全的政治经济学解析[J]．财经问题研究，2023(9)：17－27.

二、安全发展理念对新发展理念的守正创新

理念是上升为理性高度的观念，思想理论是科学系统的理念。新发展理念是将马克思主义与我国发展实践相结合、归纳概括我国发展经验教训、针对我国经济发展主要矛盾、深入分析我国发展环境面临的深刻复杂变化而形成的关于发展的理性观念。作为新时代中国特色社会主义现代化建设的全方位发展理论体系，其揭示和展现的发展观和现代化观深刻回答了发展的根本立场、总体目的、本质要求等重大理论和实践问题。① 新发展理念不仅建立在对新时代发展规律科学认识的基础上，而且在用于指导经济社会发展时，具有无可置疑的主观能动性和创新性。

新发展理念从理论层面对现代化的动力、路径、目标等重大问题进行了解答，是中国式现代化的系统性理论指南。在新发展理念中，强调“创新引领”“绿色发展”“开放发展”“共享发展”“协调发展”，这些发展理念的核心都围绕着经济安全展开。例如，创新引领是为了提高经济竞争力，为经济转型升级提供动力，减少对传统产业的依赖，增加经济的韧性和适应能力，从而增强经济安全；绿色发展是为了建设生态文明，实现经济发展与环境保护的良性循环，避免生态环境的恶化带来的经济安全风险；开放发展是为了拓展市场空间，促进产业升级和结构优化，增加经济来源，减少经济安全风险；共享发展强调将经济发展的成果更公平地分配给整个社会，缩小贫富差距，从而减少社会不稳定性，增强经济安全；协调发展则通过坚持各个领域的协调发展，促进全面、协调、可持续发展，从而保障经济安全。总之，建立安全发展体系和提升安全发展能力也就是树立安全发展理念，与新发展理念的结合实现了更高层次的有机统一，是对当前中国式现代化发展中具有科学指引作用的新发展理念的守正创新，这种判断的依据有二。

---

① 黄群慧. 新发展理念：一个关于发展的系统的理论体系[J]. 经济学动态，2022(8)：13－24.

首先，安全发展在中国式现代化中的全局性意义日益凸显。党的二十大报告强调要加快构建新发展格局，着力推动高质量发展，加快建设现代化经济体系，并提出要强化国家安全体系和能力建设。在“十四五”和2035年的国家发展规划中，安全发展也被放在了前所未有的高度。这些都表明，在中国式现代化的进程中，安全发展具有全局性意义。在我们即将实现“两个一百年”奋斗目标的重要历史时刻，国内国际发展环境均面临深刻变化，各类安全问题尤其是其中的经济安全问题更需要高度警惕。比如，人口老龄化带来的劳动力市场失衡加剧、人工智能的迅速发展可能会进一步扩大发达国家与发展中国家之间的差距、经济社会发展的不平衡不协调所带来的各类矛盾和挑战（贫富差距和收入差距扩大等）、全球化退缩以及全球经济低迷带来的创新乏力风险、重大突发事件冲击带来的衰退风险等。假如这些问题突发且缺乏科学应对，不仅会威胁到经济安全，而且会引发社会、科技、生物生态不安全甚至政治不安全等诸多重大问题，造成中国式现代化进程延滞甚至中断。因此，必须高度重视经济安全发展问题，将经济安全放在新发展理念的整体指导中，才能有效应对各类风险和挑战。

其次，经济安全发展理念既具有应对当前风险挑战的迫切性，又具有着眼未来发展的前瞻性。如今，我们已经踏上了全面建设社会主义现代化国家、向第二个百年奋斗目标进军的新征程，随着我国综合国力持续增强，在全球政治经济体系中的影响力和话语权不断提升，在国际上的互动呈现出愈加复杂的态势，贸易保护主义、能源安全、金融风险、产业链供应链安全等全球性挑战显著增多，这些挑战不仅影响着全球经济秩序和贸易体系的稳定，也给我国的经济安全带来了极大的威胁。同时，随着世界经济的发展，气候变化、资源短缺、技术进步等都可能会给未来的经济发展带来潜在的威胁和挑战。由此看来，当今世界正处于百年未有之大变局，全球治理体系和国际秩序变革加速推进，国际形势的不稳定性和不确定性使我们面临前所未有的战略机遇，也面临更加错综复杂的风险挑战。树立经济安全发展理念并将其纳入新发展理念的整体规划在当下显得尤为重要，这一理念的迫切性要求我们提高机遇意识和风险意识，要善于转危为机；前瞻性指引我们需要从长远的角度来思考和规划，着力解决影响现代化进程的各种风险，提高防范化解各种领域风险的本领和水平，与时俱进推进国家安全体系和能力现代化，对安全发展的丰厚意蕴及规律认识不断深化。

三、安全发展理念与中国式现代化发展方式

安全发展理念，基于为了实现更好发展而提出，是由中国式现代化所处的历史方位、所面临的形势任务所决定的，是新时代党对国家安全形势作出的新判断。[①] 随着发展的安全可靠性在发展形态、结构、功能上更新，在时空持续性和广延性上衔接，所对应的经济安全发展具有了新的深刻内涵和重要表征。

（一）安全发展是中国式现代化的时代要求，在转变发展方式、推动制度创新等方面具有丰厚意蕴

1. 安全发展丰厚意蕴具有转变发展方式的共性要求

经济发展方式的转变不仅是历史的必然选择，还是经济社会发展规律的内在本质要求，更是解决我国社会主要矛盾和经济由高速增长向高质量发展转变的必由之路。进入新发展阶段，我国经济社会发展所面临的国际环境、发展条件和我国社会主要矛盾等一系列条件都发生了深刻变革，我们必须对发展理念和发展方式进行适应性调整，以更好地与我国社会发展所处的历史方位相匹配。经济安全所要求的发展方式既包括“实现什么样的发展”的目标选择，也体现“怎样发展”的战略机制，又体现发展的功效质量。由于发展方式总是人们对如何发展的能动选择，不同发展方式会

① 庞跃辉，许尚立．深刻认识和科学把握安全发展理念［J］．中国特色社会主义研究，2020（Z1）：19－25.

产生不同的发展效能。急躁冒进、急于求成等不安全的发展方式是不可取的，相应地，“以人为本”的安全发展方式在很大程度上对发展目标、过程、成效等质量要素产生持久性影响，是一个基于人民群众利益最大化的发展方式，是科学发展的前提和保障。

坚持以人民为中心是中国式现代化的根本遵循，在党的二十大报告的第十一部分“推进国家安全体系和能力现代化，坚决维护国家安全和社会稳定”中把“以人民安全为宗旨”放在核心位置，指出：“我们要坚持以人民安全为宗旨、以政治安全为根本、以经济安全为基础、以军事科技文化社会安全为保障、以促进国际安全为依托，统筹外部安全和内部安全、国土安全和国民安全、传统安全和非传统安全、自身安全和共同安全，统筹维护和塑造国家安全，夯实国家安全和社会稳定基层基础，完善参与全球安全治理机制，建设更高水平的平安中国，以新安全格局保障新发展格局。”[①]“以人为本”的安全发展方式的产生既集中体现了中国共产党全心全意为人民服务的根本思想，也展示了其历史渊源——我国传统的儒家文化一直强调人本主义、民本主义，仁者爱人正是儒家文化明确的以民为本的理念。新发展理念秉承了“革故鼎新、以人为本”等中华优秀传统文化，强调综合全面的发展。安全观秉承了“居安思危、防微杜渐”等中华优秀传统思想，强调构建集多个方面安全于一体的整体性的国家安全体系，两者结合体现了安全发展与新发展理念宗旨的一致性。将人民利益作为我国国家安全工作的根本目的，这正是中国经济安全保障有别于其他国家的最大亮点。

2. 安全发展具有转变发展方式的根本属性

安全发展具有转变发展方式的根本属性，体现在其对于新发展理念的发展中，努力实现高质量发展是安全发展的明确指向。经济方式的转变意味着经济结构的调整优化和经济质量的提高，要求经济以创新驱动为核

---

① 习近平．高举中国特色社会主义伟大旗帜　为全面建设社会主义现代化国家而团结奋斗——在中国共产党第二十次全国代表大会上的报告[J]．中华人民共和国国务院公报，2022(30)：4－27.

心，绿色发展为首要目标，并注重经济增长过程的协调性、开放性和发展成果的共享性。经济的发展以安全为前提，具体反映在新发展理念包含的五个方面都与国家安全直接相关，“推动创新发展、协调发展、绿色发展、开放发展、共享发展，前提都是国家安全、社会稳定。没有安全和稳定，一切都无从谈起”。[①] 在新形势下，新发展理念的五个方面都要从安全角度进行更深层次的理解。

结合安全发展理念，能深入实施创新驱动战略并取得新成效。要解决创新发展中存在的内在安全问题，就是要实现科技自立自强。围绕产业链、供应链部署创新链，建立自主可控的现代产业体系（关键核心技术有自主知识产权，关键环节不受制于人），就是走攻克“卡脖子”技术环节的产业安全之路。在协调发展理念指导下，结合安全发展理念，推进供给侧结构性改革，从而进一步提高经济发展的协调性，如规范资本市场，高效进行创新投资并锁定创新风险，走金融安全发展之路。在彰显绿色发展理念中，结合安全发展理念，推动经济绿色转型。牢固树立绿色发展和构建生态安全型社会就是生产力安全的思想，深刻认识维护生态安全对于国家总体安全和人民幸福安康的意义和影响。在开放发展理念下，结合安全发展理念，积极推进高层次高水平高质量对外开放，构建全面开放的新格局，提升中国经济韧性。既强调内循环为主体，针对在全球产业链上发达国家利用其技术、市场、资本等方面的优势对我国进行的断供和断链威胁，把相关的国外环节转移到国内，特别是在高新技术领域，比如信息技术、新能源汽车等，畅通产业链的国内循环，使这些环节在国内得以建立和发展，[②] 又在外循环中强调提升国际竞争力，在产业链环节的域外布局中体现“以我为主”。在共享发展理念指导下，结合安全发展理念，消除绝对贫困，使共同富裕取得实质性进展。以人民为中心的安全发展理念，

① 中共中央党史和文献研究院．习近平关于总体国家安全观论述摘编[M]．北京：中央文献出版社，2018：10.

② 洪银兴．守正与创新：从新发展理念到新时代发展道路[J]．经济思想史学刊，2022（3）：3－19.

推动和保障衣食住行需要，满足人们身心健康、教育公平、创业就业以及体面劳动等需求，也是安全发展理念的应有内容。

3. 经济安全发展具有自身的特殊性

中国式现代化发展稳定性在发展形态、结构、功能和关系上更新，在时间持续性和空间广延性上衔接，高度体现为防范各种风险尤其是要牢牢守住不发生系统性风险的底线。习近平总书记强调："我们保持战略定力、坚持久久为功、坚持底线思维，充分考虑困难和问题，做好应对最坏情况的准备，发扬钉钉子精神，积小胜为大胜，一步一个脚印向前迈进，坚决防范各种风险特别是系统性风险。"① 安全发展的特殊性，既决定了安全发展方式的根本属性，形成了安全发展的生成逻辑，也决定了安全发展方式的追求目标，体现了安全发展方式的价值取向。要求做好安全发展的谋划与实施，要深刻认识安全发展的功能互补性，在安全整体的层次相关性和内外联动性的基础上充分发挥安全发展的集成效应。安全发展的要素具有层次关系，要建立经济安全发展体系，把安全发展贯穿经济发展各领域和全过程，科学把握宏观调控安全、产业产品布局生产安全、生态环境维护安全、区域经济合作安全等不同维度的相对特点及相互影响，统筹经济安全和政治安全、文化安全、生态安全、社会安全和国家安全，发现其不同维度和层面因素之间的内在关联性并进行协调整合，从而产生安全集成功效。安全发展的功能具有内外联动性，要科学认识安全发展对于民族、国家、地区的经济、社会、生态环境及其社会群体、个体的可持续良性发展的重要价值，深刻认识经济安全体系中内外不同层面的安全需求，针对经济安全要素的互动特点，合理有效整合有利于安全发展的各方面、各层次积极因素，充分发挥安全发展集成功效对促进社会内外安定的特殊重要作用。把安全发展的谋划与实施同国家、地区上下相连、内外相关的重要影响因素有机结合起来，形成全面推进安全发展的巨大合力。

---

① 韩庆祥．开辟当代中国马克思主义、21 世纪马克思主义新境界——深读《习近平谈治国理政》第三卷[J]．马克思主义研究，2020(10)：34 - 44，167.

总之，安全发展不仅可以提高发展质量效率，而且是确保国泰民安的内在要求，是坚决防范各种风险特别是系统性风险的必然选择。通过安全发展的谋划与实施，在迈入新发展阶段后进一步转变粗放发展和外延增长方式，加快构建集约发展和内涵增长方式，深入把握相关因素的运动规律，努力实现高质量发展，进一步夯实国家安全发展根基，极大增强国家发展安全实力，有力保障人民安全，推动做好经济安全发展的体系和能力建设。

（二）安全发展也是中国式现代化的重要内容，中国式现代化的不断推进和丰富成果，提供了推动进一步安全发展的物质基础和广阔空间

1. 站住脚：经济安全主导发展

中国式现代化道路进程始于周恩来总理在第三届全国人民代表大会第一次会议上作的《政府工作报告》，提出把我国建设成为一个具有现代农业、现代工业、现代国防和现代科学技术的社会主义强国。这是新中国历史上第一次正式提出“四个现代化”的概念，开启了中国现代化的历程。

社会主义革命和建设时期，党面临的主要任务是“实现从新民主主义到社会主义的转变，进行社会主义革命，推进社会主义建设，为实现中华民族伟大复兴奠定根本政治前提和制度基础”。[①] 其中，“进行社会主义革命”解决的主要是政权安全问题，“推进社会主义建设”解决的则主要是经济恢复问题。新中国成立之初，无论是从经济、军事还是从国际环境来看，中国共产党都面临严峻挑战，新生政权并不稳固。从经济方面看，长期恶性通货膨胀使中国经济遭受严重破坏，物价飞涨、生产萎缩、民生困苦。从军事方面看，100 多万国民党军队在西南、华南负隅顽抗，大批国民党残余力量与恶霸势力相勾结，威胁新生政权安全。从国际方面看，美国等国家拒不承认新中国并对新生政权实行政治、经济上的封锁和军事上

① 中共中央关于党的百年奋斗重大成就和历史经验的决议[N]. 人民日报,2021 - 11 - 17(001).

的包围。面对如此严峻复杂的内外部环境，新生政权要“站稳脚跟”，首要任务是继续完成反帝反封建的遗留任务，抵御政权的各种挑战，保卫人民胜利果实和革命成果，保卫国家的主权独立和领土完整，这是安全问题；在此基础上恢复国民经济、发展生产，扭转财政经济状况，改善人民生活，这是发展问题。

十年社会主义建设时期，无论是包括钢铁和机械等在内的工业建设、国防尖端技术的发展，还是我国第一颗原子弹的成功爆炸，导弹和人造卫星研制取得的突破性进展，都是以国防、军事、经济安全为中心的，都是安全主导的中国式现代化发展成就。

2. 富起来：发展主导经济安全

党的十一届三中全会作出重大战略决策，把全党工作重心转移到社会主义现代化建设上来，这是新中国成立以来党的历史上具有深远意义的伟大转折，随后又确立了“以经济建设为中心，坚持四项基本原则，坚持改革开放”的基本路线，主要任务是“解决和发展社会生产力，使人民摆脱贫困，尽快富裕起来”。邓小平对发展和安全关系的认识集中体现在他对发展和稳定关系的一系列阐释上。在谈及发展问题时，邓小平认为，发展是硬道理，“中国解决所有问题的关键是要靠自己的发展”。只有“以经济建设为中心”“一心一意搞现代化建设”才能提升综合国力和科技实力。对于为什么要发展、实现什么样的发展、怎样才能实现发展，邓小平有一系列的论述，系统地回答了发展阶段、发展道路、发展动力、发展方式、发展条件、发展环境等基本问题。只有经济发展了才能保持政局稳定，才能为国家安全提供物质基础和前提条件，没有发展就没有安全和稳定。“不搞现代化，科学技术水平不提高，社会生产力不发达，国家的实力得不到加强，人民的物质文化生活得不到改善，那么，我们的社会主义政治制度和经济制度就不能充分巩固，我们国家的安全就没有可靠的保障。”①

① 李莉平．浅析我国经济体制改革的多层次目标及其相互关系——《邓小平文选》第三卷读后感[J]．现代经济信息，2019(3)：6.

如果经济发展上不去，不仅没有能力维护国家安全，而且本身就是国家安全、社会稳定的隐患。

改革开放以来，基于和平与发展成为时代主题，中国以高速增长的经济实力崛起，成为全球经济的重要引擎之一。经济快速增长使中国拥有了更多的物质资源和财力，能够投入安全防范和建设中，从而提升国家的整体安全水平。

3. 强起来：统筹经济安全与发展

党的十八大以来，中国特色社会主义进入新时代。中华民族伟大复兴战略全局，世界百年未有之大变局，全球化、信息化的大背景，社会主要矛盾的发展变化……这些都意味着今天我国的经济安全必然不同于传统的经济安全，意味着我国面临的经济安全形势比以往任何时期都更为复杂，时空领域也更为宽广。基于此，习近平总书记提出了“统筹发展和安全”的重要概念和理念，并把它作为中国共产党治国理政的重大原则、我国经济社会发展指导思想的重要内容。党的二十大报告多次提到“统筹发展和安全”，并把“加快构建新发展格局，着力推动高质量发展”和“推进国家安全体系和能力现代化，坚决维护国家安全和社会稳定”列为专章作出重要部署。要求各级领导干部提高“统筹发展和安全”的能力，表明党对发展和安全关系的认识更深入、更系统。事实上，无论是“发展”还是“安全”，本身都是内涵丰富的概念，“统筹”即统一筹划，统一部署，通盘安排。“统筹”二字本身就包含着对新时代国际国内大局势的客观分析和准确判断，内含着各种因素相互联动、深层影响的意蕴。“统筹发展和安全”的顶层设计必将为实现高质量发展和高水平安全提供有力保证。

新中国成立以来，中国在经济建设和现代化进程中取得了巨大成就，为经济安全提供了坚实的物质基础和广阔的发展空间。中国将继续推动高质量发展，加强经济安全，实现经济的可持续发展和人民群众的共同富裕。中国将继续与世界各国分享发展机遇，合作应对全球性挑战，为构建人类命运共同体做出更大的贡献。

四、安全发展的生成逻辑及其实现路径

安全发展具有的深刻内涵是经济发展安全的本质属性；安全发展的重要表征则是发展安全的集中展示。在对经济安全发展理念的新意蕴、新表征的把握中，需要引申出其生成逻辑与实现路径。

（一）中国式现代化发展促进经济安全发展理念的生成

“我国正在加快迈向更高质量、更有效率、更加公平、更可持续、更为安全的发展之路。”① 中国式现代化发展进程需要经济安全发展理念的指引，同样也促进了安全发展理念的生成，其生成逻辑主要体现为五个维度。

1. 经济安全发展的战略主导生成

习近平总书记指出：“战略问题是一个政党、一个国家的根本性问题。战略上判断得准确，战略上谋划得科学，战略上赢得主动，党和人民事业就大有希望。”② 安全发展的战略，必须坚持国家利益至上，国家经济发展利益的安全可靠性生成是安全发展的战略主导，要体现在有效部署构建经济安全体系实施一系列经济安全防护战略上，其中最重要的就是粮食安全战略，通过藏粮于地、藏粮于技战略，重要农产品保障战略，食品安全战略等保障粮食安全，要“确保国家粮食安全，把中国人的饭碗牢牢端在自己手中”。③ 在其他方面，我们通过能源安全战略、金融安全战略、产业链供应链安全战略等一系列战略实施确保国家安全发展。

---

① 新华社十九大报道组．新时代　新思想　新目标　新征程：新华社十九大报道精品集[M]．北京：新华出版社：2018：603.

② 习近平．在纪念邓小平同志诞辰 110 周年座谈会上的讲话[J]．党的文献，2014(5)：3 – 9.

③ 习近平．决胜全面建成小康社会　夺取新时代中国特色社会主义伟大胜利——在中国共产党第十九次全国代表大会上的报告[J]．党建，2017(11)：15 – 34.

2. 经济安全发展的基本制度生成

维护我国的经济安全，一个基本前提就是坚持基本经济制度，特别是坚持以公有制为主体。社会主义基本经济制度维系和发展的安全可靠性与国家主权、政权、制度等构成国家基本要素的安全休戚相关，因此，基本经济制度维系和发展的安全可靠性生成，必然成为经济安全发展的核心取向。比如推进农村土地所有权、承包权、经营权“三权”分置改革，促进农村基本经济制度安全，就是在“三农”领域贯彻安全发展理念的基本制度前提。

3. 经济安全发展的物质基础生成

如果生产力发展处于脆弱不安全状态，经济运行机制和秩序处于失灵混乱状态，对外开放处于失控状态，那么，高质量发展就必然缺失根基。因此，经济运行、发展和开放秩序的安全可靠性生成是经济安全发展的坚实基础。如把粮食、能源的综合生产能力作为发展的紧约束指标在国家和地方各级的发展规划中专门列出，把国家安全奠定在坚实物质技术基础上。

4. 经济安全发展的持续保障生成

生态环境的安全可靠性是经济社会发展的重要基础，也是维护人民健康和生存环境的必要条件。生态环境的安全可靠性生成需要大力解决资源环境“瓶颈”、生态承载力不足等问题，建立健全维护生态安全的体制机制，如加强国土空间规划和管理、加大资源节约和循环利用力度、加强生态环境保护和恢复工作。

5. 经济安全发展的基要条件生成

就在发展中追求经济安全的实践而言，坚持开拓创新是中国的独特经验，由此不断建立竞争优势。加快安全科技研发应用，把科技作为推动安全发展的第一动力；加强相关专业技术人才队伍和高素质的安全队伍培养，提升教育对促进安全发展的智力支持。推动这些社会要素的高质量发展，实现与安全发展紧密相连、互动共进。坚持创新驱动发展战略特别是在重大科技创新方面做到自主、自立、自强，是实现经济安全发展道路的主要保证。我们必须既积极又谨慎地直面个别大国与我国科技“脱钩”招致的重大安全问题，牢牢扭住构建强韧创新链这个战略基点，充分发挥创新链建设对供给链、产业链、价值链建设的主导作用。①

（二）经济安全发展理念促进中国式现代化发展的实现

当前我们正处于“两个一百年”奋斗目标的历史交汇点，在新征程上必须走好中国式现代化新道路，坚持和平发展。因此，如何保障安全发展以推进中国式现代化进一步实现，是进入新发展阶段必须科学分析和解决的重大理论和现实课题。具体来看，在安全发展体系构建上，可以从以下五个层面分析和把握在中国式现代化发展背景下经济安全发展的路径。

1. 构建安全高效的全面开放体系

统筹经济安全因素，提升产业链供应链韧性和安全水平，构建安全高效的全面开放体系。要统筹好产业链供应链韧性与安全、开放的关系，提高产业链供应链的稳定性和竞争力，加强产业链的信息建设和共享，不断提升产业链供应链现代化水平，提升应对产业链断链风险的能力。习近平总书记强调“要持续推动科技创新、制度创新，突破供给约束堵点、卡点、脆弱点，增强产业链供应链的竞争力和安全性，以自主可控、高质量的供给适应满足现有需求，创造引领新的需求”。② 将产业链、供应链与创新链、人才链融为一体，“坚持创新链、产业链、人才链一体部署，推动深度融合”，提高产业链供应链的安全性和韧性。

2. 实现发展和稳定并重的经济持久安全体系

坚持可持续发展，实现发展和稳定并重的经济持久安全体系。如推进产业升级和数字化转型，构建分类布局的经济数据存储体系，提升数字经

---

① 伍山林．充分利用大国优势加快构建新发展格局[J]．人民论坛·学术前沿，2021(16)：90－97.

② 习近平在中共中央政治局第二次集体学习时强调　加快构建新发展格局　增强发展的安全性主动权[J]．中国人大，2023(3)：4－5.

济安全性、完备性和持久性等。重视数字资源利用和保护，建立国家—地方—企业多层级的数据资源安全共享机制，做好各类数据资源的储存和保护工作，防止因数据安全和泄露对我国产业链供应链稳定产生的危害。

3. 完善和巩固保障社会主义基本经济制度安全的重点安全体系

坚持两个“毫不动摇”，完善和巩固保障社会主义基本经济制度安全的重点安全体系。两个“毫不动摇”夯实了我国经济社会发展根基，坚持以公有制经济为主体，有利于国家加强宏观经济调控、增强经济系统的稳定性、保持合理的经济增长空间。①

4. 建立体现社会主义制度安全优势的运行与发展体系

构建高水平的社会主义市场经济体制，加快形成系统完备、科学规范、运行有效的制度体系来保障我国的经济安全，不仅体现了国家经济安全治理能力的现代化，更体现了社会主义制度的安全优势，对于满足人民日益增长的美好生活需要、建设现代化安全经济体系和形成全面开放新格局以及我国进一步实现第二个百年奋斗目标和建设社会主义现代化强国的中国特色社会主义总目标都具有十分重要的现实意义。在这一过程中要发挥好政府和市场两个方面的优势，对于通用性较强、战略价值较大，且技术供给方数量少，可能引发较大的产业链风险的领域，要强化政府引导作用，率先实现突破，确保本土替代；对于专用性较强、技术供给方较多，产业链安全风险等级较小的领域，要发挥市场作用，强化企业创新投入和创新能力提升。

5. 促进双循环安全开放体系

有效应对外部冲击和内生风险，促进双循环安全开放体系。坚持关键核心技术的自主、自立、自强，加强国际技术合作，积极构建互利共赢的产业链供应链安全合作圈，推动贸易和投资自由化便利化，维护多边贸易体系和区域产业链供应链稳定，通过合作来强化区域内部的产业竞争优

① 陈永胜．坚持和发展中国特色社会主义面临的挑战[J]．科学社会主义，2015(6):46－49.

势。要在立足本国、服务本国的基础上，更加积极地参与国际分工，着力破除制约国内国际双循环的各种障碍，在持续提升自身国际循环竞争力的同时，还要始终秉持人类命运共同体理念，与国际社会通力合作，和其他国家联合起来共同防范化解全球性经济风险。①

上述提到的五个体系相辅相成，有助于我们理解和把握经济安全发展理念如何促进中国式现代化发展的实现。以国内国际双循环的安全开放体系为出发点来看，首先，国内大循环畅通，需要建立高水平的社会主义市场经济体制，建立体现社会主义制度安全优势的运行与发展体系。但目前最需要解决的是国内循环动力不足问题，这要求我们按照“两个毫不动摇”的原则，完善和巩固保障社会主义基本经济制度安全的重点安全体系，去切实消除市场主体对安全的担忧。其次，国内国际双循环畅通，需要建立安全高效的全面开放体系，开放格局使得国内国际市场与全球供应链在中国交汇，在这种情况下，畅通国际循环是存在一定难度和风险的，只有更好统筹发展和安全，坚持发展和安全并重，实现发展和稳定并重的经济持久安全体系，才能使中国的发展行稳致远。

（三）经济安全发展理念促进安全发展能力的构建

在我国发展的关键阶段，我们必须明白，我国如何在安全发展上继续取得成功；我们必须清楚，只有综合国力超越霸权国家，我国的经济安全问题才有可能真正趋于缓和。通过以上对安全发展的分析论述，最后我们认为在安全发展的能力构建上，可以进行以下探索。

1. 提升党的领导对安全发展的组织统筹效能

中国共产党是一个充满智慧和极富创造力的政党，是维护经济安全的核心领导力量，是做好经济安全发展工作、防范化解经济风险的根本保证和政治保证。只有通过持续加强党对经济工作的集中统一领导，将党作出

① 吴宗伟．习近平关于防范化解经济风险重要论述的生成逻辑、核心要义及价值意蕴[J]．江西财经大学学报，2022(4)：3－12.

的把人民福祉放在首位的科学决策贯穿到发展的全过程各方面，才能凝聚起防范化解经济风险的磅礴力量，形成推进中国式现代化进程的强大动力，推动党和国家的伟大事业取得成功，进而开创中国式现代化建设新局面。如建立跨部门、跨地区的协调机制，加强各部门之间的沟通与协作，形成统筹推进经济安全发展的合力。

2. 提升经济安全发展的自主可控能力

自主可控能力意味着在经济发展过程中，国家具备独立思考、自主决策和自我调控的能力，不受外部因素的控制。提升经济安全发展的自主可控能力重点在产业链供应链环节，特别是要实现供给侧结构性改革目标，要紧紧依托构建以国内大循环为主体、国内国际双循环相互促进的新发展格局，实现国内国际双循环相互促进，使国内外市场联通更加顺畅，充分利用国内外两个市场、两种资源，使我国关键原材料的国际供应进一步分散化、多来源化，减少对关键技术和核心零部件的依赖。

3. 增强经济安全发展的持续保障能力

提升经济安全发展的持续保障能力，就是要在不断变化的经济环境下，确保经济运行的顺畅和稳定，为可持续发展提供有力支撑。切实增强这一能力，首先要进一步深化对我国经济安全发展规律的认识，对经济安全发展规律的认识越深入，就越能做到科学有效应对各种风险挑战。其次必须深刻地意识到我国正处于并将长期处于社会主义初级阶段的基本特征，我国仍一直处于不稳定的发展环境中，所以要不断强化国家经济安全保障实施方案，切实转变发展方式，推动质量变革、效率变革和动力变革，提高经济安全发展的持续保障能力。

4. 提高经济安全的预警研判能力

针对经济安全的形态、结构、功能变动，提高经济安全的预警研判能力，构建与高水平开放相匹配的国家经济安全监测预警和应急机制，增强对各类风险隐患的预见性和防控能力，始终保持高度警惕和清醒头脑，妥善应对各种重大风险挑战，提高应对重大突发事件和紧急情况的能力，对开放条件下的国家经济安全现状进行监测和对未来可能危及国家经济安全的风险因素进行预警①。

总而言之，将经济安全发展理念提升为新发展理念的组成部分，能够更好地保障我国经济的持续发展，有利于促进产业转型升级和高质量发展，还有利于推进全球经济治理的改革和完善。维护我国的国家经济安全，从根本上就是在发展经济。在全面建设社会主义现代化国家、实现中华民族伟大复兴的新征程上，中国要始终把维护经济安全作为一项重要任务，坚持发展和安全并重，不断增强自主创新能力，加强战略性、系统性、前瞻性研究规划布局，有效应对重大风险挑战，为建设社会主义现代化强国和实现中华民族伟大复兴的中国梦提供坚实有力的保障。

① 唐珏岚. 构筑与更高水平开放相匹配的安全保障体系[J]. 人民论坛·学术前沿,2022(6):81-90.

当代中国地方政府的三重属性及其行为约束

——一个马克思主义政治经济学的分析视角

赵麦茹[①]

摘要：基于马克思主义的国家属性与政府职能理论，当代中国地方政府具备三重属性：坚守人民立场保护人民利益的阶级属性、维持地方秩序提供地方公共产品的公共属性、发展地方经济的经济属性。地方政府行为在三个维度的约束各异。加强中国地方政府属性、提高地方政府行为效率应从以下几个方面着手：构建更高效的央地关系，确保人民利益不断实现；大力供给地方公共产品，提高地方民生水平；积极引入各种要素并使之达到最佳配置，助推地方经济发展。

关键词：地方政府；三重属性；行为约束；政治经济学分析

一、引言

近年来，中观经济越来越受学术界重视，王慎之（1988）[②]、刘克田（1999）[③]、周扬明（2006）[④]、毛伯耕（2009）[⑤] 等皆聚焦中观经济的理论

---

① 赵麦茹（1975—），女，陕西临潼人，经济学博士，西北大学经济管理学院副教授，博士生导师，研究方向为政治经济学、经济思想史。项目来源：教育部哲学社会科学研究重大课题攻关项目"中国特色社会主义政治经济学理论与实践研究"（项目编号：20JZD005）。

② 王慎之．中观经济学[M]．上海：上海人民出版社，1988.

③ 刘克田．中观经济概论[M]．北京：经济科学出版社，1999.

④ 周扬明．中观经济本论[M]．北京：经济科学出版社，2006.

⑤ 毛伯耕．中观经济管理与实践[M]．厦门：厦门大学出版社，2009.

与实践问题，并对之进行了系统的研究。地方政府是中观经济的重要主体，地方政府行为是中国经济运行的重要组成，陈云贤和顾文静（2015）[①]认为地方政府具有引领经济的“准企业”“准市场”双重效应。张宇等（2018）[②]也将地方政府行为视为中观经济运行的三个面向之一。学者们对地方政府行为的关注不无道理，新中国成立以来，地方政府行为的确是影响区域经济发展、地方产业结构升级的重要因素，也是确保国家各项战略方针在实践中顺利落地的重大影响因素。

地方政府行为如此重要，那么，又是什么影响着地方政府行为呢？对此，学术界的研究成果颇为丰硕，学者们关注的维度各异。一部分学者侧重于从政治考核体制、制度环境维度对地方政府行为加以研究，他们认为影响地方政府行为的因素如下：中国的财政分权以及政绩考核体制（傅勇、张晏，2007）[③]；压力型政治经济体制（曹胜，2010）[④]；上级政府的监督与约束（李军杰、钟君，2004）[⑤]；财政集权改变地方政府行为效应，使地方政府由“援助之手”转为“攫取之手”（陈抗等，2002）[⑥]；分税制的驱赶效应（周飞舟，2006）[⑦]；“向上负责”的政治体制与财政分权的结合（张军等，2007）[⑧]；等等。另一部分学者侧重于从地方政府间竞争对地方政府行为加以解读。周黎安（2007）[⑨]认为地方官员之间围绕GDP增长

① 陈云贤，顾文静．中国经济学——对经济学理论体系的创新与发展[M]．北京：北京大学出版社，2015.

② 张宇，谢地，任保平，等．中国特色社会主义政治经济学[M]．2版．北京：高等教育出版社，2018.

③ 傅勇，张晏．中国式分权与财政支出结构偏向：为增长而竞争的代价[J]．管理世界，2007(3)：4－22.

④ 曹胜．政绩压力与利益谋取——对农地征用中地方政府行为的理论分析[J]．科学决策，2010(8)：28－37.

⑤ 李军杰，钟君．中国地方政府经济行为分析——基于公共选择视角[J]．中国工业经济，2004(4)：27－34.

⑥ 陈抗，Arye L Hillman，顾清扬．财政集权与地方政府行为变化——从援助之手到攫取之手[J]．经济学季刊，2002(1)：111－130.

⑦ 周飞舟．分税制十年：制度及其影响[J]．中国社会科学，2006(6)：100－115.

⑧ 张军，高远，傅勇，张弘．中国为什么拥有了良好的基础设施？[J]．经济研究，2007(3)：4－19.

⑨ 周黎安．中国地方官员的晋升锦标赛模式研究[J]．经济研究，2007(7)：36－50.

而展开竞争的“晋升锦标赛”模式是理解政府激励与地区经济增长的关键，唐睿、刘红芹（2012）① 不认同这种一元竞争模式，他们基于地方政府追求社会公平与经济发展的双重目标，提出二元竞争模式。彭忠益、柯雪涛（2018）② 则进一步指出，地方政府追求的三重利益，即经济利益、政治利益与公共利益才是地方政府间竞争与合作关系的催化剂。此外，还有学者关注到了劳动力、资本等生产要素对地方政府行为的影响。基于数值模拟与实证分析，尚铁力、王娜（2009）③ 认为，资本要素流动性的增强影响了地方政府税收竞争的博弈策略并产生了负向效应，即各地方政府出现了重服务资本、轻民生发展的倾向，这会使辖区政府为当地居民提供公共服务的能力弱化，并对未来民生的改善造成不利影响。

以上文献为研究当代地方政府行为约束因素提供了较为扎实的翔实资料与多元视角，但总而言之，学者们的研究工具多集中于西方经济学，以马克思主义作为理论工具对之加以研究的文献偏少，这与马克思主义在当代中国现代化路径中的指导地位不甚匹配。以马克思主义国家职能理论为视角研究中国地方政府行为的文献也颇多，但学者们较为关注的是地方政府能力建设（贾芳芳，2011）④、民族地区政府治理能力（王永霞，2016）⑤、县级政府的现代政府职能转变（谢晓红，2013）⑥ 等，聚焦当代地方政府属性及其行为约束的文献偏少。针对以上两种倾向，本文拟以马克思主义政治经济学为研究视角，对当代地方政府的属性及其行为约束进

① 唐睿，刘红芹．从GDP竞标赛到二元竞争：中国地方政府行为变迁的逻辑——基于1998—2006年中国省级面板数据的实证研究[J]．公共管理学报，2012(1)：9－16.

② 彭忠益，柯雪涛．中国地方政府间竞争与合作关系演进及其影响机制[J]．行政论坛，2018(5)：92－98.

③ 尚铁力，王娜．资本流动约束下的地方政府行为研究——基于税收竞争理论的数值模拟与实证分析[J]．中国软科学，2009(2)：10－19.

④ 贾芳芳．马克思主义国家职能理论视域职能观的地方政府能力建设研究[D]．苏州：苏州大学，2011.

⑤ 王永霞．马克思主义政权观指导下民族地区政府治理能力研究[D]．吉首：吉首大学，2016.

⑥ 谢晓红．基于马克思主义国家职能理论基础上的现代政府职能转变研究——以我国县级政府为例[D]．合肥：安徽大学，2013.

行梳理与分析。

二、马克思主义政治经济学视野下国家的三重属性与职能

马克思主义政治经济学自产生之日起，就对国际工人运动和俄罗斯、中国、东欧等地的现代化进程产生了非常强劲的推动作用和有力的指导作用，并进一步影响了20世纪的国际政治经济秩序，从这个角度来说，其理论意义、实践价值都不容小觑。

马克思、恩格斯是以历史唯物主义、辩证唯物主义作为基本方法论来研究人类社会变迁的，其视野非常宽阔，着眼于整个人类历史的动态演变过程，因此，马克思、恩格斯很少直接谈及地方政府，他们大多着眼于宏观层面的国家及政府。

（一）何谓国家

对于国家的本质，马克思本人也有一个渐进的认知过程。在《评普鲁士最近的书报检查令》中，受黑格尔影响，马克思认为国家是“政治的法的理性的实现”，即人的理性是国家建立的基础。后来，在对黑格尔的批判之中，马克思的国家理论得以根本转变，不再是精神决定物质，而是物质决定精神：“家庭和市民社会是国家的现实的构成部分，是意志的现实的精神存在，它们是国家的存在方式。家庭和市民社会使自身成为国家。它们是动力。”① 这段话和马克思在《德意志意识形态》中所说的一段话相类似：“社会结构和国家总是从一定的个人的生活过程中产生的，但是，这里所说的个人不是他们自己或别人想象中的那种个人，而是现实中的个人。”② 至此，国家不再是观念的产物，而是现实市民社会与现实个人生活

① ［德］马克思，恩格斯．马克思恩格斯全集：第3卷［M］．北京：人民出版社，2002：11.

② ［德］马克思，恩格斯．马克思恩格斯选集：第1卷［M］．北京：人民出版社，1995：71.

过程的必然结果。谈及国家起源，恩格斯也认为，“国家是社会在一定发展阶段上的产物”①。应该说，马克思、恩格斯对于国家的这种客观、理性认知是其唯物史观的必然结晶。

（二）国家的三重属性与职能

从散于各文献的论述中，不难总结出马克思和恩格斯对于国家职能的基本判断，总体而言，他们已意识到国家属性及其职能的三大面向。

1. 阶级属性与阶级利益保护职能

在马克思主义体系中，国家是阶级统治的工具。作为权力中心，国家拥有毫无疑问的暴力优势，可以服务于统治阶级。当然，基于历史唯物主义立场，马克思、恩格斯认为，国家的这种阶级属性职能在人类文明演化的每一个阶段都服务于特定历史阶段中处于权力中心的利益集团，这种思想集中体现在《共产党宣言》中。马克思、恩格斯明确指出，“至今一切社会的历史都是阶级斗争的历史”，而“过去一切阶级在争得统治之后，总是使整个社会服从于它们发财致富的条件，企图以此来巩固它们已获得的生活地位……过去的一切运动都是少数人的或者为少数人谋利益的运动”。资产阶级也不例外，在其发展的每一个阶段，都围绕其阶级利益、通过各种方式实行了政治上的进展，并最终从最初的被统治阶层晋升至统治阶层，而一旦其掌握生产资料，进入政治权利中心，便“按照自己的面貌为自己创造出一个世界”，曾经统治一切的封建宗法势力被摧毁，自由竞争以及与自由竞争相适应的社会制度和政治制度取而代之，“资产阶级的经济统治和政治统治”秩序得以建立，这种阶级属性特别明晰的政治权力，在马克思、恩格斯眼中，也和资产阶级所摧毁的封建体制一样，是“一个阶级用以压迫另一个阶级的有组织的暴力”，只不过资产阶级实现其阶级利益的暴力形式发生了变化，不同于以往直接盘剥与宗教控制，资产阶级利用自己所掌握的资本，雇佣失去生产资料、除自己劳动力之外一无

① ［德］马克思，恩格斯．马克思恩格斯选集：第 4 卷［M］．北京：人民出版社，1995：170.

所有的劳动者，并无偿占有其创造的剩余价值，从而实现了自己的资本增殖及利益保障。自由竞争及与之相适应的各种制度是资产阶级实现其利益的工具，因为这套体系，资产阶级的剥削来得更加隐蔽，自由雇佣这种形式上的自由掩盖了事实上的不自由——工人除了出卖自己的劳动力之外别无选择。这种隐蔽的剥削带来了伦理上的正当性，使得资产阶级在保护与实现其阶级利益方面如虎添翼。

2. 公共属性及其社会管理职能

在《家庭、私有制和国家的起源》中，恩格斯这样界定国家："国家是承认这个社会陷入了不可解决的自我矛盾，分裂为不可调和的对立面而又无力摆脱这些对立面。而为了使这些对立面，这些经济利益互相冲突的阶段，不致在无谓的斗争中把自己和社会消灭，就需要有一种表面上凌驾于社会之上的力量，这种力量应当缓和冲突，把冲突保持在'秩序'的范围以内；这种从社会中产生但又自居于社会之上并且日益同社会相异化的力量，就是国家。"① 显然，恩格斯深刻认识到国家是阶级矛盾不可调和的产物，国家的重要职能是协调缓和各阶级的矛盾，国家具备凌驾于社会之上的特殊公共权力。换言之，国家不仅是统治工具，还是维稳工具，在贯彻统治阶级意志的同时，要竭力避免矛盾升级、力争把阶级冲突控制在整个社会体系能容忍的范围之内。实际上，"缓和冲突"这种说法就隐含着国家的一个重要职能：稳定社会秩序的社会管理职能。毕竟，一个失序的、动荡的、非正常的社会环境会产生非常大的不确定性，这不是任何一个统治集团愿意看到的。所以，作为国家，要想完成其政治统治的目的，就必须"以执行某种社会职能为基础，而且政治统治只有在它执行了它的这种社会职能时才能持续下去"②。这里的社会职能就包括提供公共产品、稳定社会秩序等社会管理职能。在《共产党宣言》中，马克思、恩格斯谈到资产阶级时强调，"现代的国家政权不过是管理整个资产阶级的共同事

① ［德］马克思，恩格斯．马克思恩格斯选集：第4卷［M］．北京：人民出版社，1995：170.

② ［德］马克思，恩格斯．马克思恩格斯选集：第3卷［M］．北京：人民出版社，1995：523.

务的委员会罢了”，这里的“共同事务的委员会”已将资产阶级国家的公共属性及其社会管理职能一语道破。资产阶级国家性质如此，其他任何阶段的国家性质自然也不例外。

3. 经济属性及发展生产力的职能

生产力与生产关系理论是马克思主义体系的重要内容，其中，生产力是最革命的因素，生产力决定生产关系，什么样的生产力就会产生什么样的生产关系，推动生产关系调整演变的也正是生产力。因此，一种性质的政权产生，首要的任务便是发展生产力，这是其经济属性的典型体现。

以资产阶级为例，在《共产党宣言》中，马克思、恩格斯指出：“资产阶级在它的不到一百年的阶级统治中所创造的生产力，比过去一切时代创造的全部生产力还要多，还要大。自然力的征服，机器的采用，化学在工业和农业中的应用，轮船的行驶，铁路的通行，电报的使用，整个大陆的开垦，河川的通航，仿佛用法术从地下呼唤出来的大量人口——过去哪一个世纪料想到在社会劳动里蕴藏有这样的生产力呢?”那么，这样的生产力因何产生呢？在进一步分析中，马克思、恩格斯一语中的，强调这是占统治地位的资产阶级的理性抉择，“资产阶级除非对生产工具，从而对生产关系，从而对全部社会关系不断地进行革命，否则就不能生存下去”，资产阶级要想在生产关系中持续处于统治角色，就必须不断发展生产力，随着生产工具的创新、资本的有机构成提高，工人在劳资博弈中的话语权减弱，如此，资产阶级才能用手中掌控的资本更有效率地占有工人所创造的剩余价值，资本才会不断增殖，资产阶级从而才能在生产关系中牢牢把控统治角色。

此外，马克思、恩格斯着眼于整个人类的发展趋势，认为人类真正自由的实现也离不开生产力的发展。马克思、恩格斯不止一次强调了这一点，“无产阶级将利用自己的政治统治，一步一步地夺取资产阶级的全部资本，把一切生产工具集中在国家即组织成为统治阶级的无产阶级手里，并且尽可能快地增加生产力的总量”[①]“由社会全体成员组成的共同联合体

① ［德］马克思，恩格斯．马克思恩格斯选集：第1卷［M］．北京：人民出版社，1995：293.

来共同地和有计划地利用生产力：把生产发展到能够满足所有人的需要的规模；结束牺牲一些人的利益来满足另一些人的需要的状况：彻底消灭阶级和阶级对立；通过消除旧的分工，通过产业教育、变换工种、所有人共同享受大家创造出来的福利，通过城乡的融合，使社会全体成员的才能得到全面发展”①。这两段话描述了未来的人类社会发展前景，不管是称之为无产阶级的政治统治，还是称之为全社会的共同联合体，作为权力中心，发展生产力、使所有人得到全面发展皆是其很重要的职能。的确，人类社会是建构在物质资料生产的基础之上的，生产力越发展，物质资料越丰富，人类才有可能在更大程度上摆脱物质资料的束缚，追求更高层次的自由与更全面的发展。

三、马克思主义政治经济学视角下当代中国地方政府的三重属性及其行为约束

马克思主义视角下的国家属性与职能有三重，中国正处在社会主义的初级阶段，中华人民共和国是人类文明在国家尚未退出历史舞台时期的国家形式之一，自然也拥有三重国家属性与职能。政府是国家权力的执行机关和管理机构，而地方政府又是其有机组成，因此亦拥有三重属性。在不同的属性层面上，地方政府行为所面临的约束条件各异。

（一）阶级属性及其行为约束：人民立场与人民利益至上

1949 年，一个崭新的国家诞生。《中华人民共和国宪法》第一条清晰界定了新中国的国家性质：“中华人民共和国是工人阶级领导的、以工农联盟为基础的人民民主专政的社会主义国家。”此界定的阶级指向非常明朗，“人民”立场一目了然：一切权力属于人民，人民利益至高无上。此处的人民指的是全体社会主义劳动者、社会主义事业的建设者、拥护社会

① ［德］马克思，恩格斯．马克思恩格斯选集：第 1 卷［M］．北京：人民出版社，1995：243.

主义的爱国者、拥护祖国统一和致力于中华民族伟大复兴的爱国者。2016年7月1日，习近平总书记在庆祝中国共产党成立95周年的大会讲话中强调："坚持不忘初心、继续前进，就要坚信党的根基在人民、党的力量在人民，坚持一切为了人民、一切依靠人民，充分发挥广大人民群众积极性、主动性、创造性，不断把为人民造福事业推向前进。"① 很明显，人民立场是中国共产党的根本政治立场，人民利益是中华人民共和国国家性质的根本体现。

地方政府相对于中央政府而存在，是中华人民共和国管理机构的一个有机组成，同中央政府一样，是落实阶级利益保护职能的具体组织。同时，在中国的行政管理体系中，地方政府必须听命于中央，各级地方政府对上一级政府负责。《中华人民共和国宪法》第三条与第一百一十条明确规定："中央和地方的国家机构职权的划分，遵循在中央的统一领导下，充分发挥地方的主动性、积极性的原则。""地方各级人民政府对上一级国家行政机关负责并报告工作。全国地方各级人民政府都是国务院统一领导下的国家行政机关，都服从国务院。"因此，地方政府行为也必然以中央马首是瞻，其阶级属性指向性毋庸置疑，即以人民利益为中心。

地方政府的这种阶级属性决定了其行为走向，约束着其行为的阶级立场。新中国成立以来，作为承上启下、链接中央与基层百姓的中间桥梁，各级地方政府在不同的历史时期履行政府职能，践行各种中央基于人民利益的大政方针，其作用不可小觑。但是，值得强调的是，尽管地方政府行为的阶级立场无偏差，但是，地方政府行为服务人民的效率在各个不同的时期却大相径庭，这主要取决于中央政府在不同历史时期的形势研判与工作部署。新中国成立以来的各个历史时期，中央政府决定各级地方政府行为的努力方向，中央政府的指导意见均是围绕人民利益、在研判国内主要矛盾的基础上给出的。但是，中央政府的研判有时会出现偏差，我们曾历经艰难的探索时期，走过一些弯路，这段时期地方政府服务人民的效率也

① 习近平．习近平谈治国理政：第二卷［M］．北京：外文出版社，2017：40.

相对较低。但是，在大部分发展历程中，一旦中央准确判断出国内急需解决的主要矛盾，并做出相应的战略部署，地方政府行为服务人民利益的效率就大大提升。

1956 年，党的八大报告指出：“我们国内的主要矛盾，已经是人民对于建立先进的工业国的要求同落后的农业国的现实之间的矛盾，已经是人民对于经济文化迅速发展的需要同当前经济文化不能满足人民需要的状况之间的矛盾。”这个判断成为指导各级地方政府行为的依据，各级地方政府随后的行为均围绕着建设先进工业国、发展经济文化而展开。在当时的行政管理体系下，地方政府的主要行为是配合中央推进国家的“一五”、“二五”计划。

1981 年，在党的十一届六中全会上，我国社会的主要矛盾被界定为“人民日益增长的物质文化需要同落后的社会生产之间的矛盾”，解决此主要矛盾、不断解放与发展生产力、实现先进的社会生产等成为各个地方政府的当务之急。在包干制、分税制、分权式管理、开放的经济发展环境、政企分开的政府职能改革等因素的影响下，地方政府行为的自主性大大增强。

2017 年 10 月，党的十九大报告指出，随着中国特色社会主义进入新时代，我国社会主要矛盾已经转化为“人民日益增长的美好生活需要和不平衡不充分的发展之间的矛盾”，其中，“不充分”着眼的是发展的数量问题，目前，尽管我国经济体量已发展至世界第二，但人均 GDP 仍然较低，与发达国家相比还存在较大的发展空间。另外，社会生产力发展不充分还体现在很多方面，比如，随着生产力的发展，教育、医疗、社会保障等领域的发展也应该同步增长，但目前，我国在这些方面的增长滞后于经济领域的增长，我国百姓在这方面的需求得不到充分的呼应。“不均衡”着眼的则是发展的结构与质量问题。目前，我国仍存在城乡发展不平衡、东西部发展不平衡、人与自然发展不平衡、物质文明与精神文明发展不平衡、积累与消费发展不平衡、一般商品与公共产品发展不平衡以及经济建设与国防安全、食品安全、网络安全等安全生存环境发展不平衡等情况。宏观层面的发展问题是对各个地方发展问题的总体归纳，毫无疑问，各个地方政府在新的时代背景下面临同样的问题。为此，各个地方政府在调低预期发展速度的同时，也开始将地方经济结构优化、地方生态、城乡发展等发展问题纳入总体考量当中，着力解决所辖区域内部发展“不均衡不充分”的问题。

总之，当代中国地方政府是中央统一领导下的行政机构，对中央负责，而中央是体现人民民主专政国家性质、人民立场与人民利益的组织机构，被中央统一领导的各级地方政府的阶级立场与阶级利益指向自然也非常明晰。

（二）公共属性及其行为约束：地方公共产品供给与双重约束

地方政府公共属性具有双重性：一方面，配合中央政府体现国家“凌驾于社会之上的力量”“缓和冲突”的职能，以便维持国家秩序、解决整个国家所面临的主要矛盾，如对外的国际矛盾、对内的人民内部矛盾等；另一方面，提供地方公共产品、缓和地方经济发展过程中的冲突与矛盾，其中，后者更能体现地方政府的特殊属性。

任何冲突与矛盾的本质皆是利益之争，解决冲突与矛盾的方法大多是强烈的对立斗争或谈判，但根本之道是协同发展。新中国成立以来，国际范围内，面对新中国与其他国家的矛盾，中国主要采取推动各国认可“和平共处五项原则”的方式来解决矛盾。因此，进入新时代，中国提出了“人类命运共同体”理念，欢迎全世界人民搭“中国经济便车”。国家范围内，人民内部矛盾的根本指向是生产力发展水平的不充分与不均衡。新中国的人民立场要求人民群众共享发展成果，毛泽东的“一大二公”尝试、邓小平的“先富带动后富、最终走向共同富裕”、新时代的“共享”理念皆是其体现。2016年1月18日，习近平总书记在省部级主要领导干部学习贯彻党的十八届五中全会精神专题研讨班上讲话中强调：“共享理念实质就是坚持以人民为中心的发展思想，体现的是逐步实现共同富裕的要求。”① 那么，又该如何实现共享呢？根本途径为政府所供给的制度与公平

① 习近平．习近平谈治国理政：第二卷［M］．北京：外文出版社，2017：214.

的社会机制。为此，政府部门必须不断完善税收、社会保障、转移支付的收入再分配调节机制，不断供给更优质的公共产品。1989 年之后，中央特别重视这一点，西部大开发、东北振兴、中部崛起等宏观战略就是全国范围内优化分配调节机制的产物。目前，对“共享”的准确理解应该是：从覆盖面来说，是全民共享；从内容来说，是涉及经济、政治、文化、社会、生态等方面的全面共享；从建设途径来说，是群策群力的共建共享；从推进进程来说，是由低到高、由不均衡到均衡的渐进共享。

地方各级政府是在中国共产党领导下的地方行政机关，责无旁贷地在新中国成立以来的各个历史时期配合着中央解决国内外各种冲突以缓和矛盾，供给国家发展所需稳定秩序。同时，地方政府又是供给地方公共产品、提升地方民生福利方面的重要主体。但比起经济绩效，体现公平与共享价值理念的社会管理绩效具有投入大、见效慢、周期长的特点，如若没有相应的激励机制，地方政府在这一方面的自主行动力较弱。因此，中央政府对地方政府的政绩考核中，将民生发展水平视为一个重要的考核依据。如 2013 年中共中央组织部在针对干部的绩效考核通知中强调：“完善政绩考核评价指标……更加重视科技创新、教育文化、劳动就业、居民收入、社会保障、人民健康状况的考核。”① 除了接受垂直维度中央政府的考核外，地方政府还要接受横向维度的同级人民代表大会的监督，《中华人民共和国宪法》第一百一十条规定“地方各级人民政府对本级人民代表大会负责并报告工作”，地方各级人民代表大会代表地方人民群众，而地方人民群众最关心的无非是在本地生活的幸福感、可获得感等，而这些体验的获得都与地方公共产品的水平高低密切相关。因此，在这样的激励机制与双重约束下，在所管辖区域内，地方政府自主供给诸如教育、医疗、基础设施等公共产品，解决收入差距过大，营造公平生产生活环境的动力较为强劲。

---

① 关于改进地方党政领导班子和领导干部政绩考核工作的通知 [DB/OL]. http://www.gov.cn/jrzg/2013-12/09/content_2545183.htm.

以神木县的“免费医疗”政策为例，时任县委书记的郭宝成比较重视民生，这样的发展理念使其提出了包括教育、医疗、文化、就业、社保、住房、扶贫、交通、人居、安全在内的“十大民生体系”政策。在其支持下，自2009年3月1日起，免费医疗在神木县正式实施。这一政策自实施以来，引发了来自各界的热议，学术界也见仁见智。批评的声音多集中在“超前”①、“拍脑袋”的“大跃进”②、“政治秀”、“乌托邦”③ 等判断上，但亦有不少人看到了这一举措的积极意义。如有人看到了在空间限制与存在一定政治风险前提下，这一政策体现出了政策创导者“民生”执政理念下个人英雄主义的道德情怀④；有人看到了这一政策的实施不同于传统“政绩导向型”政策的创新之处，认为这是以解决实际问题为基本动因的“问题导向型”政策创新⑤；有人关注到神木经济实力在全国“百强县”处于靠后位置的事实，认为在这样的情况下神木县政府敢于实施免费医疗，体现了当地政府着力于解决群众医疗问题的强大政治意愿⑥。其实，综合各方面的信息，应该肯定的是，这起码是神木县地方政府基于清晰价值观指导下的一次探索性行为，是侧重民生与公正的一种自主行为，体现了其非常清晰的发展思路，这一点就值得为这一地方政府行为点赞。因为，理性的地方政府应该着眼于长时段的发展，在保证社会公正的基础上，动态地在效率与公正中寻找合理平衡。神木县政府的做法很好地诠释了这一点。

① 黄哲雯．“全面免费医疗”也许“超前”了些[N]．工人日报，2009-05-19(003).

② 储国强，李柯勇，梁娟．神木免费医疗：宗旨可学模式难复制[N]．新华每日电讯，2009-06-05(004).

③ 吴明华．郭宝成与神木医改[J]．决策，2010(10)：36-38.

④ 朱光喜．“嵌入型”富裕地区政策创新：空间限制与行动策略——以神木“免费医疗”政策为例[J]．公共管理学报，2013(2)：52-63，139.

⑤ 陈雪莲，杨雪冬．地方政府创新的驱动模式——地方政府干部视角的考察[J]．公共管理学报，2009(3)：1-11，121.

⑥ 黎成，张进，贾利利，鱼敏．神木“免费医疗”对我国医疗保障制度改革的启示[J]．中国卫生经济，2011(4)：32-34.

（三）经济属性及其行为约束：发展地方经济与多重约束

经济发展水平的高低，通常是衡量一个行政机关和权力机关效率高低的重要标准。任何一个权力机关与行政机关，作为行为主体，都有促进行政管辖范围内区域经济发展的内在动力，中央政府及各级地方政府皆不例外。

与中央政府相比，地方各级政府发展经济面临多重约束：其一，中央将地方经济发展视为地方政府绩效的重要考量因素；其二，地方政府对应的同级人民代表大会及当地人民群众的认可与评价；其三，中央的制度供给及制度环境宽松程度；其四，地方政府所辖区域的自然禀赋及生产要素状况等。一般来说，经济发展状况在中央考核体系中的权重越高、地方政府越注重同级人民代表大会与人民群众对地方经济的评价、中央的制度供给越高效、制度环境越宽松、地方政府所辖区域的自然禀赋越优越、生产要素越充沛，地方经济发展越好；否则，反之。新中国成立以来，凡是以上约束条件集合向好的时期，地方政府发展经济的成绩皆可圈可点。

以约束地方政府行为的生产要素为例，劳动力、资本与技术皆是可自由流动的要素，这些要素所流向的区域，往往是经济发展活力十足、当地政府各种配套政策较好的地方。这在很大程度上会激励各个地方政府努力营造良好的经商、生活与工作环境，吸引这些要素聚集所辖区域。三者之中，劳动力首当其冲，因为，各地的经济与社会发展，说到底是围绕人的发展。而各地在人口的数量与质量、人口的结构与水平等方面也呈现出较大的差异性，这种差异性也会在很大程度上影响地方政府行为。一般来说，人口密度较大的地区适宜发展劳动力密集型产业，人口文化素质水平较高的地区适宜发展高科技产业。人口结构方面，中青年占比较大的地区发展潜力较大，老龄化程度较高的地区发展乏力，面临沉重的社会养老负担。地方政府在发展当地经济时，必须将这些因素考虑在内，推出符合本地人口结构与素质的发展战略。如果人口结构与素质不甚理想，地方政府会想尽各种办法促使其朝着理想化的方向发展。

当前，对人口数量与质量的焦虑甚至在很大程度上促使各地地方政府纷纷出台各种措施，上演“抢人大战”。2018年，以西安、海南、武汉、南京、杭州、宁波、成都、天津等城市为代表，“抢人大战”进入白热化阶段，围绕年轻人最关心的房子、户口、工作等问题，各地纷纷给出最优惠的政策。如天津的“海河英才”计划规定：本科生不超过40岁、硕士不超过45岁、博士不受年龄限制，均可直接落户。如是战略新兴产业所急需的人才，企业家可自主确定落户条件，政府照单全收。同时大力欢迎技能型人才，高等职业院校毕业并工作满1年，中等职业院校毕业并工作满3年，也可落户[①]。武汉推出了“大学生8折购房”政策。西安则推出了大学生仅凭学生证与身份证直接落户政策。类似政策密集出台的背后，是各地地方政府对于地方发展活力的焦虑，毕竟，地方经济是要靠人来发展的，年轻人，特别是高素质的年轻人，意味着持续的消费力与创造力，在拉动地方经济与社会发展方面起着不可或缺的作用。

除了“抢人大战”，各地对资本与技术的争夺也是“八仙过海，各显神通”，不过大致的策略无非是通过提供各种各样的优惠政策吸引这些要素流入，如建立高新技术产业开发区与工业园、提供土地、实施税收优惠与低息贷款政策等。具体应用方面，各地方政府纷纷出台了一系列可操作性的政策，力图为投资、技术要素的持有者创造一个公平竞争、平等准入的市场环境，吸引这些要素流入所辖区域。以吸引社会资本为例，为吸引社会资本，各地政府纷纷聚焦民营企业最为关心的融资难、贷款难问题，出台了一系列政策。例如，陕西省西安市为了支持民营中小微企业发展，专门设立了西安合作发展基金，并出台了打造民间金融街、完善投资担保体系等政策；福建省注重“政银企对接”的做法，鼓励民间资本入股地方法人银行业机构；山东省鼓励民间资本设立民间资本融资管理机构；广东省、四川省的做法与福建省相类似，致力于形成以中小企业为主体、政府

① 抢人大战如火如荼，各地究竟在焦虑什么？［DB/OL］. https://news.china.com/socialgd/10000169/20180531/32470199.html.

引导、银行提供担保与再担保的新融资服务链；浙江省台州市设立小微企业信用保证基金；江西省为了加大对小微企业融资，搭建质押融资平台，鼓励股权登记托管和质押融资相结合的做法；江苏、福建、山东、天津等地建立风险分担机制；上海市出台了《上海市促进中小企业发展条例》，提出“两个不低于”要求，即用于企业的各类专项资金中中小企业的支持比例不低于1/3，中小企业发展专项资金中小微企业的支持比例不低于1/3，这是相对非常具体的条例了；江苏省苏州市则积极推进“两平台一中心一基金”机制，“两平台”即综合金融服务平台与地方企业信用信息平台，“一中心”即企业自主创新金融支持中心，“一基金”指的是信用保证基金，这样的机制可将金融机构与企业更有效地连接在一起①。诸如此类的地方政府行为不胜枚举，各地都试图通过积极的政府行为营造更好的生产投资环境，吸引优质资金与技术的加入，发展本地经济。各地方政府对资本的重视由此可见一斑。

四、强化当代中国地方政府属性、提高地方政府行为效率的路径

厘清了当代中国地方政府的属性及其行为约束，强化当代中国地方政府属性及其职能履行的路径也就有迹可循了。概言之，可从以下几个方面突破。

（一）构建更高效的央地关系，确保人民利益不断实现

人民利益与人民立场是当代地方政府阶级属性的核心内容，也是其公共属性与经济属性的重要基石，确保人民利益的不断实现是当代地方政府属性的重要体现。

① 从各地政府吸引社会投资的做法看新型政商关系[DB/OL]. http://www.sohu.com/a/112720119_479765.

在当前中国的政治体系中，对于地方政府而言，中央政府是一种威权中心式的存在，地方政府要服从国务院，中央政府对地方政府有着强大的把控力与影响力。地方政府要想有所作为，离不开中央的支持。同样，对于中央而言，地方政府是其下辖行政组织，有执行其各种政策的义务。但是，中国是一个由56个民族组成的拥有14亿人口与960万平方千米领土的大国，中央仅仅靠威权无法高效地逐步落实由发展中国家迈向发达国家的发展战略，要想有效凝结全国的人力、物力，不断解放与发展生产力，消灭剥削、消除两极分化，并最终达到共同富裕，就必须在中央的统一领导下，依靠地方政府将各项大政方针一一落实到位，让政策落地。因此，唯有不断构建更有效率的央地关系，才能确保一个高效运转的组织体系，才能确保人民利益的不断实现。

中央政府着眼全国，在涉及整体局势与总体趋势的信息掌握方面具有比较优势，适合进行“顶层设计”，而地方政府对所辖区域的基本情况比较清楚，具有信息优势，这使其在处理地方相关事宜时更具有效率，适合因地制宜地进行“基层实践”。这两者是相辅相成的，行之有效的“基层实践”可为“顶层设计”提供实践基础，使之不断优化；而卓越的“顶层设计”可在全国范围内更有效率地指导基层实践，避免无序发展与盲目实践。家庭联产承包责任制在全国的迅速推广与应用就是对两者良性互动关系的完美脚注。

因此，高效的央地关系应该具备合作共赢、有共同目标、利益指向相同、利益一体等特征。新中国成立以来，中央政府在不同历史阶段进行了诸如放权简政、财政包干、分税制改革的实践，这种实践本身就是构建高效央地关系的一种有益尝试，并在不同的时期发挥了一定的作用。但是，这还远远不够，随着社会发展环境的不断变化，要确保人民利益的实现，需要持续根据变化了的具体情况，不断构建更高效的央地关系。

（二）大力供给地方公共产品，提高地方民生水平

缓和地方人民内部矛盾、供给稳定发展秩序、塑造良好的发展环境，

是地方政府社会管理公共属性的体现。要更好地做到这一点，需要大力供给地方公共产品，提高地方民生水平。理性的地方政府会在宏观发展环境的变动中巧搭中央政府的“制度便车”，从而使这方面职能履行效率事半功倍。

宏观发展环境方面，从中央政府所确立的创新、协调、绿色、开放、共享的发展理念可以看出，未来的发展环境将会越来越优化。创新与开放对应着活力，绿色对应着可持续性，协调与共享对应着包容性与和谐。现阶段，国家的一系列举措也在落实这种发展理念：“一带一路”、亚投行、人民币入篮等举措构建了一个更加开放的国际发展空间；《中国制造 2025》《“互联网 +”行动指导意见》等政策出台，旨在鼓励人工智能、5G 等“高精尖缺”技术的发展，这些举措构建了一个更有活力、更具创新性的发展环境；实施京津冀协同发展、长江经济带发展的同时，加快革命老区、民族地区、边疆地区、贫困地区的发展，促进形成用工促农、以城带乡、工农互惠、城乡一体的工农城乡关系，这些举措构建了一个更有包容性、更协调的发展环境；改革环保管理体制、树立“绿水青山就是金山银山”的强烈意识、推动形成绿色发展方式和生活方式、实行耕地轮作休耕制度等，这些举措构建了一个更加具有可持续性特征的发展环境；推动全面小康社会目标的实现，落实精准扶贫、精准脱贫基本方略，坚持做好保障与改进民生工作，强调让广大百姓有获得感，重视教育、医疗、住房、社保等与民生紧密相关领域的问题等，这些措施构建了一个注重共享、更和谐的发展环境。

对于地方政府而言，这种制度环境创造了一个难得的发展机遇，凡是看到大环境变化趋势且对这种变化有敏锐感知力与捕捉力的地方政府皆采取了相应的行为调整，从而使地方的发展深深嵌入国家宏观的发展战略之中，也有力地增加了地方公共产品的供给，促进了民生水平的提高。类似的案例不胜枚举，如开放理念之下，“一带一路”倡议形成，西安、乌鲁木齐、连云港等与之高度相关的地方皆快速做出反应，依托历史文化遗产与地缘优势，利用国家的相关发展战略与制度支持，大力加强地方基础设施建设、强化地方教育与医疗等民生投资，提高民生水平。有生态资源优势的地方政府则积极呼应了绿色发展观，在生态城市建设、生态环境治理等方向上下功夫，既保护了地方的生态资源，又有力优化了地方生活环境。有技术资本优势的地方政府则积极响应政府的创新理念，出台措施鼓励“高精尖缺”技术的发展，打造智慧城市、数智城市，用大数据服务大众，提高民生服务的科技水平，如杭州、深圳等地。老少边穷地区的政府则借着国家强调共享、坚持精准扶贫和精准脱贫的基本方略，积极争取政策支持，大幅解决困扰贫困地区发展的公共产品不足等问题。这些趁势而为的地方政府行为皆可大大提升地方的民生水平。

（三）积极引入各种要素并使之达到最佳配置，助推地方经济发展

发展才是硬道理，发展是解决一切问题的根本途径。各个地方经济的发展离不开劳动力、资金、技术等要素。一般来说，这些要素的获得有两种情况：一为此地长久以来经济发展历程中的积淀。一般来说，经济发展水平较高的地区资金较充足、技术水平较高、劳动力也较充足；否则，反之。二为现阶段地方政府的各种政策，地方基础设施较好、优惠政策力度较大的地区，其劳动力、资金与技术要素较为充足。对于地方政府而言，如果所辖地符合第一种因素，则此地毫无疑问拥有了先天的发展经济的要素优势，这是地方政府所乐见的。如果不是第一种情况，那么，地方政府要想拥有充足的劳动力、资金、技术等要素，就必须朝着第二种情况发力，利用各种优惠政策吸引各种生产要素流入，这也是各地“抢人大战”、竞相吸引社会资本等现象产生的原因。

值得强调的是，不管是先天优势，还是后天努力的结果，一旦拥有了这些要素，就应该尽量使之达到最佳配置。所谓最佳配置，即应使这些要素的供给与需求实现高水平的均衡，没有无谓浪费与低效率使用等情况发生。要做到这一点也相当不容易，不过，地方政府可以采取多种措施尽可能朝着这一目标去努力。在当前的社会主义市场经济体制下，地方政府应

将市场能解决的问题交给市场，让市场在资源配置中起基础性作用。要实现劳动力、资金与技术的最佳配置，各地方政府不适宜直接干预其配置，应把市场放在资源配置的主体地位。但是，地方政府可在很多方面助推这种配置的顺利进行，例如，打击破坏市场秩序的各种不法行为以维护良好的市场秩序、做好公共服务体系建设、精简行政审批事项、完善金融体系、为中小企业融资提供高效便捷的服务等。如此一来，可大力促进各种要素实现最佳配置，如此，地方经济才可能更顺畅地快速发展。

五、结语

当代中国地方政府是深深嵌入社会体系中的一个组织机构，不能脱离当代中国的政体、国情、组织体系而独立存在，必然有着契合所处环境的鲜明属性。地方政府行为既是地方政府属性的体现，又深受其约束。在现实经济发展环境中，因叠加各种现实条件及要素制约，地方政府如能审慎地研判其所面临的约束集，理性采取映射其属性的各种行为，必然会在中国社会由传统文明向现代文明的转型过程中发挥更重要的作用。

中国区域经济发展：历史进程、基本经验与未来取向

张志敏[①]

摘要：中国幅员辽阔、区域禀赋差异较大的国情决定了必须重视区域经济发展问题。在中国共产党的领导下，我国区域经济发展经历了平衡发展、效率优先发展、统筹规划发展以及区域全面协调发展阶段，区域经济发展作为一种执政理念和实践形态，从认识到实践发生了历史性变化，走出了一条中国特色区域经济发展之路，在组织保证、价值取向、时代意蕴、基本方略等方面积累了丰富经验。站在新发展阶段的历史方位，应立足区域格局的新变化，聚焦区域经济提质升级，更加突出区域内部及区域之间的深度融合发展，构建促进区域经济高质量发展的制度体系。

关键词：区域经济；高质量发展；未来取向

基于幅员辽阔、区域差异大、发展不平衡等基本国情，区域发展问题是中国经济社会中的重大课题。党的二十大报告提出，促进区域协调发展，深入实施区域协调发展战略，并将其作为推动高质量发展的重要任务之一，更加凸显了区域经济发展战略在社会主义现代化强国建设全局中的意义。中国区域经济发展的历史演进历程，是党和政府根据社会经济发展实践和主要矛盾的变化对区域经济发展进行动态调整的现实表征，表现为不同历史时期对区域经济发展认知的日益深入与发展。自中国共产党成立

---

① 张志敏(1987—)，女，陕西渭南人，西安工程大学马克思主义学院副教授，硕士生导师，研究方向为政治经济学。

以来，我国各地区资源空间配置加速升级，快速形成了一系列区域增长引擎，经济社会潜力得以显现。区域经济发展从认识到实践发生了历史性、全局性的变化，走出了一条中国特色区域经济发展之路，在组织保证、价值取向、时代意蕴、基本方略等方面积累了丰富经验。站在新发展阶段的历史方位，对照区域经济发展的新目标和新要求，当前我国区域经济发展工作任重道远。高标准的市场体系尚未完全形成，东强西弱、南强北弱的态势没有得到根本逆转。① 面对区域经济发展中的新问题、新特征与新挑战，应立足区域格局的新变化，聚焦区域经济提质升级，更加突出区域内部及区域之间的深度融合发展，使得区域经济的内生发展潜力得以充分释放，探索构建高质量发展的区域经济布局。

一、中国共产党百年来领导区域经济发展的实践演进

中国共产党成立以来，区域经济发展既是一部中国社会主义区域经济发展的探索发展史，也是一部与时俱进的区域经济发展理论与实践的创新史。随着中国社会经济的发展，在中国共产党的领导下，区域经济发展历经了红色区域经济建设阶段、区域平衡发展阶段、效率优先发展阶段、统筹规划发展阶段、区域全面协调发展阶段的演进历程，区域经济发展在中国社会主义实践中日渐完善。

（一）红色区域经济建设阶段（1921—1949 年）

随着革命形势的变化和发展，以毛泽东为代表的中国共产党人认为要克服经济困难，保障战争与人民生活之所需，就必须注重根据地红色区域内的经济发展。1934 年 1 月，毛泽东在《我们的经济政策》和《关心群众生活，注意工作方法》的报告中提出了红色区域经济建设的原则，即“集中经济力量供给战争，同时极力改良民众的生活，巩固工农在经济方面的

① 韦伟．“十四五”时期区域深度融合发展的方向与路径[J]．区域经济评论，2021(2)：42－46.

联合”。同时认为，虽然根据地经济是落后的，但是必要的计划能够减少浪费，提高生产效率，“对于某些重要农产作出相当的生产计划”是必须的；“工业的进行需要有适当的计划”。[①] 在农业方面，利用互助社和耕田队等集体组织形式，推广耕作技术发展粮食生产；同时，因地制宜地发展工业；并利用根据地钨砂、樟脑等特产与国民党统治区开展贸易，以换取急需的食盐和药品等物资。

这一时期，中国共产党在为成立新中国进行革命战争的同时，开展了红色区域的经济建设，并从我国发展极不平衡的国情出发，努力通过促进红色区域经济的自成体系实现自给自足。1934 年 3 月，仅中央革命根据地规模较大的国营工厂数量为 33 个，工人多达 2000 多人。[②] 1944 年，陕甘宁边区的布产量为 14 万匹，约占到军民需要量的 60%；产纸量为 10766 令，基本实现了半自给。1939—1945 年，共生产肥皂 211 万多条，输出边区共达 60 万条，在保障自给的前提下仍有剩余。[③] 进而满足了革命战争所需物资的供给，对新中国成立之后的社会主义建设产生了深远的影响，为在社会主义条件下区域经济发展提供了十分宝贵的实践经验。

（二）区域平衡发展阶段（1949—1978 年）

新中国成立初期，我国区域发展极度不均衡。全国 70% 以上的工业集中在仅占全国国土 11.3% 的东部沿海地区，而占国土面积 68% 的西北、西南及内蒙古的工业仅占到全国的 9%。为改变工业基础薄弱、沿海与内地布局畸轻畸重的格局，同时鉴于对国际政治环境的考虑，毛泽东认为“新的工业大部分应当摆在内地，使工业布局逐步平衡”[④]，进而中央在强调国民经济综合平衡的同时，通过向内地倾斜促进地区之间的平衡发展。具体落实中，1955 年 7 月《关于发展国民经济的第一个五年计划的报告》提

---

① 毛泽东．毛泽东选集：第 1 卷[M]．北京：人民出版社，1991：131－132.

② 汪海波．新中国工业经济史[M]．北京：经济管理出版社，2017：31.

③ 陕甘宁边区财政经济史编写组．抗日战争时期陕甘宁边区财政经济史料摘编（第一编）[M]．西安：陕西人民出版社，1981：133.

④ 毛泽东．毛泽东著作选读：下册[M]．北京：人民出版社，1986：724.

出，在各地区适当分布工业的生产力；1956年党的八大通过的《关于发展国民经济的第二个五年计划（1958—1962）的建议》中明确在第二个五年计划期间，必须根据合理分布生产力原则，在内地建立新的工业基地，使各地经济逐步走向平衡发展。同时在当时日趋紧张的国际局势下，为加强战备，1964年中央作出生产力布局由东向西转移到“大三线”的战略部署，重点加快“大三线”建设。经过几十年的建设，内地工业产值占全国的比重由1952年的29.2%上升到1978年的40.1%，进而推进了内地工业化进程，使得不平衡的工业布局得以改善。这种以“加强内地建设、平衡生产力布局、巩固国防”为目标的区域均衡发展布局在缩小地区发展差距、改变生产力布局和国家安全等方面发挥了积极作用。

该时期，北方地区占全国经济总量约为50%，甚至在很多方面占据明显优势；而南方沿海尤其是广东、福建与浙江，因地处海防前线等因素，国家重点投资相对较少，特别是福建和浙江的整体发展水平相对滞后于东北等地。以计划经济为主的区域经济发展布局客观上改变了生产力的布局，促进了工业由沿海向内地的转移，西部地区实现了快速发展，在很大程度上改变了我国区域发展不均衡的局面。然而由于过高估计了战争的风险，这一时期的区域经济均衡发展带有一定的主观性，如何提高各地区发展效率成为下一阶段区域发展的重点。

（三）效率优先发展阶段（1979—1990年）

党的十一届三中全会后中国开始进行经济体制改革和对外开放，对区域发展战略作出相应调整。邓小平同志认为，一部分地区先富起来“必然产生极大的示范力量，影响左邻右舍，带动其他地区、其他单位的人们向他们学习。这样，就会使整个国民经济不断地波浪式向前发展，使全国各族人民都能比较快地富裕起来”。[①] 进而区域发展从强调平衡发展转向重视发展效益，着重发挥东部沿海区域的优势，有重点、求效益地展开区域生

① 邓小平．邓小平文选：第2卷[M]．北京：人民出版社，1993：152.

产力布局，实施了效率优先的发展模式，并在“六五”（1981—1985年）计划中明确提出要充分利用东部地区优势，采取一系列有效措施促进沿海地区发展；在“七五”（1986—1990年）计划中将全国划分为东部、中部、西部三大经济地带，详细制定了东、中、西部三大区域非均衡发展梯度推移的具体部署。具体实践过程中，通过在沿海地区实行“率先开放”，先后设立了5个经济特区、14个沿海港口城市和5个沿海经济开放区，同时对沿海地区实行投资、财税、信贷、价格等政策倾斜，实行东部沿海地区率先改革。由此从过去强调区域均衡、平衡发展，转变为强调允许一部分地区先富起来的非均衡发展，形成了沿海地区率先发展，进而带动内地地区的区域经济格局。

该时期我国摒弃了新中国成立初期均衡发展的原则，在效率优先导向下优先发展沿海区域，加快了我国对外开放的进程，推动了社会主义市场化的程度，促进了我国整体社会经济的快速发展。但是，沿海地区的快速发展推动国民经济高速发展的同时，自1991年起，东部地区的人均生产总值开始超过东北，居四大区域之首，与其他区域的差距自此逐渐拉大，三大地区之间的泰尔指数由1978年的0.03上升至1992年的0.061①，如何有效缩小东、中、西部地区间的发展差距，是下一阶段区域发展的着力点。

（四）统筹规划发展阶段（1991—2012年）

进入20世纪90年代后，我国开始关注地区之间发展不均衡的问题，开始酝酿对宏观区域发展战略的调整，缩小区域之间发展差距成为该时期区域发展政策的核心与主题。党的十四大报告强调要优势互补，促进地区之间的合理布局。继1992年沿海、沿边城市相继对外开放后，国务院于1998年8月13日发出通知，决定开放5个长江沿岸城市，4个边境、沿少

① 牛树海，杨梦瑶．中国区域经济差距的变迁及政策调整建议［J］．区域经济评论，2020（2）：37－43.

海地区省会城市，11个内陆地区省会城市。1995年9月，党的十四届五中全会通过《关于国民经济和社会发展“九五”计划和2010年远景目标建议》，提出了“坚持区域经济协调发展，逐步缩小地区发展差距”的发展方针，1997年党的十五大报告对地区差距形势做出客观准确的判断，并强调逐步缩小地区发展差距，以促进地区合理布局、协调发展。

1999年党中央和国务院提出西部大开发战略，标志着我国区域协调发展战略开始迈入具体实施阶段。2000年《国民经济和社会发展第十个五年计划纲要》提出“实施西部大开发，促进地区协调发展”；2003年9月和2004年3月国家先后实施振兴东北老工业基地和促进中部地区崛起战略。为明确区域协调发展的具体思路，2007年7月，在《国务院关于编制全国主体功能区规划的意见》中将土地划分为优化开发、重点开发、限制开发和禁止开发四大类，提出要充分考虑区域内资源的承载力和未来的发展潜力；2010年8月中央提出了长三角等13个区域的具体发展规划。同时，2011年出台的《中华人民共和国国民经济和社会发展第十二个五年规划纲要》中提出，要优化国土空间开发格局，促进人口、经济与环境相协调。

区域协调发展并不是各个地区同等程度地拉平发展差距，而是在发展进程中推动地区之间相对平衡的动态过程。[①] 面对沿海优先发展导向下地区发展差距扩大的局面，在保持沿海地区发展的同时，国家加大了对内陆的支持力度，力争形成沿海内地共同发展的形势，这也是中国共产党在马克思主义思想指导下落实“共同富裕”理念的具体实践。然而，沿海地区在产业升级进程中将部分高污染、高耗能的产业转移到内陆。2012年东、中、西部地区的绿色发展效率分别为0.496、0.267、0.235[②]，导致内陆出现了严重的生态环境问题，进而对有效缩小沿海与内陆的发展差距十分不利。实现区域全面协调发展是区域发展的重点目标。

---

① 陈健，郭冠清．马克思主义区域协调发展思想：从经典理论到中国发展[J]．经济纵横，2020(6):1-10.

② 何爱平，安梦天．新中国成立以来区域经济发展的政策演进、现实挑战与未来展望[J]．山东社会科学，2020(3):117-122,153.

（五）区域全面协调发展阶段（2012年至今）

党的十八大以来，以习近平同志为核心的党中央在国内外发展环境出现重大变革的背景下，依据高质量发展的要求实施新时代中国区域全面协调发展。2012年党的十八大报告指出，基本建成促进区域协调发展的体制机制是全面建成小康社会的重要目标。为进一步优化发展空间格局，2013年9月和10月，习近平总书记先后提出共建“丝绸之路经济带”和“21世纪海上丝绸之路”的重大倡议；2014年2月京津冀协同发展座谈会上，习近平总书记提出京津冀协同发展战略；2015年4月，《京津冀协同发展规划纲要》中确定了“功能互补、区域联动、轴向集聚、节点支撑”的发展布局思路；2016年9月，国务院印发《长江经济带发展规划纲要》，确立了长江经济带“一轴、两翼、三极、多点”的发展新格局，通过“一带一路”、京津冀协同发展、长江经济带发展三大战略引领，统筹东中西、协调南北方。

为促进区域协调发展向更高质量迈进，2017年党的十九大报告将“区域协调发展战略”上升为国家大战略；2018年9月国家发改委印发《关于贯彻落实区域发展战略　促进区域协调发展的指导意见》；2018年11月国务院发布《关于建立更加有效的区域协调发展新机制的意见》，新时代区域协调发展迈入新台阶。为打造带动全国高质量发展新动力，2019年9月，习近平总书记在黄河流域生态保护和高质量发展座谈会上指出要推动黄河流域的高质量发展，各地区应构建支撑高质量发展的动力。2020年5月，中共中央、国务院印发了《关于新时代推进西部大开发形成新格局的指导意见》，提出一系列新时代背景下推进西部大开发的顶层设计。2020年8月，习近平总书记强调，要结合新形势和新要求，紧扣一体化和高质量，推动长三角一体化发展。同时，基于国内外环境显著变化的大背景，自2020年5月起，习近平总书记多次强调“构建国内国际双循环相互促进的新发展格局”。党的二十大提出了在新征程上进一步推进区域协调发展的战略部署，强调深入实施区域协调发展战略、区域重大战略、主体功能区战略、新型城镇化战略，优化重大生产力布局，构建优势互补、高质量发展的区域经济布局和国土空间体系。

这一时期，我国区域协调发展战略依据国家总体发展需要，在尊重客观经济规律的前提下不断优化并完善区域发展政策，以重点带区为骨架，在注重发挥各地区比较优势的基础上促进各要素的高效集聚，形成了各地区优势互补、高质量发展的区域发展布局和特色鲜明、分工合理且相互间有机耦合的区域发展战略体系。习近平总书记强调，新时代要根据各区域的具体条件，走出一条合理分工、优化发展的区域发展道路。① 在新时代中国区域全面协调思想的指导下，我国各区域的活力与协调性得到了进一步增强。2018 年中部和西部地区生产总值占全国的比重分别为 21.1% 和 20.1%，分别比 2000 年提高了 1.9 个和 2.7 个百分点②，东西部地区之间的相对差距系数由 2003 年的 63.0% 下降到 2016 年的 45.1%。③ 2022 年，中部与西部地区生产总值占全国的比重分别由 2012 年的 21.3%、19.6% 提高到了 22.1%、21.4%，东部与中部、西部地区人均地区生产总值之比分别由 2012 年的 1.69、1.87 缩小至 2022 年的 1.50、1.64④，东西部差距进一步缩小，区域经济发展的协调性进一步增强。

二、中国共产党百年来领导区域经济发展的基本经验

中国共产党成立以来，历代领导人站在马克思主义立场，自觉运用社会主义制度优势，坚持生态环境保护与污染治理并重，实施了天然林、退耕还林还草等一系列重大生态环境保护工程。尤其是党的十八大以来，以习近平同志为核心的党中央，深刻总结了中国共产党成立以来中国区域经

① 习近平．推动形成优势互补高质量发展的区域经济布局[J]．求是,2019(24):4－9.

② 沧桑巨变七十载 民族复兴铸辉煌——新中国成立 70 周年经济社会发展成就系列报告之一[N]．中国信息报,2019－07－02(001).

③ 魏后凯,年猛,李功．“十四五”时期中国区域发展战略与政策[J]．中国工业经济,2020(5):5－22.

④ 刘坤．我国区域协调发展呈现崭新局面[N]．光明日报,2023－08－11(003).

济发展的基本经验和新时代区域发展的现实需求，走出了一条中国特色社会主义区域经济发展之路，显著提升了区域之间协调发展水平，在组织保证、价值取向、时代意蕴、基本方略等方面积累了丰富经验。

（一）坚持党的领导是中国区域经济发展的组织保证

坚持中国共产党的领导是中国经济社会发展的根本保障。中国区域经济发展的演变是在党的领导下进行的。新民主主义时期，党立足中国革命和生产力实际，在根据地内开展大生产运动，在“统一领导，分散经营”指导方针下推进经济建设，实现各根据地自成体系、自给自足。改革开放后，党基于“两个大局”，实施了区域非均衡发展战略。进入 21 世纪，针对地区之间不良竞争、区域发展差距拉大的问题，中共中央开始实施西部大开发、振兴东北老工业基地、中部崛起等战略，通过统筹规划兼顾效率与公平。党的十八大以来，在中国共产党的领导下，以“三大战略”为引领，统筹推进“四大板块”联动发展，中国区域经济版图向区域联动、轴带引领新格局转变；党的十九大更进一步提出“实施区域协调发展战略”，旨在提升区域战略间的联动性，增强区域发展的协同性与整体性，构建区域协调发展新格局。① 党的二十大将促进区域协调发展作为构建新发展格局、推动高质量发展的一项重要任务，并做出更加系统的战略部署和总体安排，为推动新时代我国区域经济发展明确了前进方向，同时提出了更高要求。因此，区域协调发展已成为新时代新发展阶段做好区域经济发展工作的主要路径。

（二）以人民为中心是中国区域经济发展的价值取向

地区全面协调的发展包含了人的自由全面发展。人的自由全面发展是马克思主义的价值追求。坚持以人民为中心是中国经济社会发展实践中一

---

① 刘秉镰，朱俊丰，周玉龙．中国区域经济理论演进与未来展望［J］．管理世界，2020（2）182－194，226.

脉相承又与时俱进的主张。中国共产党自成立以来，始终着眼于增进人民福祉，把一切为了人民作为区域经济发展工作的出发点与落脚点。新民主主义时期，毛泽东深刻把握战争与建设的规律，指出革命和建设的目的是满足广大群众的需要，“对于广大群众的切身利益问题，群众的生活问题，就一点也不能疏忽，一点也不能看轻”①；新中国成立初期，针对生产力水平低下、人民群众基本物质生活需要难以满足的问题，党和政府以平衡地区之间人民的生活差距为价值目标，重点发展内地经济，改变我国生产力落后及布局不合理状况。改革开放后，在人民群众由谋生存到求发展背景下，中国共产党提出区域非均衡发展战略，通过东部地区优先发展带动效率的提升，并拉动中西部发展，以实现更高水平的共同富裕。“人民对美好生活的向往，就是我们的奋斗目标。”② 党的十八大以来，以习近平同志为核心的党中央既立足于区域又跳出区域，直接抓住“人”这个核心，坚持以人民为中心；党的十九大更进一步提出“人民生活水平大体相当”的区域协调发展目标。③ 全体人民共同富裕是中国式现代化的本质特征，区域协调发展是实现共同富裕的必然要求。党的二十大报告指出，共同富裕是中国特色社会主义的本质要求，也是一个长期的历史过程。推动区域协调发展是实现高质量发展的必由之路，是实现中国式现代化的关键支撑，进而为从根本上破解发展不平衡不充分问题指明了方向。由此可见，中国区域经济发展是以人民为中心，以人的生活水平为最终评判标准，突破了从生产、产出角度考察区域发展的局限性，同时这也是新时代新发展阶段促进区域经济提质升级、推动区域深度融合发展的根本立场。

（三）坚持动态调整是中国区域经济发展的时代意蕴

中国幅员辽阔、区域间发展不平衡。中国共产党成立以来，党和国家

① 毛泽东．毛泽东选集：第1卷[M]．北京：人民出版社，1991：136.

② 中共中央文献研究室．党的十八大以来重要文献选编（上）[M]．北京：中央文献出版社，2014：70.

③ 高质量发展正扬帆：区域协调发展明确三大目标[N]．人民日报，2017－12－29（004）.

根据时代需求对区域经济发展进行动态调整是我国经济社会发展的特征事实。为改变工业基础薄弱、沿海内地发展不均衡的格局，同时基于政治局势考虑，新中国成立初期，党和政府促使国家工业布局逐渐向内地推进，进而为经济起飞奠定了工业基础，逐渐改变了旧中国的落后局面。然而面对生产力均衡发展布局带来的效率低下和发展难以为继等问题，改革开放后，基于不同区域比较优势的考量，区域增长极带动下的区域效率优先发展模式取代各地区齐头并进的平衡发展模式，区域经济步入不同地区差异化发展的新阶段。进入 21 世纪，随着东部地区快速发展的集聚效应日益凸显，地区间发展差距不断扩大，中国区域发展目标从效率优先调整为统筹规划发展，"四大板块" 协调推进。党的十八大后，面对深刻而复杂的国内外形势，强国战略开始实施，中共中央强调经济社会高质量发展，区域经济发展以高质量发展为导向，呈现出区域发展与深化协调同时推进的特征。[①] 由此可见，中国区域经济发展演进是党和国家根据时代需求对区域格局进行动态调整的现实表征。

（四）政府与市场协同推进是中国区域经济发展的基本方略

建立完善的市场机制、促进要素的自由流动，是区域经济协调发展的基础。同时要重视各级政府的宏观调控作用。区域经济高质量发展依赖于政府与市场的协同推进。受国际环境、生产力布局的巨大差距需要平衡等因素影响，改革开放之前的红色区域经济建设和区域平衡发展，强调国家宏观计划在资源配置中的作用，区域政策是由上至下的指令式执行过程，党和政府相继实施了一系列基础设施等重大项目建设及生产力布局，对区域发展进行战略规划和指导调控。鉴于计划经济时期区域发展战略对经济效益的忽视，在改革开放市场化进程中，党和国家重塑政府与市场关系，以促进要素自由流动为目标，以要素集聚规律与动力机制为基础，在效率

① 刘秉镰，边杨，周密，等．中国区域经济发展 70 年回顾及未来展望[J]．中国工业经济，2019(9)：24－41.

优先导向下，通过点轴开发模式确保了梯度发展战略的有效落实；同时通过分权式改革，以政治激励和政策刺激等措施赋予地方区域发展的权力，激发各区域地方政府的竞争动力；在中央的统筹决策下，通过一系列基础设施等项目建设支持中西部地区发展。[①] 建立完善的市场机制、构建统一公平的市场是区域协调发展的基础；同时政府在解决区域差距问题上具有市场不可替代的作用。党的十八大以来，为在全国范围实现区域协调发展，党和国家通过深化经济体制改革，形成多层次的区域发展体系，构建区域全面协调发展新格局。党的十九届四中全会提出“构建区域协调发展新机制”，通过制度保障区域协调发展的可持续性。党的二十大报告明确强调“促进区域协调发展”，并做出一系列重大战略部署，为新形势下促进区域协调发展提供了根本遵循。由此可见，中国区域经济发展坚持政府与市场协同推进的基本方略，同时这也是新时代构建区域经济高质量发展格局的基本遵循。

三、中国区域经济发展的未来取向

在区域经济发展战略的指导下，中国各地区资源空间配置加速升级，中部地区和川渝地区发展追赶势头加快，西部地区的区域增长极基本形成，快速形成了一系列区域增长引擎，经济社会潜力得以显现。但与此同时，区域经济发展不平衡、不充分问题依然较为突出，高标准的市场体系尚未完全形成[②]，东强西弱、南强北弱的态势没有得到根本逆转。因此，面对新问题、新特征与新挑战，区域经济发展应立足区域格局的新变化，聚焦于区域经济提质升级，更加突出区域内部及区域之间的深度融合发展，使得区域经济的内生发展潜力得以充分释放，探索构建高质量发展的区域经济布局。

---

① 张首魁，赵宇．中国区域协调发展的演进逻辑与战略趋向[J]．东岳论丛，2020（10）：66－76，191.

② 韦伟．“十四五”时期区域深度融合发展的方向与路径[J]．区域经济评论，2021（2）：42－46.

（一）持续提升区域经济政策的科学化水平

新时代新阶段区域经济的高质量发展是一项系统化工程，涉及不同的利益群体与时序适应性，应提升区域经济政策的科学化水平，发挥政策的指引与保障功能。一是坚持分区施策、分类指导的原则，立足区域异质性，结合国家总体区域经济发展战略，实行差别化区域经济发展政策，不断增强区域经济政策的精准性与有效性。二是明确各级政府部门在区域经济政策实施中的责任义务，围绕区域经济战略布局，不断完善国土空间规划、土地管理与产业发展等相关政策，稳妥推进央地收入划分的相关改革，通过资金分配系数等途径对相对落后地区实行具有差别化的补助优惠；加快形成商业金融与政策金融的合力，引导金融机构加大对欠发达地区小微企业的支持力度。三是依托大数据等信息构建政策实施效果的动态监测及其调整机制，在国家中长期发展目标下，加强并健全区域经济政策与财政政策、货币政策及产业政策之间的联动与协同，不断增强优化区域经济发展的政策合力，促进区域政策逐渐从倾斜性向功能性转变，以促进形成新时代新发展阶段高质量发展的区域布局。

（二）以“双循环”助力区域经济发展提质升级

面对更为复杂严峻的国内外环境，应通过“以国内大循环为主，内外循环互促”的双循环激发中国区域经济发展的新活力。一是立足构建国内大循环，以国内市场的供给与需求为抓手，提升经济发展质量，不断畅通国内各区域间经济活动的合作联动。以域际利益共享为核心，强化不同空间层次地区的分工合作。发挥东部地区技术、信息等优势，基于既有优势打通向西开放的通道，在产业协作与市场一体化的支撑下，促使国内范围的产业链、供应链得以整合与强化，强力释放我国区域经济发展潜力，形成纵向紧凑、横向集聚的支撑“双循环”的区域经济发展格局。① 二是挖掘国际大循环的带动与优化功能，以更高水平融入国际大循环。优化沿海地区开放型发展方式，加快从世界加工装配基地向研发与服务基地转变。提升沿边开放水平，加强边境区域的联盟合作，不断拓展合作领域与空间；加快内陆开放型经济的发展，挖掘中西部地区融入国际大循环的能力，在积极拓展国际市场的同时重构全球价值链，同时引领国际经贸的相关规则，在国际国内双循环下形成陆海内外联动、东西双向互济的区域经济开放新格局。②

（三）培育新动能提高区域经济发展质量

区域经济的创新活跃度决定其发展程度，影响着区域经济发展的速度、质量与效率。以区域经济为我国经济体系的重要空间载体，应转变发展思路，注重顶层系统设计，以创新为核心，借助数字经济为区域经济发展注入新活力，突出新动能的领航效应。一是激活创新驱动区域经济高质量发展的内生机制，提高产品与服务中创新的嵌入度，依托自贸区、产业园等功能区布局，激活区域发展新优势，以创新赋能传统优势产业的转型升级，持续推进“互联网+”经济、智能制造与数字经济等战略性新兴产业发展，构建高新技术产业集群式发展，加快新兴产业集群式布局。二是促进创新要素在各区域间的流动与聚集，整合跨区域创新资源。加快跨地区创新合作建设③，提高区域发展的创新能力，带动区域经济新业态，构建以创新为驱动的区域经济发展模式，为我国区域经济的高质量发展提供新动能，进而撬动区域经济高质量发展。

---

① 郭先登．论“双循环”的区域经济发展新格局——兼论“十四五”及后两个规划期接续运行指向[J]．经济与管理评论，2021(1)：23－37.

② 张倩肖，李佳霖．构建“双循环”区域发展新格局[J]．兰州大学学报(社会科学版)，2021(1)：39－47.

③ 李兰冰，刘秉镰．“十四五”时期中国区域经济发展的重大问题展望[J]．管理世界，2020(5)：8，36－51.

（四）创新优化区域经济布局的治理方式

实现区域经济高质量发展的关键在于构建与高质量发展匹配的治理体系，创新优化区域经济布局的治理方式。首先，城市群作为区域经济发展的核心空间尺度，应在充分挖掘城市群发展潜力、培育多个适宜各地区发展增长极的基础上，将城市群发展为要素之间自由流动、产业布局分工明确及治理一体化的命运共同体，使其成为辐射范围广、带动能力强的地区发展极，充分发挥大城市聚集与辐射等功能，实现区域经济协调的网络型面状发展。① 其次，应打破行政边界的制约与限制，构建区域协调治理新机制，破解区域经济发展中的制度性阻碍和难题，充分挖掘区域整体优势，在互利共赢原则下建立利益分享机制和补偿机制，就生态治理、资源共建共享等共同的区域经济问题展开跨界治理，通过增强区域经济治理的系统性与协同性，提升区域经济发展的综合质量。

---

① 孙久文，石林. 我国区域经济发展不平衡的表现、原因及治理对策[J]. 治理现代化研究，2018(5):32-37.

专题三

马克思主义政治经济学与西方经济学比较研究

绿色发展的理论解释：马克思与西方内生经济增长理论比较的视角

何爱平　韩奕乔①

摘要：在当前我国工业化进程推进中资源环境约束趋紧与全球性生态问题愈演愈烈的背景下，如何实现经济发展与生态建设的双赢越来越成为受到广泛关注的问题，基于此，我国提出了绿色发展的理念。马克思关于人与自然关系和资本主义生产的论述，以及西方经济学考虑环境资源要素的内生经济增长理论，都蕴含着丰富的绿色发展思想，是绿色发展理念的理论基础。二者都以微观分析与宏观分析相结合的视角肯定了资源环境对经济发展的重要性，但其在研究对象、研究方法与绿色发展的实现途径上都有着本质的不同。通过对两种理论视域进行解释与对比，并基于此对当代绿色发展理念进行再解读，有助于增强对于绿色发展的理论认识，进一步说明了马克思理论的当代价值。

关键词：马克思；西方经济学；绿色发展；比较研究

随着工业化进程的推进与全球性生态问题的愈演愈烈，保护环境、节约资源、维护生态系统等绿色发展思想在当代经济发展中越来越受到重视。绿色发展理念的正式提出可追溯至2015年党的十八届五中全会，作为五大新发展理念“创新、协调、绿色、开放、共享”的组成部分之一。此

① 何爱平（1967—），女，河南济源人，经济学博士，西北大学中国特色社会主义政治经济学研究中心主任，经济管理学院教授，博士生导师，研究方向为政治经济学；韩奕乔（2000—），女，陕西西安人，西北大学经济管理学院硕士研究生，研究方向为政治经济学。项目来源：西北大学研究生创新项目（项目编号：CX2023163）。

后，以习近平同志为核心的党中央，结合中国特色社会主义发展实践，总结国内外经济社会发展与生态文明建设的经验得失，提出了一系列有关绿色发展的重要论述。绿色发展理念是新时代中国特色社会主义经济思想的重要内容，也是习近平生态文明思想的重要组成部分。目前，学者们围绕绿色发展的研究主要包含以下几个方面：一是对习近平绿色发展理念的演进历程、概念内涵、实践路径的解读与分析（刘光斌、朱星慧，2021①；周光迅、郑珺，2020②；朱东波，2020③）；二是以马克思政治经济学的视角对绿色发展理论基础的阐释（邵光学、王锡森，2018④；张秀芬，2020⑤；李冬梅、杨秋生，2018⑥）；三是以实证研究的范式对绿色发展进行测度体系的构建与影响因素的检验（李雪松、曾宇航，2020⑦；魏丽莉、侯宇琦，2022⑧；唐晓华、迟子茗，2022⑨）。虽然学术界已有研究围绕绿色发展理念展开了多种视角的讨论，但大多是对于绿色发展理论的概述性分析与对习近平思想的历史性梳理，有待进一步拓展与深入。因此，本文以马克思与西方内生经济增长理论比较的视角，对绿色发展的两种理论视域进行解释与对比，并基于此对习近平绿色发展理念进行解读，进一步诠

① 刘光斌，朱星慧．习近平绿色发展理念的三重意蕴及其时代价值［J］．中南林业科技大学学报（社会科学版），2021，15（5）：1－6.

② 周光迅，郑珺．习近平绿色发展理念的重大时代价值［J］．自然辩证法研究，2020，36（3）：116－121.

③ 朱东波．习近平绿色发展理念：思想基础、内涵体系与时代价值［J］．经济学家，2020（3）：5－15.

④ 邵光学，王锡森．马克思恩格斯生态思想形成的理论渊源及当代价值［J］．经济学家，2018（12）：22－28.

⑤ 张秀芬．马克思《资本论》绿色发展思想及其实践路径［J］．哈尔滨工业大学学报（社会科学版），2020，22（6）：133－139.

⑥ 李冬梅，杨秋生．绿色发展理念：马克思对资本逻辑批判的继续［J］．山东社会科学，2018（3）：187－192.

⑦ 李雪松，曾宇航．中国区域创新型绿色发展效率测度及其影响因素［J］．科技进步与对策，2020，37（3）：33－42.

⑧ 魏丽莉，侯宇琦．数字经济对中国城市绿色发展的影响作用研究［J］．数量经济技术经济研究，2022，39（8）：60－79.

⑨ 唐晓华，迟子茗．工业智能化提升工业绿色发展效率的实证研究［J］．经济学家，2022（2）：43－52.

释了马克思绿色发展思想的历史优越性与习近平绿色发展理念的时代价值，丰富了现有研究对绿色发展的认识。

一、马克思的绿色发展思想

马克思以唯物主义辩证法为基础，分析了人与自然的内在统一性，并从物质变换的角度给了劳动极富生态意蕴的含义，这其中蕴含了人与自然天然的应有的和谐共生的关系。同时，马克思还从唯物史观的视角说明了在不同历史阶段人的物质生产关系下，人与自然关系也将与之相适应的不断发生变化，为接下来分析马克思所处的历史阶段——资本主义时期生产关系下人与自然关系的异化奠定了基础。资本主义生产方式对人与自然关系的异化，一方面体现在人和自然之间的物质变换被异化成一种单纯的形式变换，另一方面体现在其无限增殖性对劳动的剥削同时也是对自然的剥削，破坏了人与自然和谐共生的关系。应当合理调节人与自然之间的物质变换，回归人与自然和谐共生的关系。

（一）绿色发展理念：人与自然和谐共生的关系

人与自然是内在统一的。一方面，马克思认为“人本身就是自然界的产物，是在自己所处的环境中并和这个环境共同发展起来的”①，这肯定了人具有自然属性，是无法脱离自然存在的，“我们连同我们的血、肉和头脑都是属于自然界和存在于自然界中的”；另一方面，马克思反对完全以自然规律解释人的行为，他并没有将自然属性当成人唯一的根本的属性，因为人并不是纯粹受自然支配的，而是“通过自己的劳动占有外部世界、感性自然界”②。人类要维持自身生存，就必然会进行物质生产。人类以这种物质生产

① 中共中央马恩列斯著作编译局．马克思恩格斯全集:第 42 卷[M]．北京:人民出版社,1979:95.

② 中共中央马恩列斯著作编译局．马克思恩格斯全集:第 3 卷[M].2 版．北京:人民出版社,2002:269.

为基本形式的社会实践活动不断改造着自然，在实践基础上形成了与自然的对象性关系。人类以自然为对象，就是把它当作自己实践的对象；自然以人为对象，就是通过人来实现自身的物质变换和属性转化，获得属人的性质。正是这种对象化使自然界不再是一种自在的自然界，而逐渐变成了“人化的自然”。人的这种实践行为就是劳动。马克思将劳动定义为“人以自身的活动来中介、调整和控制人和自然之间的物质变换的过程”①。

由此可见，劳动将人与自然之间的物质变换连接了起来，并从中体现了人与自然辩证统一的关系。一方面，人发挥其主观能动性以自然界为劳动对象，通过劳动利用自然、改造自然，使自然界满足人类的需求；另一方面，自然界不仅是完全受人支配的劳动对象，它也为劳动提供客观条件和基础，制约着劳动的过程与结果，人无法超越自然进行生产。马克思说：“自然界、外部的感性世界是劳动者用来实现他的劳动，用它并借助于它进行生产的材料。”② 这句话的前半部分表明了人以自然界为劳动对象，后半部分表明了自然界为人类提供材料作为劳动的客观条件。因此，人的劳动改造了自然界，但必须尊重自然发展的规律。人与自然之间的统一性蕴含着人与自然和谐共生的关系，人保护自然实则也是保护自身的发展条件。

（二）绿色发展的困境：资本主义生产关系对人与自然关系的异化

正如马克思所说：“整个所谓世界史不外是人通过人的劳动而诞生的过程，是自然界对人说来的生成过程。”③ 人类以自然界为对象进行生产实践活动的过程就是人类历史和“人化自然”形成的过程，“在人类历史中即在人类社会的产生过程中形成的自然界是人的现实的自然界”。④ 人在历

---

① ［德］马克思．资本论：第1卷［M］．北京：人民出版社，2004：201－202.

② 中共中央马恩列斯著作编译局．马克思恩格斯全集：第42卷［M］．北京：人民出版社，1979：92.

③ 中共中央马恩列斯著作编译局．马克思恩格斯全集：第42卷［M］．北京：人民出版社，1979：131.

④ 中共中央马恩列斯著作编译局．马克思恩格斯全集：第42卷［M］．北京：人民出版社，1979：131.

史中通过劳动对自然界进行改造所形成的自然界即“人化自然”。上述两句话同时肯定了人是自然性、历史性、社会性的统一体，人化自然界、人类历史、人类社会生产相辅相成，因此在不同历史阶段人的物质生产关系下，人与自然关系必然也将与之相适应地不断发生变化，即每一历史时期下人与自然之间的物质变换都具有不同的组织方式。

资本主义时期作为马克思生活的时期同时是延续至今的历史阶段，其生产关系呈现出一种与以往的社会生产形式完全不同的特征，即生产者与生产资料的完全分离。资本主义关系的形成意味着土地资源及其他基于自然资源被生产出的生产资料已经完全商品化，生产者丧失了土地与其他生产资料的所有权，因此其不得不向生产资料所有者出售自己的劳动力以获取维持自身生存的生活资料。生产者与客观生产条件的分离，使得劳动不再是人类主体价值的自由实现，而是为生产资料所有者即资本家创造更多的剩余价值。这种雇佣关系的完全形成标志着资本主义生产关系的确立，劳动服从于资本增殖的逻辑，自此，人与自然的关系发生了历史性转变。

要具体理解资本主义生产关系对人与自然关系的异化，首先要深刻理解劳动是“人以自身的活动来中介、调整和控制人和自然之间的物质变换的过程”，而“交换的体系，从使用价值来看，是物质变换，从价值本身来看，则是形式变换”①。使用价值指的是物对人的有用性，在人的使用和消费中得到实现，“不论财富的社会形式如何，使用价值总是构成财富的物质内容”。交换价值最初表现为以物易物的“一种使用价值同另一种使用价值相交换的量的关系”，此时人们生产和交换的目的是物的有用性，即使用价值交换，也就是物质变换。随着交换的发展与货币的产生，交换价值变现为“以物易货币易物”（W－G－W）的为买而卖，此时人们生产和交换的目的仍然是获取使用价值，虽然其中也内含着价值交换的形式，但获取价值并非交换的目的。人对使用价值的需求是有限的，人对自然界

① 中共中央马恩列斯著作编译局．马克思恩格斯全集：第31卷[M]．2版．北京：人民出版社，1998：26.

的改造利用自然也是有限的。

而随着这种交换关系的高度发展，表现为商品经济的形成，私人产权和社会分工随之确立，即资本主义生产资料私有制和生产社会化的生产关系形成，交换价值表现为“以货币易物易货币”（G－W－G’）的为卖而买（见图1）。此时有用物不再为了使用而生产，而是为了交换而生产，也就是说，此时交换的目的是价值本身，即价值交换这种形式变换，“形式变换代替物质变换而成了目的本身，交换价值从单纯的形式变成了运动的内容”①。而价值又作为凝结在商品中无差别的人类劳动，这样，生产者之间人与人的社会劳动关系就反映成生产者之外物与物的社会交换关系，整个人类社会与自然界都按照价值逻辑被整合到物化的经济关系中，劳动作为人和自然之间的物质变换的中介此时被异化成一种单纯的形式变换。同时，由于获取更多价值本身就是资本家进行生产的目的，这种对价值的需求是无限的，劳动作为价值的源泉被资本家雇用来创造剩余价值从而实现价值增殖，资本家为了占有更多剩余价值将不断强化对劳动的剥削，也就不断强化了对自然力的剥削，人与自然之间天然的和谐共生的关系也就变成了一种异己的、对立的力量。资本的无限增殖性与自然界的有限弹性之间存在难以调和的矛盾，这也是资本主义生产方式下生态危机产生的根本原因。

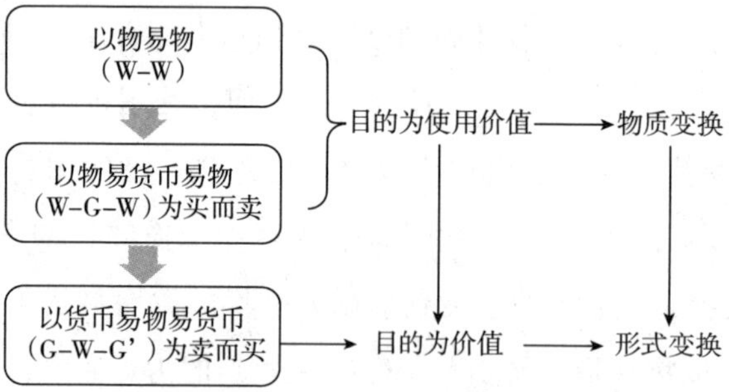

图1　资本主义生产关系对人与自然关系的异化

① 中共中央马恩列斯著作编译局．马克思恩格斯全集：第31卷[M]．2版．北京：人民出版社，1998：522.

（三）绿色发展的途径：合理调节人与自然之间的物质变换

认识并尊重自然规律。正如前文所述，自然界并非完全受人支配的劳动对象，它为劳动提供客观条件和基础，制约着劳动的过程与结果，人无法超越自然进行生产，因此人的劳动必须顺应自然发展的规律，否则将会受到自然的报复。恩格斯指出了一些地区过度破坏生态环境、不尊重自然规律的严重后果："美索不达米亚、希腊、小亚细亚以及其他各地的居民，为了得到耕地，毁灭了森林……这些地方今天竟因此而成为不毛之地"①，因此，"不要过分陶醉于我们人类对自然界的胜利。对于每一次这样的胜利，自然界都要对我们进行报复"②。认识并尊重自然规律，一方面，这要求人不断提升对自然的认识水平，能够科学地认识自然规律是尊重自然规律的前提条件；另一方面，在认识的基础上要切实地在实践中遵循自然的发展规律，不破坏自然的客观条件，这是合理调节人与自然之间的物质变换的基础。

节约资源、循环经济。在资本主义社会的生产中，就已经体现出了节约资源、循环经济的思想，这主要是由于利润率是剩余价值与原料价格之比，资本家为了提升利润率获取更高的利润，一方面提高剩余价值量，另一方面降低原料的使用，"原料的日益昂贵，自然成为废物利用的刺激"③。资本家通过对"生产排泄物和消费排泄物"的循环再利用，"所谓的生产废料再转化为同一个产业部门或另一个产业部门的新的生产要素"④，"进入直接消费的产品，在离开消费本身时重新成为生产的原料"⑤，将生产废料和消费废料重新作为生产原料使用，从而达到了节约原材料、提高利润

① 中共中央马恩列斯著作编译局．马克思恩格斯选集：第4卷[M]．北京：人民出版社：1995：383.

② 中共中央马恩列斯著作编译局．马克思恩格斯选集：第4卷[M]．北京：人民出版社：1995：383.

③ [德]马克思．资本论：第3卷[M]．北京：人民出版社，2004：115.

④ [德]马克思．资本论：第3卷[M]．北京：人民出版社，2004：94.

⑤ 中共中央马恩列斯著作编译局．马克思恩格斯全集：第31卷[M]．北京：人民出版社，1998：112.

率的目的。这种动机同时促使了资本家推动技术进步，“机器的改良，使那些在原有形式上本来不能利用的物质，获得一种在新的生产中可以利用的形态；科技的进步，特别是化学的进步，发现了那些废物的有用性质”①，这从客观上也推动了对资源的节约再利用。虽然资本家本身的目的并非节约自然资源、保护环境，但其行为结果亦从一定程度上合理调节了人与自然之间的物质变换。

生产关系变革。马克思虽然从资本主义生产方式对人与自然关系异化的角度深刻地批判了资本主义，但他并没有认为资本主义会立即崩溃，相反，资本主义会不断克服这些自然条件限制下的困难甚至将其变成自身新的发展机遇，“力图把有反抗性但又有弹性的人的自然界限的反抗压到最低限度”②。正如上文所述，资本家通过技术进步来节约原材料获取更高利润，在一定程度上节约了自然资源，实现了生产力发展。然而，其动机仍然围绕着自然资源的效用及其能带给资本家的利润，只有当触及其利益时资本家才会局部地解决问题。因此，资本主义在不断挑战自然的极限来实现生产力发展的过程中，将不可避免地对自然力产生持续的难以弥补的破坏，资本的无限增殖性与自然界的有限弹性之间始终存在难以调和的矛盾。当生产力发展到一定高度时，只有变革资本主义性质的物质变换形式，“社会地控制自然力，从而节约地利用自然力”③，“社会化的人，联合起来的生产者，将合理地调节他们与自然之间的物质变换，把它置于他们的共同控制之下”④，从根本上变革生产关系，才能建设全球性的生态文明。

① ［德］马克思．资本论：第3卷［M］．北京：人民出版社，2004：155.

② 中共中央马恩列斯著作编译局．马克思恩格斯文集：第5卷．［M］．北京：人民出版社，2009：464.

③ ［德］马克思．资本论：第1卷［M］．北京：人民出版社，2004：587.

④ ［德］马克思．资本论：第3卷［M］．北京：人民出版社，2004：928－929.

二、西方内生经济增长理论的绿色发展思想

经济增长理论是西方宏观经济学的中心议题之一，旨在对经济现象与经济增长的源泉给出解释，一直受到经济学家的广泛关注。经济增长理论主要经历了以斯密和李嘉图等人为代表、以竞争行为和动态均衡的基本方法为现代经济增长理论奠定基础的古典经济增长理论，以索罗和拉姆齐等人为代表、以模型描述产出对应于资本和劳动投入增长的新古典经济增长理论，以罗默和卢卡斯为代表、认为经济增长率是由经济参与体的最优化行为内生决定的内生经济增长理论的三个阶段。

随着经济增长的过程中对自然资源的巨大需求和大规模的开采消耗所造成的一系列环境问题，在经济增长中考虑生态问题的研究也于 20 世纪中后期受到了较多的关注。早期的可持续增长研究主要采用古典或新古典增长经济学的工具，霍特林①于 1931 年首次研究了最优资源消费路径问题，其后在 20 世纪 50 年代到 70 年代，形成了大量关于资源开采和增长的重要理论，如斯考特②、戈登③、斯密④和克拉克⑤等分别对渔业和林业等方面进行的研究。但新古典经济增长理论将经济增长的动力归为无法解释的外在技术进步，无法很好地揭示出经济可持续增长的内在机制。对于资源环境与经济增长的可持续发展关系的探讨，研究跨期条件下经济的持续稳定增长机制的内生增长理论是更好的方法，因此，20 世纪 80—90 年代有大量经济学家将资源环境因素引入内生增长理论，将在后文进行具体讨论。

---

① HOTELLING H. The economics of exhaustible resources[J]. Journal of Political Economy, 1931, 39(2): 137 - 175.

② SCOTT A D. The fishery: the objectives of sole ownership[J]. Journal of Political Economy, 1955(63): 116 - 124.

③ GORDON H S. Economic theory of a common - property resource: the fishery[J]. Journal of Political Economy, 1954(63): 116 - 124.

④ SMITH V L. Economics of production from natural resources[J]. American Economic Review, 1968(58): 409 - 431.

⑤ CLARK C W. Mathematical bioeconomics[M]. J. Wiley &Sons, N. Y., 1976.

（一）绿色发展的理念：考虑环境资源要素的内生增长模型的构建

西方经济学家通过对现实经济现象的观察发现，经济增长和环境条件有相互作用的关系，经济活动可能是造成环境污染的原因，但环境条件的恶化也可能会阻碍经济进程。内生增长理论通过构建数理模型来模拟这些相互作用，为了更好地对其进行刻画，环境和经济被视为概念上不同的领域，并以适当的条件链接起来。

首先，以模型描述环境与经济两个概念上不同的领域。在经济活动层面，构建技术模型和偏好模型分别确定生产和分配；在环境条件层面，构建描述环境资源要素变量的模型来模拟生态环境的演化。其次，模拟环境与经济之间的链接。一方面，环境是经济增长的资源来源，环境要素不仅具有生产价值从而被纳入生产函数，其质量也影响着居民偏好从而可能被纳入效用函数；另一方面，经济活动产生的污染会输入给环境从而使环境条件恶化，但部分经济活动也可以用于修复生态，即可以减少环境污染和回收再利用资源。最后，以最优化思想对模型求解。

考虑环境资源要素的内生增长理论的基本模型结构可以用生产函数、效用函数和自然资源增长函数来表示①：

$$\dot{N} = E(N) - R \tag{1}$$

$$\dot{H} = Y(N,R,H) - C \tag{2}$$

$$W = \int_{0}^{\infty} U(C,N)\exp(-\theta t)\mathrm{d}t \tag{3}$$

式（1）表示自然资源增长，式（2）表示包含物质资本、人力资本等广义概念的资本积累，式（3）表示跨期效用。其中，E 为环境函数，Y 为生产函数，U 为效用函数，N 为环境质量，R 为生产中对于资源的利用，H

① JEROEN C. J. M. VAN DEN BERGH. Handbook of environmental and resource economics [M]. Edward Elgar Publishing, 1999.

为资本积累，C 为消费，θ 为贴现率。以上模型中内含一些隐含假定，如封闭经济、边际产量和边际效用都为正、所有投入要素的非负性约束条件等。

以上是环境内生生长模型的基本框架和典型形式，只作为基本机制的说明，学者们在文献中的模型通常会有更为详细的设定和更为复杂的形式。比如，伯温伯格①将环境因素引入罗默②的知识外溢模型、索基③将环境污染引入巴罗④的 AK 模型、卡罗⑤将环境因素引入罗默⑥的产品水平创新模型、阿吉翁⑦将资源环境因素引入其产品垂直创新模型等。

（二）绿色发展的困境：有限的环境资源对经济增长的限制

描述环境资源要素变量的模型如式（1）所示。生态环境具有一定的自我调节能力，如 E（N）函数所表示。然而，自然资源并不是无限供给的，自然资源的开采（环境作为生产的投入要素）和废物的处理（环境作为被污染的对象）都用 R 表示，因为这两种活动都减少了自然资源的存量。当生产活动利用的环境要素少于环境的自我修复程度时，即 $R<E$（N），环境质量就会随着时间的推移而提高。反之，如果 $R>E$（N），将会带来持续的环境恶化和资源耗竭。我们期望的是环境能够在不恶化的情况下吸收一定数量的污染，也就是 $R=E$（N），只有当污染 R 不超过环境

① BOVENBERG A, SMULDERS S. Environmental quality and pollution - augmenting technological change in a two - sector endogenous growth model [J]. Journal of Public Economics, 1995(57):369 - 391.

② ROMER P M. Increasing returns and long - run growth[J]. Journal of Political Economy, 1986, 94(5):1002 - 1037.

③ SOTKEY N. Are there limits to growth? [J]International Economic Review, 1998(39):1 - 31.

④ BARRO R. Government spending in a simple model of endogenous growth[J]. Journal of Political Economy, 1990(98): 103 - 135.

⑤ CARRARO C. Trade, innovation and environment. Dordrecht, The Netherlands: Kluwer Academic Press, 1994:241 - 258.

⑥ ROMER P M. Endogenous technological change[J]. Journal of Political Economy, 1990, 98(5):71 - 102.

⑦ AGHION P, HOWITT P. Endogenous growth theory[M]. Cambridge, Mass: MIT Press, 1998: 136 - 150.

的最大吸收能力 E（N）时，才能维持住一个生态平衡，即 $\dot{N}=0$。

确定生产的技术模型由式（2）所示。生产部门（Y）利用自然资源和广义的资本积累来生产消费品（C）和新的资本积累（$\dot{H}$）。将环境质量（N）纳入生产函数，是因为更高的环境质量可能使生产部门有更高的生产力。这可能是因为更高的环境质量改善了工人的健康状况，从而提高了劳动生产率；或者是因为更丰富的生物多样性提供了包含诸如遗传信息等的更大的知识库，从而提高了研究和开发的生产力，例如，更丰富的生态信息可能促进了药物研究水平的提升。

确定分配的偏好模型由式（3）所示。用无限期贴现的跨期效用函数来表示消费者效用，显而易见地受消费和环境质量的影响。最优增长问题可描述为资源环境约束下的效用最大化问题，我们期望有更高的效用和更高的产出增长率，但这实际上受到有限的资源和环境承载力的限制，因此最终期望基于此求解出一条可持续增长路径下的经济增长率。

（三）绿色发展的途径：可持续的经济增长率

因为内生增长模型中设定的资本是既包括物质资本也包括人力资本的广义概念上的资本，资本的使用会增长人们的知识，从而抵消经济学基本理论中物质资本边际产品递减的趋势，所以假设生产函数中关于资本的边际收益不变。同时，考虑现实情况中产出不可能全部用于消费，因此假设产出中有一定比例 S_H 用于投资，即：

$$Y(N,R,H)=y(N,R)\cdot H \tag{4}$$

$$C=(1-S_H)\cdot Y \tag{5}$$

结合前文所述，考虑到希望形成将污染水平控制在环境调节能力以内的生态平衡即 $R=E$（N），并联合式（1）至式（5），最终求解出资本的可持续增长率：

$$g_H=\frac{\dot{H}}{H}=S_H\cdot y(N,E(N))=g_Y=g_C \tag{6}$$

式（6）揭示了在环境不恶化的条件下建立可持续增长路径的可能性。如果在进行经济活动的过程中，能够通过将污染限制到自然的吸收能力 $E(N)$ 以内来达到并维持稳定的环境质量 N，那么就有可能实现经济的可持续增长，此时，消费和产出的增长率都等于正的资本的增长率，即 $g_H = g_Y = g_C > 0$。综上所述，物质资本和人力资本的积累可以在不恶化环境的情况下促进经济增长。

式（6）的求解是不需要考虑模型中的效用部分的，这是因为，行为人的效用会受到外部性与政策等多方面的影响，最终决定了在资本和环境保护方面的投资，也就是说，它们决定了 S_H 和 N，如果要考虑政策和偏好对可持续的经济增长率的影响，需要更详细的模型设定形式，大量学者对于考虑多种因素的资源环境内生增长模型都进行了相关研究。这些模型明确地考虑了市场行为和政府干预如何影响投资和污染。企业选择自己的污染水平，并投资于物质资本、人力资本和减排活动；政府执行如污染收费、排放标准、公共减排等环境政策，并可能参与如研发补贴、基础设施等技术项目（彭水军、包群，2006①；闫晓霞、张金锁，2016②）。同时，模型的生态部分以多种方式建模，污染会被建模为经济活动不可避免的副产品，与总产量直接相关（Verdier，1993③；Huang and Cai. ④，1994），而不是上文模型中的特定输入。

总的来说，西方经济学的内生增长理论通过构建模型求解认为，经济增长和环境保护存在一个平衡的增长路径，沿着这个路径，经济变量以恒定的正速度增长，但环境变量仍然保持不变，这种增长路径就是实现绿色发展的可持续增长。

---

① 彭水军，包群．环境污染、内生增长与经济可持续发展[J]．数量经济技术经济研究，2006(9)：114－126，140．

② 闫晓霞，张金锁．资源替代、技术进步和环境约束下的内生经济增长模型[J]．数学的实践与认识，2016，46(11)：59－68．

③ VERDIER T. Environmental pollution and endogenous growth：a comparison between emission taxes and technological standards[Z]. Fondazione Eni Enrico Mattei，Working Paper，1993：57，93．

④ HUANG C，D CAI. Constant returns endogenous growth with pollution control[J]．Environmental and Resource Economics，1994(4)：383－400．

三、马克思与西方内生经济增长理论绿色发展思想的比较

（一）马克思与西方内生经济增长理论思想的相同点

1. 肯定了环境资源对经济发展的重要性

马克思与西方内生经济增长理论的思想都肯定了环境资源对经济发展的重要性。首先，两者都认为经济系统并不是一个孤立的仅有人类生产活动参与的系统，自然界的资源环境也被考虑在人类经济社会活动中。马克思在定义“劳动”这一人类的生产行为本身时，就已经将“调节人与自然之间的物质变换”这样的自然思想内含其中，因此，资源环境与人类经济活动的相互作用思想可以说始终贯穿在马克思理论当中。西方内生增长理论在不断丰富发展中也将环境资源作为一种投入要素纳入其中，并最终与其他要素共同决定经济增长率。其次，两者都肯定了人类在进行生产活动时必然会产生环境污染、消耗自然资源，但都要求人类尊重、保护、修复自然，对自然的利用不能超出其限度。马克思以人与自然辩证统一的哲学视角对这一思想进行了论述，西方经济增长理论在构建模型时所考虑的资源环境约束要求人在进行经济活动时所产生的污染不能超出自然的限度，这都体现出了保护自然的生态思想。最后，两者都要求最终实现可持续发展，马克思希望以“合理调节人与自然之间的物质变换”的方式，最终使人与自然的关系回归到和谐统一的状态。西方内生增长理论则通过添加资源环境约束进行动态最优化路径的求解，最终得出一个经济的可持续增长率。因此，它们也都体现了既满足当代人的需要，又不对后代人发展的能力构成危害的可持续发展的思想。

2. 微观分析与宏观分析相结合的视角

马克思与西方内生经济增长理论的思想都采取了微观分析与宏观分析相结合的视角。在马克思的论述中，微观分析与宏观分析是紧密结合在一

起的，马克思总是沿着从单个商品生产的微观分析到社会总生产的宏观分析、从个别资本运动的微观分析到社会总资本运动的宏观分析的逻辑进路来进行分析与论证，其生态思想自然也贯穿在这样的逻辑进路中。资本主义生产对于人与自然关系的异化首先是从个别资本生产单个商品这样的微观分析视角出发的，然后是对于资本主义社会总生产下内在矛盾的不断积累导致生态危机的产生这样的宏观分析视角展开的。在西方内生经济增长理论中，一方面，其基本模型设定中包含消费者效用函数，因此，西方内生增长理论具有一定的微观分析视角。另一方面，西方内生增长模型作为从新古典增长理论的基础上发展而来的模型，同样也是从凯恩斯的总需求理论出发，从总量生产函数入手，以总投资与总储蓄之间的关系为核心，来确定宏观经济的动态均衡特征，因此，西方内生增长理论也采取了宏观分析的视角。

（二）马克思与西方内生经济增长理论绿色发展思想的差异

1. 研究方法与对象差异

对于同一问题的研究，马克思政治经济学理论与西方内生增长理论产生如此截然不同的呈现，其最根本的分歧是它们的研究方法与对象不同。

马克思从历史唯物主义和唯物辩证法的方法论出发，以生产力生产关系辩证关系为研究框架，以劳动既是人与自然之间的物质变换又是人与人之间的生产关系作为分析的起点，分析了不同的历史阶段和不同地区有着不同的生产力发展水平，与生产力相适应的是一定的生产关系，与生产关系相适应的是人与自然之间的物质变换的组织方式。马克思所处的历史时代所具有的生产力决定了当时所产生的资本主义这一生产关系，在资本主义生产关系下，劳动完全从属于资本增殖逻辑的生产方式对自然和人的属性产生了破坏性的后果。资本主义生产方式对人与自然关系的异化并不是永恒的，而是随着历史进程的发展发生变化最终实现合理的调节。也就是说，马克思以唯物史观与辩证法的视角，主要采取规范分析和整体分析的研究方法，把人类经济社会与自然环境当作一个整体的系统进行考察，以从现象到本质、从具体到抽象的方法层层剖析，从劳动这一现象分析出其本质上反映出的人与自然的关系、人与人的社会关系，最终研究的落脚点是人与自然的关系、人与人的社会关系本身。从方法论的角度来看，马克思的分析打破了主流经济学的研究范式，以辩证法的概念式的分析，深刻地剖析了社会经济形态的发展规律。

西方内生经济增长理论舍弃了人与自然的关系、人与人之间的社会关系这一本质，而是将生产中的不同参与者抽象为独立的投入要素，再以一定数学条件进行链接，以构建数学模型的方法对生产活动这一现象进行模拟并得出相应的结论。在包含环境要素的西方内生经济增长理论中，经济的可持续增长取决于受资源环境要素影响的，由总量生产函数决定的总供给与由跨时效用函数决定的总需求二者相互作用的动态结果，可持续增长路径是由总供求关系决定的动态均衡过程，西方内生经济增长理论采用的这种基本分析方法是动态一般均衡分析法。动态一般均衡分析的核心是库恩—塔克定理，这一定理将求解经济分散化动态均衡的问题简化为求解在一定条件约束下家庭的跨时效用最大化问题，以得到一个经济的均衡增长路径。总的来说，西方内生增长理论的研究对象就是人类进行经济生产活动这一现象，最终的研究落脚点就是实现经济增长。

综上所述，西方内生增长理论与马克思研究方法的区别主要体现在：一方面，西方内生增长理论是以要素的形式考察资本、劳动、技术等经济活动构成以及环境、资源等自然构成以及它们之间的关系的，作为独立的要素形式，它们可以被放进这个系统也可以被拿出来，考察它们中的几个取决于模型的数学设定形式，即西方内生增长理论的研究方法是孤立的。相比之下，马克思则在唯物史观与辩证法的方法论指导下将人与自然看作一个辩证统一的整体，人与自然的互动关系贯穿始终。另一方面，比起理论假说与规范分析，西方内生增长理论更为重视经验证据、实证分析以及数学工具的运用，数学模型是其理论内容的核心，实证检验是其不可缺少的重要环节。相比之下，马克思对数学工具的运用更多的是以举数值例子的方式来更为清晰地论证其理论内容。西方内生增长理论与马克思研究对象的区别主要体现在：马克思最终的研究对象落脚于人与自然的关系、人与人的社会关系，西方内生增长理论最终的研究对象落脚于实现人类经济生产活动的最优增长。

2. 实现途径差异

在不同方法指导下，在对于不同对象的研究下，马克思与西方内生增长理论对于绿色发展的实现途径的研究必然也有着较大的差异。

马克思认为实现绿色发展的途径是合理调节人与自然的关系，具体方式是进行生产关系的变革。马克思运用历史唯物论与辩证法考察人类进行生产活动的经济现象，指出了人类进行生产活动即劳动是调整人与自然之间的物质变换的中介，人与人的关系、人与自然的关系是同一生产过程的辩证统一，进而分析了在资本主义生产关系下其生产方式的无限增殖性与生态环境的有限弹性之间的内在矛盾关系，从而将生态问题产生的根源归结于资本主义生产关系本身。“资本主义生产使它汇集在各大中心的城市人口越来越占优势，这样一来，它一方面聚集着社会的历史动力，另一方面又破坏着人类和土地之间的物质变换。”① 也就是说，资本主义生产中通过循环经济、技术创新等方式实现的资源节约与环境保护只能在一定程度上缓解生态问题，并不能触及资本主义内在矛盾问题的实质，马克思认为从根源上解决生态问题实现绿色发展的唯一途径就是进行生产关系的变革，这也是历史进程中资本主义自身矛盾运动积累的必然结果。

西方内生经济增长理论实现绿色发展的途径是合理应对资源环境约束，具体方式是进行经济制度的调整。如前文所述，西方内生经济增长理论采用的基本分析方法是动态一般均衡分析法。动态一般均衡分析法的思想基础是瓦尔拉斯的一般均衡理论，该理论认为通过市场机制可以使分散经济达到均衡状态，内生增长理论对该框架进行了一定的发展与修正，认为在经济中存在外部性或垄断因素的前提下市场机制可能会失效，可以借助政府部门的调节消除市场机制造成的资源配置扭曲，即通过政府和市场

① ［德］马克思．资本论：第1卷［M］．北京：人民出版社，1972：208－209.

的共同作用引导经济沿着一条最优增长路径移动。西方内生经济增长理论看到了人类生产活动对环境的破坏、资源环境要素对生产活动的限制以及市场机制对于调节这些环节的失效，却又企图通过政府的力量完全消除这种缺陷，使经济回到最优增长路径上。这种对生态问题几乎完全以量化方法进行的诠释，将生态环境问题产生的根源归结于供求量的问题，也就是说，他们认为资本主义经济可以通过市场调节与政府干预这样经济政策上的调整来实现对生产与消费的调整，最终实现可持续的最优增长。

四、绿色发展理念的时代价值

自绿色发展的理念被提出以来，以习近平同志为核心的党中央，把握绿色发展的时代潮流，结合中国经济社会发展面临的资源环境约束“瓶颈”，对中国经济社会的绿色发展问题进行了深入思考，提出了一系列有关绿色发展的重要论述。当代绿色发展思想，立足于马克思绿色发展的相关思想，充分认识经济发展与环境保护的辩证关系；实现人与自然和谐共生的中国式现代化，破解西方资本主义现代化的传统模式；以实现人自由而全面的发展为最终旨归。

（一）立足于马克思绿色发展的相关思想，充分认识经济发展与环境保护的辩证关系

一方面，习近平总书记曾明确指出：“人与自然是一种共生关系。”①这体现出了马克思关于人与自然内在统一性关系的思想，人是自然界的组成部分，自然界是人的无机身体，两者是天然共存统一的，而不是对立斗争的。绿色发展的要义是解决好人与自然和谐共生问题②，由此可见，绿

---

① 中共中央文献研究室．习近平关于生态文明建设重要论述摘编［M］．北京：中央文献出版社，2017：11.

② 习近平．论把握新发展阶段、贯彻新发展理念、构建新发展格局［M］．北京：中央文献出版社，2021：74.

色发展的思想立足于马克思人与自然和谐共生的理念。另一方面，习近平总书记还指出："绿水青山就是金山银山"①，"保护生态环境就是保护生产力"②。也就是说，经济发展与环境保护是辩证统一的，"绿水青山"与"金山银山"并不冲突，生态环境就是生产力。这体现出马克思关于人的生产劳动与自然辩证统一关系的思想，人以自然界为劳动对象，自然界为人类提供材料作为劳动的客观条件，二者相互联系、相互影响。优质的生态环境可以转化为劳动生产力，从而推动社会经济的发展，即"绿色"本身就是发展；同时，劳动生产力的提高带来的生产技术革新、生产效率提高，可以促进资源利用效率的提高，为生态环境的保护提供技术保障，即发展也可以"增绿"。由此可见，我国绿色发展的思想理念并没有像西方经济思想那样将人与自然之间的关系孤立割裂来看待，而是始终将生态环境和经济发展视为一个整体，这也体现出了马克思整体性的研究方法与视角。

（二）实现人与自然和谐共生的中国式现代化，破解西方资本主义现代化的传统模式

习近平总书记在党的十九届五中全会上指出，中国式现代化是人口规模巨大的现代化、全体人民共同富裕的现代化、物质文明和精神文明相协调的现代化、人与自然和谐共生的现代化、走和平发展道路的现代化③，将人与自然和谐共生的理念上升到实现中国式现代化的高度。当代中国所追求的现代化，立足于中国当前发展阶段的实际，遵循人类社会一般发展规律，结合马克思主义基本原理，绝不照抄照搬西方现代化的旧模式。

西方资本主义的现代化进程可追溯至工业革命时期："大工业建立了由美洲的发现所准备好的世界市场。世界市场使商业、航海业和陆路交通

---

① 中共中央宣传部．习近平总书记系列重要讲话读本[M]．北京：人民出版社，2016：230.

② 中共中央文献研究室．习近平关于生态文明建设重要论述摘编［M］．北京：中央文献出版社，2017：23.

③ 习近平．论把握新发展阶段、贯彻新发展理念、构建新发展格局[M]．北京：中央文献出版社，2021：474.

得到了巨大的发展。这种发展又反过来促进了工业的扩展。”[①] 然而，由资本主义主导的现代化“使未开化和半开化的国家从属于文明的国家，使农民的民族从属于资产阶级的民族，使东方从属于西方”[②]，其本质上是一种以西方为中心的发达国家以全球范围内的资本运动和扩张对发展中国家进行的资本剥削和资源掠夺；同时，其对自然资源无限度的索取还导致了一系列生态危机的爆发，如1948年美国的“多诺拉烟雾事件”、1952年英国的“伦敦烟雾事件”等。

导致西方资本主义现代化进程中产生一系列弊端的原因之一，可以用西方经济学的相关基本思想来解释。在西方主流经济学的研究范式中，以“理性经济人”假设为研究的基本前提之一，认为消费者的目标是实现效用最大化，企业的目标是实现利润最大化，也就是说，微观主体将以个人利益最大化为目标进行决策。“理性经济人”假设背后折射出的思想是资本主义生产关系下的追求价值无限增殖的资本逻辑，在这种逻辑的主导下，为了实现经济增长将无休止地向自然索取资源、能源以及原材料等，无视工业生产污染物排放对生态环境的破坏，并且为了实现本国的利益最大化和缓解剩余价值实现矛盾，还将向他国进行价值剥削和生态危机的转移。尽管当代西方经济学已经看到了资源环境要素的重要性和稀缺性，并将其纳入了经济模型的构建，但其视角仍然是权衡经济发展和环境保护的“两难”困境，认为资源环境对经济增长产生了一定限制，陷入简单化的人类中心或是生态中心的二元对立困境。因此，为了破除西方资本主义现代化的传统模式，需要以新的经济思想与发展理念作为指导，走将马克思主义基本原理与中国实际相结合的中国式现代化道路。

以习近平同志为核心的中国共产党人关于绿色发展的理念，从根本上否定了西方传统发展思想将“经济”与“环境”相对立的观点，吸收了马克思的唯物史观与辩证法思想，从人与自然的相互影响关系及其社会历史

---

① 中共中央马恩列斯著作编译局．马克思恩格斯文集:第2卷[M]．北京:人民出版社,2009:32.

② 中共中央马恩列斯著作编译局．马克思恩格斯文集:第2卷[M]．北京:人民出版社,2009:36.

本质来看待问题，认为二者是辩证统一的。习近平总书记指出，“人与自然和谐共生的现代化，既要创造更多物质财富和精神财富以满足人民日益增长的美好生活需要，也要提供更多优质生态产品以满足人民日益增长的优美生态环境需要”①。这种“既要……也要”的表述，以一种辩证方式否定了经济与环境二元对立的思想，说明了人类社会的发展和自然环境保护是可以协调共进的，并体现出了我国以人民为中心的发展思想，阐明了既要实现经济发展满足人民对美好生活的需要，又要保护自然满足人们对优美生态环境的需要。由此可见，人与自然共生的中国式现代化道路破解了西方资本主义现代化的二元对立思想，要求实现经济与环境的共同发展。

同时，不同于西方资本主义国家向发展中国家转移生态危机、推卸环境治理责任的行为，我国直面当今全球面临的环境问题，积极参与全球生态环境治理合作，致力于共同构建地球生命共同体。2021 年我国主办的联合国《生物多样性公约》缔约方大会，其主题就是“生态文明：共建地球生命共同体”，习近平总书记在致辞中指出，国际社会要加强合作，心往一处想，劲往一处使，共建地球生命共同体②。这体现出我国将全球经济发展与生态建设视为人类共同利益这样一个整体的理念，绿色发展应当是全球各国的共同发展，而不是本国向他国的生态危机转移和环境保护责任推卸。事实上，西方资本主义国家转嫁危机的行为看似实现了自己的独善其身，实际上破坏了作为整体存在的全球生态系统，最终将造成全球性生态危机并威胁自身发展。数据显示，2021 年地球大气中二氧化碳、甲烷、氧化亚氮三种温室气体浓度达到新的高度，2022 年全球平均温度比工业化前水平高 1.15℃，气候变暖导致冰川融化、海平面上升，全球爆发了一系列极端气象事件③，这种世界性的生态危机使得各国都无法幸免于难。我

---

① 习近平. 决胜全面建成小康社会　夺取新时代中国特色社会主义伟大胜利[N]. 人民日报,2017-10-28(001).

② 中国举办的 COP15“达到所有预期”——访联合国《生物多样性公约》秘书处执行秘书伊丽莎白·穆雷玛[EB/OL]. 新华社,https://www.mee.gov.cn/ywdt/hjywnews/202110/t20211016_956789.shtml,2021-10-16.

③ 姬玉玺，张有利，于钦明. 全球正深陷气候危机之中[J]. 生态经济，2023，39(1)：5-8.

国不仅在理念上提出共建地球生命共同体，在实际举措上，我国还通过向非洲国家提供遥感卫星援助、协助东南亚国家创办低碳示范区等方式，帮助发展中国家提高生态环境治理能力。由此可见，人与自然共生的中国式现代化道路破解了西方资本主义现代化的西方中心思想，要求实现全球各国的共同发展。

（三）以实现人自由而全面的发展为最终旨归

立足于马克思关于人的全面发展的思想，习近平总书记提出“绿色发展和可持续发展的根本目标是……推动人的全面发展”[①]，由此可见，实现人自由而全面的发展是习近平绿色发展理念追求的最终旨归。

人的全面发展不是一蹴而就的，而是有其历史发展过程且遵循不同阶段的现实特点，是阶段性与历史性的统一。从历史发展进程来看，从原始社会到封建主义社会再到资本主义社会，人类通过发展生产力和经济基础不断建立新的生产关系和上层结构来取代控制人、奴役人、压迫人的旧的生产关系和上层结构，以使人向全面而自由发展更进一步。基于此，马克思认为，在生产力水平极高的未来社会，最终会建立真正实现人的全面而自由的发展的“自由人的联合体”，在“自由人的联合体”中，“个人才能获得全面发展其才能的手段”[②]。因此，实现人的全面发展是马克思主义理论所阐释的最终目标。在当前社会发展阶段，还无法满足创建“自由人联合体”的“物质财富极大丰富”的条件，生产力发展水平尚不能为每个人自由而全面发展提供充足而完备的条件，我国正处于社会主义初级阶段，因此，实现人的全面发展亦是我国的最终目标。

而之所以人的全面发展也是绿色发展的最终旨归，这首先与马克思所解释的人的全面发展的内涵息息相关。马克思曾经多次指出并论述：“人的本质不是单个人所固有的抽象物，在其现实性上，它是一切社会关系的

---

① 习近平．携手推进亚洲绿色发展和可持续发展——在博鳌亚洲论坛2010年年会开幕式上的演讲[J]．中国乡镇企业，2010(5)：10－12.

② ［德］马克思，恩格斯．马克思恩格斯文集：第1卷[M]．北京：人民出版社，2009：571.

总和。”[①] 即人在本质上是一切现实社会关系的总和。同时，“个人的全面性不是想象的或设想的全面性，而是他们的现实关系和观念关系的全面性”[②]。因此，人的全面发展归根结底是人的一切现实社会关系与观念关系的全面发展，即人与自然、人与社会、人与自身的囊括现实的与历史的、精神的与物质的一切关系的全面发展[③]。习近平总书记继承和发展了马克思这一思想，提出的绿色发展理念要求实现经济与生态的共同发展，并以实现人自由而全面的发展作为绿色发展的最终旨归。首先，经济发展与生产力的提高，即人类对于自然的实践改造能力不断提高，这种能力是包括智力、体力等在内的全方位的能力，也就推进了人与自然、人与社会、人与自身关系的精神的与物质的发展。其次，生态发展为人类提供了生产劳动的资料、丰富了人的精神世界，也就提高了人类社会的经济发展水平与生产劳动能力，并促进了人类精神上与观念上的提升，进而推进了人与自然、人与社会、人与自身关系的精神的与物质的发展。最后，经济与生态辩证统一、共同发展。绿色发展归根结底是人类劳动能力的发展，劳动作为人以自身的活动来中介、调整和控制人和自然之间的物质变换的过程，劳动能力的提高就是人改造自然界和改造社会能力的综合能力的提高，这是经济与生态辩证统一发展的一种呈现，也是人与自然、人与社会、人与自身关系的精神与物质的发展的呈现。综上所述，习近平绿色发展理念立足于马克思关于人的全面发展的思想，结合中国当前历史阶段的现实特点，以实现人自由而全面的发展作为最终旨归。

---

① ［德］马克思，恩格斯．马克思恩格斯文集：第1卷［M］．北京：人民出版社，2009：505.

② ［德］马克思，恩格斯．马克思恩格斯文集：第8卷［M］．北京：人民出版社，2009：172.

③ 王海．马克思关于人的全面发展思想的四重维度探赜［J］．保定学院学报，2022，35（3）：1－5.

中国式现代化蕴含的生态观对西方生态现代化理论的超越研究

李雪娇　安梦天[①]

摘要： 生态问题是现代化转型中不可回避的重要问题。西方生态现代化理论以欧洲的现代化经验为基础，提出了资本主义应对生态危机的可能路径。中国式现代化蕴含独特的生态观，以人与自然和谐共生为价值取向，体现出社会主义的发展诉求和中华民族特色。对比研究发现，西方生态现代化理论虽然肯定了环境保护和经济发展的兼容性，但依然遵循资本增殖逻辑，坚信资本主义的技术进步和市场调节会实现自我绿化。中国式现代化坚持以人为本，着眼于全球生态环境保护的宏观视野，采取有为政府和有效市场相结合的治理机制进行多手段的综合性治理。中国式现代化蕴含的生态观在逻辑主线、理论视野、自然观念、治理机制和治理工具等方面超越了西方生态现代化理论。

关键词： 人与自然和谐共生；中国式现代化；生态现代化；理论超越

现代化是必然发生、不可阻挡的世界历史潮流[②]，破解生态环境“瓶颈”是各个国家现代化转型都必须解决的核心问题。习近平总书记在学习

---

① 作者简介：李雪娇（1988—），女，河南商丘人，经济学博士，西安电子科技大学马克思主义学院讲师，硕士生导师，主要研究方向为政治经济学；安梦天（1994—），男，陕西西安人，经济学博士，西北大学经济管理学院讲师，研究方向为政治经济学、发展经济学、环境经济学。项目来源：教育部哲学社会科学研究重大课题攻关项目“中国特色社会主义政治经济学理论与实践研究”（项目编号：20JZD005）、陕西省社会科学项目“习近平新时代绿色发展理念的科学逻辑研究”（项目编号：2019D004）。

② 周文，肖玉飞．中国式现代化道路的独特内涵、鲜明特征与世界意义［J］．马克思主义与现实，2022（5）：36－45，204.

贯彻党的二十大精神研讨班开班式上的讲话中提出“中国式现代化蕴含的独特世界观、价值观、历史观、文明观、民主观、生态观等及其伟大实践，是对世界现代化理论和实践的重大创新”。① 中国式现代化蕴含的独特生态观为解决经济发展与生态保护的兼容性问题提供了一种可行方案。西方生态现代化理论研究现代工业化社会如何应对环境危机，探讨的核心问题是现代化的发展是否存在生态极限，经济增长和环境保护之间是不是对立关系。柏林自由大学环境政策研究中心的马丁·耶内克教授在1982年的议会辩论中首次使用了生态现代化的概念②，约瑟夫·胡伯进行了具体的学理阐释，其被认为是生态现代化理论的创始人③。西方生态现代化理论主张资本主义政治经济要进行有远见的行动，以确保经济发展和环境保护能够携手共进并相互强化，技术革新、市场机制、环境政策和预防性理念是西方生态现代化理论的四个核心性要素④。中国式现代化建立在社会主义制度基础上，以生命共同体思想为指导，将环境内生于经济发展过程，用最严格的制度和最严密的法治保护生态环境，积极推动区域合作以及全球协作，全过程、全地域地开展生态文明建设，是追求人与自然和谐共生的“中国版”现代化道路。对比分析中国与西方现代化过程中的生态转型理论，论证中国式现代化蕴含的独特生态观对西方生态现代化理论的超越，有助于增强对中国特色社会主义的理论自信，探讨现代化建设中生态治理方案对于维护全球生态安全也有现实意义。

一、逻辑主线：人本逻辑对资本逻辑的超越

西方生态现代理论和中国式现代化蕴含的生态观都追求经济增长与生

① 正确理解和大力推进中国式现代化[N]. 人民日报,2023-02-08(001).

② 马丁·耶内克宣称自己也是生态现代化理论的创始人,详情参见生态现代化理论:回顾与展望[J]. 马克思主义与现实,2010(1):175-179.

③ 洪大用,马国栋,等. 生态现代化与文明转型[M]. 北京:中国人民大学出版社,2014:1,33.

④ 郇庆治,马丁·耶内克. 生态现代化理论:回顾与展望[J]. 马克思主义与现实,2010(1):175-179.

态环境的脱钩，围绕环境可持续发展前提下如何实现经济繁荣的现代化建设进行理论探索。但是基于不同的阶级立场，二者具有不同的逻辑主线，西方生态现代化理论为资产阶级服务，遵循资本增殖逻辑，中国式现代化蕴含的生态观以人为本，追求生态正义和环境公平。从逻辑主线上来说，中国式现代化蕴含生态观的人本逻辑实现了对西方生态现代化理论资本逻辑的超越。

（一）西方生态现代化理论遵循资本逻辑

西方生态现代化理论以少数欧洲国家的发展经验为基础，肯定了生态环境是经济可持续发展的前提，但否定环境污染是经济增长的结果和负担，力图沿着环境友好的路线重新建构资本主义的政治和经济。胡伯认为生态现代化是在工业建设阶段完成之后的超工业化过程，即工业系统的生态转换①，因此生态现代化也被认为是工业结构的绿色转向，是现代社会发展的一个阶段。生态现代化理论将参与环境治理的各个主体视为伙伴关系，政府、温和的环境主义者、科学家和工商业沿着环境友好的路线相互合作②，这种伙伴关系本身就是对资本主义政治体制的重构，而重构的伙伴关系还会延伸到经济组织，进而对资本主义的经济运行进行生态重构。生态现代化理论在资本主义的制度框架内进行调整和优化，本质上依然是改良资本主义路线。

西方生态现代化理论认为资本对利润的追逐是推动后生态转型的主要动力。后工业阶段，资本主义主动选择生态转型是基于环境价值内含经济价值，保护环境的行为会带来更多潜在的利润，企业之所以不抵制生态现代化，就是因为工商业可以从中获利。根据西方生态现代化理论，解决资本主义社会当下的环境污染至少在两个层面提升了资本家的利润空间：一

① J. HUBER. Die verlorene unschuld der okologie ：nene technologien und superindustrielle entwicklung[M]. Frankfurt am Main ：Fisher Verlag ，1982：12 –19.

② M. A. HAJER. The politics of environmental discourse ：ecological modernisation and the policy process[M]. Cambridge：Oxford University Press ，1995：78 –95.

方面，污染意味着浪费，也是生产效率低下的标志，最小化浪费就意味着更高效的生产，也就是更多的利润。最重要的是在于，无论是对于政府还是企业，当下不能及时解决的难题，留到将来就要付出更高的成本和代价，毕竟扩散后的污染治理难度更大、花费更多。而且消费者越是不需要过分包装、人工因素和有毒成分少的清洁商品，生产的总成本越低。因此，解决当下的环境问题在长期意味着节约企业生产总成本。另一方面，良好的生产和生活环境有利于工人的身体健康和精神状态，也就意味着更高的社会生产力，在生态现代化理论探讨最多的几个发达国家，工人甚至会为了环境收益而放弃部分工资收入。因此，选择环境友好的生产方式对于资本家来说可以提高经济收益，获取剩余价值的内在动机说明生态现代化依然是对资本逻辑的坚持。

（二）中国式现代化蕴含的生态观遵循人本逻辑

人与自然和谐共生的中国式现代化以马克思人与自然的关系为理论根基，把人作为生态环境治理的实践主体，充分发挥人的能动性和创造性。马克思认为人不仅是“受动的自然存在物”，更是具有自然力、生命力的“能动的自然存在物”①。在自然界中，只有人具有生态意识，能够敏锐地体察到生态危机的威胁，而且只有人有可能有能力开展生态环境的修复和治理，因此保护生态环境必须认识到人作为实践主体的唯一性和不可替代性。以马克思主义为理论指导的中国式现代化坚持以人为本，认识到在人类发展过程中人与自然生态环境是一个紧密联系不可分割的生命共同体，“大自然孕育抚养了人类，人类应该以自然为根，尊重自然、顺应自然、保护自然……像保护眼睛一样保护自然和生态环境，推动形成人与自然和谐共生新格局”②。中国在现代化建设中十分注重人在生态文明转型中的作用，积极推动全体人民共同参与、共同建设、共同享有现代化建设的文明

---

① ［德］马克思，恩格斯．马克思恩格斯文集：第1卷［M］．北京：人民出版社，2009：209.

② 习近平．共同构建人与自然生命共同体［N］．人民日报，2021－04－23（002）.

成果。中国式现代化蕴含的生态观始终坚持以人为本，坚持生态惠民、生态利民、生态为民、生态靠民，体现出明显的人本逻辑。

中国式现代化在建设过程中把人作为实践的价值主体，积极关注人的理性诉求，以满足人民的需要为根本出发点。中国的现代化建设始终回应人民关切，将人民对美好生活的向往和优美环境的期待作为发展的关键目标，“坚持以人为本，在绿色转型的过程中努力实现社会公平正义，增加人民获得感、幸福感、安全感”[①]。中国人民生活水平显著提高，需求结构不断升级，优美的生活环境和清洁的生态产品已经成为新时代人民对美好生活的客观需要。中国特色社会主义在现代化建设中始终坚持以人民为中心，统筹协调人民对物质利益诉求和环境利益诉求，全方位开展生态修复和环境治理，尽力满足人民对美好生活环境的向往，为实现人的全面自由发展提供自然基础。中国式现代化回应新时代社会主要矛盾，以满足新时期的人民需要来驱动经济发展转型，体现了以人为本的逻辑主线。

二、理论视野：全局视野对局部视野的超越

西方生态现代化理论的研究集中于民族国家层面，无力解释发达国家的生态现代化与落后国家的非生态现代化并存，甚至相互依存的现实，导致其全球适用性被广泛质疑。中国式现代化蕴含的生态观从生命共同体的宏观视野看待环境问题，提出了实现经济增长和环境保护协同发展的全球方案，在理论视野和解决方案上超越了西方生态现代化理论。

（一）西方生态现代化理论着眼于局部生态治理

对于发展中国家现代化建设中的生态转型道路，西方生态现代化理论没有给出明确的路径。克里斯托弗在“强的生态现代化”观点中已经提到要关注环境与发展的国际向度，20 世纪 90 年代也有相关学者考察了新兴

---

① 习近平．习近平关于社会主义生态文明建设论述摘编[M]．北京：中央文献出版社，2017：55.

工业经济体、过渡型政府等非欧的生态现代化实践①，索南菲尔德等分析了生态现代化理论在东南亚新兴国家应用的可能性和适用性，但并没有给出落后国家如何实现生态现代化的路径，他对东南亚地区纸浆和造纸业的研究甚至说明，欧洲发达国家实现的“生产去物质化”得益于东南亚地区生产中的“超物质化”。莫尔的研究则直接指出生态现代化理论对越南的环境改革进程只能起到非常有限的解释作用②。正是这种适用性的欠缺，导致生态现代化理论难以回应新马克思主义学者施耐伯格的批判：生态现代化的理论家们始终选择在一个富有创新性的领域或者行业检验他们的理论，或者用他们的理论作出具有选择性的分析③。

针对经济增长和环境污染能否脱钩以及如何脱钩的问题，西方生态现代化理论以少数欧洲国家的发展经验为基础，肯定了生态环境是经济可持续发展的前提，但否定环境污染是经济增长的结果和负担。生态现代化理论主要是针对发达国家，德国、荷兰、挪威等就是其典型的实践案例，这些国家用生态现代化巩固它们在全球的经济利益，进一步拉开了自己与落后国家在经济和环境上的差距。然而，这些先发国家在后工业化阶段顺利实现的生态转换是建立在产业转移和国际贸易的基础上的。根据污染天堂假说，正是发达国家对生态环境的高标准造成污染密集产业转移到了环境标准较低的落后国家，这种对污染产业的区位重置并不能改善全球整体的生态环境质量。而且，有限的地球决定了那些承担污染产业的后发国家缺少再次转移的生态空间，即便在工业化的后期阶段也不能按照生态现代化理论所提出的路径实现生态转型。因此，整体上看，西方生态现代化理论的研究视野只是局限在民族国家的层面，无力解释欧洲之外甚至欧洲内部落后国家如何实现生态转型的问题。

---

① 李慧明．生态现代化与气候治理[M]．北京：社会科学文献出版社，2017：60.

② [荷]阿瑟·莫尔，[美]戴维·索南菲尔德．世界范围的生态现代化：观点和关键争论[M]．张鲲，译．北京：商务印书馆，2011：398.

③ ALLAN SCHNAIBERG，DAVID N. PELLOW，ADAM WEINBERG. The environmental state under pressure [M]. JAl Amsterdam：Press/Elsevier，2002：15 – 32.

（二）中国式现代化蕴含的生态观坚持全局视野

中国式现代化以生命共同体理念为根本指导，力图从全局视野构建一个全人类和其他生物共同发展的生命系统。山水林田湖草沙是生命共同体，一起生活在地球上的世界各族人民也是生命共同体，追求发展的当代人与继往开来的后代人同样是生命共同体。生态系统的稳定性是地球生物得以生存和繁衍的重要前提，人类和自然界的各种动物、植物以及微生物相互依存，紧密联系，共同构成生态环境的大系统，保护系统的稳定性就要保护生物及其生活环境的整体性、多样性和可持续性。环境的外部性和公共性决定了任何民族都不能在生态保护中置身其外，因此，保护地球需要世界各国和衷共济、共同努力，人类历史已经不止一次证明恶化的生态环境不仅制约经济发展，甚至会造成文明的覆灭。人类文明的延续和传承建立在生态环境可持续发展的前提下，构建地球生命共同体、构建清洁美丽的生存家园，是实现当代人美好生活需要的客观前提，更是为子孙后代负责的重要选择。中国式现代化运用系统思维看待全球生态环境治理，提出国际社会要勠力同心、“共建地球生命共同体”①。地球生命共同体反映出中国在现代化建设中的全局视野和世界格局，也体现了中国作为发展中大国在生态环境保护上的责任担当。

中国式现代化着眼于全球构建，具有更开阔的视野和更高的立意。生态文明需要世界各国的高度共识和有效协作，当代世界社会分工之细，各个国家经济联系之密，全球化程度之高，只靠一个或者少数几个国家的努力是不可能建成生态文明的。任何一个国家或者地区游离于生态建设之外，都可能对人类的生存发展产生巨大的潜在威胁。中国作为全球生态文明建设的参与者、贡献者和引领者，积极推进全球的共同努力与合作，也高度重视地区性的奋斗和付出。中国认真履行国际公约，主动承担与国情和发展能力相适应的环境治理义务，而且作为“最大发展中国家推进生态

① 习近平．共同构建人与自然生命共同体[N]．人民日报，2021－04－23(002)．

文明建设，建成富强民主文明和谐美丽的社会主义现代化强国，其影响将是世界性的”[①]。此外，中国还深度参与全球气候变化应对行动，推动生物多样性保护和海洋污染治理，提供更多的全球公共产品，为共建地球生命共同体贡献了中国智慧和中国力量。

三、自然观念：和谐自然观对从属自然观的超越

西方生态现代化理论内含从属的自然观，改善生态环境的目的依然是服务于资本增殖，通过预防性策略来逐步改善地区环境也是为了满足人的愿望，本质上依然是人类中心主义。中国式现代化蕴含的生态观更注重人与自然的辩证统一，将环境内生于人类社会经济发展过程，努力创造人与自然和谐共生的现代化新道路，在看待自然的观念上超越了西方生态现代化理论。

（一）西方生态现代化理论内含从属自然观

生态现代化理论是西方学者对现代文明转型的一种探索，肯定了环境问题的客观性，强调环境问题的威胁不能被忽视，提出了促进经济与环境协调发展的行动，具有一定的积极成分。在生态现代化理论的语境中环境改善和经济增长的同步是可行的，经济运行机制的合理应用和结构调整可以促进经济利益和生态环境利益的耦合。与传统工业社会将经济利益与环境利益对立的观点不同，此理论认为在超工业化阶段环境利益也意味着经济利益，追求经济利益的资本主义经济会主动转向低碳环保的生产方式。哈杰指出环境保护增加经济成本的传统理念应该被取代，防止污染有报偿会逐步形成一种新的公众意识，经济和环境可以兼容的新理念会引导经济主体共同行动，通过预防性原则实现生态化转变。[②] 而且资本主义社会不

---

① 习近平．推动我国生态文明建设迈上新台阶[J]．当代党员，2019(4)：4－10.

② M. J. COHEN. Risk society and ecological modernization：alternative visions for post－industrial natond[J]. Futures，1997，29(2)：105－119.

是僵化的，科学界、经济界和政治界以及社会团体会形成环境保护的合力，推动工业化社会向资源节约和环境友好进行转变。这种“市场会自我绿化”的结论意味着生态危机会随着技术革新和结构调整迎刃而解，避开了对资本主义制度的批判，迎合了资本主义国家的期待，仍然是对西方现代化方向的坚持。

西方生态现代化理论的这种自然观念在本质上依然属于人类中心主义。该理论把自然当作资源的来源地和污染的回收站，虽然提出给自然的负担不能过重，但这种观点的立足点和落脚点都是满足人的利益和需要，对其他物种的关切也是建立在满足人的利益的基础上，自然只是人类愿望的从属，自然系统也被视为人类社会的附属品。因此，洪大用等在《生态现代化与文明转型》一书中指出“生态现代化理论不过是现代人类中心主义的另一种理论表象”。① 由于经济增长与环境压力脱钩的目标设定，生态现代化理论选择性地忽视增长极限，把资本主义的政治经济体制视为理所当然并将一直存在。在经济的生态转向上，预防原则被广泛应用，因为与单纯的末端治理相比，预防性策略更能降低环境治理的总成本，促进生产和消费的结构性变化。预防性策略通过技术创新和经济结构调整优化生产过程，增加产品的环境适应性，使得生态环境不会阻碍生产的进一步扩大和发展，本质上依然是环境服务于生产，是典型的从属自然观念。

（二）中国式现代化蕴含的生态观追求人与自然和谐共生

中国式现代化蕴含的生态观以马克思主义生态思想为理论依据②，结合了中国优秀的传统生态文化，追求人与自然和谐共生的现代化转型。马克思认为自然是人的“无机的身体”③，人类的生存发展必须以自然为根，“人的肉体生活和精神生活同自然界不可分离”④，离开了自然的物质资料

① 洪大用，马国栋，等．生态现代化与文明转型[M]．北京：中国人民大学出版社，2014：33.

② 李雪娇，何爱平．人与自然和谐共生：中国式现代化道路的生态向度研究[J]．社会主义研究，2022(5)：17－24.

③ [德]马克思，恩格斯．马克思恩格斯文集：第1卷[M]．北京：人民出版社，2009：150.

④ [德]马克思，恩格斯．马克思恩格斯文集：第1卷[M]．北京：人民出版社，2009：161.

和环境基础，经济发展就是无水之源、无根之木。人与自然和谐共生的价值导向还深植于中华民族的文化基因，仁民爱物的伦理观、道法自然的规律观、取用有节的发展观均体现了中华民族对天人合一的价值追求。“生态文明是人类文明发展的历史趋势”①，人与自然之间不仅是外生共存，内在也是一个相互融合的整体，是相互生成和共同发展的关系。中国式现代化历史性地看待生态环境在人类生存发展中的重要作用，不仅把人看作自然的组成部分，也视其为推动自然发展的能动因素，坚持以人与自然和谐共生为价值导向，以自然的发展规律为准则，以资源环境的承载力为基础，构建清洁低碳绿色的经济发展体系。

中国式现代化从人与自然的整体性看待生态环境，不仅将生态环境作为文明发展的前提条件和手段，也把保护生态环境作为人类发展的重要任务和目标。中国是在全球处于资源环境“瓶颈”的背景下推进现代化的，必须将环境保护的目标融合进工业化的全过程。这种生态化与工业化相互交织的现代化建设必须将自然价值和经济价值进行有机统一，将生态建设和经济建设进行有机统一，在现代化建设中通过经济的绿色增长保护生态环境，同时在保护生态环境中寻找新的经济增长点，促进经济系统的绿色转型。中国在特色社会主义建设中积极探索人与自然和谐共生的现代化道路，将生态环境视为宝贵财富，将生态优势转换为发展优势，“绿水青山既是自然财富、生态财富，又是社会财富、经济财富”②，生态财富是满足人民对美好生活向往的重要组成，同时是物质财富和精神财富创造的重要依托和保障。中国式现代化建设应该“像保护眼睛一样保护自然和生态环境”③，推动形成人与自然和谐共生的新格局。“绿水青山就是金山银山”的财富观和“保护生态环境就是保护生产力”的发展观反映了生态环境保护和经济增长之间的辩证统一，充分体现出中国特色社会主义现代化发展中人与自然和谐共生的价值指向。

---

① 习近平．共同构建人与自然生命共同体[N]．人民日报，2021－04－23(002)．

② 习近平．习近平谈治国理政：第3卷［M］．北京：外文出版社，2020：361．

③ 习近平．论坚持人与自然和谐共生[M]．北京：中央文献出版社，2022：88．

四、治理机制：政府市场有机结合对过分强调市场机制的超越

生态现代化理论认为环境保护和经济发展是相互支持、相互促进的关系，强调市场的自我进化，认为市场在生态转型中可以实现资源的最优配置。政府作为市场的保护者和促进者，主要是在市场机制的构建和维护中发挥作用。中国式现代化蕴含的生态观辩证看待市场机制和政府协调在环境治理中的作用，不仅重视市场的自发调节，而且重视政府的统一协调和管理，突出有为政府和有效市场的有机结合，在治理机制上超越了西方生态现代化理论。

（一）西方生态现代化理论崇尚市场主导

生态现代化理论更多地汲取了新自由主义的思想成分，突出市场机制在经济生态化转型中的重要作用。该理论认为市场的竞争机制和资本自由运行更有利于资源的优化配置，能够促进经济系统的绿色化转型，现代国家解决环境问题必须肯定市场行动者和市场动态在环境改革中的作用。胡伯认为市场可以弥补环境管制中因为官僚体制而造成的政府缺位，“经济的生态化”和“生态的经济化”在市场经济的条件下才能实现①，他对政府在生态转型中的作用持否定态度，认为“政府机构在某种程度上是反生产力的……政府自己无论如何也无法产生生态现代化”②。在后期发展中，生态现代化理论逐渐认识到了政府的协调作用，耶内克提出“政府干预的

① J. HUBER. Die zwei gesichter der arbeit：ungenutzte mogichkeiten der dualwirtschaft[M]. Frankfurt am Main：Fisher Verlag，1984：34－57.

② JOSEPH HUBER. Eological modernization：beyond scarcity and bureaucracy，in the ecological modernisation reader：environmental reform in theory and practice[M]. London and New York：Routledge，2009：50－51.

协商形式可以被期待以发挥重要作用”①。克罗纶认为国家可以通过政策指引等方式对消费行为进行生态化的引导②，斯帕加伦则认为国家可以通过增加生产者和消费者之间的信息反馈提升自然环境和消费的效率③。正是因为需要政府在设定标准和提供激励方面发挥作用，该理论也被干预主义政府接受④，被认为是生态现代化典范的芬兰、德国、荷兰、挪威的生态转型中都有政府发力。1989年，荷兰实施了国家环境政策计划，环境标准被纳入体制设计，挪威政府通过经营补助的方式为地球之友和自然保育协会提供资助，为此，挪威的绿色税收政策走在世界前列。在生态现代化理论的话语体系中，率先推进了生态现代化的工业化国家未来会更加强大，这是现代化中主动选择生态取向的必然结果。

西方生态现代化理论对政府在环境治理中的作用认识不足，也避开了对资本主义经济体制的批判。从20世纪80年代末开始，生态现代化理论从高度强调技术创新的作用转向突出市场在生态重构中的角色。为批判新马克思主义学者施耐伯格的苦役踏车理论、反驳解决环境问题必须改变资本主义经济的结构因素和运行机制的观点，生态现代化理论宣称“资本主义既不是严格的（或激进的）环境改革所必不可少的前提，也不是这种改革的重大障碍”⑤，而且在实际上却总是试图证明资本主义能够成功找到生态化转型之路。哈杰自己也承认，生态现代化更像是一种对已经被生态危机牵累的经济救援。从建构路径可以看出，西方生态现代化弱化了政府在环境改革中的能动作用，只是基于治理的角度提出围绕体制规范进行的环

① MARTIN JAINICKE. On ecological and political modernization, in the ecological modernisation reader: environmental reform in theory and practice[M]. London and New York : Routledge, 2009: 38.

② M. S. CAROLAN. Ecological modernization theory : what about consumption? [J]. Society nat , Resource , 2004, 17(3): 247 – 260.

③ G. SPAARGAREN. Ecological modernization theory and the changing discourse on environment and modernity [R]. Environment and GlobalModernity , Thousand Oaks, CA : Sage , 2000 : 75 – 98.

④ [澳]德赖泽克. 地球政治学：环境话语[M]. 蔺雪春，郭晨星，译. 济南：山东大学出版社，2012: 169.

⑤ [荷]阿瑟·莫尔，[美]戴维·索南菲尔德. 世界范围的生态现代化：观点和关键争论[M]. 张鲲，译. 北京：商务印书馆，2011: 28.

境改革。不需要改变资本主义的政治体制就可以实现生态和经济的可持续，减少了激进者对社会制度的攻击。

（二）中国式现代化蕴含的生态观注重有为政府和有效市场相结合

中国式现代化蕴含的生态观非常注重发挥市场的基础性作用。中国主张建立长效的生态环境保护机制，因此对排污交易、环境税费、环境补贴等直接调节经济主体内在行为动机的灵活性市场机制非常重视。2021年，中国就建成了全球最大的碳交易市场，后来成为同期全球规模最大的碳现货市场。2022年1月24日，习近平总书记在十九届中央政治局第三十六次学习时强调要“充分发挥市场机制作用，完善碳定价机制，加强碳排放权交易、用能权交易、电力交易衔接协调”。党的二十大报告中重点提出要“充分发挥市场在资源配置中的决定性作用”①，建设人与自然和谐共生的现代化需要不断“健全资源环境要素市场化配置体系”②“完善碳排放统计核算制度，健全碳排放权市场交易制度”③。全面推进排污权、用能权、用水权、碳排放权的市场化交易，充分调动经济主体参与生态环境治理的主动性和积极性，提高环境治理能力和治理水平的现代化。

中国式现代化蕴含的生态观同样重视政府的宏观调控，构建了有效市场和有为政府相结合的环境治理机制。中国的生态建设是工业化完成之前开始推进的，不仅物质财富积累不足，技术水平和市场机制发展也不成熟，各项社会条件发展都不充分，为此，政府不仅要扮演“环境政府的角色，还要扮演发展主义政府的角色”④。这与胡伯的“生态转型发生在工业

① 习近平．高举中国特色社会主义伟大旗帜　为全面建设社会主义现代化国家而团结奋斗［M］．北京：人民出版社，2022：29.

② 习近平．高举中国特色社会主义伟大旗帜　为全面建设社会主义现代化国家而团结奋斗［M］．北京：人民出版社，2022：50.

③ 习近平．高举中国特色社会主义伟大旗帜　为全面建设社会主义现代化国家而团结奋斗［M］．北京：人民出版社，2022：52.

④ 洪大用．经济增长、环境保护与生态现代化——以环境社会学为视角［J］．中国社会科学，2012(9)：82－99，207.

突破和建设阶段之后”论断是不相符的，与工业化相互交织的生态化转型显然难度更大，仅仅依靠市场机制显然不可行。中国特色社会主义辩证地看待政府和市场的关系，“看得见的手”和“看不见的手”同时发挥作用，二者有机统一，形成相互补充、相互协调、相互促进的环境治理格局。中国式现代化充分发挥社会主义政府集中力量办大事的制度优势，将环境保护内生于现代化经济发展过程。从顶层设计上看，中国政府把生态建设纳入全面建设现代化国家的“五位一体”总体布局，提出了绿色发展的新理念，规划了美丽中国的现代化强国目标，制定了碳达峰碳中和的长期规划以及污染防治攻坚战的短期策略。在具体的实践探索中，注重发挥制度管根本、管长远的作用，用最严格的制度、最严密的法治保护生态环境。强化制度执行是中国推进生态文明建设的一个鲜明特色①，不仅在生态环境制度供给和制度创新上发力，也不断完善制度实施环境，充分发挥制度在生态环境保护中的刚性约束作用，逐步构建了一套完整的生态文明制度体系。

五、治理手段：综合治理对技术依赖的超越

西方生态现代化理论注重工具理性，寄希望于科技革新来应对资本主义的环境危机。中国式现代化蕴含的生态观从系统性的角度出发，对山水林田湖草沙等生态要素采取全面统筹，在发展的全过程中采用制度、组织、技术等综合性手段推动经济主体的协同治理，同时注重区域联动和齐抓共管，在治理手段上超越了西方生态现代化理论。

（一）西方生态现代化理论的工具理性原则

生态现代化理论特别强调技术在工业生产和环境改革中的作用，属于典型的技术乐观主义。胡伯非常重视科技创新尤其是工业领域的科技创新

---

① 李佐军．健全现代环境治理体系[N]．人民日报,2021－09－30(005)．

对环境改革的积极影响，“改变生产和消费的操作结构和生态属性的新技术和实践……是生态现代化社会的核心要素”①。此理论认为科学技术不应该被看作环境问题的麻烦制造者，而是预防和解决环境问题的潜在解决者。科恩认为超工业化阶段采用清洁的现代技术能有效减少对生态环境的破坏②，莫尔提出技术不只是引发生态危机的诱因，也是加速工商业生态转向的有效工具。耶内克认为科技创新对环境问题具有预防作用，生态现代化就是实现环境问题的补救性策略向预防性策略转化的过程。③ 哈杰从建构主义视角构建了“技术—组合主义”的生态现代化框架，提出运用技术和制度相结合的方式来解决环境问题。④ 克里斯托弗根据程度和范围将生态现代化理论分为弱生态现代化和强生态现代化，而分析发达国家的弱生态现代化框架实际上就是一种技术统治主义的现代化⑤，甚至政策的制定和决策也应该由科学界和其他精英共同参与和掌控。即便在考虑到人与生态系统相互作用的强生态现代化中，也必须重视技术创新而不能一味地追求交往沟通和政策变迁。

西方生态现代化理论积极看待科学技术在解决环境问题中的治理和预防作用，过度夸大了技术革新应对生态危机的效果。生态现代化理论重视工业化发展过程中环境问题的真实性和客观性，将当代环境科学和经济科学中紧迫的相关理论争鸣组织起来，为解决环境危机做出了积极贡献，但是过度突出技术革新对环境治理的作用，使其带有自然进化论的色彩。“生态现代化所倡导的社会变革不过是修补性的，更确切地说是技术修复

① JOSEPH HUBER. Pioneer countries and the global diffusion of environmental innovations: theses from the viewpoint of ecological modermisation theory[J]. Clobal Enironmental Change,2008(18):361.

② M. J. COHEN. Risk Society and Ecologicaltive Visiors for Post - industrial Nations[J]. Futures, 1997,29(2):105 - 119.

③ M. JNICKE. Preventive environmental policy. as ecological modernisation and structural policy [R]. HUG Discussion Papers , 1985.

④ M. A. HAJER. The politics of environmental discourse : ecological modernisation and the policy process[M]. Cambridge:Oxford University Press ,1995:78 - 95.

⑤ PETER CHRISTOFF. Ecological modernisation,ecological modernities[J]. Environmental Politics, 1996,5(3):476 - 500.

性的，未能使整个社会实现根本性改变。”① 胡伯通过微芯片技术的例子说明工业系统结构会随着技术进步向生态化转变，而技术的持续进步最终必将带来环境的改善，明显是过度强调了人类自身的能动性。在后期的发展中，生态现代化理论虽然也认可了新马克思主义在环境问题的社会不平等和生态结构调整方面的观点，但在解决这一问题的手段上却依然盲目相信科学技术的积极作用。生态现代化理论鼓吹技术中性论，对科学界也抱有过高的期待，认为技术革新和结构调整的改良举措会自觉走向资源节约和环境友好的绿色资本主义道路。

（二）中国式现代化蕴含的生态观倡导综合治理

人与自然和谐共生的现代化奉行生命共同体的理念，形成了覆盖全过程的系统治理体系。山水林田湖草沙是相互依存紧密联系的生命共同体，是人类经济社会发展的物质前提和空间载体。因此，对生态环境的治理必须从全局出发，多措并举，从系统工程的思路整体施策，而非只顾眼前、只管当下的局部治理和短期治理，避免给自然系统造成长期性系统性的破坏。中国特色社会主义站在人与自然和谐共生的角度谋划经济发展②，在环境保护工作中严管源头污染、严控过程治理、严惩污染后果，形成一条严格的生态保护红线。中国在现代化建设中遵循生态规律，注重节约优先、保护优先和自然恢复为主，突出各级微观经济主体的相互配合，坚持全国动员、全民动手、全社会共同参与，对环境污染进行科学治理、精准治理和整体治理。正是得益于这种覆盖发展全过程的系统性治理，中国成为世界上最大的人工林贡献国、全球“增绿”的主力军、全球大气质量改善速度最快国，推动生态环境保护发生历史性、转折性、全局性变化。

中国式现代化蕴含的生态观倡导不同治理手段的相互协同和区域联动。围绕生态环境保护，中国政府有效整合资源，全国一盘棋，逐渐形成

---

① 洪大用，马国栋，等．生态现代化与文明转型[M]．北京：中国人民大学出版社，2014：33.

② 习近平．习近平谈治国理政：第4卷[M]．北京：外文出版社，2022：362.

了齐抓共管、区域联动的协同治理模式，构建了高效统一的规划管理体系。中央政府统筹兼顾，统一谋划、统一部署，把控生态环境治理的总体节奏，地方政府根据地区发展条件和自然禀赋制定时间表和路线图，有序推进生产和生活方式的绿色转型。各级政府上下同心，以高度的历史使命感和政治责任感做好生态环境保护，重点抓源头治理，强化过程管控，严格事后追责，形成生态保护和环境治理的合力，建成以政府为主导、企业为主体、公众积极参与的现代环境治理体系。新时代以来，中国“污染治理力度之大、制度出台频度之密、监管执法尺度之严、环境质量改善速度之快前所未有”[①]。中国在生态文明建设中还严抓政策执行，设计了中央生态环境保护督察制度，健全环保信用评价、信息强制性披露、严惩重罚等制度，保证中央关于生态文明建设的决策部署落地见效。

六、结语

西方现代化理论肯定了现代化建设中生态环境保护的客观性和重要性，主张通过预防性策略和技术革新来改善环境，对于推进全球生态治理具有一定的积极作用。但西方生态现代化理论避开了对资本主义制度的批判，认为资本主义后工业化阶段可以通过市场机制的自发调节和技术进步实现自我绿化，体现了自身的局限性。中国式现代化蕴含独特的生态观，但并不是西方生态现代化理论现实中的翻版，而是基于中国经济发展和生态文明建设实践的原创版，具有明显的民族特征和社会主义属性。中国式现代化蕴含的独特生态观遵循人本逻辑，奉行的和谐自然观具有更高远的全局视野，坚持有效市场和有为政府相结合的环境治理机制，采取覆盖全过程和区域联动的综合治理手段，在逻辑主线、理论视野、自然观念、治理机制和治理手段上超越了西方生态现代化理论。

---

① 习近平．推动我国生态文明建设迈上新台阶[J]．当代党员，2019(4)：4－10.

"双循环"新发展格局视域下马克思世界市场理论与西方全球化理论的比较

王　聪　王　佳①

摘要：双循环新发展格局是我国在新发展阶段下适应国内外复杂形势变化而作出的重大战略决策，富有深厚的理论基础与战略远见。马克思世界市场理论与西方全球化理论对于全球化进程提供了两种代表性的观点：马克思世界市场理论运用唯物史观深刻揭示了世界市场的本质、动力，科学预测了世界市场的发展趋势和前景，全面考察了世界市场条件下落后国家的道路选择；西方全球化理论以西方新自由主义全球化理论为代表，极力维护资本主义在全球的统治。经过比较，二者在研究对象、研究方法、全球化性质、发展途径、动态性特征等方面存在差异，且马克思世界市场理论有着深刻的历史穿透力，为双循环新发展格局提供了强有力的思想指导。

关键词：马克思世界市场理论；西方全球化理论；"双循环"新发展格局

构建以国内大循环为主体、国内国际双循环相互促进的新发展格局是习近平总书记针对国内外局势变化而提出的战略经济发展模式。一方面，当今世界正经历百年未有之大变局。自2008年金融危机以来，"世界经济深度衰退、国际贸易和投资大幅萎缩、国际金融市场动荡、国际交往受

---

①　王聪(1981—),女,福建厦门人,经济学博士,西北大学经济管理学院经济学系副教授,硕士生导师,研究方向为中国经济转型与发展;王佳(1998—),女,山西晋城人,西北大学经济管理学院硕士研究生,研究方向为中国经济转型与发展。

限、经济全球化遭遇逆流、一些国家保护主义和单边主义盛行、地缘政治风险上升”①，加之新冠疫情的流行，我国外贸环境受到亘古未有的影响。另一方面，我国正处于实现中华民族伟大复兴的关键时期，构建新发展格局有助于我国经济实现跨越式发展。其主要包括两层含义：一是国内循环作为主体，国内循环和国际循环相互促进；二是国内循环和国际循环充分衔接，切实运用国际要素、产品、需求等来调控国内经济发展。② 而马克思世界市场理论与西方全球化理论对于全球化进程提供了两种代表性的看法。在当今复杂的国内外形势下，本文对两种理论进行比较分析，对于双循环新发展格局的构建有较为重要的理论与现实意义。

一、马克思世界市场理论

加快构建双循环新发展格局，是马克思主义政治经济学新成效，强力推动着我国现代化建设③，而世界市场理论在马克思“六册计划”中起着至关重要的作用，是马克思政治经济学理论体系不可缺少的部分。在当今全球化背景下，部分学者在马克思世界市场理论和双循环新发展格局之间进行了相关研究，提出马克思世界市场理论是双循环新发展格局重要的理论基石：张占斌（2022）认为构建新发展格局是对马克思世界市场理论的丰富和拓展，既要推进更高水平、更深层次的对外开放，更要以国内大循环为主体，发挥国际循环对国内循环的促进作用④；白暴力和徐喆（2022）指出“双循环”新发展格局为世界市场的发展贡献了中国力量和中国智

---

① 习近平在看望参加政协会议的经济界委员时强调坚持用全面辩证长远眼光分析经济形势努力在危机中育新机于变局中开新局[N]. 人民日报,2020-05-23(001).

② 陈甬军,晏宗新.“双循环”新发展格局的经济学理论基础与实践创新[J]. 厦门大学学报(哲学社会科学版),2021(6):37-47.

③ 张占斌. 加快构建新发展格局:当代马克思主义政治经济学的新成果[J]. 中共中央党校(国家行政学院)学报,2022(1):16-26.

④ 张占斌. 加快构建新发展格局:当代马克思主义政治经济学的新成果[J]. 中共中央党校(国家行政学院)学报,2022(1):16-26.

慧，为马克思主义世界市场理论注入了更加深厚的时代内涵[①]。在此本文从世界市场形成动力、世界市场发展前景、世界市场条件下落后国家的道路选择三个方面阐述了对马克思世界市场理论主要思想的理解；通过梳理马克思世界市场相关论述，研判全球化面临的形势与挑战。

（一）世界市场形成动力

马克思指出世界市场"不是过去一直存在的"，而是以地理大发现为契机，在生产力发展和资本的扩张双重推动力的作用下形成的[②]：一方面，生产力发展是世界市场形成和发展的决定性因素。"各民族之间的相互关系取决于每一个民族的生产力、分工和内部交往的发展程度"[③]。源于生产力的发展，劳动的社会分工开始出现，社会大生产取代了自然形成的小生产，人类交往和联系变得越发频繁。"社会分工是由原来不同而又互不依赖的生产领域之间的交换产生的"[④]，当社会分工超越国界就会产生国际分工，市场便由国内拓展到国外，世界市场开始形成。具体地，"在世界市场形成和发展的三个阶段的背后，是生产力发展的三个阶段（即简单协作——工场手工业——机器大工业）以及各民族和国家间分工发展的三个阶段（分工的出现——分工的发展和扩大——分工的普遍化和进一步扩大化）"[⑤]。随着生产力的快速发展，"大工业把世界各国人民互相联系起来，把所有地方性的小市场联合成为一个世界市场，到处为文明和进步准备好地盘，使各文明国家里发生的一切必然影响到其余各国"[⑥]。各民族间联系

---

① 白暴力，徐喆. 构建"双循环"的经济发展新格局研究——马克思主义政治经济学的继承与发展[J]. 西北工业大学学报（社会科学版），2022（4）：20－27.

② 中共中央马恩列斯著作编译局. 马克思恩格斯全集：第46卷（上册）[M]. 北京：人民出版社，1979：48.

③ 中共中央马恩列斯著作编译局. 马克思恩格斯文集：第1卷[M]. 北京：人民出版社，2009：520.

④ [德]马克思. 资本论：第1卷[M]. 北京：人民出版社，1975：390.

⑤ 孙来斌. 马克思世界市场思想概述[J]. 当代世界与社会主义，2006（4）：39－43.

⑥ 中共中央马恩列斯著作编译局. 马克思恩格斯全集：第4卷[M]. 北京：人民出版社，1958：361－362.

越来越密切，世界市场由此不断扩大。另一方面，资本扩张对世界市场形成和发展起到关键性作用。资本在国内取得统治地位后，为获得最大化的利润，按其自身的发展逻辑突破国内市场转向世界市场扩张。“资本一方面具有创造越来越多的剩余劳动的趋势，同样，它也具有创造越来越多的交换地点的补充趋势；……从本质上来说，就是推广以资本为基础的生产或与资本相适应的生产方式。创造世界市场的趋势已经直接包含在资本的概念本身中”①。由于其无限延伸的禀性，“资产阶级就不得不奔走全球各地，它不得不到处钻营，到处落户，到处建立联系”②。资本主义生产也因此获得越发宽阔的发展空间，促使世界市场持续扩张。

（二）世界市场发展前景

马克思通过对世界市场的剖释，揭示了世界市场未来发展趋势。一是“世界市场是资本主义生产方式的基础和生活条件”③，其促使资本主义生产力快速发展，深化了资本主义在全球范围的影响，“各国人民日益被卷入世界市场网，从而资本主义制度日益具有国际的性质”④。二是世界市场加深了资本主义内部矛盾，促使资本主义经济危机爆发，并为共产主义的胜利提供了物质基础和阶级基础：首先，资本创造世界市场，通过时间消灭空间、对生产力进行革命等方式将资本主义生产联系起来，使原先国内市场上分散表现出的资本主义社会基本矛盾，转化为全球总危机。随着资本发展到一定时期，“会使人们认识到资本本身就是这种趋势的最大限制，因而驱使人们利用资本本身来消灭资本”⑤。此时，资本主义为无产阶级创造了物质条件，成为共产主义胜利的助推剂。其次，资本主义生产方式使

① 中共中央马恩列斯著作编译局．马克思恩格斯全集：第46卷（上册）[M]．北京：人民出版社，1979：391.

② 中共中央马恩列斯著作编译局．马克思恩格斯全集：第21卷[M]．北京：人民出版社，1965：416.

③ [德]马克思．资本论：第3卷[M]．北京：人民出版社，1975：126－127.

④ [德]马克思．资本论：第1卷[M]．北京：人民出版社，1975：831.

⑤ 中共中央马恩列斯著作编译局．马克思恩格斯全集：第46卷（上册）[M]．北京：人民出版社，1979：393－394.

得资本家在塑造自己的同时塑造了无产阶级。随着资本剥削程度和范围不断扩大，世界市场将资产阶级和无产阶级的矛盾拓展到全世界。无产阶级与资产阶级的斗争由此成为全球性的了，为共产主义的产生和发展提供了阶级条件。总之，资本主义虽开拓了世界市场，但世界市场的未来只属于共产主义。

（三）世界市场条件下落后国家的道路选择

资本主义世界市场的形成对于落后国家发展而言具有二重性。一是资本主义世界市场的开拓打破了落后国家封闭性的发展状态，促进了生产要素在世界市场内的优化配置，推动了落后国家生产力的发展和现代化进程。落后国家可以最大限度地使用世界市场创造的交流机会来吸收资本主义时代成果，从而实现对资本主义“卡夫丁峡谷”的跨越。马克思指出“它目前处在这样的历史环境中：它和资本主义生产的同时存在为它提供了集体劳动的一切条件。它有可能不通过资本主义制度的卡夫丁峡谷，而占有资本主义制度所创造的一切积极的成果”①。二是资本扩张是为了攫取更多的剩余价值来对落后国家进行掠夺，使其从属于资本主义国家，成为产品倾销地、原料输出地以及资本的获利地②。故而，落后国家要充分利用世界市场的影响力来发展壮大自己。亦如马克思指出：“和控制着世界市场的西方生产同时存在，就使俄国可以不通过资本主义制度的卡夫丁峡谷，而把资本主义制度所创造的一切积极的成果用到公社中来。”③ 更为重要的是，落后国家应走独立自主的发展道路，努力摆脱依附，从而更好地抵御资本掠夺。

---

① 中共中央马恩列斯著作编译局．马克思恩格斯选集：第3卷[M]．北京：人民出版社，1995：769.

② [巴西]特奥托尼奥·多斯桑托斯．帝国主义与依附[M]．杨衍永，等，译．北京：社会科学文献出版社，1999：2.

③ 中共中央马恩列斯著作编译局．马克思恩格斯选集：第3卷[M]．北京：人民出版社，1995：765.

二、西方全球化理论

西方全球化理论是全球化进程中的代表性理论，对其进行分析，有利于我国更好地融入全球化实践，加快构建新发展格局。当前西方全球化理论者可以分为必然论和怀疑论两派①，其中新自由主义理论为主流。新自由主义者认为在经济方面市场原则超越了国家权力，全球化是国际自由市场经济的必然结果。其主张国家应顺应经济自由的要求，逐步取消市场管理，充分发挥市场职能；在政治领域主张自由主义统一世界，并且声称全球化推动了国家进步，是全球文明的预兆。福山（2003）指出："经济思想领域的自由化革命正在与全球的政治自由化进程相伴而行，尽管时而超出，时而滞后。"② 此外，新自由主义论者认为全球化促进了世界资源优化配置，大多数国家将在全球化进程中获得长期利益。在全球化发展前景上，新自由主义者主张"市场决定论"，认为随着全球化进程的加快，国家主权将被市场主权替代，市场将成为独一无二的力量，最终资本主义将成为经济制度的典范。正如福山（2003）指出的："我们所看到的胜利不是如此多的自由行为，而是自由主义的思想，即在世界绝大多数地区，目前还没有任何一种自称为放之四海而皆准的意识形态能与自由民主相抗衡。"③ 此外，新马克思主义者如弗朗索瓦·沙奈和保尔·库格曼等认为，经济全球化是历史发展不可逆转的过程④；变革论者的吉登斯、赫尔德等认为全球化受到多种因素共同作用的影响，包括技术变革、市场力量、意识形态等是推动经济发展的中心力量⑤。怀疑论者则认为，新自由主义是

---

① 明栋才．当代西方全球化理论研究综述[J]．重庆社会科学，2007(10)：97－100.

② [美]弗朗西斯·福山．历史的终结及最后之人[M]．黄胜强，许铭原，译．北京：中国社会科学出版社，2003：4.

③ [美]弗朗西斯·福山．历史的终结及最后之人[M]．黄胜强，许铭原，译．北京：中国社会科学出版社，2003：50.

④ 周穗明．西方全球化理论与反全球化思潮[J]．岭南学刊，2002(1)：81－86.

⑤ 周穗明．西方全球化理论与反全球化思潮[J]．岭南学刊，2002(1)：81－86.

全球化的主要动力，如英国学者大卫·哈维指出全球化是新自由主义全球化，其打破了资本在积累过程中的空间障碍①。

三、马克思世界市场理论与西方全球化理论之比较

本文从研究对象、研究方法、全球化性质、发展途径、动态性特征五个方面对马克思世界市场理论与西方全球化理论进行深入比较，以便更好地为双循环新发展格局提供指导，为新时代中国特色社会主义发展指明方向。

（一）研究对象的比较

马克思世界市场理论与西方全球化理论在研究对象上有较大差异。马克思世界市场理论主要研究整个资本主义社会及其生产方式，并对其未来发展方向作出科学预测。此外，马克思认为由于剩余价值的存在，资本主义社会经济危机将会周期性地爆发，成为资本主义的痼疾。西方全球化理论服务于资产阶级，主要对资本主义社会产生的各种具体问题进行深入研究，将资本主义私有制市场经济的运行机制和政策问题作为其研究对象，对解释表层经济现象更为重视。

（二）研究方法的比较

首先，马克思主义政治经济学对于经济问题的研究较多使用的是历史唯物主义和辩证唯物主义方法论，而西方经济学则秉持理性主义和唯心史观，以个人主义作为研究的出发点。马克思主义政治经济学通过生产力和生产关系的矛盾运动来阐明社会经济制度的变化，指出社会经济形态总会向更高级形态更替。西方经济学提倡确定的经济社会观，认为资本主义经济制度是亘古永存的。其次，马克思主义政治经济学运用总体研究方法，

---

① 明栋才. 当代西方全球化理论研究综述[J]. 重庆社会科学,2007(10):97－100.

而西方经济学关于全球化的研究则是片面的。马克思主义政治经济学使用总量和平均的分析方法，注重事物总体发展趋势。在马克思“六册计划”中，前三册主要围绕一国国内资本的生产、流通和分配展开论述，后三册则从世界的整体出发考察各个国家经济关系的总和。西方经济学使用较多的是边际分析方法，运用数学工具来解决经济问题，主要对市场的资源配置、分配制度等进行探究，孤立、静止地研究问题，如在全球化问题研究上，西方经济学将发展中国家和发达国家抽象地看作平等的国家主体，不能辩证地解释全球化的本质和规律。

（三）全球化性质的比较

马克思既充分肯定了资本主义生产方式全球扩张的积极作用，也深刻剖析了全球化所暗含的矛盾。一方面，全球化进程助推着狭隘的地域史发展为全球性历史，“美洲的发现、绕过非洲的航行，给新兴的资产阶级开辟了新天地。……使正在崩溃的封建社会内部的革命因素迅速发展”。[①] 新航路的开辟加速了资本积累，资产阶级也在一定程度上得到发展。随着市场的扩大和需求的增加，大工业建立且加速了世界市场的形成。由此，“资产阶级，由于开拓了世界市场，使一切国家的生产和消费都成为世界性的了”[②]。“过去那种地方的和民族的自给自足和闭关自守的状态，被各民族的各方面的互相往来和各方面的相互依赖所代替了。物质的生产是如此，精神的生产也是如此”[③]。这一过程促进了生产力发展，是历史进步的表现。另一方面，马克思指出全球化是资本主义生产方式发展的必然结果，“资本来到世界，从头到脚，每个毛孔都滴着血和肮脏的东西”。[④] 其本性是无限制掠取最大利润，具有剥削性和不平等性。从国内看，资本主义生产方式拉大了贫富差距，“资本家的劳动和他的资本量成反比，就是

① ［德］马克思，恩格斯．共产党宣言［M］．北京：人民出版社，1997：28.
② ［德］马克思，恩格斯．共产党宣言［M］．北京：人民出版社，1997：31.
③ ［德］马克思，恩格斯．共产党宣言［M］．北京：人民出版社，1997：31.
④ ［德］马克思．资本论：第1卷［M］．北京：人民出版社，1972：827.

说，和他成为资本家的程度成反比。正是劳动条件和生产者之间的这种分离，形成资本的概念；这种分离从原始积累开始，然后在资本的积累和积聚中表现为不断的过程，最后表现为现有资本集中在少数人手中和许多人丧失资本”。[①] 财富分配的不平衡深化了阶级对立的鸿沟。从国外看，不平等的世界经济体系在资本主义生产方式的影响下逐渐形成，“正像它使农村从属于城市一样，它使未开化和半开化的国家从属于文明的国家，使农民的民族从属于资产阶级的民族，使东方从属于西方”。[②] 故而，经济全球化为资本主义生产方式创造广大发展空间的同时使之矛盾发展到了顶点。

西方全球化论者认为全球化是和谐双赢的。新左派代表人物英国学者戴维·赫尔德（2001）认为全球化加深了人类社会间的联系，“由于当代电信、广播和交通基础设施的建设，文化交流在全球范围覆盖的区域以及文化交流量在历史上都是空前的”。“20 世纪晚期文化互动和文化交流在地理规模、直接性和速度等方面已经经历了一系列决定性的转变——不仅出现了历史独特性的技术，而且形成了不同形式的文化生产和互动的制度化”。[③] 新自由主义经济理论认为，在不牺牲穷国伙伴利益的前提下，资本从发达地区流向欠发达地区，带动欠发达地区经济增长，两者间的财富差距由此逐渐缩小，绝大多数国家将在全球化进程中得到长远的利益。这些理论掩盖了全球化发展过程中各国家间的内在矛盾，是在不触及资本主义制度的前提下对各种现象进行解释，假借全球化之势去无限制剥削发展中国家的利益，最终维护资本占主导的世界经济体系。

（四）全球化发展途径的比较

马克思世界市场理论辩证地看待了中心与外围间的关系。一方面，各国要注重所处的世界环境，“工业较发达的国家向工业较不发达的国家显

① 中共中央马恩列斯著作编译局．马克思恩格斯选集:第 2 卷[M]．北京:人民出版社,1995:462.

② [德]马克思,恩格斯．共产党宣言[M]．北京:人民出版社,1997:32.

③ 杨雪冬,[英]戴维·赫尔德,等．全球大变革:全球化时代的政治、经济与文化[M]．北京:社会科学文献出版社,2001:456.

示的，只是后者未来的景象”。[①] 处于外围地区的发展中国家，必须加强与中心国家的联系和交往，促进生产力由中心区到外围区的横向移植，从而推动自身发展。另一方面，要重视发展的特殊性。萨米尔·阿明将“外围”分为殖民主义、替代进口工业、“外围”真正自力更生三个发展阶段。[②] 外围国家必须探求符合自身发展的路径，走自主创新之路，摆脱对中心国家的依附。

西方全球化理论忽视了两者间的关联。依附论认为依附关系下是没有办法摆脱落后状态的，冈德·弗兰克曾指出，发展中国家“要摆脱不发达就须摆脱资本主义”。[③] 要与中心区减少或者切断往来，走符合自身发展的道路，才可以保证外围区摆脱附属身份，打破不平等的国际分工，实现自身独立自主的发展。该理论强调中心与外围的断裂，忽视了中心与外围在全球化发展途径上的联系。现代世界体系论认为半边缘和边缘区的国家的地位是与生俱来的，两者处于不平等的关系中[④]。这些观点没有考虑到全球化对发展中国家的影响以及横向移植在全球化中的促进作用。

（五）全球化动态性特征的比较

马克思主义政治经济学中具有明显的动态分析视角。首先，马克思作为演化经济学先驱，其制度变迁和技术变迁理论包含了丰富的演化经济学思想。在技术变迁理论中，马克思将技术进步描述为累积和渐进的过程，其指出“最初的机械织机主要是木制的，改良后的现代机械织机是铁制的。只要表面上把现代蒸汽织机和旧的蒸汽织机比较一下……就可以看出生产资料的旧形式最初如何支配着它的新形式”，[⑤] 并且将技术创新看成一

① ［德］马克思：资本论：第 1 卷［M］. 北京：人民出版社，1975：8.

② 程光泉. 全球化理论谱系［M］. 长沙：湖南人民出版社，2002：451.

③ ［巴西］特奥托尼奥·多斯桑托斯. 帝国主义与依附［M］. 杨衍永，等，译. 北京：社会科学文献出版社，1999：354.

④ 张爱武. 马克思恩格斯世界历史理论与西方全球化理论比较研究［J］. 毛泽东邓小平理论研究，2004（1）：61－66.

⑤ ［德］马克思. 资本论：第 1 卷［M］. 北京：人民出版社，1975：420.

个螺旋上升曲线的社会历史过程，马克思指出：“商品的价值是由劳动时间决定的，因此资本家必须以低于商品的社会价值来出售自己的商品，……这种进步将迫使它的竞争者也采用新的生产方式进行生产。”① 在制度变迁理论中，“马克思从哲学角度阐述了技术创新（现实生产力的发展）与制度创新（社会生产关系的调整与变革）间的辩证关系”②，基于技术进步和技术创新的视角剖释了制度创新对经济发展的必要性，动态性考察了资本主义社会制度变迁史。而马克思主义政治经济学在很大程度上运用了演化的方法，马克思在《政治经济学批判》序言中提道：“当社会生产力发展到一定阶段，将会与现存的生产关系发生矛盾，生产关系将不在促进生产力的进一步发展，而转变为生产力的桎梏。在这时，社会革命将不可避免，即庞大的上层建筑将随着经济基础的变革而或慢或快的发生变革……”③

其次，关于世界市场理论，马克思指出世界市场的发展过程呈现出动态性特征，“中心”在世界历史整体作用下而形成，并且是不断变化的。“世界贸易中心在古代是推罗、迦太基和亚历山大里亚，在中世纪是热那亚和威尼斯，在现在以前曾经是伦敦和利物浦，而现在则是纽约和圣弗朗西斯科、圣胡安—德尼加拉瓜和莱昂、查格雷斯和巴拿马”④。世界经济中心从地中海转移到大西洋又再次转移到太平洋沿岸。“14 世纪和 15 世纪……同亚洲的交往只有通过君士坦丁堡一个地方，贸易活动以地中海为中心”⑤。随着地理大发现和工业革命的到来，各国间联系普遍加强，国际

---

① 中共中央马恩列斯著作编译局．马克思恩格斯全集：第 23 卷[M]．北京：人民出版社，1972：354 - 355.

② 王聪，何爱平．创新驱动发展战略的理论解释：马克思与熊彼特比较的视角[J]．当代经济研究，2016(7)：57 - 65.

③ 中共中央马恩列斯著作编译局．马克思恩格斯选集：第 2 卷[M]．北京：人民出版社，1995：82 - 83.

④ 中共中央马恩列斯著作编译局．马克思恩格斯全集：第 10 卷[M]．北京：人民出版社，1998：276.

⑤ 中共中央马恩列斯著作编译局．马克思恩格斯文集：第 1 卷[M]．北京：人民出版社，2009：618.

交往不断扩大，地中海在世界经济中的地位逐步下降。人类活动中心向大西洋转移，英国成为世界工厂。“前一时期未开始使用的新的交通工具——铁路和海船——现在已经开始在国际范围内应用起来……这些国家都围绕着一个大的工业中心——英国”①。此后，随着太平洋沿岸的开发，“一条跨越30个纬度的海岸是世界上最美丽最富饶的海岸之一，以前几乎荒无人迹，现在正迅速地变成一个富足的文明区域”。② 太平洋地区便成为世界经济活动中心。此处通过马克思主义政治经济学对演化思想的运用以及世界市场中心不断变化两个方面来深入分析世界市场的动态性，故而在全球化发展过程中各国要因势利导，不断调整国家发展战略以推动自身发展。

西方全球化理论推崇“欧洲中心论”：其一，他们认为中心是与生俱来并且固定不变的。其二，欧洲具有不同于其他地区的优越性，“欧洲经济和社会的现代化基本上是欧洲内部的素质所造就的，而不是在1492年之后与非洲、亚洲、美洲社会相互作用的结果”③。

四、加快构建新发展格局：马克思世界市场理论的当代价值

2020年5月14日，构建国内国际双循环相互促进的新发展格局在中央政治局常务委员会会议上首次被提出④。新发展格局的提出是对马克思世界市场理论的深化与拓展。马克思世界市场理论为新发展格局构建提供了正确的、科学的、富有实践意义的解释，实现了对西方全球化理论的

① 中共中央马恩列斯著作编译局．马克思恩格斯文集:第1卷[M]．北京:人民出版社,2009:367.

② 中共中央马恩列斯著作编译局．马克思恩格斯全集:第10卷[M]．北京:人民出版社,1998:275－276.

③ [美]J. M. 布劳特．殖民者的世界模式[M]．谭荣根,译．北京:社会科学文献出版社,2002:2.

④ 中共中央政治局常务委员会召开会议　中共中央总书记习近平主持会议分析国内外新冠肺炎疫情防控形势研究部署抓好常态化疫情防控措施落地见效研究提升产业链供应链稳定性和竞争力[N]．人民日报,2020－05－15(001).

超越。

（一）构建人类命运共同体：马克思世界市场理论新突破

马克思世界市场理论相较于西方全球化理论强调了全球化进程中引起的国内矛盾和国际上的不平等现象。习近平总书记指出："远的不说，就从国际金融危机看，许多西方国家经济持续低迷、两极分化加剧、社会矛盾加深，说明资本主义固有的生产社会化和生产资料私人占有之间的矛盾仍然存在。"① 由此可以看出，习近平总书记坚持以马克思的思想和观点来分析问题。双循环新发展格局是在新形势下对马克思世界市场理论的新发展：一方面，双循环新发展格局强调以国内大循环为主体，志在推动共同富裕取得实质性进展，进一步促进社会公平正义，提高人民生活水平，形成强大的国内市场②；另一方面，从国内国际大循环的关系看，双循环新发展格局是践行人类命运共同体理念的伟大实践举措。习近平总书记提出"坚持多边主义，谋求共商共建共享，建立紧密伙伴关系，构建人类命运共同体，是新形势下全球经济治理的必然趋势"③，在复杂的国际形势下，我国将积极推动全球朝着普惠双赢的方向发展，兼顾他国利益，推动人类命运共同体的构建。

（二）促进世界资源有效配置：马克思世界市场理论新成效

马克思世界市场理论认为全球化在发展途径上具有特殊性，各国的发展道路要根据国内的实际情况而定，争取摆脱对中心国家的依附，走上自主创新之路。而双循环新发展格局要求我们依托国内市场，以国内市场作为先决条件，满足国内需求，加快构建完整的内需体系。习近平总书记强

---

① 习近平．在哲学社会科学工作座谈会上的讲话[N]．人民日报,2016－05－19(002)．

② 张占斌．加快构建新发展格局:当代马克思主义政治经济学的新成果[J]．中共中央党校(国家行政学院)学报,2022(1):16－26.

③ 习近平.抓住世界经济转型机遇谋求亚太更大发展——在亚太经合组织工商领导人峰会上的主旨演讲[J]．对外经贸实务,2017(12):4－7.

调："构建新发展格局最本质的特征是实现高水平的自立自强"①，"国内循环越顺畅，越能形成对全球资源要素的引力场，越有利于构建以国内大循环为主体、国内国际双循环相互促进的新发展格局，越有利于形成参与国际竞争和合作新优势"②，从而为繁荣世界市场作贡献。故而双循环新发展格局是对马克思世界市场理论的新时代运用。

更为重要的是，马克思世界市场理论相较于西方全球化理论辩证地看待了中心与外围的关系，认为世界市场是一个普遍联系的有机整体，世界市场与国内市场互动性发展，促进了世界资源的有效配置，弥补了国内资源不足。习近平总书记指出："我们构建新发展格局，绝不是封闭的国内单循环，而是开放的、相互促进的国内国际双循环。"③ 在国内国际经济总循环中，国内循环和国际循环相辅相成，要辩证看待两者的关系：国内循环越顺畅，越有利于推动我国经济快速发展，加速双循环新发展格局的构建；国际循环越顺畅，越有利于促进世界资源的优化配置，从而为我国经济发展注入新活力。故而在以国内大循环为主体的同时，实行国内国际双循环是必须的，面对世界百年未有之大变局，双循环新发展格局正逐步成为中国经济增长的实然之举。这正是在深刻理解马克思世界市场理论的基础上提出的。

（三）经济发展格局的动态性变化：马克思世界市场理论的新拓展

1949年新中国成立至今，我国经济发展格局经历了五次较大的调整，每次调整都是适应经济发展阶段变化的主动选择。①1949—1978年："国内单循环"发展战略。在计划经济时期，朝鲜战争爆发，西方国家对我国的经济封锁加强，再加上中苏关系的破裂，致使我国与外界联系减少。萨

---

① 习近平．把握新发展阶段，贯彻新发展理念，构建新发展格局[J]．求是，2021(9)：4－18.

② 习近平．国家中长期经济社会发展战略若干重大问题[J]．求是，2020(21)：4－10.

③ 习近平．构建新发展格局实现互利共赢——在亚太经合组织工商领导人对话会上的主旨演讲[N]．人民日报，2020－11－20(002).

米尔·阿明指出中国在该阶段面临西方国家的封锁和打压，中心国家不允许任何独立国家的强大，"即使是独立的资本主义国家"。[①] 故而，在这一阶段，我国实施独立自主的"国内单循环"发展战略，初步搭建起以政府占主导、工业化为重心的国内经济循环体系。②1978—1988 年："国内循环为主导，兼具有限的国际外循环"发展战略。党的十一届三中全会将工作重心转向经济建设，对"国内单循环"为主导的发展战略进行了调整。在此期间，农村家庭联产承包责任制极大地推动了农村经济发展，充分释放了大批剩余劳动力，为城市工业化发展提供了物质支持。同时乡镇企业迅速发展，提供了大量就业岗位；加之经济特区的设立，计划经济时期"国内单循环"的发展格局被彻底打破。③1988—2006 年：外向型经济发展战略。1988 年，党中央做出沿海地区参与国际大循环并以此带动中西部地区融入经济全球化进程的经济战略决策。2001 年中国加入世界贸易组织，形成外向型经济发展格局，实施"两头在外，大进大出"的外循环发展战略。④2006—2020 年：外向型经济发展战略有所变动。"两头在外，大进大出"的发展战略导致我国经济高度对外依赖，国内经济结构严重失衡。2006 年党的十六届五中全会提出，我国要"立足扩大国内需求推动发展，把扩大国内需求特别是消费需求作为基本立足点，促进经济增长由主要依靠投资和出口拉动向消费与投资、内需与外需协调拉动转变"[②]。⑤2020 年至今："以国内大循环为主体，国内国际双循环相互促进"的新发展格局。新发展格局是在复杂的时代背景下作出的战略选择。在国际环境方面，贸易保护主义的升温打破了原有的国际循环，再加上新冠疫情的影响，我国对外贸易受到巨大冲击。在国内形势方面，旧发展格局呈现出诸多弊端，出口导向型发展模式导致国内经济出现更深层次的矛盾；更为重要的是，我国拥有庞大的供需市场、稳固的物质基础、充裕的要素禀赋

---

① 丁晔．只有社会主义道路才能摆脱依附与危机——访埃及著名经济学家萨米尔·阿明[J]．马克思主义研究，2016(3)：16－24.

② 中共中央关于制定国民经济和社会发展第十一个五年规划的建议[M]．北京：人民出版社，2006：16.

优势，已经具备了以国内循环为主体的基本条件。2020 年 7 月 30 日，加快形成以国内大循环为主体、国内国际双循环相互促进的新发展格局在中共中央政治局会议上被再次强调[①]。综观我国经济发展格局的动态性变化不难看出，构建双循环新发展格局是应对世界大变局的重要举措，是对马克思世界市场理论的新拓展。

① 中共中央政治局召开会议决定召开十九届五中全会分析研究当前经济形势和经济工作 中共中央总书记习近平主持会议[N]. 人民日报,2020-07-31(001).

专题四

绿色发展专题研究

“双碳”目标下的中国低碳农业：历史脉络、问题挑战与发展模型

吴丰华　赵雅芝①

摘要：作为世界上最大的农业国，农业低碳化发展已成为中国扎实推进“3060”战略、推进人与自然和谐共生的现代化、助力全球应对气候变化的关键领域。基于国内外减碳实践和学术史的扼要梳理以及政策解读，本文提出中国低碳农业的概念，低碳农业呈现出“三低两高”和四大效益有机统一的特征。新中国成立以来，随着我国农业发展壮大、由粗放小规模逐渐迈向集约和适当的规模经营，农业碳排放和低碳化发展走过了四个阶段。本文以农业生产现代化水平、农业生产要素投入和生态文明发展三个维度，构建低碳农业发展评价指标体系，采用熵值法测度了2010—2020年30个省份的低碳农业发展水平。结果表明，我国低碳农业发展在农户、技术、产业等维度发展不充分，且区域发展不平衡。塑造低碳农人、创新低碳农技、打造低碳农链、建设低碳农区的中国低碳农业发展“四元模型”，可为进一步推进中国农业低碳化绿色化发展提供进路。

关键词：双碳战略；低碳农业；区域差异；四元模型；农业强国

---

①　作者简介：吴丰华（1985—），男，陕西西安人，经济学博士，西北大学乡村振兴战略研究中心研究员，经济管理学院教授，博士生导师，研究方向为城乡关系与反贫困；赵雅芝（1999—），女，山西晋城人，西北大学经济管理学院硕士研究生，研究方向为城乡关系与反贫困。项目来源：国家社会科学基金项目“解决相对贫困的理论逻辑、现状研判与长效机制构建研究”（项目编号：20BJL084）、陕西高校青年创新团队“城乡发展一体化与反贫困创新团队”资助项目。

一、问题的提出

人类进入工业文明时代以来，以二氧化碳为主的温室气体排放总量迅猛增加，导致全球生态系统遭受破坏，地表气温升高、两极冰川融化、极端天气及其造成的气象灾害频发。联合国政府间气候变化专门委员会（IPCC）[①]发布的《气候变化2022：减缓气候变化》报告显示，2010—2019年，全球温室气体排放量的平均增速与上一个十年相比虽有减缓，但十年平均排放量仍处于人类历史的最高水平。控制碳排放量以增强对全球气候变化的应对能力已经成为国际共识，全球各国通过历次气候大会形成了阶段性的减排目标，影响最大的如2016年全球175个国家共同通过的《巴黎协定》达成共识，将21世纪全球平均温度的上升幅度相对于工业革命前的上升幅度控制在2℃以内，并为把升温控制在1.5℃之内而努力。而要实现上述控温目标，全球的碳排放总量必须在2025年之前达到峰值，且在2030年之前减少43%，并力争在21世纪下半叶实现温室气体净零排放。基于这一目标，各国纷纷采取行动，“碳达峰、碳中和”逐渐成为全球议题，各国纷纷作出“碳中和”承诺，多数把目标时间定于2050年。目前，全球已有数十个国家在实现“碳达峰”之后，确立了实现“零碳”或“碳中和”的时间目标，并且已有27个国家和地区通过颁布政策文件或立法的方式作出了“碳中和”的承诺（见表1）。

表1　各国家/地区承诺“碳中和”的时间及承诺性质

目标时间	国家/地区	国家/地区数量	承诺性质
2035年	芬兰	1	政策文件
2040年	奥地利、冰岛	2	政策文件
2045年	瑞典	1	法律规定

① 联合国政府间气候变化专门委员会（Intergovernmental Panel on Climate Change，IPCC）是经联合国大会批准，1988年由世界气象组织（WMO）和联合国环境规划署（UNEP）联合建立的政府间组织，是评估与气候变化相关科学的国际机构。

续表

目标时间	国家/地区	国家/地区数量	承诺性质
2050 年	英国、法国、丹麦、新西兰、匈牙利	5	法律规定
	欧盟、加拿大、韩国、西班牙、智利、斐济	6	拟定立法（形成法律草案）
	美国、南非、日本、德国、瑞士、挪威、爱尔兰、葡萄牙、哥斯达黎加、斯洛文尼亚、马绍尔群岛	11	政策文件
2060 年	中国	1	政策文件

资料来源：根据公开资料整理。

中国作为深刻认识人与自然是生命共同体、积极推动构建人类命运共同体的大国，我们有能力也有义务为全球减排目标贡献中国力量、提供中国方案。2020 年 9 月，习近平总书记在第七十五届联合国大会上首次明确提出中国的减排任务：“中国将提高国家自主贡献力度，采取更加有力的政策和措施，二氧化碳排放力争于 2030 年前达到峰值，努力争取 2060 年前实现碳中和。”此后，习近平总书记又先后在第三届巴黎和平论坛①、2020 年 G20 峰会②、气候雄心峰会和世界经济论坛“达沃斯议程”对话会等国际会议上多次重申了中国的“3060”目标，并提出了更为具体的目标——“到 2030 年，中国单位国内生产总值二氧化碳排放将比 2005 年下降 65% 以上，非化石能源占一次能源消费比重将达到 25% 左右，森林蓄积量将比 2005 年增加 60 亿立方米，风电、太阳能发电总装机容量将达到 12 亿千瓦以上”③，并提出了带有行动方案属性的具体倡议。

农业是全球重要的温室气体排放源之一，也是造成气候变化的主要部

① 巴黎和平论坛（Paris Peace Forum）是由法国总统马克龙倡议发起的论坛，旨在推动多边合作，应对全球挑战。

② 二十国集团领导人第十五次峰会。

③ 习近平．继往开来，开启全球应对气候变化新征程——在气候雄心峰会上的讲话［EB/OL］. 新华社，http://www.gov.cn/gongbao/content/2020/content_55700o55.htm，2020－12－12.

门之一。《IPCC国家温室气体清单指南（2019修订版）》① 指出，农业生态系统中（主要是农田、水稻种植、牲畜肠道发酵、粪便管理和田间残留物）排放的温室气体主要是二氧化碳（CO_2）、氧化亚氮（N_2O）、甲烷（CH_4）。亚洲开发银行（ADB）发布报告称，2007—2018年，全球农业食品系统的温室气体排放量占温室气体排放总量的21%～37%②。

在农业生产过程中，农作物会通过光合作用吸收二氧化碳合成有机物质，并以有机碳的形式储存在土壤中。因此，农业作为碳汇的重要手段，会对减碳排放产生积极影响，也是我国实现“双碳”目标的主要发力点之一。据IPCC估计，主要通过碳封存技术，全球农业碳减排的技术缓解潜力可以达到农业排放量的3/4。就我国而言，农业碳排放量仍占全国碳排放总量的15%～20%③，随着“双碳”目标的逐步推进，农业部门必须在减排上发挥更大作用，加快推动农业生产向低碳、绿色转型，为推动我国实现“双碳”目标做出贡献。2022年3月出台的《“十四五”推进农业农村现代化规划》，要求“推进农业绿色发展，加强农村生态文明建设，加快形成绿色低碳生产生活方式”④。2022年7月，农业农村部、国家发展改革委联合印发《农业农村减排固碳实施方案》，确定了明确的任务目标和行动方案，提出到2030年农业农村全面绿色转型要取得显著成效。

学术界也积极对接国家战略，促进政策话语和学术话语的相互转化，现有研究主要牵涉以下三个方面：第一，基于宏观视角的现状研判和影响

① 2019年5月，IPCC通过了修订版的国家温室气体清单指南。该指南在2006年版的基础上进行了优化，提供了最新的温室气体清单，为世界各国计算温室气体排放提供了新的参考。

② C. ROSENZWEIG et al. Climate change responses benefit from a global food system approach [J]. Nature Food，2020，1（2）：94－97.

③ 赵攀，王帅，刘志颖．农业农村“碳达峰、碳中和”路径分析与金融服务的政策建议［J］．农银学刊，2021（3）：4－8.

④ 规划司．“十四五”推进农业农村现代化规划［EB/OL］．https://www.ndrc.gov.cn/fggz/fzzlgh/gjjzxgh/202203/t20220325_1320217.html，2022－03－25.

因素分析，具体对我国农业碳排的水平测算[①][②]、时空特征[③][④]、减排潜力[⑤][⑥]、影响因素[⑦][⑧]等进行研究，为我国农业低碳转型发展摸清了基本事实。第二，基于中观视角，从农业多元市场交易体系构建[⑨]，农村能源、农业生产和生态治理[⑩]，要素、产业层面推进低碳化[⑪]，农业技术创新体系建设，财政支持[⑫]和制度体系建设[⑬]等方面，提出我国低碳农业发展的具体方案和对策建议。第三，基于微观视角的行为分析，从农户的低碳生产技术效率提升[⑭]、低碳素质提升[⑮]等方面，为我国低碳农业发展提供了农户的具体行动方向。

总体来看，已有研究侧重于农业减排的现状和低碳农业发展的对策研究，但由于我国农业碳排放总量大，且农业发展区域差异明显，农业绿色

---

① 田成诗，陈雨．中国省际农业碳排放测算及低碳化水平评价——基于衍生指标与 TOPSIS 法的运用[J]．自然资源学报，2021，36(2)：395－410.

② 田云，尹忞昊．中国农业碳排放再测算：基本现状、动态演进及空间溢出效应[J]．中国农村经济，2022(3)：104－127.

③ 曹执令，黄飞，伍赛君．中国农业生产碳汇效应与生产绩效的时空特征[J]．经济地理，2022，42(9)：166－175.

④ 朱洪革，曹博，赵文铖．中国农业全要素碳排放绩效时序演进及空间收敛特征[J]．统计与决策，2022，38(9)：63－68.

⑤ 李劼，徐晋涛．我国农业低碳技术的减排潜力分析[J]．农业经济问题，2022(3)：117－135.

⑥ 张俊飚，何可．"双碳"目标下的农业低碳发展研究：现状、误区与前瞻[J]．农业经济问题，2022(9)：35－46.

⑦ 贺青，张俊飚，张虎．农业机械化对农业碳排放的影响——来自粮食主产区的实证[J]．统计与决策，2023，39(1)：88－92.

⑧ 陈宇斌，王森，陆杉．农产品贸易对农业碳排放的影响——兼议数字乡村发展的门槛效应[J]．华中农业大学学报(社会科学版)，2022(6)：45－57.

⑨ 何可，汪昊，张俊飚．"双碳"目标下的农业转型路径：从市场中来到"市场"中去[J]．华中农业大学学报(社会科学版)，2022(1)：1－9.

⑩ 喻智健，龚亚珍，郑适．中国农业农村碳中和：理论逻辑、实践路径与政策取向[J]．经济体制改革，2022(6)：74－81.

⑪ 高鸣，张哲晰．碳达峰、碳中和目标下我国农业绿色发展的定位和政策建议[J]．华中农业大学学报(社会科学版)，2022(1)：24－31.

⑫ 金书秦，林煜，牛坤玉．以低碳带动农业绿色转型：中国农业碳排放特征及其减排路径[J]．改革，2021(5)：29－37.

⑬ 刘明明，雷锦锋．我国农业实现碳中和的法制保障研究[J]．广西社会科学，2021(9)：30－38.

⑭ 陈儒，孔英．农户低碳生产的技术效率及其影响因素[J]．资源科学，2022，44(7)：1405－1421.

⑮ 何可，王安邦，张俊飚．新时代中国农业教育发展的对策[J]．世界农业，2021(8)：87－96.

低碳转型发展仍然存在短板和挑战。因此，在“双碳”目标下，对我国农业低碳发展进行系统、全面的分析，从而找出制约农业绿色转型的关键因素，为切实推动低碳农业发展提出科学可行的路径就尤为重要。

二、低碳农业的内涵特征与我国低碳农业的发展历程

（一）低碳农业的含义与特征

2003 年，“低碳经济”首次在英国政府发布的能源白皮书——《我们的能源未来：创造低碳经济》（*Our Energy Future—Creating A Low Carbon Economy*）中出现。而低碳农业作为实现低碳经济的重要领域，也成为低碳经济中的研究热点。我国最早提出“低碳农业经济”这一概念的学者是王昀（2008），其认为低碳农业经济是一种低能耗、低污染和低排放的“三低”经济[①]。罗吉文（2010）认为低碳农业是人类为应对全球气候变化而创立的综合农业形态[②]。王松良等（2010）指出低碳农业就是要充分利用农业本身具有的碳汇功能，减少其碳排放[③]。刘静暖等（2012）认为低碳农业是在全球气候变化和低碳经济发展的双重背景下兴起的，一种旨在降低二氧化碳浓度、改善农业生产环境，同时实现环境效益、经济效益与社会效益三者有机统一的全新农业可持续发展范式[④]。胡中应和胡浩（2015）将低碳农业定义为在农业生产中实现化石能源减量化、农业资源循环化和农业废弃物资源化的全程低碳化的农业，目标是减少温室气体排放、节约有限资源和改善农村环境[⑤]。

---

① 王昀．低碳农业经济略论[J]．中国农业信息，2008(8)：12－15.

② 罗吉文．低碳农业经济效益的测评与实证[J]．统计与决策，2010(24)：78－81.

③ 王松良，C. D. Caldwell，祝文烽．低碳农业：来源、原理和策略[J]．农业现代化研究，2010，31(5)：604－607.

④ 刘静暖，于畅，孙亚南．低碳农业经济理论与实现模式探索[J]．经济纵横，2012(6)：64－67.

⑤ 胡中应，胡浩．低碳农业：符合农业发展规律的必然选择[J]．经济问题探索，2015(9)：169－172.

2022年中央一号文件提出，推进农业农村绿色发展，“研发应用减碳增汇型农业技术”。2022年6月，农业农村部、国家发展改革委发布的《农业农村减排固碳实施方案》提出，“以实施减污降碳、碳汇提升重大行动为抓手，全面提升农业综合生产能力，降低温室气体排放强度，提高农田土壤固碳能力”。2022年10月，党的二十大首次提出“加快建设农业强国”，要求“广泛形成绿色生产生活方式，碳排放达峰后稳中有降，生态环境根本好转”。2023年中央一号文件继续将推进农业绿色发展作为全面推进乡村振兴的重点工作，提出“推进农业绿色发展先行区和观测试验基地建设”“建立农业生态环境保护监测制度”“出台生态保护补偿条例”。

结合对国家政策文件解读和专业学者的研究，我们认为低碳农业是为了减少大气温室气体排放和实现农业可持续发展，通过科学、绿色、现代化的农业生产力进步和生产方式改造，并更多依靠太阳能、风能和水能等可再生能源，从而提升农业综合生产能力，并实现减少碳排放量、增加碳汇的目标，最终形成生态效益、经济效益、社会效益和安全效益有机统一的新型农业模式。低碳农业有以下两大特征。

第一，“三低两高”，即低消耗、低污染、低排放，高碳汇和高效率。与传统农业不同，低碳农业通过现代生产要素与数字化、智能化技术的高度结合，在生产过程中会杜绝使用农药、化肥等以减少能源消耗，并减少对土壤、地下水和大气的污染，在发展过程中会通过技术创新、生产模式创新、产业升级等方式改造和优化碳排放量大的环节，以此减轻碳排放量和碳排放强度、提高固碳能力，进而提升农业生产效率和管理效率。

第二，四大效益相统一，即生态效益、经济效益、社会效益和安全效益有机统一。与高碳农业不同，低碳农业在农业全链条、全流程采取绿色、减碳的生产方式，最大限度地提高光、热、水、土等农业资源的利用效率，善用、精用和活用化肥，最大限度地减少高碳农用化学品投入，在增强食品供给能力的同时尽可能减少对生态环境的不良影响，提升农业生态系统的稳定性和可持续性，实现经济效益和社会效益相统一、生态效益和农业安全效率协同实现。

（二）我国农业发展与碳排放的历史考察

新中国成立以来，农业作为“三农”问题的核心，始终得到党和国家一以贯之的高度重视。随着我国农业不断发展壮大，农业碳排放和低碳化的发展大体可以分为以下四个阶段。

第一阶段：1949—1978 年，制度变革和技术运用双轮驱动农业发展并推高农业碳排放。

新中国成立以后，为尽快发展农业生产，我国主要采取两个方面措施：一是连续变革制度。首先，将封建半封建的土地所有制改造为农民土地所有制，全国进行土地改革运动。此项制度变革既极大地解放了农村生产力，发展农业生产，为新中国的工业化开辟了道路，又确立了贫雇农在农村中的优势地位，巩固了工农联盟。但很快，农业个体经济与社会主义工业化快速发展的需要之间的矛盾暴露出来，为此，我们选择了农业合作化这一具有中国特色的农业发展道路①，并逐渐发展成为人民公社。二是改善农村生产条件。中央政府大力推动现代农业科技的发展，《1956—1967 年全国农业发展纲要》对加强农业科学研究和技术指导作出明确要求；1964 年的《政府工作报告》中，周恩来将现代农业提至“四个现代化”之首。1957—1978 年，全国农业机械总动力从 18 万千瓦提升至 11750 万千瓦，增加了近 653 倍，机耕面积从 263.6 万公顷增加至 4067.0 万公顷，增加了 14 倍。化肥使用量也由 1952 年的 7.8 万吨增长到 1978 年的 884 万吨。②在制度变革和技术进步的双重作用下，我国农业发展取得巨大进步：粮食产量由 1949 年的 11318.4 万吨提高到 1978 年的 30475 万吨，农业总产值由 1952 年的 395.95 亿元增加到 1978 年的 1117.5 亿元，农业产值年均增长 4.8%③。到 1980 年，我国农业现代化水平超过之前与我国

① 郭冠清．新中国农业农村现代化的政治经济学分析［J］．经济与管理评论，2020，36（5）：14－26.

② 数据来源于国家统计局官方网站。

③ 数据来源于国家统计局数据库官网。

处于同一水平的印度、巴西等发展中大国[①]。这一阶段，劳动密集型精耕细作的手工农业、机耕化肥的普遍性使用，是农业碳排放量持续增加的主因。

第二阶段：1979—1999 年，农业机械化发展导致农业碳排放量增加，党中央开始关注农业科学生产。

改革开放后，家庭联产承包责任制充分激发农民种粮积极性，农产品价格改革、取消统购统销则进一步激发农业经营。仅粮食产量就由 1978 年的 3.05 亿吨提升至 1999 年的 5.08 亿吨，农业产值则由 1117.5 亿元增加到 14106.2 亿元，增加了近 12 倍。同时，我国农业开始走上机械化、化学化、电气化、高灌溉覆盖的道路[②]。1978—1999 年，农用机械总动力从 11749.91 万千瓦提高到 48996.12 万千瓦，大中型拖拉机数量从 55.74 万台增加到 78.42 万台，农作物机耕、机播面积逐年提高；有效灌溉面积从 4.50 万公顷增加到 5.32 万公顷；农业化肥施用量从 884.0 万吨增加到 4124.32 万吨，增加了近 4 倍[③]。这一阶段，化肥、农药的大量使用导致农业源受到污染，农业碳排放量也在不断增加，根据《IPCC 国家温室气体清单编制指南（1996 年修订版）》的估算结果，1994 年我国排放的温室气体中，甲烷排放总量约为 3429 万吨，其中农业活动排放 1720 万吨；氧化亚氮排放总量约为 85 万吨，其中农业活动排放约 78.6 万吨。

党中央开始关注农业科学生产、减少污染排放的重要性。1982 年，中央发布的第一个关于"三农"问题的一号文件，指出要"改进耕作制度和栽培技术，实行科学施肥和合理用水，研制新的高效低残毒农药，有选择地推广适用的农业机械等"，并提出"走投资省、耗能低、效益高和有利于保护生态环境的道路，将使我国的农村面貌发生巨大的变化"[④]。与此同时，党中央十分重视农村和农民教育。改革开放之后，我国开始修复重建

---

① 辛逸．试论人民公社的历史地位[J]．当代中国史研究，2001(3)：27－40.

② [美]约翰·梅尔．农业经济发展学[M]．北京:农村读物出版社,1988.

③ 数据来源于国家统计局官方网站。

④ 朱梓荥．全国农村工作会议纪要[EB/OL]．http://www.crnews.net/zt/jj2023nzyyhwj/lnyhwj/952987_20230219022148.html,2022－02－25.

农业高校。农村教育普及得到了实实在在的有效推进。[①] 1983 年的中央一号文件强调要对农民进行各种形式的职业教育培训。自 1990 年起，我国开始“绿色证书”制度试点，1994 年开始全面实施“绿色证书”工程[②]，按照农业生产的相关岗位要求对农民开展技术培训，培养技术骨干[③]。1995 年，原国家教委发布的《关于深入推进农村教育综合改革的意见》指出要提高农村劳动者素质。1998 年，党的十五届三中全会通过的《中共中央关于农业和农村工作若干重大问题的决定》要求普及推广农业技术，培养高素质劳动者和专门人才。可以看出，这一阶段，国家把对农民的教育从普及基本知识升级为促进农民增收的科学技术教育[④]。

第三阶段：2000—2012 年，农业碳排放量达到峰值，党对农业发展的不断探索促使农业开始绿色转型发展。

进入 21 世纪，我国开始探索农业适度规模经营之路，促进小农生产和现代农业发展的有机结合，农业机械化技术水平不断发展，农机装备的技术含量不断提高。2004 年，我国颁布《中华人民共和国农业机械化促进法》，并出台农机购置补贴政策，我国农业机械化迎来黄金发展时期[⑤]。截至 2010 年年底，全国耕种收综合机械化水平达 52.28%，机械化精量播种、免耕播种、节水灌溉面积大幅增加，分别达到 5.08 亿亩、1.67 亿亩、1.75 亿亩[⑥]。我国农产品加工业虽也快速发展，但总体上看，农产品初加

① 郝文武．“三农教育”思想的发展与实践［J］．北京师范大学学报（社会科学版），2021（5）：35－47.

② 1994 年 3 月 14 日，国务院办公厅转发农业部《关于实施“绿色证书工程”的意见》，该意见说明了实施“绿色证书工程”的重要性和必要性、指导思想和原则、目标和任务、实施步骤等内容，当时已有 27 个省（区、市）开展这项工作，试点县 300 多个，参加培训的学员达 20 多万人，有 6 万多名农民取得了“绿色证书”。

③ 国务院办公厅．组织实施“绿色证书”工程［EB/OL］．https://www.gov.cn/ztzl/2006－08/27/content_370783.htm，2006－08－27.

④ 李强，王安全．建党百年来中国农民教育政策与实践的演进、逻辑与展望［J］．农业经济与管理，2022（2）：1－10.

⑤ 金文成，王欧，杨梦颖，等．农业强国建设目标下的中国农业机械化发展战略与路径［J］．农业经济问题，2023（10）：13－21.

⑥ 农业部农业机械化管理司．明确任务　开拓创新　努力开创农业机械化技术推广工作新局面［EB/OL］．http://www.njhs.moa.gov.cn/gzdt/201110/t20111012_6315098.htm，2011－09－19.

工机械化程度仍然不高，生产效率低、产品质量不稳定、环境污染等问题依然十分严峻。

2003 年以来，我国开始探索低碳循环农业发展方式[①]。2005 年，时任浙江省委书记的习近平同志首次提出"绿水青山就是金山银山"的科学论断，这也指明了我国农业绿色、低碳的发展方向。2009 年，我国政府正式对外宣布二氧化碳减排目标，并推进多项农业生态环境保护项目。2012 年，我国农用化肥施用量达到 5838.85 万吨，相比 2000 年仅增加 0.41 倍[②]。农业碳排放量由 2000 年的 7.90 亿吨增长到 2016 年的 8.40 亿吨的峰值，此后便出现了下降趋势[③]。

高等教育在 1999 年进行扩招之后，高等农业教育迎来跨越式发展，培养新型农民的目标也更加明确。1999 年，农业部、财政部和共青团中央开始实施"跨世纪青年科技培训工程"，旨在对高学历青年农民进行知识技能培训，培养一大批觉悟高、懂科技、善经营的农业人才[④]。2011 年，教育部、农业部等九部门联合发布的《关于加快发展面向农村的职业教育的意见》提出要提升支撑现代农业发展能力，努力培育新型农民。2012 年的中央一号文件首次出现"新型职业农民"的概念。从"新型农民"到"新型职业农民"的变化体现了农业绿色化现代化发展对农民专业化和职业化要求的不断提升。可以看出，这一阶段的农民教育工作重点主要聚焦在提升职业素质教育上。

第四阶段：2013 年至今，技术发展和绿色政策推动农业现代化发展，碳排放量稳中有降。

党的十八大以来，以习近平同志为核心的党中央坚定不移推动形成农业绿色化可持续发展的方向。在这一阶段，我国不断加强现代农业建设，农机装备整体呈现出信息技术智能化趋势，农业科技创新成果取得重大突

① 冯丹萌，许天成．中国农业绿色发展的历史回溯和逻辑演进[J]．农业经济问题，2021(10)：90－99.

② 根据《中国统计年鉴》数据计算。

③ 数据来源于 FAO 数据库。

④ 彭超．高素质农民培育政策的演变、效果与完善思路[J]．理论探索，2021(1)：22－30.

破，农业科技进步贡献率由 2012 年的 54.5% 提高到 2022 年的 62.4%①，贯穿农业生产各个环节、各个方面，农业绿色化水平逐步提高，农业碳排放量呈现出稳中有降的趋势。我国粮食产量在 2022 年达到 1.37 万亿斤，连续八年稳定在 1.3 万亿斤以上，连续丰产的背后离不开农业机械化的现代化发展。截至 2021 年年底，全国农作物耕种收综合机械化率达 72.03%，机耕率、机播率、机收率分别达到 86.42%、60.22%、64.66%②。小麦、水稻、玉米主粮作物收获基本实现机械化，机收率分别超过 97%、94%、78%，为加快农业农村现代化提供了有力支撑。但我国农产品初加工的机械化水平仍存在品种间、区域间发展不平衡的问题，部分初加工装备还存在短板甚至空白。另外，在数字经济蓬勃发展和政策引导③的共同作用下，数字技术成为农业生产转型升级的重要驱动力。《中国农业绿色发展报告 2021》显示，这一阶段，全国化肥施用量持续减少，施肥结构不断优化；2020 年的农药使用量相对 2015 年减少了 16.8%，绿色防控覆盖率达到 41.5%，比 2015 年提高 18.4 个百分点，全国秸秆综合利用率达到 86% 以上，农膜回收率稳定在 80% 以上④。

这一时期，中央更加重视农业绿色发展，出台了多项政策。2017 年，《关于实施农业绿色发展五大行动的通知》将绿色发展理念化为具体行动；同年，中共中央、国务院办公厅印发《关于创新体制机制推进农业绿色发展的意见》。2019 年，《中国共产党农村工作条例》首次提出“高素质农民”一词。2021 年，《中华人民共和国乡村振兴促进法》强调“培养有文

① 马爱平.2022 年全国农业科技进步贡献率达到 62.4%[EB/OL].http://finance.people.com.cn/n1/2023/0210/c1004-32621334.html,2023-02-10.

② 农业机械化管理司.2021 年全国农业机械化发展统计公报[EB/OL].http://www.njhs.moa.gov.cn/nyjxhqk/202208/t20220817_6407161.htm,2022-08-17.

③ 2018 年，中共中央、国务院印发《乡村振兴战略规划(2018—2022 年)》，提出要“实施智慧农业工程和‘互联网+’现代农业行动，鼓励对农业生产进行数字化改造”。2021 年，《中华人民共和国国民经济和社会发展第十四个五年规划和 2035 年远景目标纲要》明确指出，要“加快推进数字乡村建设”“推动乡村管理服务数字化”。

④ 中国农业绿色发展研究会，中国农业科学院农业资源与农业区划研究所.中国农业绿色发展报告 2021[M].北京：中国农业出版社，2022.

化、懂技术、善经营、会管理的高素质农民和农村实用人才、创新创业带头人”。农业作为我国在实现碳达峰、碳中和过程中至关重要的产业，也对农民的教育提出了更高要求。1961—2021 年的农业系统碳排放总量如图 1 所示。

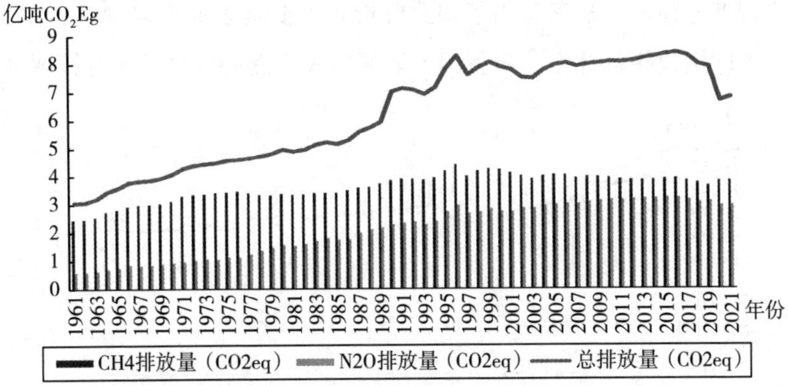

图 1　1961—2021 年的农业系统碳排放总量

资料来源：FAO 数据库。

三、我国低碳农业发展的现状及面临的挑战

农业低碳发展是确保实现“双碳”目标的主要路径和重要支撑，也是我国推进乡村生态振兴、实现人与自然和谐共生的现代化的主要抓手。农业部门是我国第二大温室气体排放源，其中主要以甲烷、氧化亚氮两类“非二氧化碳”气体为主，农业活动排放的甲烷、氧化亚氮分别占全国甲烷、氧化亚氮温室气体排放量的 40. 2% 、59. 5%①。1979 年以前，我国的农业碳排放源主要由种植业（占比 58. 4%）和养殖业（占比 41. 6%）组成，之后随着我国农业机械化的快速发展，农业碳排放逐步发展为种植业、养殖业和能源消耗“三分天下”局面，2018 年农业能源消耗碳排放占农业总碳排放的比重达 27. 18%②，超过化肥成为农业第一大排放源。根据

① 数据来源于中华人民共和国气候变化第二次两年更新报告，国家信息通报官方网站。

② 金书秦，林煜，牛坤玉．以低碳带动农业绿色转型：中国农业碳排放特征及其减排路径[J]．改革，2021(5)：29 - 37.

FAO 数据，21 世纪以来，随着农业经济快速发展，我国农业碳排放强度呈现出不断下降的趋势，从 177.42 CO_2 eq/kg 降至 127.47CO_2 eq/kg（见图 2），碳排放强度整体下降了 28.15%①。由此可见，我国在农业低碳化、绿色化转型方面成效显著。为了细致分析我国低碳农业发展现状，本文将从三个维度构建指标体系，对我国省域低碳农业发展水平进行分析评价。

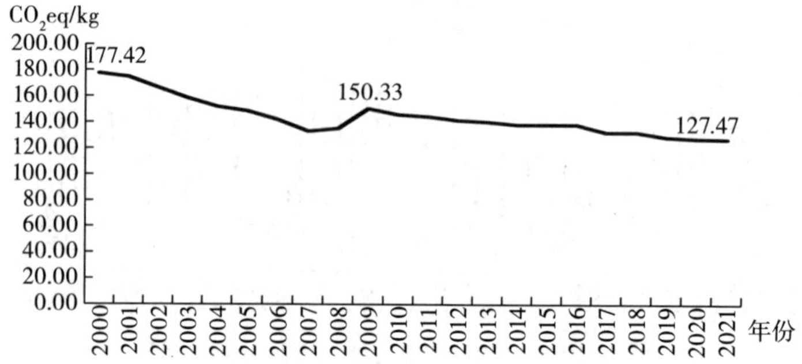

图 2　2000—2021 年中国碳排放强度变化趋势

注：该指标定义为每千克产品的温室气体排放量。

资料来源：FAO 数据库。

（一）评价指标体系构建

1. 评价指标体系的选取

构建合理的评价指标体系是有效评价我国低碳农业发展水平的前提和基础。研究目的不同，学者对低碳农业水平进行测度时所选取的指标也有所不同。巩前文和李学敏（2020）从低碳生产、经济增收、安全供给三个维度选择 10 个三级指标，构建了评价农业绿色发展水平的农业绿色发展指数，并对 2005—2018 年我国农业绿色发展指数以及 2018 年省域农业绿色发展指数进行测度分析②。才津津和王丹（2021）从投入（直接因素）、投入（间接因素）、产出和生态效益四个方面选取 11 个具体指标，构建绿

① 数据来源于 FAO 数据库。

② 巩前文，李学敏．农业绿色发展指数构建与测度：2005—2018 年［J］．改革，2020（1）：133－145.

色农业生产水平的测度指标体系，选取2013—2019年的数据对我国31个省份的绿色农业生产水平进行测度①。吕明等（2022）选取化肥使用率、农药利用率、农膜使用率、农机使用率、能源利用率、农地使用率以及水资源利用率7个指标构建评价指标体系，对我国四大区域的绿色农业生产水平进行测算②。刘惠良等（2023）基于乡村振兴视角，构建包含粮食安全、生态文明、创新驱动、产业兴旺、传承文化、惠及民生六个子系统和37个测度指标的体系，测度并分析我国各省（区、市）农业绿色发展的各系统水平及特征③。吴强等（2023）从资源节约、环境友好和产出绿色三个方面选取12个指标构建了中国农业绿色生产水平的评价指标体系，同时运用综合评价模型测算了2010—2019年我国31个省份农业绿色生产水平④。可以看出，目前的文献主要集中于对我国农业绿色生产水平的测度和分析，而对于我国低碳农业发展水平的测度研究并不多见。

为科学评价我国低碳农业发展情况，本文充分借鉴已有研究体系，结合农业“低碳化”“现代化”的发展要求，在考虑科学性、全面性和数据可得性的基础上，最终从农业生产现代化水平、农业生产要素投入强度和区域生态文明发展三个维度对我国低碳农业发展水平进行测度（见表2）。农业生产现代化水平是推动地区低碳农业发展的基础，选取第一产业产值比重、第一产业从业人员比重、农村居民人均可支配收入、人均农业产值、人均耕地占有量、土地产出率、农业机械总动力7个指标来衡量农业发展水平。发展低碳农业，主要是发展以投入品减量化、废弃物资源化等为特征的生态低碳农业，从而大幅降低农业碳排放强度，因此选取化肥使用强度、农膜使用强度、农药使用强度、柴油使用强度4个指标衡量农业生产要素投入。农村生态文明建设是加快推进农业农村低碳转型的重要保证，要更加重视农业农村

① 才津津，王丹．中国绿色农业生产水平测度[J]．统计与决策，2021，37(23)：101－105.

② 吕明，黄宜，陈蕊．中国绿色农业区域差异性分析[J]．农村经济，2022(12)：78－87.

③ 刘惠良，刘红峰，尹少华．基于乡村振兴视域下农业绿色发展水平测度研究[J/OL]．经济地理：1－17[2023－05－28].

④ 吴强，徐宣国，张园园．中国农业绿色生产水平测度、地区差异及动态演化趋势分析[J]．统计与决策，2023，39(6)：109－113.

的森林资源丰富程度、绿化状况与水资源利用状况，故选取有效灌溉率、森林覆盖率和农业用水量3个指标衡量农村的生态文明发展。

表2　我国低碳农业发展评价指标体系

一级指标	二级指标	三级指标	单位	指标属性
低碳农业发展	农业生产现代化水平	A1 第一产业产值比重	%	负
		A2 第一产业从业人员比重	%	负
		A3 农村居民人均可支配收入	元	正
		A4 人均农业产值	亿元	正
		A5 人均耕地占有量	hm^2/人	正
		A6 土地产出率	元/hm^2	正
		A7 农业机械总动力	万千瓦	正
	农业生产要素投入强度	B1 化肥使用强度	t/hm^2	负
		B2 农膜使用强度	t/hm^2	负
		B3 农药使用强度	t/hm^2	负
		B4 柴油使用强度	t/hm^2	负
	区域生态文明发展	C1 有效灌溉率	%	正
		C2 森林覆盖率	%	正
		C3 农业用水量	亿立方米	负

2. 综合评价与指标赋权的测度方法

对我国低碳农业发展的评价涉及诸多指标，参考以往文献在进行多指标体系综合评价时所使用的方法，使用熵值法可以根据各项指标的变异程度为各指标客观赋权，可以确定较好的权重，可信度也更高，因此，本文采用熵值法对“双碳”目标下我国低碳农业发展水平进行综合评价。具体测度方法如下。

对各个指标数据进行标准化处理。数据标准化：由于所选指标量纲不同，如果直接进行计算则会影响结果，因此要根据不同指标属性选择相应的处理方法。式（1）、式（2）分别为正、负指标标准化公式，其中，i代表指标，$i=1, 2, 3, \cdots, n$；j代表年份，$j=1, 2, 3, \cdots, m$；x_{ij}代表未进行标准化之前的原始数据；y_{ij}代表进行标准化之后的数据；min（x_{ij}）、 max（x_{ij}）分别代表原始数据中的最小值和最大值。

$$y_{ij} = \frac{x_{ij} - \min(x_{ij})}{\max(x_{ij}) - \min(x_{ij})} \tag{1}$$

$$y_{ij} = \frac{\max(x_{ij}) - x_{ij}}{\max(x_{ij}) - \min(x_{ij})} \tag{2}$$

求第 i 个指标下，第 j 年的贡献度：$q_{ij} = \frac{x_{ij}}{\sum_{i=1}^{n} x_{ij}}$

求第 i 个指标的信息熵 E_1，E_2，…，E_k：$E_j = -\frac{1}{\ln(n)}\sum_{j=1}^{n} q_{ij}\ln(q_{ij})$

计算各指标权重：$W_i = \frac{1 - E_i}{k - \sum E_i}(i = 1,2,\cdots,k)$

计算总得分：$\text{score} = \sum_{i=1}^{m} W_j y_{ij}$

3. 数据来源

本文选择我国30个省级行政区①作为评价对象。我国低碳农业发展水平评价指标体系中所需的数据主要来自各省份在2011—2021年的统计年鉴、《中国农村统计年鉴》、国家统计局等官方网站，考虑到数据的可得性，本文以2010—2020年作为样本区间来考察我国低碳农业的发展状况，其中个别年份缺失的数据采用线性插值法进行完善。

（二）我国低碳农业发展评价及结果分析

依据构建的低碳农业评价指标体系和指标测度方法，在对30个省份低碳农业发展水平进行评价的基础上，引入全国平均水平作为对比参考。从时间趋势来看（见表3），2010—2020年，我国低碳农业发展总体水平整体呈上升趋势，且上升幅度明显。全国低碳农业发展总体水平由2010年的0.468上升到2020年的0.675，提高了44.2%，这表明我国低碳农业发展在不断进步。但同时，各个区域、各个省份之间的低碳农业发展水平又存在差异。

① 不包含香港、澳门特别行政区，以及台湾地区和西藏自治区。

表3　2010—2020年我国各省份低碳农业发展指数

地区	2010年	2011年	2012年	2013年	2014年	2015年	2016年	2017年	2018年	2019年	2020年
全国	0.468	0.502	0.535	0.558	0.584	0.605	0.576	0.592	0.613	0.641	0.675
北京	0.122	0.126	0.130	0.136	0.137	0.148	0.153	0.158	0.164	0.169	0.170
天津	0.091	0.096	0.099	0.104	0.107	0.110	0.112	0.116	0.123	0.127	0.131
河北	0.147	0.150	0.154	0.161	0.164	0.172	0.166	0.170	0.172	0.178	0.187
辽宁	0.109	0.114	0.120	0.125	0.127	0.132	0.129	0.131	0.136	0.140	0.145
上海	0.130	0.136	0.141	0.147	0.151	0.150	0.154	0.160	0.167	0.179	0.160
江苏	0.111	0.118	0.125	0.134	0.139	0.146	0.149	0.154	0.157	0.163	0.171
浙江	0.149	0.155	0.156	0.163	0.166	0.172	0.175	0.179	0.188	0.201	0.218
福建	0.133	0.140	0.145	0.153	0.159	0.162	0.167	0.172	0.186	0.203	0.225
山东	0.132	0.137	0.141	0.148	0.153	0.157	0.148	0.151	0.158	0.165	0.174
广东	0.138	0.139	0.145	0.150	0.155	0.166	0.171	0.177	0.188	0.208	0.196
海南	0.102	0.108	0.118	0.126	0.134	0.137	0.148	0.153	0.160	0.169	0.181
山西	0.094	0.097	0.100	0.106	0.108	0.109	0.106	0.108	0.112	0.114	0.117
吉林	0.120	0.130	0.135	0.139	0.142	0.143	0.144	0.147	0.152	0.156	0.161
黑龙江	0.138	0.144	0.166	0.174	0.184	0.186	0.190	0.194	0.203	0.208	0.220
安徽	0.110	0.115	0.118	0.125	0.129	0.133	0.135	0.137	0.140	0.144	0.150
江西	0.130	0.132	0.137	0.135	0.138	0.146	0.147	0.151	0.156	0.161	0.166
河南	0.123	0.126	0.132	0.137	0.143	0.148	0.146	0.150	0.156	0.163	0.174
湖北	0.110	0.118	0.120	0.129	0.134	0.138	0.140	0.145	0.150	0.157	0.160
湖南	0.123	0.128	0.133	0.139	0.143	0.145	0.149	0.153	0.157	0.167	0.263
四川	0.109	0.117	0.124	0.129	0.129	0.133	0.138	0.144	0.151	0.159	0.174
重庆	0.095	0.096	0.100	0.105	0.108	0.115	0.112	0.121	0.119	0.127	0.124
贵州	0.090	0.087	0.094	0.102	0.107	0.113	0.129	0.140	0.147	0.157	0.153
云南	0.103	0.110	0.115	0.121	0.126	0.129	0.131	0.134	0.140	0.143	0.150
陕西	0.110	0.113	0.117	0.125	0.128	0.130	0.131	0.135	0.140	0.146	0.156
甘肃	0.083	0.085	0.088	0.094	0.096	0.098	0.097	0.100	0.103	0.105	0.110
青海	0.070	0.074	0.076	0.077	0.080	0.082	0.084	0.086	0.089	0.092	0.094
宁夏	0.082	0.085	0.090	0.094	0.096	0.099	0.100	0.102	0.107	0.107	0.111
新疆	0.092	0.095	0.103	0.108	0.110	0.112	0.114	0.118	0.120	0.133	0.141
广西	0.113	0.117	0.121	0.127	0.131	0.135	0.143	0.149	0.156	0.166	0.174
内蒙古	0.120	0.123	0.137	0.142	0.145	0.148	0.149	0.152	0.157	0.174	0.178

从2010—2020年我国低碳农业发展水平均值来看（见图3），东北地区、东部地区、中部地区和西部地区①的发展水平总体呈现出持续增长的趋势。其中，东部地区由2010年的0.1255增长至2020年的0.1812，增长了0.0557；中部地区由2010年的0.1149增长至2020年的0.1716，增长了0.0567；西部地区由2010年的0.0970增长至2020年的0.1422，增长了0.0452；东北地区由2010年的0.1226增长至2020年的0.1751，增长了0.0525。中部地区低碳农业发展指数增长较多，西部地区增长较少。从2010年至2020年各区域低碳农业发展水平均值来看，东部地区（0.1517）>东北地区（0.1510）>中部地区（0.1365）>西部地区（0.1184），区域间低碳农业发展水平差异显著。

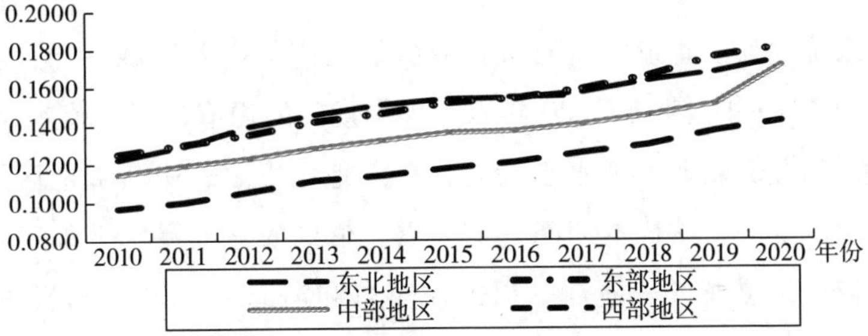

图3　2010—2020年我国低碳农业发展综合水平

从各个区域2010—2020年低碳农业发展水平的三个维度来看（见表4），在农业生产现代化水平方面，东部地区（0.0138）>东北地区（0.0127）>中部地区（0.0111）>西部地区（0.0094）；在农业生产要素投入强度方面，东北地区（0.0063）>西部地区（0.0059）>中部地区（0.0055）>东部地区（0.0044）；在区域生态文明发展方面，东部地区（0.0125）>东北地区（0.0124）>中部地区（0.0123）>西部地区（0.0096）。可以看出，东部地区由于经济发展水平高，东北地区由于农业

---

① 东部、中部、西部和东北地区的具体划分来源于《中国统计年鉴》（2022）：东部地区包括北京、天津、河北、上海、江苏、浙江、福建、山东、广东和海南；中部地区包括山西、安徽、江西、河南、湖北和湖南；西部地区包括内蒙古、广西、重庆、四川、贵州、云南、陕西、甘肃、青海、宁夏和新疆；东北地区包括辽宁、吉林和黑龙江。

基础较好，其农业生产现代化水平也较高，农业机械化水平、灌溉条件相比中西部地区来说都较好，化肥和化学农药等生产要素投入量有效减少，从而助力农业转型和低碳农业发展。而对于中西部地区来说，即使近年来农业生产技术的进步已经极大地促进了地区农业生产的发展，但由于受到耕作环境、自然灾害、经济发展等因素的限制，区域内农业发展水平仍然相对滞后，与东部、东北部地区仍有较大差距。

表4　2010—2020年各区域低碳农业发展的三大维度水平均值

维度	东部地区	中部地区	西部地区	东北地区
农业生产现代化水平	0.0138	0.0111	0.0094	0.0127
农业生产要素投入强度	0.0044	0.0055	0.0059	0.0063
区域生态文明发展	0.0125	0.0123	0.0096	0.0124

为系统刻画出省级层面低碳农业的发展态势以及区域差异，表5呈现了期初2010年、期末2020年以及样本期间的均值。从区域差异来看，东部地区的低碳农业发展水平最高，东北地区次之，中西部地区则处于较为落后的水平。从样本期间均值来看，低碳农业发展水平处于前五位的省份依次是黑龙江、浙江、福建、广东和河北，主要位于东部地区；发展水平较低的五个省份分别是重庆、山西、宁夏、甘肃和青海，均隶属中西部地区。由此可见，我国低碳农业发展水平表现出一定的梯度与层次性，呈现从东部到中部，再到西部依次降低的趋势。值得注意的是，排名第一的黑龙江省的低碳农业发展水平测度结果均值为0.183，而排名最后的青海省仅有0.070，反映出不同省份之间低碳农业发展存在的巨大差异。从演进趋势上看，有20个省份呈现出逐步增长的态势，而辽宁、山东、山西和重庆等个别省份虽然出现了先增后减的情况，但整体上说仍是缓慢增长的趋势。其中，上升幅度最为明显的三个省是湖南省、福建省和黑龙江省，而上升幅度较为缓慢的则是山西省、青海省和甘肃省。可以看出，我国中西部地区有着利用其后发优势向东部地区收敛的巨大潜力。

表 5　各省份低碳农业发展均值

地区	省份	2010 年得分	2020 年得分	2010—2020 年平均得分	排名
全国		0.468	0.675	0.577	
东部地区	北京	0.122	0.170	0.147	10
	天津	0.091	0.131	0.111	25
	河北	0.147	0.187	0.165	5
	上海	0.130	0.160	0.152	7
	江苏	0.111	0.171	0.142	14
	浙江	0.149	0.218	0.175	2
	福建	0.133	0.225	0.168	3
	山东	0.132	0.174	0.151	8
	广东	0.138	0.196	0.167	4
	海南	0.102	0.181	0.140	15
东北地区	辽宁	0.109	0.145	0.128	21
	吉林	0.120	0.161	0.143	13
	黑龙江	0.138	0.220	0.183	1
中部地区	山西	0.094	0.117	0.107	27
	安徽	0.110	0.150	0.131	19
	江西	0.130	0.166	0.145	11
	河南	0.123	0.174	0.145	11
	湖北	0.110	0.160	0.136	18
	湖南	0.123	0.263	0.154	6
西部地区	四川	0.109	0.174	0.137	17
	重庆	0.095	0.124	0.111	25
	贵州	0.090	0.153	0.120	23
	云南	0.103	0.150	0.127	22
	陕西	0.110	0.156	0.130	20
	甘肃	0.083	0.110	0.096	29
	青海	0.070	0.094	0.082	30
	宁夏	0.082	0.111	0.097	28
	新疆	0.092	0.141	0.113	24
	广西	0.113	0.174	0.139	16
	内蒙古	0.120	0.178	0.148	9

（三）我国低碳农业发展存在的问题及面临的挑战

由我国农业在低碳化转型中走过的历程和上述分析可以看出，我国低碳农业在发展过程中，仍在人、技术、产业方面存在一些问题并面临一系列挑战，包括农户和地方政府低碳意识有待加强、低碳技术投入需提高、产业链低碳化改造和发展程度水平要进一步深化等，这些问题和挑战又体现在区域发展不平衡上。

第一，从主体角度看，大国小农下农户绿色意识有待提高，“新农人”占比不高。何谓“新农人”？根据庄晋财（2023）的定义，“新农人”就是具备农业发展技术方向的敏感认知、创立发展农业事业组织创新经历，以及能够在农业产业链某环节作出贡献和起到引领作用的人。根据 2017 年第三次全国农业普查数据，小农户占全国农业生产经营人员的 96%，小农户从业人员占农业从业人员的 90%，而小农户经营耕地面积占全国总耕地面积的 70%①。小农经营决定了在“双碳”目标下低碳农业的发展要更加重视小农户这个重要主体的作用②。然而，我国农业生产经营人员的文化水平普遍在初中及以下，即使在经济相对发达的东部地区也只有 9.7% 的农户达到高中及以上的文化水平，经济发展较为落后的中西部地区更是分别仅有 9.0%、6.6% 的比重③。我们在调研中发现，地方基层政府对于农业低碳化转型的认识不够深入，对低碳农业发展的相关政策和措施认识、宣传和执行也不充分。此外，从技术层面看，分散化的经营模式也使得小农户的低碳生产行为产生的碳减量、碳汇量无法被精确计算，从而进一步影响了小农户参与农业碳减排行动的积极性④。这三个方面原因共同导致

① 第三次全国农业普查主要数据公报（第一号）[EB/OL]. 统计局网站，https://www.gov.cn/xinwen/2017-12/14/content_5246817.htm，2017-12-14.

② 张俊飚，何可．“双碳”目标下的农业低碳发展研究：现状、误区与前瞻[J]. 农业经济问题，2022（9）：35-46.

③ 数据来源于第三次全国农业普查主要数据公报（第五号）。

④ 赵敏娟，石锐，姚柳杨．中国农业碳中和目标分析与实现路径[J]. 农业经济问题，2022（9）：24-34.

能推动我国低碳农业发展和农业技术进步的农户，尤其是“新农人”十分匮乏，小农户亦欠缺激励去主动提高资源的循环利用效率、减小生产中的碳排放程度。

第二，从技术角度看，农业科技投入强度、低碳技术推广力度需要提高。科学技术作为第一生产力，是实现农业低碳、绿色发展的重要动力。我国在农业生产领域已经推广和推行了一系列推进农业减排固碳的新技术和新产品，如化肥绿色增值技术、节水灌溉、水肥一体化云平台等，但在农业科技上的投入占比不到农业 GDP 的 1%，与全行业平均 2.14% 的水平相比仍存在差距①。此外，由于我国东、中、西部存在农业生产和经济社会发展水平的差异，既导致难以形成全国性、系统性的低碳农业生产技术和减排固碳技术，也导致已有技术难以广泛推广。

第三，从产业角度看，低碳农业全链条发展不充分，组织化和市场化程度需进一步深化。首先，在生产环节上，受到“大国小农”生产经营方式影响，少部分农户仍然习惯于产前产中投入农药、化肥，产后就地燃烧秸秆，这都会排放大量二氧化碳和温室气体；在运输环节上，长时间和长距离的运输过程导致消耗大量的化石能源，而与其他产业的仓储物流水平相比，粮食仓储物流的数字化、智能化程度不利于农产品在流通和运输环节中的碳减排，仍有一定的提升空间②；在加工环节上，我国农产品的粗加工工艺导致在加工环节碳排放提高和资源浪费。其次，我国目前的“农户 + 批发商”“农户 + 合作社 + 龙头企业”等农产品流通模式仍然在运行主体各环节组织化程度、主体利益联结机制和信任机制等方面存在问题，这在一定程度上也阻碍了低碳农业发展。最后，由于我国低碳农业市场建设相对较晚，低碳农业技术研发、技术推广的融资渠道有限，使得农业低碳技术的研发和应用尚有很大空间。

---

① 扫平三大障碍，为粮食安全筑牢种业基石[EB/OL]. 科技日报，https://tech.gmw.cn/2022-04/25/content_35686366.htm，2022-04-25.

② 胡川，陈静，袁梦琛. 我国农业产业链持续低碳化的作用机制研究[J]. 宏观经济研究，2017(8)：152-161.

第四，从区域角度看，低碳农业发展省域之间存在差距。通过上文分析，可以看出大多数地区的低碳农业发展水平在持续提高，但不同省份和区域的低碳农业发展仍存在不平衡，从东到西呈现出逐渐递减的态势。其中，东部地区和东北地区的低碳农业水平最高，中部地区增速最快，西部地区水平较低且增长较慢。从分维度发展水平来看，东部地区的农业生产现代化水平和生态文明发展水平都最高，农业生产要素投入水平则相对较低；东北地区的农业生产要素投入水平最高；中西部地区的农业生产要素投入仅次于东北地区，而农业生产现代化水平和生态文明发展水平都较为滞后，低碳农业的各维度水平都存在较大的提升空间。

四、推动我国低碳农业发展的“四元模型”及具体措施

针对上述主体、技术、产业和区域差异等低碳农业发展中的四个方面挑战，本文围绕塑造低碳农人、锻造低碳农技、打造低碳农链、建设低碳农区，构建中国低碳农业发展的“四元模型”（见图4），采取具体措施，以促进我国低碳农业发展。

具体来说，低碳农人是我国发展低碳农业的关键所在，主要通过外引内育，增强农户低碳意识，塑造新时代高素质低碳农人；低碳农技是发展低碳农业的根本出路，主要通过加强农业低碳技术创新，加大农业技术研发投入，锻造绿色高效低碳农技；低碳农链是发展低碳农业的主要内容，主要通过推进农业全流程减碳，打造中国特色低碳农链；低碳农区是发展低碳农业的重要保障，主要通过建立区域农业协调发展新机制，缩小区域间低碳农业发展水平差异，建设我国高水平低碳农区。进一步地，塑造低碳农人、锻造低碳农技、打造低碳农链和建设低碳农区这四个方面互为条件、相互促进。低碳农人需要学习并掌握一定的低碳农技，低碳农技会进一步赋能并提升农户的低碳意识，从而促进低碳农人群体的发展和壮大。通过发展和加强低碳农技来赋能打造低碳农链的同时，低碳农链也在反馈并强化低碳农技的发展与不断迭代。开展农业全流程减碳，促进农业低碳

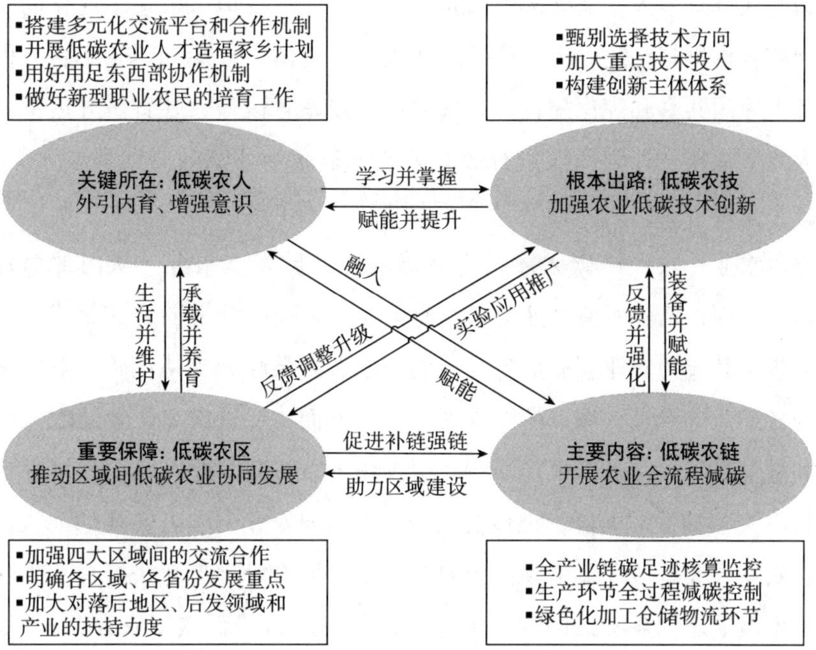

图4　中国低碳农业发展“四元模型”

发展、强链补链有利于加快建设低碳农区的步伐，而相应的，低碳农区发展及不同区域间协同发展，也反向促进了低碳农业产业链的补强和完善。低碳农区承载并养育着农户，低碳农区的建设发展会潜移默化地促进区域内农户低碳意识和素质的提升；低碳农人群体的培育和形成，也会提高各区域低碳农业发展的速度和质量。此外，低碳人才会融入并参与低碳农业产业链的建设与形成，绿色高效的低碳农链也会赋能农户，促使他们升级农业生产方式。在各区域实验、应用和推广相关低碳农业技术，可以助力低碳农区建设，反过来，高质量的低碳农区也能不断反馈信息，有助于调整升级相关绿色低碳农业技术。

（一）外引内育、增强意识，塑造新时代低碳农人

农业低碳人才队伍建设是实现我国低碳农业发展的关键所在。这就需要我们从外引内育两个方面联合发力，提高农户意识自觉和行动自觉，塑

造新时代低碳农人。从外部引进角度，一方面，各地区搭建多元化的交流平台和合作机制，建立包括低碳农业人才在内的人才库和信息平台，促进相关人才的共享和优化配置。另一方面，鼓励各区域、各省份开展低碳农业人才造福家乡计划，探索有效有力的可以激励外流的高素质技术人才、农林类高校毕业生人才返乡从事低碳农业工作的制度和机制[①]，吸引国内外绿色农业、农业减碳人才投身我国农业低碳发展事业。从内部培育角度，一方面，培养农业产业链中具有强链、补链、延链能力的组织者，并进一步使其成为农业产业链各环节的引领者，鼓励和支持低碳农业探索者成为各产业链难点、痛点的引领者。另一方面，促进农业产业链农人的存量和增量管理。存量管理，即将新型农场主等新型职业农民作为培育“低碳新农人”的关键人群，把他们培养成可以向农业引领者转换的能人，能够在农业产业链各环节引领低碳农业发展；增量管理，即扶持具有现代农业技术但缺乏创业实践的相关人才通过创业成为“低碳新农人”，并最终引领低碳农业发展。

（二）加强农业低碳技术创新，锻造绿色高效低碳农技

科技创新是推动我国低碳农业发展的根本出路。这就需要我们构建“技术方向甄别—重点技术投入—创新主体体系”的“三位一体”的农业低碳技术创新体系。一是甄别选择技术方向，首要的是加大调研的力度和深度，充分了解我国不同区域、不同省份在发展低碳农业过程中的真正难题和不同主体的真实诉求，平衡国家战略需求、农业可持续发展需求和农户持续增收需求三大需求之间的关系，选择并动态调整我国低碳农业技术研发的方向。二是重点围绕农业低碳、绿色、高效、生态可持续发展，加大科研投入和创新力度，大力开展农村新能源技术、绿色肥料技术等关键技术的研发与推广，并采取奖补政策，加快农业低碳技术在全国大面积落

---

① 何可，吴昊，曾杨梅．“双碳”目标下的智慧农业发展［J/OL］．华中农业大学学报，2023，42(3)：10－17.

地。三是创建国家农业绿色发展创新平台，构建形成“国家和政府引导—市场主导—高校和科研院所及农业部门协同攻关—市场主体和社会广泛参与—农户参加”的农业低碳技术创新体系，发挥新型举国体制在农业技术研发中的作用。

（三）开展农业全流程减碳，打造中国特色低碳农链

农业全流程减碳是推动我国低碳农业发展的主要内容。这就需要我们推进农业全流程减碳、促进农业低碳发展强链补链延链。首先，要在农业产业链的各个环节进行碳足迹的核算，并对各环节温室气体的排放量进行实时监控，从而全面、准确地把握农业产业链的碳排放情况。其次，在生产环节，产前要“推进化肥农药减量增效”①，加速水溶肥、缓释肥等新型肥料的示范推广，鼓励使用有机肥；产中要“加快应用农业资源节约集约技术”②，在水资源短缺的地区推行管灌、喷灌、微灌等工程节水措施和全膜覆盖集雨保墒、膜下滴灌、水肥一体化等农艺节水技术，在土壤酸化面积大的地区推广土壤调理剂、绿肥还田等技术模式，因地制宜地提升耕地地力；产后要“促进农作物秸秆综合利用”，建立秸秆资源台账和数据平台，因地制宜地推广秸秆深翻粉碎还田、腐熟有机肥还田等技术，提高秸秆还田水平。最后，在加工仓储流通环节，构建农业绿色供应链，推动农产品精细加工，建立健全绿色流通体系，发展农产品绿色低碳运输，完善仓储、冷库等基础设施建设，从而加快推进农产品加工物流的绿色转型。

（四）推动区域间低碳农业协同发展，建设高质量低碳农区

促进低碳农业区域协调是推动我国低碳农业发展的重要保障。这就需要我们遵循党的二十大提出的区域协调发展战略的要求，多措并举共建区

---

① 建设国家农业绿色发展先行区　促进农业现代化示范区全面绿色转型实施方案［EB/OL］. 农业农村部，https://tech.gmw.cn/2022-04/25/content_35686366.htm，2022-11-14.

② 建设国家农业绿色发展先行区　促进农业现代化示范区全面绿色转型实施方案［EB/OL］. 农业农村部，https://tech.gmw.cn/2022-04/25/content_35686366.htm，2022-11-14.

域农业协调发展新机制，尽快缩小区域间低碳农业发展水平差异，建设高水平低碳农区。首先，加强我国四大区域的交流合作，发挥高水平区域的示范带动作用。在东西部协作工作框架下，相对落后地区依据自身短板向先进地区借鉴经验，而发展水平较高的地区向相对落后地区提供科技、人才等帮扶，并引导区域内企业到中西部落户投资，提高发展相对滞后农村的低碳农业发展水平。其次，因地制宜地实施和推进低碳农业发展战略，明确各区域、各省份低碳农业的发展重点，东部地区可充分利用其经济、人才和技术三大优势，大力发展智慧农业、数字农业，而中西部地区则可结合其区域生态承载量、特色农业，引导和支持优质生产要素向农业农村流动，打造以绿色农业、低碳农业为核心的农业产业集群，加快推动农业低碳转型升级。最后，要针对性地加大扶持力度，对中西部落后地区以及符合绿色低碳方向的和后发农业领域和产品给予更多的政策、资金、科技和人才支持，不断提高相对滞后地区的低碳农业发展水平。

农业绿色发展对农村居民收入的影响研究

林建华　王颖颖　肖　洁①

摘要：党的二十大报告指出农业绿色发展是新时代促进高质量发展的必然要求，共同富裕是中国式现代化的重要特征，因此，研究农业绿色发展对农村居民收入的影响对于促进农业绿色发展和共同富裕目标的实现具有现实意义。本文选取2012—2021年省级面板数据，运用熵值法对农业绿色发展水平进行测度，在此基础上使用固定效应模型实证研究农业绿色发展对农村居民收入的影响效应。研究发现：总体而言，农业绿色发展对农村居民收入具有显著的促进作用；从农业绿色发展的五个维度而言，农业资源利用对农民收入的正向效应最高，绿色产品供给及绿色发展能力影响效应不显著；从农业绿色发展的不同水平而言，农业绿色发展水平越高的地区对农民增收的效应越显著；从区域而言，各区域农业绿色发展对农民收入均具有显著的正向影响，但作用效果存在差异，中部地区最强，东北地区最弱；从农业绿色发展对农民不同收入来源的影响而言，农业绿色发展对经营净收入的促进作用最大，其次是财产净收入。基于本文研究结果及分析，我们提出了推动农业绿色发展，促进农民增收的政策建议。

关键词：农业绿色发展；农村居民收入；熵权法

---

①　林建华(1968—)，女，山东招远人，西北大学经济管理学院副教授，经济学博士，研究方向为西方经济学和区域经济学；王颖颖(1996—)，女，河南许昌人，西北大学经济管理学院硕士研究生；肖洁(1999—)，女，河南开封人，西北大学经济管理学院硕士研究生。项目来源：陕西省社会科学基金项目“陕西民营企业加快发展方式绿色转型研究”(项目编号:2023SJ07)。

一、引言

绿色发展和共同富裕是新时代经济发展的重要战略目标，也是中国式现代化的重要特征。农业绿色发展是实现绿色发展的关键之一，为推进农业绿色发展，我国先后出台了一系列政策文件，2016 年中央一号文件首次明确提出“加强资源保护和生态修复，推动农业绿色发展”，2021 年政府发布的《“十四五”全国农业绿色发展规划》指出绿色是农业的底色，良好生态环境是最普惠的民生福祉、农村最大优势和宝贵财富，2023 年中央一号文件再次强调推进农业绿色发展。国家“十四五”规划纲要将“全体人民共同富裕取得更为明显的实质性进展”纳入 2035 年远景目标。鉴于我国长期存在的二元经济结构以及城乡居民收入之间的巨大差距，共同富裕目标实现的关键在于农业发展和农民富裕。因此，深入系统地阐明农业绿色发展与农村居民收入的关系，对于实现全体人民共同富裕具有深远意义。

目前学术界关于农业绿色发展和农村居民收入的研究体现在以下几个方面。

第一，关于农业绿色发展的研究。此方面研究主要聚焦于农业绿色发展的测度、驱动因素以及实现路径等方面。农业绿色发展的测度方面，李菲菲等（2023）构建了包括资源节约、环境友好和产出高效三个维度的指标体系，运用熵权法和障碍度模型对山东五大区域的农业绿色发展水平及其障碍因素进行测度分析；① 樊胜岳等（2021）从农业生产、农业生态和社会经济三个层面测度分析了 2010—2019 年中国 30 个省份农业绿色发展水平及其时空特征；② 巩前文和李学敏（2020）在界定农业绿色发展内涵

① 李菲菲，周霞，周玉玺．环渤海地区农业绿色发展水平评价与区域差异分析［J］．中国农业资源与区划，2023，44（3）：118－129.

② 樊胜岳，李耀龙，马晓杰，等．数字化水平对农业绿色发展影响的实证研究——基于中国 30 个省份的面板数据［J］．世界农业，2021（12）：4－16.

的基础上，从低碳生产、经济增收和安全供给三个维度构建指标体系，对农业绿色发展水平进行测算分析。① 在农业绿色发展的驱动因素方面，杨钰蓉和罗小锋（2018）认为绿色生产技术模式的研究推广能够有效降低小农户绿色生产转型的技术门槛，从而提高农户对绿色生产技术的采纳程度；② 雷钦华等（2023）证明了开放式创新对农业绿色发展的作用表现为先抑制后促进，并且在环境规制较高的水平下开放式创新更能推动农业绿色发展；③ 高红贵和朱于珂（2021）发现绿色技术创新可以有效节约资源、提升农业资源利用效率，是推动农业绿色发展的内生动力。④ 在农业绿色发展的实现路径方面，李明贤和柏卉（2019）从信贷和技术支持的角度分析了农业绿色发展的制度保障路径；⑤ 于法稳（2018）指出推动农业绿色发展，需要发展目标、发展内容、发展机制、保障制度以及发展过程中所涉及的所有主体发生转变，包括政府、科技人员、农民和新型农业经营主体等；⑥ 翁鸣（2017）从传统农业向现代农业转变的角度探究农业绿色发展过程中绿色生产主体的培育问题。⑦

第二，关于农村居民收入的研究。此方面研究大多集中于农村居民收入的影响因素、收入结构以及收入差距等方面。农村居民收入的影响因素方面，黄祖辉等（2022）实证检验了休闲农业与乡村旅游的发展能够显著促进农民增收；⑧ 刘自强和张天（2021）发现数字金融新业态的发展对农

---

① 巩前文，李学敏．农业绿色发展指数构建与测度：2005—2018 年［J］．改革，2020（1）：133－145.

② 杨钰蓉，罗小锋．减量替代政策对农户有机肥替代技术模式采纳的影响——基于湖北省茶叶种植户调查数据的实证分析［J］．农业技术经济，2018（10）：77－85.

③ 雷钦华，苏时鹏，孙小霞．基于环境规制调节的开放式创新与省域农业绿色发展关系研究［J］．中国生态农业学报（中英文），2023，31（10）：1668－1682.

④ 高红贵，朱于珂．绿色技术创新研究热点的动态演变规律与趋势［J］．经济问题探索，2021（1）：52－69.

⑤ 李明贤，柏卉．信贷支持农业绿色发展研究［J］．农业现代化研究，2019，40（6）：900－906.

⑥ 于法稳．新时代农业绿色发展动因、核心及对策研究［J］．中国农村经济，2018（5）：19－34.

⑦ 翁鸣．中国农业转型升级与现代农业发展——新常态下农业转型升级研讨会综述［J］．中国农村经济，2017（4）：88－95.

⑧ 黄祖辉，宋文豪，成威松，等．休闲农业与乡村旅游发展促进农民增收了吗？——来自准自然实验的证据［J］．经济地理，2022，42（5）：213－222.

民收入水平与增收渠道产生深远影响；[①] 曹菲和聂颖（2021）重点关注了产业融合与农民收入之间的互动机制，认为产业融合提升了农业产业结构的合理化和高级化水平，推动农业产业结构升级，从而促进农民收入增长。[②] 农村居民的收入结构方面，刘心怡等（2020）和 Faberb（2014）从收入构成角度探讨了金融科技对农村居民工资性收入、非工资性收入的异质性影响；[③④] 陈叶玲和李志平（2022）通过分析 1988—2020 年我国农村居民收入变化、结构演变发现农村居民工资性收入增长额最大，其次是经营性收入，财产性收入增长量最低，地区间转移性收入增长额差异较大；[⑤] 龚勤林等（2022）以四川省具有代表性的三个民族自治州为例，探讨了该地区农民面临的经营净收入相对过大、工资性收入增速下降、财产净收入和转移净收入规模小等不可持续性风险。[⑥] 农村居民的收入差距方面，马飞等（2023）通过分析交通基础设施对农村居民地区间收入差距的影响发现公路发展会扩大农村居民地区间收入差距，铁路发展会缩小农村居民地区间收入差距；[⑦] 孙枫等（2021）从努力与机会不均等视角识别农村居民收入差距的关键决定因素，发现农村居民个人收入差距主要源自努力不均等，但机会不均等程度及其对收入差距贡献率相较于努力不均等上升趋势更明显；[⑧] 钞小静（2023）提出数字经济时代背景下数字技术、数据要素

---

① 刘自强，张天．数字普惠金融对农民收入的影响及其空间溢出效应[J]．当代经济研究，2021(12)：93－102.

② 曹菲，聂颖．产业融合、农业产业结构升级与农民收入增长——基于海南省县域面板数据的经验分析[J]．农业经济问题，2021(8)：28－41.

③ 刘心怡，金山，张伟．金融科技对农村居民的收入增长效应及其传导机制[J]．财贸研究，2020，31(8)：65－76.

④ FABERB B. Trade integration, market size, and industrialization: evidence from Chine's national trunk highway system[J]. The Review of Economic Studies，2014，81(3)：1046－1070.

⑤ 陈叶玲，李志平．我国农村居民收入结构变化及贡献率分析[J]．湖北社会科学，2022(6)：84－91.

⑥ 龚勤林，贺培科，曹邦英．共同富裕目标下四川民族地区农村居民的收入结构差异与持续增收[J]．民族学刊，2022，13(9)：119－129，165.

⑦ 马飞，杨思琳，徐妍．交通基础设施对农村居民地区间收入差距的影响[J]．经济与管理，2023，37(1)：9－19.

⑧ 孙枫，张应良，李瑞琴．农村居民收入差距的测度与分解——基于努力与机会不均等的视角[J]．山西大学学报(哲学社会科学版)，2021，44(1)：151－160.

与数字基础设施能够多层次赋能农业农村，形成缩小城乡收入差距的潜在路径。①

第三，关于农业绿色发展对农村居民收入的影响研究。学术界直接研究农业绿色发展对农村居民收入影响的文献较少，但有些学者在研究其他问题时对这一方面有所涉及，比如 Mahadevan 等（2017）在研究旅游业的发展对经济增长的影响时提到了农业绿色发展能改善农村生态环境，带动农村旅游产业快速发展，拓宽农村居民就业渠道，从而增加农村居民收入；② 李洁艳等（2022）在研究有机肥施用对农户利润的影响时提到了绿色农业施用有机肥替代化肥会增加农产品的生产成本，从而抑制农村居民收入提升；③ 沈兴兴等（2023）在研究绿色食品助力乡村振兴时提到了绿色食品产业所倡导的种养循环产业链在一定程度上会减少交易成本，有效提升主体经营效益。④

综上，虽然学术界对农业绿色发展和农村居民收入方面的问题进行了丰富且深入的研究，但关于农业绿色发展对农村居民收入影响方面的研究欠缺。因此，本文将农业绿色发展与农村居民收入的研究结合起来，从理论上分析了农业绿色发展影响农村居民收入的逻辑机理，在此基础上构建新的指标体系，运用计量模型测度农业绿色发展对农村居民收入的影响，并分别研究农业资源利用、农业生产效率、绿色产品供给、非农产业水平和绿色发展能力五个维度对农村居民收入的影响程度，进一步从农业绿色发展异质性、区域异质性、收入结构异质性三个角度探讨了农业绿色发展

---

① 钞小静．数字经济时代背景下城乡收入差距的新变化及破解路径[J/OL]．新疆师范大学学报(哲学社会科学版)：1 - 9[2024 - 01 - 24]．https://doi.org/10.14100/j.cnki.65 - 1039/g4.20231026.001.

② MAHADEVAN R，AMIR H，NUGROHO A．Regional impacts of tourism - led growth on poverty and income inequality：a dynamic general equilibrium analysis for indonesia[J]．Tourism Economics，2017，23(3)：614 - 631.

③ 李洁艳，张红丽，滕慧奇．有机肥施用对农户利润的影响[J]．干旱区资源与环境，2022，36(5)：70 - 78.

④ 沈兴兴，朱守银，彭超．绿色食品助力乡村振兴：理论逻辑、实践路径与对策建议[J]．农村经济，2023(1)：45 - 52.

对农村居民收入的作用效果，以期为农民增收提供具体的路径选择。这些为长效增加农民收入、推进乡村振兴、实现共同富裕提供了经验证据。

二、农业绿色发展对农村居民收入影响的理论机制

从理论上阐述农业绿色发展对农村居民收入的影响机制是本文展开研究的理论基础，农业绿色发展一方面通过降低农业生产成本、提高绿色农产品价格、拓宽农民就业渠道、提高农民身体素质，对农村居民收入产生正向效应，但另一方面可能通过增加农业生产成本、减少农产品供给、限制缺乏知识技能的农民获取收益，对农村居民收入产生负向效应。

（一）农业绿色发展对农村居民收入水平的正向效应

1. 农业绿色发展有助于提高资源利用效率，降低农业生产成本

农业绿色发展有助于提高水、耕地、劳动等农业基础资源的利用效率，节约农业生产成本，从而增加农村居民收入。第一，农业绿色发展能够降低农药、化肥等的使用强度，这一方面会减少水、土壤等农业资源的污染，提高其利用效率，进而有利于农业资源的可持续发展，为农民提供长期稳定的收入来源；另一方面节约了资源及生产成本，使农村居民收入增加。第二，农业绿色发展先进技术和设备的运用一方面会提高资源利用效率，大大降低农业生产成本，进而提升农民收入水平；另一方面先进的生产设备相较于传统人工种植而言能缩短农民劳作时间，提高劳动生产率，使单位农产品产出所需要的劳动力更少，不仅节省人工成本，而且解放的部分农村劳动力由低效率的农业向高效率的非农产业转移，农民收入也会增加。综上所述，农业绿色发展能通过节约生产成本助力农民收入增加。

2. 农业绿色发展有助于改善农产品质量，提高绿色农产品价格

农业绿色发展有利于提高农产品的质量和安全水平，绿色农产品的溢

价水平使得农村居民收入提升。随着人民收入和生活水平的提高，人们更加关注农产品的质量和安全，由于绿色农产品生产过程中不使用农药、化肥等物质，具有更高的品质和安全性，消费者对其有着较高的认可度和偏好，愿意接受并支付的心理预期价格也更高。因此，由于绿色农产品存在更高的溢价，选择从事绿色农产品生产的农户能够获得更高的回报。

3. 农业绿色发展有助于推动非农产业发展，拓宽农民就业渠道

农业绿色发展促进休闲农业、乡村旅游业等非农产业快速发展，可以为农村居民提供大量就业岗位，从而增加农村居民收入。休闲农业与乡村旅游业作为农村产业融合的新业态，突破了传统农村中一、二、三产业的界限，促进了农村不同产业间的相互渗透，可以直接或间接带动相关非农产业发展，如餐饮、文娱、基础设施建设等。乡村非农产业的发展会产生大量的劳动力需求，从而给农民带来新的就业机会，有助于拓宽和优化农民收入渠道。

4. 农业绿色发展有助于改善农村生态环境，提高农民身体素质

农业绿色发展有助于优化农村居民生活环境，减少疾病的发生和传播，提升农村居民的健康水平，进而影响农村居民收入。第一，农村居住环境的改善能降低农村居民的患病概率，减少农民医疗卫生方面的支出，提高农村居民的相对收入水平。第二，农村生态环境改善使农村居民身体素质得到提升，这一方面有助于改善人力资本，提高劳动生产力和工作效率，而且在劳动力市场上自身健康状况较好的农民更具有市场竞争能力，更有概率获得工作机会；另一方面有助于减少自身因患病损失的工作时间以及其他家庭成员的护理时间，大大增加了个体自身及家庭成员的劳动供给时间，从而提高农村居民的劳动收入。所以，从成本角度分析，推动农业绿色发展不仅减少了农村居民的直接成本——治疗费用，而且在很大程度上降低了其间接成本——因患病减少劳动时间（包括患病个体及家庭成员）而降低的收入。

（二）农业绿色发展对农村居民收入水平的负向效应

1. 农业绿色发展可能会增加农业生产成本

农业绿色发展可能会带来农业生产成本，抑制农民收入增加。第一，绿色农业依赖的有机肥原材料价格高昂、加工过程复杂、生产周期较长导致其价格比化肥更高，使用有机肥代替化肥会增加农产品的生产成本，降低农村居民收入。第二，农业绿色发展要求使用更环保、可持续的农业技术和方法，这些技术和方法的引入和实施需要农民参加技能培训、购买新的机械设备，此外，在应用新技术的初期阶段，农户对新技术的使用还不熟练且缺乏实践经验，容易操作不当，导致生产效果不佳甚至产生额外损失，进而增加农业生产成本，抑制农村居民收入增加。因此，农业绿色发展可能会增加农民生产成本，降低农村居民收入水平。

2. 农业绿色发展可能会导致农产品供给下降

农业绿色发展可能会降低农产品供给，抑制农村居民收入增加。第一，绿色农业依赖的天然肥料养分含量相对较低且释放速度缓慢，不如传统农业中大规模施用的农药化肥直接高效，可能无法满足农作物的养分需求，导致农作物在关键生长期出现养分缺乏，进而减少农作物产量。第二，农业绿色发展鼓励农民采取轮作休耕、植物间作等措施对耕地进行调理和生态修复，这些工作可能会延长农业生产周期，相比传统农业，绿色农业可能需要更长的时间来获得收成，导致农产品供给量下降。由此，农业绿色发展可能会导致农产品供给下降，减少农村居民收入。

3. 农业绿色发展可能限制缺乏知识技能的农民获取收益

农业绿色发展可能会限制知识水平较低的农户获取更多的收益。第一，农业绿色发展要求使用先进的农业生产技术和管理方法，这些技术和方法的使用需要农民学习相关的知识和技能并且及时进行更新以适应不断变化的农业生产环境，这对农民自身素质要求相对较高，从而限制了缺乏相关知识和技能的农民获得收益。第二，绿色农产品的生产和销售需要符合一定的标准和规范，比如有机认证、农药残留限制等，但是缺乏相关知识和技能的农民可能难以满足这些要求，进而限制了他们进入高价值市场获取更高的收益。因此，农业绿色发展可能会限制缺乏知识技能的农民获得更多的收益，抑制农民增收。

三、农业绿色发展的现状及存在的问题

（一）农业绿色发展的现状

1. 农业资源利用显著提升

农业资源利用水平反映水、土、化肥等基本农业资源的利用状况，是农业绿色发展最直观的反映。图 1 反映了 2012—2021 年我国农业资源利用变动情况。如图 1 所示，耕地复种指数由 2012 年的 1.289 增加到 2021 年的 1.837，增长了 42.5%；单位农业总产值耗水量由 2012 年的 0.094 立方米/元减少到 2021 年的 0.053 立方米/元，下降了 43.6%；化肥使用强度由 2012 年的 0.365 吨/公顷减少到 2021 年的 0.328 吨/公顷，下降了 10.1%。总体来看，农业资源利用得到显著提升。

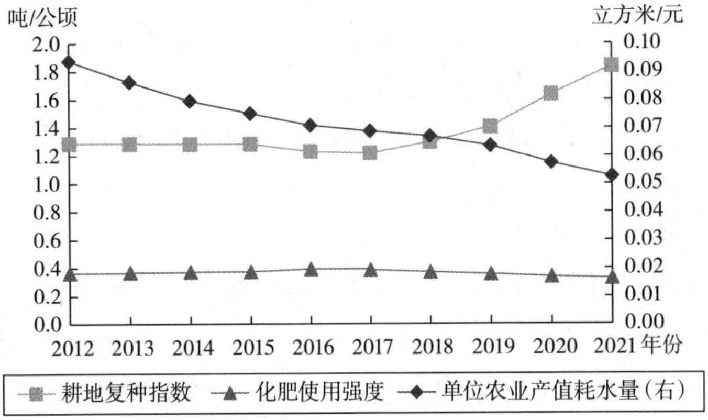

图 1　2012—2021 年我国农业资源利用变动情况

2. 农业生产效率持续提高

农业生产效率是指农业生产过程中投入与产出的比率，通过劳动生产率、土地生产率以及农机生产率反映农业生产效率。农业生产效率越高，单位农业投入产出水平越高，农业绿色发展状况越好。图 2 反映了2012—2021 年我国农业生产效率变动情况。如图 2 所示，2012—2021 年土地、劳动和农机生产效率呈现出不同程度的上升趋势。土地生产率由 2012 年的 0.320 亿元/千公顷增长到 2021 年的 0.558 亿元/千公顷，劳动生产率由 2012 年的 702.908 亿元/万人增长到 2021 年的 2758.054 亿元/万人，农机生产率由 2012 年的 0.563 亿元/万千瓦上升到 2021 年的 0.877 亿元/万千瓦，其年平均增长率分别为 7.44%、29.24% 和 5.58%。总体来看，农业生产效率持续提高。

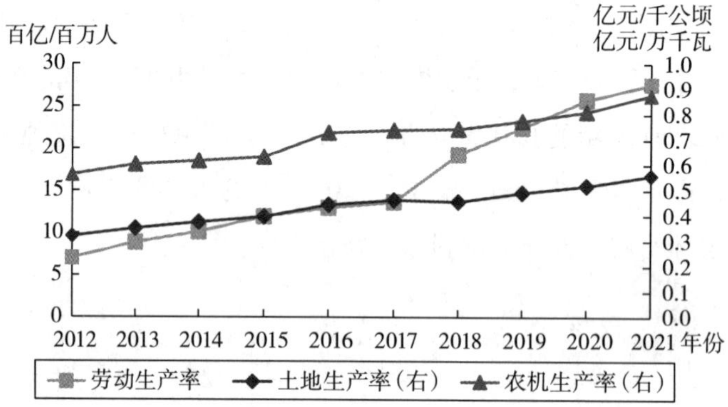

图 2　2012—2021 年我国农业生产效率变动情况

3. 绿色农产品供给不断增长

绿色农产品供给状况能够直接反映农业绿色发展成果。图 3 反映了2012—2021 年我国绿色农产品供给变动情况。如图 3 所示，我国绿色农产品供给量在 2012—2021 年持续增长，具体表现在当年有效绿色食品增长率、农产品地理标志认证增长率以及有机农产品认证面积比例增长率在这十年期间虽然存在一定程度的波动，但其值均大于 0，整体一直处于增长的趋势。从上述数据可以看出，绿色农产品供给不断增长。

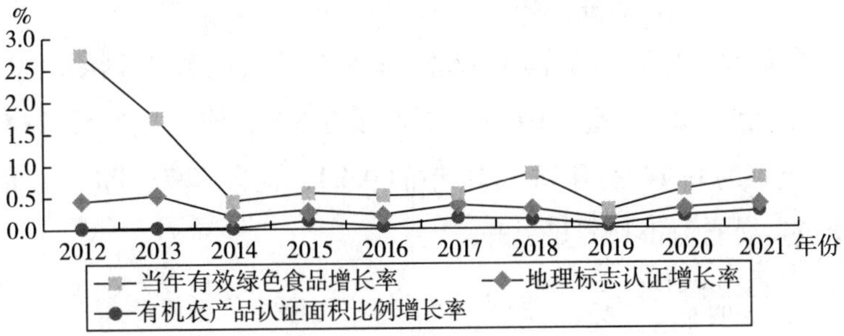

图 3　2012—2021 年我国绿色农产品供给变动情况

4. 非农产业水平显著提升

非农产业的发展是农业绿色发展的有效路径，极大地丰富了农业发展的内涵和外延。图 4 反映了 2012—2021 年我国非农产业水平变动情况。如图 4 所示，美丽休闲乡村个数由 2012 年的 8 个增长到了 2021 年的 247 个，增加了近 30 倍；非农就业水平由 2012 年的 0.636 增长到了 2021 年的 0.759，上涨了 19%；二、三产业占 GDP 比重由 2012 年的 0.895 增长到了 2021 年的 0.908，提升了 1.5%。因此，非农产业水平得到显著提升。

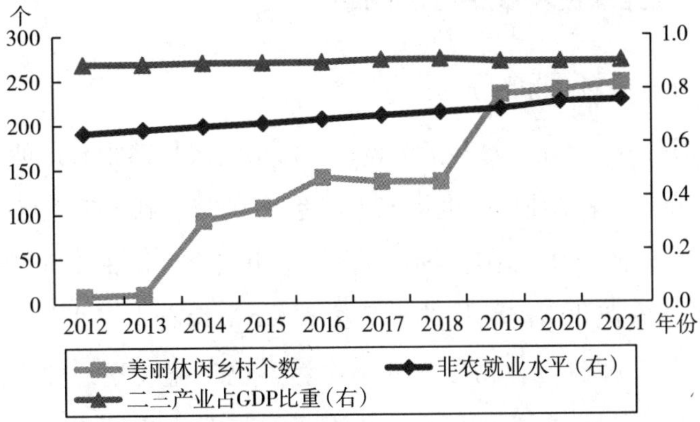

图 4　2012—2021 年我国非农产业水平变动情况

5. 绿色发展能力明显提升

绿色发展能力反映农业系统实现高效、可持续发展的能力，是农业绿色发展的支撑条件。图 5 反映了 2012—2021 年我国农业绿色发展能力变动情况。如图 5 所示，农业 R&D 人员当时量由 2012 年的 7385 人/年上升到 2021 年的 10520 人/年，提高了 42.5%；农户平均受教育年限由 2012 年的 7.77 年上升到 2021 年的 8.07 年，提高了 3.8%；农户生产设备投资额占比由 2012 年的 0.14 上升到 2021 年的 0.24，提升了 71.4%。总的来说，农业绿色发展能力得到明显提升。

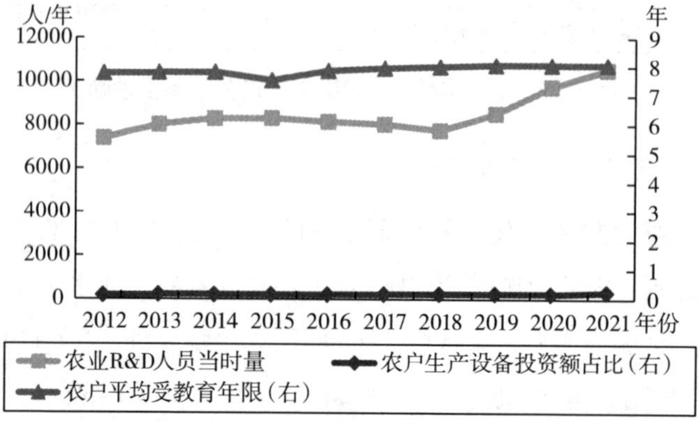

图 5　2012—2021 年我国农业绿色发展能力变动情况

（二）农业绿色发展存在的问题

1. 农业面源污染依然严峻

农业面源污染治理成效初步明显，但污染情况依然十分严峻。2021 年与 2012 年相比，化肥使用强度从 357 千克/公顷减少到 308 千克/公顷，下降了 4.1%，但依旧高于国际公认的化肥施用安全上限的 225 千克/公顷；相较于工业，农业化学需氧量的年增长率 4.5% 远高于工业化学需氧量的 0.44%。另外，农药包装物导致的二次污染也日益严重，如果按照每瓶 0.5 千克的包装标准匡算，2021 年将产生 24.8 亿个农药包装物。总的来说，农业面源污染得到初步管控，但防治工作仍任重道远。

2. 农业绿色技术有待进一步开发与推广

农业绿色发展需要科技支撑，但是我国农业绿色技术水平还不成熟。第一，农业绿色技术的投入研发受到一定限制。由于农业的绿色发展过程具有投资大、回报周期长、风险较大等特征，我国农业绿色技术的研发基本依赖政府投入，大多数企业不愿对此进行投资，使得资金支持力度不足，进而阻碍了农业绿色技术的开发与创新。第二，农业绿色高技术人才匮乏。农业农村对高学历人才的吸引力不足，大部分高校毕业生更愿意到城市发展，这使得农业绿色技术开发缺少人才后备军。而且专业技术人员在指导农民掌握技术、传授农民利用技术进行生产等方面有着重要作用，但是我国农业技术人员的数量与质量无法满足对农民进行针对性技术指导的需求，导致农民对农业绿色技术了解不足，在一定程度上阻碍了农业绿色技术的推广。

3. 农民绿色发展意识淡薄

农民作为农业生产的主体，他们对农业绿色发展的认知与看法在很大程度上影响着农业绿色发展措施的顺利开展和实施。但是目前我国农民的绿色发展意识有待进一步提高。第一，由于受传统小农观念影响，使得农民在农业生产过程中，只看到当下经济效益的提升，在生产过程中通过大量使用化肥农药来实现产量增加，而忽视了农业绿色发展所蕴藏的巨大生态效益。第二，由于文化水平的限制，大多数农民对农业绿色发展的认识比较片面，仅将其理解为不使用化肥农药、不焚烧秸秆等。第三，农民的信息获取能力不足也使得农民无法及时、准确获取政策及市场所释放出的信息，更不能通过有效的渠道及时学习，对农业绿色发展方面的技术、知识的学习也无法及时进行。

四、农村居民收入的现状及存在的问题

（一）农村居民收入的现状

1. 农村居民人均可支配收入显著增长

随着我国农业发展，我国农村居民人均可支配收入也稳步增长。图 6 反映了 2012—2021 年我国各区域农村居民人均可支配收入变动情况。如图 6 所

示，我国农村居民人均可支配收入持续增长，人民生活水平得到极大改善。我国东、中、西部以及东北地区的农村居民人均可支配收入分别由 2012 年的 10817.5 元、7435.2 元、6026.6 元以及 8846.5 元上涨至 2021 年的 23556.1 元、17857.5 元、15608.2 元以及 18280.4 元，其年平均增长率分别为 9.04%、10.29%、11.23%以及 8.41%。从上述数据看，我国各区域农村居民可支配收入的年均增长率均在 10%左右，人民生活水平显著提升。

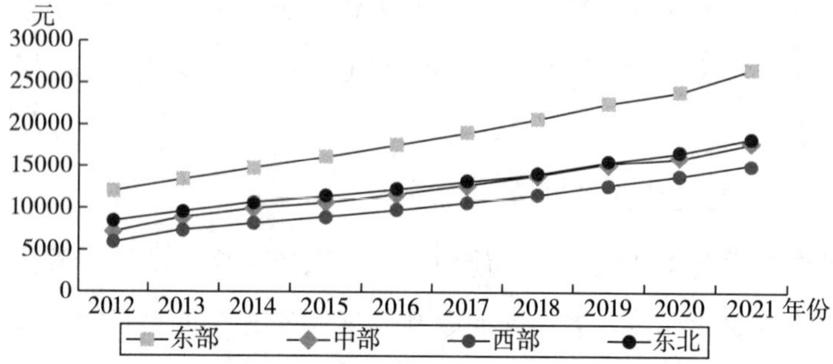

图 6　2012—2021 年我国各区域农村居民人均可支配收入变动情况

2. 农村居民各收入来源稳步提升

农村居民收入结构变动在一定程度上反映了我国农业产业结构的变化及农民就业结构和经济状况的变化。图 7 反映了 2012—2021 年我国农村居民收入结构变动情况。按收入来源分，工资性收入由 2012 年的 118892.2 元增长到 2021 年的 267294.9 元，增长了 1.25 倍；经营净收入由 2012 年的 107599.4 元上涨至 2021 年的 200421.2 元，增长了 0.86 倍；财产净收

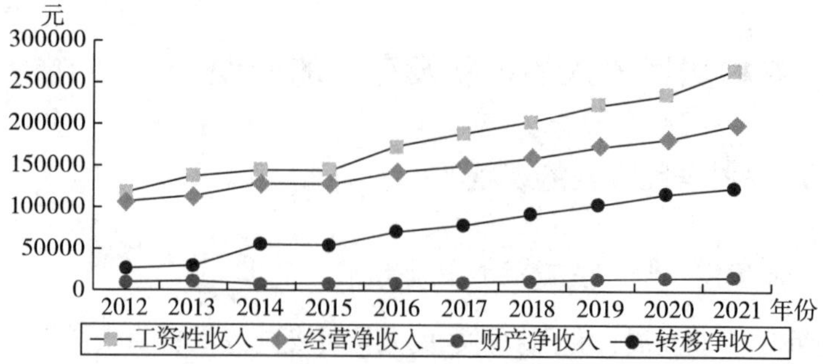

图 7　2012—2021 年我国农村居民收入结构变动情况

入由 2012 年的 10330.8 元增长到 2021 年的 18521.3 元，增长了 0.79 倍；转移净收入由 2012 年的 26532 元提升到 2021 年的 124416 元，增长了 3.69 倍。可以看出我国农民各收入来源均在持续增加。

（二）农村居民收入存在的问题

1. 城乡收入差距悬殊

随着经济的发展，我国居民收入实现了稳步增长，但是城乡间收入差距依旧较大。图 8 反映了 2012—2021 年我国城乡居民人均可支配收入情况。如图 8 所示，2012 年我国城镇和农村人均可支配收入分别为 24127 元、8389.3 元，城镇是乡村的 2.9 倍；2021 年我国城镇和农村人均可支配收入分别为 47412 元、18931 元，城镇是乡村的 2.5 倍。可见我国城乡收入差距悬殊的问题依然严重。

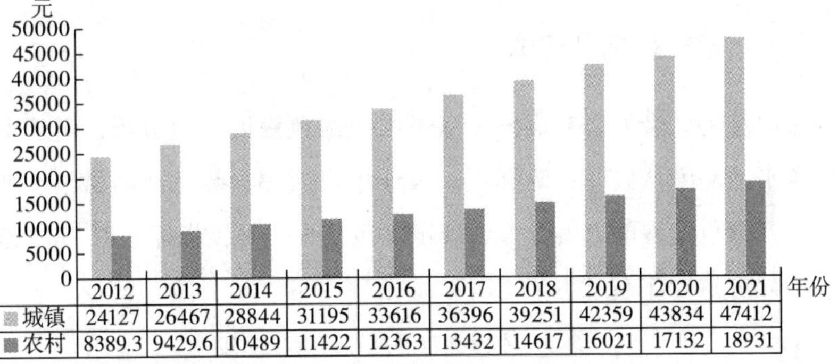

	2012	2013	2014	2015	2016	2017	2018	2019	2020	2021
城镇	24127	26467	28844	31195	33616	36396	39251	42359	43834	47412
农村	8389.3	9429.6	10489	11422	12363	13432	14617	16021	17132	18931

图 8　2012—2021 年我国城乡居民人均可支配收入情况

2. 区域不协调

区域不协调具体表现为区域之间的收入差距依旧较大。图 9 反映了 2012—2021 年我国各区域农民人均可支配收入变动情况。如图 9 所示，2012 年我国东、中、西部和东北地区的农村居民可支配收入分别为 12050 元、7361 元、6035 元、8531 元，东部地区是西部地区的约 2 倍；而 2021 年我国东、中、西部和东北地区的农村居民可支配收入分别为 26440 元、17742 元、15284 元、18398 元，东部地区是西部地区的 1.72 倍。由此可见，虽然各区域农民人均可支配收入均在增加，但区域间的农民收入差距仍旧很大，区域间收入不协调问题依然突出。

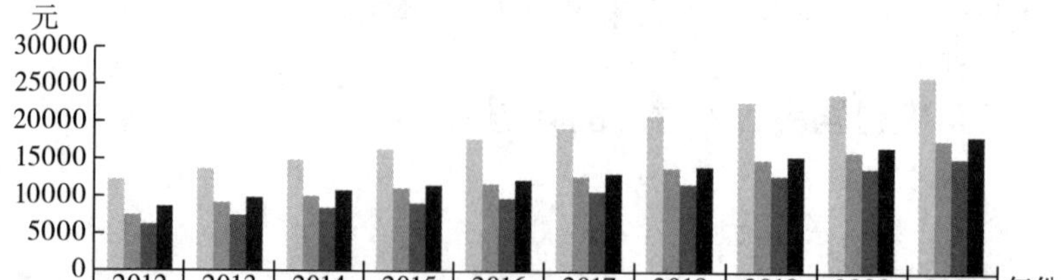

	2012	2013	2014	2015	2016	2017	2018	2019	2020	2021
东部	12050	13383	14828	16163	17561	19095	20738	22613	23938	26440
中部	7361	8930	9953	10851	11715	12709	13851	15177	16080	17742
西部	6035	7351	8205	8975	9762	10645	11630	12805	13828	15284
东北	8531	9642	10649	11386	12204	13094	14069	15442	16695	18398

图 9　2012—2021 年我国各区域农民人均可支配收入变动情况

五、农业绿色发展水平测度

（一）指标构建及选取

参照相关学者的研究成果，基于农业绿色发展状况分析，对农业绿色发展水平的测度从农业资源利用、农业生产效率、绿色产品供给、非农产业水平及绿色发展能力五个方面确定了包括 5 个一级指标和 15 个二级指标在内的评价指标体系（见表 1）。

表 1　农业绿色发展评价指标体系

一级指标	二级指标	计量单位	指标含义	方向
农业资源利用	单位农业总产值耗水量	立方米/元	农业用水总量/农业总产值	负向
	耕地复种指数/%		农作物播种面积/耕地面积	负向
	化肥使用强度	吨/公顷	化肥使用量/播种面积	负向
农业生产效率	土地生产率	亿元/千公顷	农业产值/播种面积	正向
	劳动生产率	亿元/万人	农林牧渔业产值/农林牧渔业从业人数	正向
	农机生产率	亿元/万千瓦	农业产值/农机总动力	正向

续表

一级指标	二级指标	计量单位	指标含义	方向
绿色产品供给	有机农产品认证面积比例增长率	%	（有机农产品当年认证面积比例 - 去年认证面积比例）/去年认证面积比例	正向
绿色产品供给	农产品地理标志认证增长率/%		（农产品当年地理标志认证个数 - 去年地理标志认证个数）/当年地理标志个数	正向
	当年有效绿色食品增长率/%		（当年有效绿色食品个数 - 去年有效绿色食品个数）/去年有效绿色食品个数	正向
非农产业水平	非农就业水平/%		1 - 第一产业从业人数/总从业人数	正向
	美丽休闲乡村个数	个	中国农业农村部官网	正向
	二、三产业占 GDP 比重/%		二、三产业产值/GDP	正向
绿色发展能力	农户生产设备投资额占比/%		农户生产设备投资额/农户个人固定资产投资额	正向
	农业 R&D 人员当时量	人/年	《中国统计年鉴》计算	正向
	农户平均受教育年限	年	《中国统计年鉴》计算	正向

1. 农业资源利用指标

水土资源是农业生产过程中基本的投入要素，对其进行保护是农业绿色发展的关键，故从耕地、水资源以及农业化学品利用三个方面选择具体指标。对于耕地而言，合理控制利用强度以便为地力恢复留出空间是政策导向，故选择耕地复种指数作为耕地利用强度的评价指标；对于水资源而言，改进农业用水方式、提高利用效益是重要任务，故选择单位农业总产值耗水量作为水资源利用的评价指标；对于化学投入品而言，化肥等农资是主要的面源污染源，提高其利用率、减少流失率是从源头降低农业面源污染的途径，故选择化肥使用强度作为农业化学品利用的评价指标。

2. 农业生产效率指标

农业绿色发展强调耕地、劳动、农机动力等生产资料生产率的提高，因此，选取土地生产率、劳动生产率和农机生产率作为农业生产效率的评价指标。

3. 绿色产品供给指标

目前关于绿色产品的衡量指标有有机农产品、农产品地理标志及绿色食品等。为此，选择有机农产品认证面积比例增长率、农产品地理标志认证增长率、当年有效绿色食品增长率 3 项指标反映我国绿色产品的供给能力。

4. 非农产业水平指标

农业绿色发展不仅关注传统农业生产，还着眼于拓展非农产业，为休闲农业、乡村旅游业等非农产业快速发展提供了重要契机，为农村居民创造了大量就业机会。因此，选择非农就业水平，美丽休闲乡村个数，二、三产业占 GDP 比重衡量非农产业水平。

5. 绿色发展能力指标

绿色发展能力指标反映了农业绿色发展的潜力和可持续性。农户生产设备投资额占比可以反映农户在生产过程中愿意投入多少资金用于购买和更新节能环保型农业生产设备，从而实现农业生产的节能减排、高效和可持续性。农户生产设备投资额占比越高，说明农民对农业绿色发展的意识越强，对绿色生产的认识越深刻。农业 R&D 人员当时量反映了农业科技创新人力的投入规模和强度，农业 R&D 人员当时量越高，说明农业科技创新人力投入和规模越大，农业绿色发展能力越强。农户平均受教育年限较高的地方，农民更容易理解和接受新技术和新理念，更愿意去尝试新的农业生产方式和模式，从而推动农业绿色发展的可持续性。故选三者作为农业绿色发展能力的衡量指标。

（二）数据来源及研究方法

1. 数据来源

本文选取 2012—2021 年中国 30 个省份（港澳台及西藏地区除外）为样本，数据主要来源于国家统计局网站、中国农业农村部网站和《中国统计年鉴》《中国农村统计年鉴》《中国人口和就业统计年鉴》《中国劳动统计年鉴》及各省份统计年鉴及统计公报。本文对数据主要做了以下调整：缺失值处理。采用移动平均法对耕地面积、农产品地理标志认证产品数、当年有效绿色食品认证产品数部分年份缺失的数据进行插值处理。

需要说明的是，本文东部、中部、西部和东北地区的具体划分以国家统计局划分为依据，其中：东部地区包括北京、天津、河北、上海、江苏、浙江、福建、山东、广州和海南 10 个省份；中部地区包括山西、安徽、江西、河南、湖北和湖南 6 个省份；西部地区包括内蒙古、广西、重庆、四川、贵州、云南、西藏、陕西、甘肃、青海、宁夏和新疆 12 个省份；东北地区包括辽宁、吉林和黑龙江 3 个省份。

2. *研究方法*

目前确定权重的方法主要分为主观赋权法和客观赋权法两类，前者是指根据评价者主观上对各指标的重视程度来决定权重的方法，人为地给出的权重显然缺乏客观的科学依据。熵权法是指根据各评价指标提供的信息量决定其权重，可有效避免主观判断误差，得到较为客观的权重。因此，本文利用熵权综合指数法，对 2012—2021 年中国及各省份农业绿色发展水平进行评价。指标权重的计算步骤具体如下：

第一步，设定评价指标。设指标测度值为 X_{ij} ，表示第 i 个评价对象的第 j 个指标。

第二步，指标的归一化处理。由于不同指标的量纲不同，本文采用极值法对各指标数据进行标准化处理，具体公式如下。

正向指标标准化：$X_{ij} = \dfrac{X_{ij} - X_{\min}}{X_{\max} - X_{\min}}$

负向指标标准化：$X_{ij} = \dfrac{X_{\min} - X_{ij}}{X_{\max} - X_{\min}}$

第三步，计算各指标的权重：

$$q_{ij} = \frac{X_{ij}}{\sum_{i=1}^{n} X_{ij}}$$

第四步，计算各指标熵值：

$$P_j = -(\ln(n))-1\sum_{i=1}^{n} q_{ij}\ln(q_{ij})$$

第五步，计算各指标的差异系数：

$$S_j = 1 - P_j$$

第六步，计算各指标的权重：

$$K_j = \frac{S_j}{\sum S_j}$$

第七步，计算各省份农业绿色发展水平综合指数：

$$K_j = \sum_j (K_j S_j)$$

（三）农业绿色发展结果分析

1. 农业绿色发展综合指数结果分析

本文测算了我国30个省份农业绿色发展综合指数（见表2）。从变动趋势看，2012—2021年我国各省份的农业绿色发展综合指数均持续上升，农业绿色发展状况较为良好。从均值来看，我国农业绿色发展指数由2012年的0.087上升到2021年的0.195，农业绿色发展水平持续上升。具体到各省份，青海省的农业绿色发展综合指数均值最高（0.252），内蒙古的农业绿色发展综合指数均值最低（0.114）；从相对差距来看，2012—2021年，青海省的农业绿色发展综合指数最高为0.522，高于我国其余省份，江西省的农业绿色发展综合指数最低为0.046，相差0.476。由此可见，虽然从整体上我国农业绿色发展水平持续提升，但各省份之间农业绿色发展水平差距较大，农业绿色发展存在区域差距。

表2　2012—2021年我国各省份农业绿色发展综合指数

省份	2012年	2013年	2014年	2015年	2016年	2017年	2018年	2019年	2020年	2021年	均值	排名
北京	0.087	0.102	0.106	0.135	0.140	0.135	0.132	0.167	0.142	0.125	0.127	24
天津	0.086	0.153	0.101	0.140	0.136	0.135	0.118	0.149	0.155	0.161	0.134	19
河北	0.082	0.089	0.108	0.145	0.132	0.124	0.133	0.152	0.175	0.177	0.132	21

续表

省份	2012年	2013年	2014年	2015年	2016年	2017年	2018年	2019年	2020年	2021年	均值	排名
山西	0. 070	0. 092	0. 104	0. 122	0. 127	0. 126	0. 129	0. 151	0. 150	0. 151	0. 122	26
内蒙古	0. 068	0. 080	0. 091	0. 141	0. 140	0. 096	0. 116	0. 125	0. 139	0. 141	0. 114	30
辽宁	0. 072	0. 122	0. 110	0. 146	0. 133	0. 153	0. 128	0. 145	0. 155	0. 164	0. 133	20
吉林	0. 079	0. 124	0. 129	0. 176	0. 147	0. 151	0. 120	0. 130	0. 146	0. 146	0. 135	16
黑龙江	0. 101	0. 148	0. 131	0. 201	0. 159	0. 182	0. 170	0. 213	0. 197	0. 185	0. 169	8
上海	0. 103	0. 122	0. 119	0. 221	0. 151	0. 184	0. 147	0. 191	0. 129	0. 123	0. 149	14
江苏	0. 131	0. 163	0. 151	0. 262	0. 195	0. 206	0. 193	0. 237	0. 243	0. 288	0. 207	3
浙江	0. 120	0. 130	0. 183	0. 183	0. 203	0. 201	0. 213	0. 253	0. 225	0. 202	0. 191	5
安徽	0. 081	0. 107	0. 130	0. 133	0. 142	0. 162	0. 134	0. 168	0. 159	0. 175	0. 139	15
福建	0. 099	0. 126	0. 158	0. 146	0. 179	0. 200	0. 172	0. 222	0. 200	0. 207	0. 171	7
江西	0. 046	0. 073	0. 110	0. 108	0. 109	0. 150	0. 128	0. 163	0. 163	0. 149	0. 120	28
山东	0. 121	0. 179	0. 210	0. 198	0. 195	0. 230	0. 260	0. 238	0. 255	0. 281	0. 217	2
河南	0. 089	0. 124	0. 163	0. 159	0. 152	0. 190	0. 175	0. 186	0. 201	0. 215	0. 165	9
湖北	0. 087	0. 126	0. 146	0. 155	0. 137	0. 161	0. 144	0. 172	0. 208	0. 190	0. 153	12
湖南	0. 091	0. 123	0. 159	0. 154	0. 152	0. 161	0. 143	0. 191	0. 180	0. 189	0. 154	11
广东	0. 115	0. 158	0. 195	0. 235	0. 186	0. 224	0. 220	0. 252	0. 239	0. 240	0. 206	4
广西	0. 063	0. 086	0. 140	0. 147	0. 112	0. 151	0. 110	0. 167	0. 164	0. 155	0. 129	22
海南	0. 075	0. 088	0. 088	0. 104	0. 207	0. 124	0. 101	0. 127	0. 141	0. 156	0. 121	27
重庆	0. 091	0. 096	0. 099	0. 118	0. 226	0. 124	0. 124	0. 165	0. 229	0. 275	0. 155	10
四川	0. 100	0. 127	0. 118	0. 151	0. 236	0. 187	0. 178	0. 217	0. 227	0. 228	0. 177	6
贵州	0. 059	0. 071	0. 084	0. 117	0. 171	0. 140	0. 148	0. 176	0. 189	0. 184	0. 134	18
云南	0. 066	0. 081	0. 079	0. 105	0. 145	0. 111	0. 102	0. 136	0. 163	0. 166	0. 115	29
陕西	0. 096	0. 112	0. 107	0. 150	0. 188	0. 150	0. 141	0. 193	0. 182	0. 194	0. 151	13
甘肃	0. 074	0. 081	0. 090	0. 158	0. 164	0. 145	0. 110	0. 141	0. 166	0. 159	0. 129	23
青海	0. 073	0. 078	0. 091	0. 300	0. 160	0. 372	0. 326	0. 202	0. 395	0. 522	0. 252	1
宁夏	0. 072	0. 066	0. 090	0. 147	0. 154	0. 171	0. 115	0. 137	0. 142	0. 127	0. 122	25
新疆	0. 105	0. 085	0. 097	0. 154	0. 147	0. 144	0. 103	0. 164	0. 169	0. 169	0. 134	17
均值	0. 087	0. 110	0. 123	0. 160	0. 161	0. 166	0. 151	0. 178	0. 188	0. 195	0. 152	

2. 分区域结果分析

为进一步考察我国农业绿色发展的区域特征，对东、中、西部及东北地区农业绿色发展现状进行分析，图 10 反映了 2012—2021 年中国农业绿色发展分区域指标水平。如图 10 所示，2012—2021 年各区域绿色发展指数均有较高提升，但增长速度有所差异：西部地区增长速度最快，东部地区增长速度最慢。东、中、西部及东北地区均于 2015—2019 年有较大的波折，可能是因为“十二五”规划推进农业绿色发展工作顺利完成以及“十三五”规划要求加快农业绿色发展，中央出台了一系列政策，旨在大力鼓励和支持种粮大户、家庭农场等新型农业经营主体积极推进农业绿色发展，但由于农业绿色发展前期农民绿色发展意识不足、绿色技术设施滞后等问题和挑战限制了农业绿色发展，从而导致一定程度的波动。然而，随着时间的推移和问题的逐步解决，农业绿色发展态势逐渐良好。

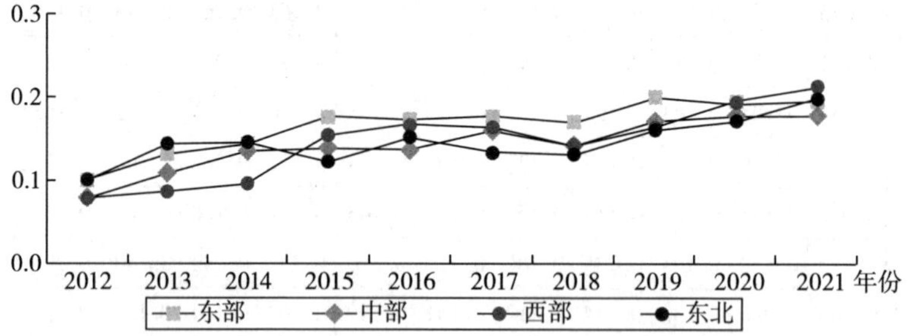

图 10　2012—2021 年中国农业绿色发展分区域指标水平

3. 分维度结果分析

为进一步考察我国农业绿色发展的维度特点，对衡量农业绿色发展的五个维度分别进行分析，图 11 反映了 2012—2021 年中国农业绿色发展分维度指标水平。如图 11 所示，相较于 2012 年的农业绿色发展水平，2021 年农业资源利用、农业生产效率、绿色产品供给、非农产业水平和绿色发展能力指标总体来说都有所提高，逐渐走向绿色化。农业资源利用指标由 2012 年的 0.0807 上升至 2021 年的 0.1291，提高 0.0484，占比下降 55.2%；农业生产效率指标由 2012 年的 0.0000 上升至 2021 年的 0.2022，提高 0.2022，占比上升 25.0%；绿色产品供给指标由 2012 年的 0.0055 上升至 2021 年的 0.0996，提高 0.0941，占比上升 7.4%；非农产业水平指标由 2012 年的 0.0000 上升至 2021 年的 0.1815，提高 0.1815，占比上升 22.5%；绿色发展能力指标由 2012 年的 0.0272 上升至 2021 年的 0.1960，提高 0.1688，占比上升 0.3%。总体来看，发展速度由大到小是农业生产效率（0.2022）、非农产业水平（0.1815）、绿色发展能力（0.1688）、绿色产品供给（0.0941）和农业资源利用（0.0484）；其中对农业绿色发展贡献程度大小比较为农业生产效率 > 非农产业水平 > 绿色产品供给 > 绿色发展能力 > 农业资源利用。

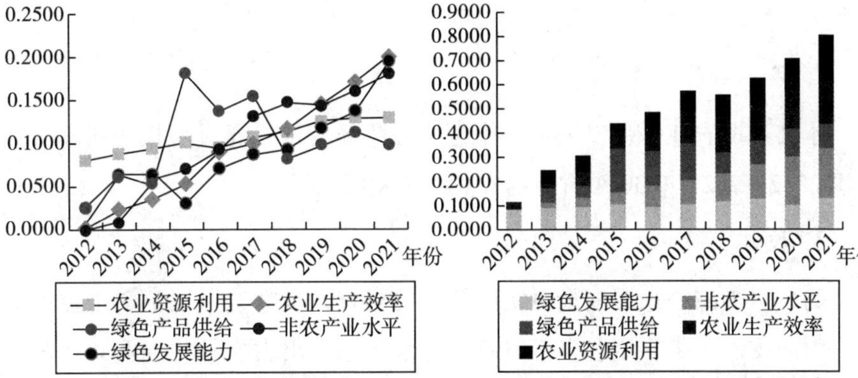

（a）2012—2021年中国农业绿色发展分维度指标水平变动情况

（b）2012—2021年中国农业绿色发展分析维度指标水平占比变动情况

图 11　2012—2021 年我国农业绿色发展分维度指标水平

六、农业绿色发展对农村居民收入影响的实证检验

（一）模型构建

本文在对农业绿色发展水平测度的基础上，运用面板数据固定效应模型实证检验农业绿色发展对农村居民收入的影响，构建的基本检验模型如下：

$$Y_{i,t} = \alpha_0 + \alpha_1 green_{i,t} + \alpha_2 con_{i,t} + \gamma_i + \mu_i + \varepsilon_{i,t}$$

其中，i 为省份；t 为年份；$green$ 为解释变量农业绿色发展水平；con 为控制变量，分别衡量财政支农水平、交通基础设施、农村人口抚养比；γ_i 为各地区不随时间变化的因素，用来控制地区固定效应；μ_i 为年份固定效应；ε 为误差扰动项；α_1 为模型核心观测系数，其估计值表示农业绿色发展对农村居民收入的作用效果和方向。

（二）变量选取及数据预处理

1. 被解释变量

本文选取农村居民人均可支配收入为被解释变量。农村居民人均可支配收入按收入来源可划分为工资性收入、经营净收入、资产净收入和转移净收入。

2. 核心解释变量

本文选取农业绿色发展水平作为核心解释变量，通过熵权法测算得到中国 2012—2021 年 30 个省份的农业绿色发展水平。

3. 控制变量

为尽可能减小遗漏变量对实证结果的影响，本文选取以下 3 个控制变量：财政支农水平采用各省份财政农林水事务支出占农林牧渔业总产值的比重表示，财政支农能够有效保障农业生产、改善农村生活环境，有利于促进农村一、二、三产业融合发展，带动农民收入增长。交通基础设施以各省份公路里程数与省份面积的比值来衡量，公路密度越大，一方面有利于降低农户到附近经济活动中心购入农业生产资料、获取生产信息的交通成本和信息搜寻成本，提升农户的纯收入；另一方面有利于要素流动，降低农业劳动力转移的成本，促进农业劳动力转移，农户可以转移到本地的非农业部门进行全职或者兼业工作，获取非农收入。农村人口抚养比用少儿抚养比与老年抚养比之和测度，农村人口抚养比增加，不仅会增加劳动力经济负担，而且会降低劳动力的有效供给，不利于农村居民增收。

4. 数据预处理

本文所选取的各变量描述性统计如表 3 所示。可以看出，标准差列数值差异较大，可能是因为数据是宏观数据且没有经过无量纲化处理，猜测数据存在偏态分布，为了避免“伪回归”的出现，确保估计结果的有效性，本文对数据进行了正态分布检验、单位根检验以及变量间相关性检验。

首先在回归前对各变量进行正态分布检验，检验后对农村居民人均可支配收入、工资性收入、经营净收入、资产净收入和转移净收入取对数，调整变量形式。变量形式确定后，对变量数据进行单位根检验以检验数据的平稳性，平衡面板数据的单位根检验一般选择 LLC 检验（使用于面板单位的自回归系数均相同）和 IPS 检验（使用于各面板单位的自回归系数不同）。LLC 检验和 IPS 检验的检验原理是：原假设是存在单位根，备择假设是不存在单位根。若检验结果 p 值拒绝原假设，则表示不存在单位根，说明数据是平稳的；若检验结果 p 值接受原假设，说明数据存在单位根，数据是不平稳的，则需要对数据进行差分处理后再检验其平稳性。农村居民收入的单位根检验结果表明可以认为差分后的数据是平稳的。

表 3　变量描述性统计

变量类型	变量	样本数	平均值	标准差	最大值	最小值
被解释变量	农村居民人均可支配收入	300	13852. 2	5875. 804	38520. 7	4506. 66
	工资性收入	300	6056. 699	4526. 629	24971. 9	1008
	经营净收入	300	4793. 95	1746. 304	10161. 3	833. 4
	资产净收入	300	405. 598	412. 462	3442. 9	53. 9
	转移净收入	300	2470. 301	1449. 245	10693. 2	418. 4
核心解释变量	农业绿色发展水平	300	0. 152	0. 056	0. 523	0. 046
控制变量	交通基础设施	300	0. 976	0. 519	2. 237	0. 091
	财政支农水平	300	0. 267	0. 328	2. 075	0. 075
	农村人口抚养比	300	38. 52	7. 262	57. 79	21. 18

对于平稳的面板数据，本文用皮尔逊相关系数来简单检验变量间是否存在相关关系，皮尔逊相关系数的含义是：皮尔逊相关系数数值一般处于 $-1 \sim 1$，若数值为 0，则表示两变量可能无相关关系；若数值大于 0，则表示两变量可能存在正相关关系；若数值小于 0，则表示两变量可能存在负相关关系。各变量的皮尔逊相关系数结果如表 4 所示。从中可以发现，农业绿色发展与农村居民收入、交通基础设施、财政支农水平以及农村人

口抚养比存在正相关关系；交通基础设施、财政支农水平与农村居民收入之间呈现正相关，农村人口抚养比与农村居民收入负相关。本文对数据进行正态分布检验、单位根检验以及相关系数检验这些预处理为后续进行实证研究奠定了基础，使得回归结果更具有信服力。

表4　各变量相关系数

变量	*Score*	交通基础设施	财政支农水平	农村人口抚养比
Y	0.4611	0.5179	0.4055	-0.0197
Score	1.0000	0.1676	0.0110	0.2591

（三）基本实证结果

1. 基准回归分析

表5报告了基准估计结果。从表5中模型拟合程度来看，第（1）列表示农业绿色发展对农村居民收入的拟合回归结果，第（2）~（4）列表示逐渐加入控制变量进行拟合回归的结果，第（4）列表示包括所有变量的模型拟合回归结果。从表中的可决系数可以看出，可决系数值从0.9897增加到0.9908，这意味着模型的拟合程度越来越高，模型的可信度也越来越高。

从表5中农业绿色发展的系数估计值可以看出，农业绿色发展能显著促进农村居民收入增加。第（1）列单变量回归结果显示在1%的显著性水平上农业绿色发展的系数估计值为0.149，这表示农业绿色发展水平每上升1个单位，农村居民收入增加0.149个单位；第（2）~（4）列表示依次加入控制变量后进行回归的结果，结果显示解释变量的系数估计值均在5%水平上显著为正，这说明加入控制变量后农业绿色发展对农村居民收入仍然有显著的促进作用。因此，农业绿色发展对农村居民收入提升的促进效果大于抑制效果，整体上农业绿色发展能助力农村居民收入增加。

控制变量的检验结果显示如下：交通基础设施对农村居民收入具有显著的促进作用，财政支农水平对农村居民收入的影响不显著，农村人口抚养比抑制了农村居民收入的提高。第一，交通基础设施的不断完善不仅能够降低农村居民外出采买生活用品和外出务工的交通成本，而且可以节约其农产品的运输成本和交易成本，从而促进农民收入提升。第二，财政支农水平对农村居民收入的作用效果不显著，说明财政支农尚未完全发挥其对农业的支持作用、对农民收入的增加效应，财政对农业的支持力度仍需进一步加大，从而更好地保障农民生活和农业生产。第三，农村人口抚养比越大，青壮年农村劳动力的育儿养老负担越重，青壮年劳动力需要把更多的时间和收入用于照顾孩子和老人，缩短了其劳动供给时间，降低了收入水平，并且老人的劳作能力和知识接受学习能力在不断下降，无法应对高强度的农业生产活动，导致老年抚养负担较重的家庭农业产出可能会下降，不利于家庭收入的增加。

表 5　农业绿色发展对农村居民收入影响的基准回归结果

项目	农村居民人均可支配收入（log）			
	(1)	(2)	(3)	(4)
农业绿色发展	0.149*** (0.055)	0.140** (0.054)	0.125** (0.055)	0.120** (0.053)
交通基础设施		0.081*** (0.025)	0.073*** (0.025)	0.072*** (0.024)
财政支农水平			-0.024* (0.013)	-0.017 (0.013)
农村人口抚养比				-0.004*** (0.001)
常数项	8.982	8.912	8.925	9.049
省份固定效应	Yes	Yes	Yes	Yes
时间固定效应	Yes	Yes	Yes	Yes
Observations	300	300	300	300
Number of province	30	30	30	30
R—squared	0.9897	0.9901	0.9903	0.9908

注：*、**、***分别表示在10%、5%、1%的水平上显著。

2. 分维度回归分析

为进一步探究农业绿色发展的不同维度对农村居民收入的影响，将衡量农业绿色发展的五个维度分别作为解释变量进行回归，回归结果如表6

所示。表6中第（1）～（5）列分别表示农业资源利用、农业生产效率、绿色产品供给、非农产业水平和绿色发展能力作为解释变量的估计结果。根据表6的回归结果可得到以下结论。

第一，农业资源利用对农村居民收入的影响结果为负，显著性水平为5%。这说明农药、化肥、土地等农业资源使用强度的下降有利于降低农业生产成本，提高农产品质量，增加农村居民收入。

第二，农业生产效率对农村居民收入的影响结果为正，显著性水平达到1%。这说明农业生产效率提高，优化和变革了传统的农业生产方式，提高了土地等要素的使用效率。具体来说，其一，农村每个家庭所投入农业生产的土地资源是有限的，提高土地生产效率，单位土地产出将会增加，使得农民在有限的土地资源中获得的农产品产量增加，进而增加农民经营净收入；其二，劳动生产效率的提高有利于节约农业生产的劳动力投入，使得之前投入农业生产的劳动力资源可以在其他市场上出售以获取工资性收入，从而提高农村居民的收入水平。

第三，非农产业水平与农村居民收入存有显著正相关关系。这说明非农产业的发展为农村居民提供了大量的就业岗位，他们可以通过多种途径实现收入多元化，增加非农收入。

第四，绿色产品供给、绿色发展能力对农村居民收入没有显著影响。这说明虽然绿色产品供给情况及农民绿色发展能力在不断改善，但现阶段助力农民增收的作用还未彰显。

表6　分维度回归结果

项目	农村居民人均可支配收入（log）				
	（1）	（2）	（3）	（4）	（5）
农业资源利用	−9.429** （4.718）				
农业生产效率		0.533*** （0.198）			
绿色产品供给			0.066 （0.054）		

续表

项目	农村居民人均可支配收入（log）				
	(1)	(2)	(3)	(4)	(5)
非农产业水平				0.917*** (0.311)	
绿色发展能力					-0.311 (0.311)
常数项	9.194	9.072	9.055	9.073	9.070
省份固定效应	Yes	Yes	Yes	Yes	Yes
时间固定效应	Yes	Yes	Yes	Yes	Yes
控制变量	Yes	Yes	Yes	Yes	Yes
Observations	300	300	300	300	300
Number of province	30	30	30	30	30
R - squared	0.9908	0.9909	0.9907	0.9910	0.9907

注：**、*** 分别表示在5%、1%的水平上显著。

（四）异质性分析

1. 农业绿色发展异质性分析

不同农业绿色发展水平对农村居民收入的作用效果有所差异，将样本按照农业绿色发展综合指数的排名划分为高、中、低水平区域，估计结果如表7所示。第（1）~（3）列分别表示我国农业绿色发展高、中、低水平对农村居民收入的影响。估计结果表明，农业绿色发展高水平区域能显著提高农村居民收入，而农业绿色发展中、低水平区域对农村居民收入的促进效果不显著，说明农业绿色发展水平越高，对农村居民收入的增收效应越显著。

这可能是因为农业绿色发展中、低水平区域处于农业绿色发展起步阶段，其一，绿色农产品产量较低，农户从销售绿色农产品中所获得的收益不高；其二，绿色生产效率较低，仍需要购入农业绿色技术及设备等，增加了农业生产成本；其三，农业资源利用强度居高不下，不仅增加了农业生产成本，而且造成严重面源污染，治理难度大，因此限制了农业绿色发展对农民的增收效应。因此，对于高、中水平区域来说，应该集中精力提高农业绿色发展对农民收入的促进作用；而对于低水平区域，则应该集中精力提高农业绿色发展水平。

表7　农业绿色发展异质性分析

项目	农村居民人均可支配收入（log）		
	(1)	(2)	(3)
农业绿色发展	0.137 ** (0.055)	0.439 (0.272)	0.172 (0.140)
交通基础设施	0.091 *** (0.030)	0.144 (0.093)	-0.045 (0.039)
财政支农水平	0.177 * (0.100)	0.031 (0.025)	-0.061 *** (0.015)
农村人口抚养比	-0.002 * (0.001)	-0.005 (0.003)	-0.005 *** (0.001)
常数项	9.039	8.986	9.062
省份固定效应	Yes	Yes	Yes
时间固定效应	Yes	Yes	Yes
Observations	100	100	100
Number of province	10	10	10
R-squared	0.9946	0.9871	0.9950

注：*、**、***分别表示在10%、5%、1%的水平上显著。

2. 区域异质性分析

基于前文结果，从农业绿色发展异质性分析得知农业绿色发展程度对农村居民收入的提升效果存在差异，即农业绿色发展程度越高，促进效果越明显；从农业绿色发展现状分析得知我国农业绿色发展存在区域不平衡。因此，有必要来验证农业绿色发展对农村居民收入作用效果的区域异质性。本文采用国家统计局的划分标准，将区域划分为东、中、西部和东北地区进行区域异质性检验。表8报告了区域异质性分析回归结果。可以看出，农业绿色发展对各区域农村居民收入均具有显著的正向促进作用，但促进效果明显不同，其中中部地区农业绿色发展对农村居民收入影响程度最大，东部地区次之，西部地区第三，东北地区最低。

表8　区域异质性分析

项目	农村居民人均可支配收入（log）			
	(1)	(2)	(3)	(4)
东部农业绿色发展	1.981*** (0.437)			
中部农业绿色发展		4.723*** (0.666)		
西部农业绿色发展			1.822*** (0.310)	
东北农业绿色发展				1.807*** (0.487)
常数项	7.705	7.755	7.135	7.847
控制变量	Yes	Yes	Yes	Yes
Observations	100	60	110	30
Number of province	10	6	11	3
R – squared	0.8457	0.9189	0.7600	0.9802
备注	RE	RE	RE	RE

注：*** 分别表示在1%的水平上显著。

可能的原因如下：

对于东部地区而言，该地区农业绿色发展能显著提高农村居民收入，但促进效果次于中部地区。这可能是因为东部地区经济发展水平最好，能够带动乡村旅游、休闲农业等非农产业发展，为农民转向非农就业提供良好的基础，从而增加农村居民非农收入，并且东部地区消费者收入水平普遍较高，更能接受并愿意支付绿色农产品的溢价，从而提高农村居民收入。但是在经济快速发展的同时，东部地区农业生产也造成了更加严重的环境污染和生态破坏，农业绿色发展难度较大，并且由于生产成本上升和市场竞争加剧，农民缺乏动力进行农业绿色生产，从而限制了农业绿色发展对农村居民收入的提升效果。

对于中部地区而言，该地区农业绿色发展对农村居民收入的影响在

1% 的显著性水平上为正，且促进作用最强。这可能是因为该地区地处中原，资源丰富，经济发达，为农村居民非农就业提供了良好的经济基础，带动农村居民非农收入增加，并且该地区对农业研究和农业推广的投资相对较高，能够提高农业生产效率和资源利用，减少了生产要素等方面的投入，从而提高农村居民收入。与其他区域相比，中部地区农业绿色发展改善态势相对较好，农业绿色发展水平相对较高，因此该地区农业绿色发展对农村居民收入的促进效果最好。

对于西部地区而言，该地区农业绿色发展对农村居民收入产生促进作用，但影响程度偏低。这可能是因为，其一，西部地区地形复杂、地貌多样、农业生产条件相对恶劣、耕地分布广泛，提高了农业生产成本，限制了农民收入增加；其二，农业生产效率和农民绿色发展能力不高，该地区农业劳动力的资源优势主要表现在人口的绝对数量上，而代表高质量劳动力的青壮年外流严重，滞留在农村的劳动力资源以“老弱病残”为主，农村劳动力人口素质偏低，不利于农业绿色技术的推广和普及，农业生产效率以及农民绿色发展能力提升缓慢，在一定程度上限制了农民增收。

对于东北地区而言，该地区农业绿色发展对农村居民收入的影响为正，但是影响程度最低。这可能是因为东北地区农业发展水平相对落后，在一定程度上阻碍了农业绿色发展对农村居民的增收效应。具体来看，其一，东北地区是我国重要的粮食主产区，经过长期粗放的开垦与高强度利用，耕地的质量和数量不断下降，极大地影响了区域农业绿色发展；其二，东北地区人口增长缓慢，这可能导致农业乡村的老龄化程度加剧，影响新技术的引入和推广，并且农村人口老龄化还可能意味着传统的农业生产方式和观念难以得到更新和改变，从而限制了农业绿色发展能力；其三，东北地区农产品加工产业大多处于起步阶段，产业链短，产品加工和生产的工艺简单，造成农产品附加值低，经济效益低，不利于农村居民增收。

3. 收入结构异质性分析

此外，本文还考察了农业绿色发展对农民不同来源收入影响的异质性。农民收入可划分为工资性收入、经营净收入、财产净收入以及转移净收入。表9报告了依据农民收入来源分解的农业绿色发展对农民收入的影响结果。如表9所示，农业绿色发展对经营净收入在1%的显著性水平上具有促进作用，对工资性收入、转移净收入、财产净收入在5%的显著性水平上具有正向影响。收入结构异质性检验进一步验证了农业绿色发展对农村居民收入存在显著的正向影响，但对不同收入来源存在不同程度的影响。

这可能是因为，其一，农业绿色发展能够改善农村生态环境，促进乡村旅游和休闲农业等非农产业的快速发展，农旅产业具有就业门槛低、包容性强的特点，农民可以通过农家乐、导游、农产品加工、手工艺品制作等来增加经营净收入和工资性收入；其二，乡村旅游项目开发可能会征收或租用土地，农民因此获得财产净收入；其三，政府对农业绿色发展的大力支持也会相应增加农民的转移净收入。这些均会使农民的收入来源愈加多元化。

表9　收入结构异质性分析

项目	工资性收入（log）	经营净收入（log）	财产净收入（log）	转移净收入（log）
农业绿色发展	0.868 ** (0.427)	1.034 *** (0.378)	2.879 ** (1.275)	0.875 ** (0.386)
交通基础设施	0.741 *** (0.038)	-0.133 *** (0.026)	0.362 *** (0.122)	0.241 *** (0.034)
财政支农水平	0.393 *** (0.065)	-1.450 *** (0.079)	0.502 *** (0.176)	0.225 *** (0.058)
农村人口抚养比	-0.028 *** (0.003)	-0.015 *** (0.002)	-0.064 *** (0.011)	-0.011 *** (0.003)
常数项	8.254	8.944	6.966	6.637
时间固定效应	Yes	Yes	Yes	Yes
控制变量	Yes	Yes	Yes	Yes
Observations	300	300	300	300
Number of province	30	30	30	30
R - squared	0.7417	0.6815	0.6494	0.8044

注：**、*** 分别表示在5%、1%的水平上显著。

（五）稳健性检验

1. 内生性检验

变量的选取并非全无遗漏，因遗漏不可观测变量而导致解释变量与随机干扰项存在相关性问题，可能会使农业绿色发展系数的估计有偏。因此，为较好地避免计量识别中的内生性问题，本文选取解释变量的一期滞后项作为工具变量，而被解释变量和控制变量保持不变，进行二阶段最小二乘回归。一方面，农业绿色发展与其滞后项相关，满足相关性；另一方面，由于滞后项已经发生，与当期扰动项相关性较小，满足外生性。

回归结果见表 10，第（1）列、第（2）列表示农业绿色发展滞后一期的回归结果。第（1）列结果显示，在一阶段回归中农业绿色发展滞后一期的系数估计值显著为正，说明农业绿色发展与其滞后期相关。从第（2）列可以看出农业绿色发展的系数估计值为 0.680 且在 1% 的水平上显著为正，与前文结果一致，证明了本文的实证结果是可靠的。

表 10　二阶段最小二乘回归结果

项目	（1）	（2）
	农业绿色发展	农村居民人均可支配收入（log）
L. 农业绿色发展	0.218 *** （0.074）	
农业绿色发展		0.680 *** （0.241）
时间固定效应	Yes	Yes
省份固定效应	Yes	Yes
控制变量	Yes	Yes
Observations	300	300
Number of province	30	30
R - squared	0.7094	0.9963

注：*** 分别表示在 1% 的水平上显著。

2. 其他稳健性检验

为进一步保证检验结果的稳健性，本文选择替换解释变量和回归模型分别进行稳健性检验，稳健性检验结果如表 11 所示。

表 11　其他稳健性检验结果

项目	农村居民人均可支配收入（log）			
	（1）	（2）	（3）	（4）
农业绿色发展 1	0.018 *** （0.006）			
农业绿色发展 2		0.138 ** （0.061）		
农业绿色发展 3			2.939 *** （0.299）	
农业绿色发展 4				1.777 *** （0.193）
省份固定效应	Yes	Yes	Yes	Yes
时间固定效应	Yes	Yes	Yes	Yes
控制变量	Yes	Yes	Yes	Yes
Observations	300	300	300	300
Number of province	30	30	30	30
R - squared	0.9910	0.9910	0.5245	0.8176

注：* *、* * * 分别表示在 5%、1% 的水平上显著。

第一，替换核心解释变量，本文采用主成分分析法、变异系数法重新计算农业绿色发展水平。第（1）列、第（2）列分别表示使用主成分分析法、变异系数法测算农业绿色发展指数替换解释变量的回归结果。第（1）列结果显示核心解释变量的估计系数在 1% 的水平上显著为正，第（2）列结果表明核心解释变量的估计系数为 0.138，且在 5% 的水平上显著为正。因此，替换核心解释变量后农业绿色发展对农村居民收入仍具有显著的正效应。

第二，替换回归模型，本文运用混合 OLS 模型和随机效应模型替换固定效应模型进行回归。第（3）列、第（4）列分别表示混合 OLS 模型和随机效应模型的回归结果。从表中可以看出替换回归模型后，混合 OLS 模型和随机效应模型的农业绿色发展的系数估计值均在 1% 的显著性水平上为正，这说明替换回归模型后农业绿色发展对农村居民收入仍具有明显的促进效应。

通过上述稳健性检验，再一次验证了前文的实证结果，即农业绿色发展能够有效促进农民增收，说明本文实证结果是稳健的。

七、结论与政策建议

（一）结论

本文在分析农业绿色发展对农村居民收入影响机制的基础上，运用 2012—2021 年 30 个省份的面板数据实证检验了二者间的关系。研究结果如下。

第一，基础回归结果表明，农业绿色发展对农村居民收入的正向效应大于负向效应，能够显著提升农村居民收入。

第二，分维度回归结果表明，农业资源利用、农业生产效率、非农就业水平均有利于提高农村居民收入，绿色产品供给及绿色发展能力影响效应不显著。

第三，异质性检验结果表明，农业绿色发展异质性显示农业绿色发展只有达到一定水平才能促进农民增收；区域异质性显示东部、中部、西部、东北地区农业绿色发展均对农村居民收入具有增收效应，但是增收效果存在差异，从高到低依次为中部地区、东部地区、西部地区、东北地区；收入来源结构异质性显示农业绿色发展对工资性收入、经营净收入、财产净收入和转移净收入均具有显著的正向影响，但影响效果存在差异，从大到小依次为财产净收入、经营净收入、转移净收入、工资性收入。

（二）政策建议

根据本文实证结果及分析，提出以下政策建议。

1. 实施差异化农业绿色发展政策

各省份应因地制宜，根据农业资源比较优势、经济发展状况等，科学调整农业绿色发展方向，制定并实施差异化农业绿色发展政策，推动农业绿色发展水平提升，促进农村居民收入增加。第一，东部地区由于其较高的经济发展水平和绿色农产品需求，应积极推动绿色农产品产业化，提高农业绿色产出效益。第二，中部地区具有丰富的劳动人口和区位优势，应积极推动乡村旅游等非农产业发展，为农民提供更多的就业机会。第三，西部地区应抓住西部大开发战略的重大机遇，推动西部农业技术人才队伍建设，促进农业绿色发展。第四，东北地区应依托丰富的土地资源，在保障农业产出水平的同时，协同推进生态保护，实施轮作休耕，推行种养结合，逐步形成农业绿色耕作模式。

2. 推动农业绿色技术创新，提高农业生产效率

提高农业技术创新水平，加快农业科技成果转化，能够有效提高农业生产效率，从而促进农业绿色发展，助力农民增收。第一，政府应该加大对农业技术创新的财政支持力度，通过完善补贴和购买服务等措施调动企业等其他市场经营主体积极参与农业技术创新，拓宽资金来源。第二，建立产学研深度融合机制，凭借高校、科研院所的研究优势，积极开展农药减量增效、节水灌溉等农业绿色技术攻关，提高农业绿色技术水平。第三，搭建农业绿色科技成果转化平台，提高科研成果与装备供需匹配率，推动绿色科技成果向生产领域转化。

3. 培育农民绿色生产意识，提高农业绿色发展能力

通过多种措施提升农户绿色发展的意识和能力，有助于提高农业绿色发展水平，从而促进农民增收。第一，通过多种渠道加强农业绿色发展宣传力度，不断提高农户绿色生产认知水平，进而提升农民绿色生产的意识和能力。第二，政府应该加大对采取绿色生产农户的资金支持，特别是注重对小农户的资金投入，减少其由于知识水平有限、能力差而造成的生产损失以及进行绿色生产而带来的其他生产成本，提升其绿色发展的意识和能力。

4. 提升绿色农产品供给能力

提高绿色农产品供给能力，有利于推动农业绿色发展，从而提高农村

居民收入。第一，深化绿色农产品供给侧结构性改革，加大对绿色农产品生产基地的投入和建设力度，打造现代化、标准化的绿色农业生产基地。第二，建立健全农业保险体系，确保农民能够有效应对从事农业绿色生产可能导致的风险。第三，建立农产品品牌合作和联盟机制，推动农产品生产企业、加工企业和销售企业之间的合作，形成优势互补、资源共享的格局，提高整个产业链的竞争力。

5. 提高资源有效利用能力

资源有效利用能力的提升是推动农业绿色发展，从而提高农村居民收入的重要对策之一。第一，各地结合其独特的农业资源和优势，灵活运用农业资源，主动摸索适合自身发展的资源开发利用新模式。第二，制定并完善农业资源利用的相关法律法规，确立农业资源产权的归属和转让规则，实施相应的法律责任和问责机制，保障产权所有者对资源的合法权益。

绿色区位导向性政策能否推动地区能源生态效率的提高?

——基于国家级绿色工业园区的准自然实验

董　璐　曾文玲①

摘要：能源效率是实现区域绿色转型，从而实现“双碳”目标的关键锚点，区域绿色转型离不开政策导向，国家级绿色工业园区试点这一典型的绿色区位导向性政策对于推动地区能源生态效率具有重要意义。本文基于2006—2020年中国277个地级市面板数据，采用超效率MinDS模型、双重差分法深入探讨了国家级绿色工业园区这一政策对于能源生态效率作用效果，研究发现：①国家级绿色工业园区建设显著提高了所在城市能源生态效率水平，主要结论通过了一系列稳健性检验；②异质性结果表明，国家级绿色工业园区的建立对于高等级城市、非资源型城市、非老工业基地城市以及东部地区的能源生态效率的提升作用更加明显；③机制检验结果表明，国家级绿色工业园区的建设主要通过提高环境规制强度和城市绿色创新水平促进地区能源生态效率水平提升。研究结论表明，绿色区位导向性政策是积极推动能源革命，进而实现“双碳”目标的有效举措，同时为新发展阶段传统开发区的绿色转型和区位导向性政策的合理制定提供了实践经验。

关键词：国家级绿色工业园区；能源生态效率；双重差分方法

---

① 董璐(1996—),女,河南邓州人,西北大学经济管理学院博士研究生,研究方向为人口资源与环境经济学;曾文玲(1994—),女,浙江温州人,西北大学经济管理学院博士研究生,研究方向为国民经济学。项目来源:教育部哲学社会科学研究重大课题攻关项目“中国特色社会主义政治经济学理论与实践研究”(项目编号:20JZD005)。

一、引言

改革开放后中国的“赶超式”发展在经济建设方面取得了卓越的成就，但粗放型经济增长造成的生态破坏和环境污染问题给我国经济提质增效带来了严峻挑战。《BP 世界能源统计年鉴 2023》的数据显示，2022 年中国能源消费占全球能源总消费量的 26.4%，目前中国已成为世界第一大能源消耗国。我国经济在不断发展的过程中付出了较高的能源成本，国家统计局发布的《中华人民共和国 2022 年国民经济和社会发展统计公报》以及 2023 全球能源转型高层论坛上发布的《中国能源革命进展报告》显示，我国 2022 年每万元 GDP 能耗为 7.21 吨标准煤，相比 2012 年下降了 40%，但相较于世界平均水平，仍然超出了 1.4 ~ 1.5 倍，虽然每万元 GDP 能耗近十年间得到了持续性改善，但距离有效发展仍存在较大差距，我国节能减排之路任重而道远。面对持续加大的能源压力，习近平总书记在 2020 年提出争取 2030 年碳达峰、2060 年实现碳中和的目标，为我国经济发展与环境治理提供了中长期的目标。研究表明，要在 2060 年之前实现碳中和的目标，2060 年的单位 GDP 能耗需比当前下降 75% 以上①。对于处在快速发展阶段的中国而言，无疑是巨大的挑战。

为早日实现“碳达峰碳中和”目标，中国政府实施了一系列污染防治和节能减排政策，既有全国性统一实施的环境政策，也有试点类政策。其中，试点类政策包括有明确区位指向的绿色区位导向性政策，即在传统区位导向性政策基础上进一步融入绿色发展目标的特殊区域政策（华岳、谭小清，2022）②。现有研究已经表明，传统开发区能够通过推动制造业内部

① 张希良，黄晓丹，张达，等．碳中和目标下的能源经济转型路径与政策研究[J]．管理世界，2022，38(1)：35－66.

② 华岳，谭小清．绿色区位导向性政策与外商直接投资：来自国家生态工业示范园区的证据[J]．国际贸易问题，2022(1)：130－145.

生产结构优化（李力行、申广军，2015）①、提高生产率水平（王永进、张国峰，2016）②、激励企业内部创新（蔡庆丰等，2021）③ 等渠道促进地方经济发展。但随着工业化进程加深，传统开发区的外部性问题逐渐引起人们的关注与讨论。部分研究已经发现，传统开发区导致了周边地区水质恶化和空气污染等环境问题（王兵、聂欣，2016；张丽华等，2021）④⑤。为了解决传统开发区政策的弊端，国家开始着力于建设绿色园区。2017 年开始，工业和信息化部办公厅发布了《2017 年第一批绿色制造示范名单的通知》，至 2023 年年初共发布了七批绿色制造示范名单共 271 个家国家级绿色工业园区，鼓励传统工业园区进行绿色转型升级。国家级绿色工业园区在充分保留推动地区经济增长功能的同时，尤其注重增强绿色发展属性与发挥环境保护作用。系统研究以国家级绿色工业园区为代表的环境规制类政策，能够为传统工业园区绿色转型提供有益的经验证据，有助于从环境治理角度推进党的二十大报告中所强调的区域经济布局和能源高质量发展。

学术界对于能源生态效率的研究是一个循序渐进的过程，最先提出的是生态效率这一概念⑥，生态效率衡量的是生态环境效益与经济发展之间的协调水平，之后国际经合组织对生态效率的核心内涵进行了进一步的解

① 李力行，申广军．经济开发区、地区比较优势与产业结构调整［J］．经济学（季刊），2015（3）：885 - 10.

② 王永进，张国峰．开发区生产率优势的来源：集聚效应还是选择效应？［J］．经济研究，2016（7）：58 - 71.

③ 蔡庆丰，陈熠辉，林海涵．开发区层级与域内企业创新：激励效应还是挤出效应？——基于国家级和省级开发区的对比研究［J］．金融研究，2021（5）：153 - 170.

④ 王兵，聂欣．产业集聚与环境治理：助力还是阻力——来自开发区设立准自然实验的证据［J］．中国工业经济，2016（12）：75 - 89.

⑤ 张丽华，甘甜，许政．开发区的环境溢出效应：基于中国企业的研究［J］．世界经济，2021（12）：76 - 103.

⑥ SCHALTEGGER S，STURM A. Ansatzpunkte zurAusgestaltung vonökolo - gieorientierten management instrumenten［J］. Die Unternehmung，1990，44（4）：273 - 290.

释——以最低污染换取最高经济收益[①]。随着世界大多数国家的工业化推进，经济发展越来越依赖于化石能源消耗，随之而来的是巨大的污染排放，对生态系统造成了极大破坏，因此学术界开始关注的是能源效率这一领域，早期对能源效率的研究集中于单一经济产出的能源经济效率，而后又关注经济产出与环境绩效兼顾的能源环境效率，直到近年来部分学者将体现生态文明的多维变量，如经济增长、环境影响和社会福祉等指标纳入能源效率体系，提出能源生态效率概念[②]。目前学术界对于能源生态效率的研究主要集中于以下几个方面：①评价指标。能源生态效率的评价指标越来越趋向于多元化，由单要素向全要素转变[③]，由能源—经济二维指标演化为能源—经济—环境三维指标[④]，再向能源—经济—环境—社会四维指标转变[⑤]，能源生态效率的含义越来越丰富。②测度模型。对能源生态效率的评价方法主要为SFA随机前沿分析[⑥]和DEA数据包络分析为主[⑦⑧]，随着学术界对能源效率问题研究的不断深入，逐渐关注到能源使用过程中的环境污染和生态破坏，因此使用基于非期望产出的SBM模型来测度能源

① World Business Council for Sustainable Development. Eco - efficient leadership for improved economic and environmental performance[R]. Courtesy of World Business Council for Sustainable Development, 2000.

② 王腾，严良，易明．中国能源生态效率评价研究[J]．宏观经济研究，2017(7)：149 - 157.

③ Jin li, Hu Shichuan Wang. Total facter energy efficiency of regions in China[J]. Energy Policy, 2006(34)：3206 - 3207.

④ 关伟，许淑婷．中国能源生态效率的空间格局与空间效应[J]．地理学报，2015，70(6)：980 - 992.

⑤ 王腾，严良，易明．中国能源生态效率评价研究[J]．宏观经济研究，2017，224(7)：149 - 157.

⑥ BOYD G A, LEE J M. Measuring plant level energy efficiency and technology change in the U. S. metal - based durable manufacturing sector using stochastic frontier analysis[J]. Energy Economics, 2019, 81(3)：159 - 174.

⑦ GENG Z Q, ZENG R F, HAN Y M, et al. Energy efficiency evaluation and energy saving based on DEA integrated affininty propagation clustering：case study of complex petrochemical industries [J]. Energy, 2019, 179(5)：863 - 875.

⑧ MAVI R K, SAEN R F, GOH M. Joint analysis of eco - efficiency and eco - innovation with common weights in two - stage network DEA：A big data approach[J]. Technological Forecasting and Social Change, 2019, 144(1)：553 - 562.

效率这一方法逐渐替代了以上两种方法[①]，成为测度能源效率的主要方法。③时空特征。对于能源生态效率时间趋势的研究结论不尽相同，研究结论包括波动中上升、上升—平稳—下降[②]、上升—下降—回升[③]，时序分析多采用趋势图[④]、数据表[⑤]对结果进行展示，对于空间方面多采用全局莫兰指数[⑥]、雷达图[⑦]和空间自回归模型（SAR）[⑧] 等研究空间相关性及空间分布情况。④影响因素。研究发现能源生态效率的影响因素是多维度的，如经济发展程度、产业结构、政府环境治理投资、开放程度、能源结构、技术进步、资本—劳动禀赋结构等[⑨]。

在能源转型与"双碳"目标的现实需求下，研究能源生态效率有一定意义。有关能源效率尚存在诸多疑问亟须得到回答：首先，新时代能源生态效率的含义比以往更为丰富，现阶段能源效率要关注能源投入与经济产出的优化问题，如何将能源消费对生态环境的负面影响考虑在内（张士强等，2021）[⑩]？其次，能源生态效率与经济社会发展和人民福祉密切相关，能否通过国家调控和政策导向等措施发挥宏观因素的涓滴效应以提高能源效率？基于上述问题，本文以期全面客观考察中国能源生态效率的研究现

① 郭文，孙涛．中国工业行业生态全要素能源效率研究[J]．管理学报，2013，10(11)：1690－1695.

② 周五七，聂鸣．中国工业碳排放效率的区域差异研究：基于非参数前沿的实证分析[J]．数量经济技术经济研究，2012(9)：58－70.

③ 李双杰，李春琦．全要素能源效率测度方法的修正设计与应用[J]．数量经济技术经济研究，2018，35(9)：110－125.

④ ZHU X T, MU X Z, HU G W. Ecological network analysis of urban energy metabolic system—a case study of Beijing[J]. Ecological Modelling, 2019, 404(4): 36－45.

⑤ 王腾，严良，易明．中国能源生态效率评价研究[J]．宏观经济研究，2017(7)：149－157.

⑥ 关伟，许淑婷．中国能源生态效率的空间格局与空间效应[J]．地理学报，2015，70(6)：980－992.

⑦ 关伟，许淑婷，郭岫垚．黄河流域能源综合效率的时空演变与驱动因素[J]．资源科学，2020，42(1)：150－158.

⑧ GLASS A J, KENJEGALIEVA K, SICKLES R C. A spatial auto regressive stochastic frontier model for panel data with asymmetric efficiency spillovers[J]. Journal of Econometrics, 2016, 1900(2): 289－300.

⑨ 吴传清，董旭．环境约束下长江经济带全要素能源效率研究[J]．中国软科学，2016(3)：73－83.

⑩ 张士强，孟璐莎，李跃．能源产能空间集聚对区域能源效率的影响[J]．中国人口·资源与环境，2021，31(5)：58－66.

状，厘清国家绿色区位试点政策对能源生态效率的影响机理，对于实现能源—经济—环境—社会四者之间的协同演进具有重要意义。然而截至目前，针对区位导向型政策对能源生态效率的研究并未出现。

因此，本文聚焦于国家级绿色工业园区这一绿色区位导向性政策对于能源生态效率的提升效应，理论上分析国家级绿色工业园区政策影响地区能源生态效率的内在机理，实证上以2017年开始实施的国家级绿色工业园区政策为准自然实验，运用双重差分模型考察国家级绿色工业园区对能源生态效率的影响，以期为中国能源绿色转型提供经验证据。研究结果发现，在控制了对外开放水平、城镇化水平、产业结构和科技创新水平后，国家级绿色工业园区的建立显著降低了地级市能源生态效率，主要结论通过了一系列稳健性检验。异质性结果表明，国家级绿色工业园区的建立对于高等级城市、中西部城市、非资源型城市以及非老工业基地城市的能源生态效率的提升作用更加明显。机制检验结果表明，国家级绿色工业园区的建设主要通过提高环境规制强度和城市绿色创新水平促进地区能源生态效率水平提升。

本文的边际贡献在于：第一，本文聚焦于国家级绿色工业园区这一重点政策，利用城市面板数据，基于超效率MinDS模型测度了中国277个城市的能源生态效率，并采用渐进双重差分法，考察国家级绿色工业园区这一政策对于能源生态效率的影响，补充完善了绿色区位导向性政策评估的相关研究；第二，本文验证了国家级绿色工业园区建设可以通过提升环境规制强度和城市技术创新等渠道提高能源生态效率，有助于充分理解绿色区位导向性政策对于“双碳”目标实现的机制，为传统工业园区的绿色化改造提供了可参考的方案和途径。

本文剩余部分结构安排如下：第二部分介绍国家级绿色工业园区试点的制度背景与理论假说；第三部分介绍本文的识别策略、变量和数据来源；第四部分为计量结果和稳健性检验；第五部分进行机制检验和异质性分析；第六部分为结论和政策启示。

二、制度背景和理论假说

（一）制度背景

区位导向性政策（Place - based Policy）是国家解决地区发展之间不平衡问题的重要手段，我国的经济建设和对外开放都离不开工业示范园区这一类重要的区位导向政策，经过近40年的发展，我国工业示范园区无论是规模还是发展质量都实现了快速增长。它们已成为我国优化产业空间布局、促进区域经济协调发展的强大力量。①② 由于工业园区带动经济效益显著，受到地方政府的热烈追捧，发展迅速。随着生产活动不断向工业园区聚集，工业园区绿色建设是推动创建绿色低碳发展循环生产方式的重要途径，对推动我国工业绿色转型能够起到非常关键的作用③。“绿色工业园”是一种以“绿色”为核心的新型工业园区，它以“绿色”为核心，强调“节能”与“环保”并重，是工业园区发展的典范与范本。在我国大力发展“绿色工业园区”，有利于实现我国能源消费的持续增长和能源消费结构的优化。

对我国的“绿色工业园区”政策进行梳理。《中国制造2025》于2015年5月发布，首次提出发展园区、促进园区产业耦合协同发展，促进园区的“近零”减排，并希冀在2020年建设100个以上的“示范园区”。2016年9月，工业和信息化部、国家发展改革委、科技部、财政部联合发布《绿色制造工程实施指南（2016—2020年）》，指出要选择一批基础条件好、代表性强的工业园区，来推动绿色工业园区的创建示范工作。自2017

① 田金平，刘巍，臧娜，等．中国生态工业园区发展现状与展望［J］．生态学报，2016，36（22）：7323 - 7334.

② 吕一铮，田金平，陈吕军．推进中国工业园区绿色发展实现产业生态化的实践与启示［J］．中国环境管理，2020，12（3）：85 - 89.

③ 陈梅，张龙江，苏良湖．国家级绿色工业园区建设进展及成效分析［J］．环境保护，2021，49（20）：59 - 61.

年工业和信息化部办公厅发布了《2017年第一批绿色制造示范名单的通知》，启动第一批共24家国家级绿色工业园区以来，国家级工业园区的数量逐年增加，2021年12月28日国务院印发《“十四五”节能减排综合工作方案的通知》，再次指出引导工业企业向园区集聚，再次强调鼓励发展绿色园区，推进绿色工业园区实现近零排放。截至2023年3月，工业和信息化部一共发布了7批国家级绿色工业园区的名单，全国已有271个园区被批准成为国家级绿色工业园区。

（二）理论假说

国家级绿色工业园区必须积极采用清洁生产技术，采用无害或低害的新工艺，大幅降低原材料和能源消耗，实现低投资、高效率、低污染，减少生产过程中的污染排放，或者将污染物在园区内消解掉。绿色园区是将绿色化贯穿于空间布局、产业设计、能源利用、运营管理等全方位的一种可持续园区发展方式，绿色园区的建立和发展有以下特征：①园区生产企业必须淘汰落后生产技术、工艺和设备，100%实施清洁生产审核；②绿色园区的发展需要满足空间布局合理化、能源利用绿色化、产业设计绿色化、运营管理智能化等绿色指标要求；③绿色园区设立事后监督机制，入选园区必须每三年一次提交第三方评估报告，对不符合要求的园区将责令限期修复，否则取消其绿色园区称号。绿色园区的事后监督机制保证了园区评估数据的真实性以及减排效应的持续性。因此，基于国家级绿色园区这样的特征，可以看出国家级绿色工业园区的建立及存续，有助于实现能源利用的“量降质升”。基于此，本文提出以下研究假说：

H1：国家级绿色工业园区试点政策有助于提高能源生态效率。

从理论上说，国家级绿色园区的建设对于能源生态效率的提升基于以下两个机制：首先，国家级绿色工业园区建设的目标之一就是加快完善碳达峰碳中和战略部署，早日实现“双碳”目标。园区设有事后监督机制，绿色工业园区必须满足空间布局合理化、能源高效清洁利用、资源节约集约循环利用、提升绿色基础设施建设水平、产业设计绿色化、运营管理绿色智能化等绿色指标要求，其所面临的环境规制相比于传统开发区更大，因此国家级绿色生态园区的创建很可能意味着所在地区面临着更强的环境规制水平，而针对环境规制强度对于能源生态效率提升的相关研究成果丰富，从不同的角度和层次论证了环境规制对于能源生态效率的积极作用。环境规制对能源生态效率影响已有大量研究成果，主要形成了三种观点：第一种观点是“成本效应”，认为有环境规制时，企业需要支付排污费用，势必会提高企业的经营成本，在一定的资金投入下，经营成本上升会使用于研发投入的资金下降，对技术创新产生“挤出效应”，从而不利于能源效率的改善①。第二种观点是“倒逼效应”，认为环境规制力度加大会倒逼企业进行技术革新，优化自身的资源配置使其长远地发展下去②，从而导致能源效率的提高③。第三种观点是“壁垒效应”，一方面，环境规制与能源效率之间因不存在线性关系而表现为倒“U”形关系，随着环境规制强度不断提高，能源效率提高，一旦超过某临界值，能源效率降低④。另一方面，环境规制和能源效率也可以存在“U”形关系。随着环境规制强度的提高，能源效率先下降后上升。在“U”形拐点左侧，环境规制的抑制效应起主要作用；在“U”形拐点右侧，环境规制促进效应占主导地位。⑤⑥ 基于此，本文提出以下研究假说：

H2：国家级绿色工业园区的设立能够通过加强环境规制提高地区能源生态效率。

---

① 尤济红，高志刚．政府环境规制对全要素能源效率影响的实证研究——以新疆为例[J]．资源科学，2013，35(6)：1211－1219.

② 彭代彦，张俊．环境规制对中国全要素能源效率的影响研究——基于省际面板数据的实证检验[J]．工业技术经济，2019，38(2)：59－67.

③ 万伦来，童梦怡．环境规制下中国能源强度的影响因素分析——基于省际面板数据的实证研究[J]．山西财经大学学报，2010，32(2)：6－7.

④ 张华，王玲，魏晓平．能源的“波特假说”效应存在吗？[J]．中国人口·资源与环境，2014，24(11)：33－41.

⑤ 高志刚，尤济红．环境规制强度与中国全要素能源效率研究[J]．经济社会体制比较，2015(6)：111－123.

⑥ 李颖，徐小峰，郑越．环境规制强度对中国工业全要素能源效率的影响——基于2003—2016年30省域面板数据的实证研究[J]．管理评论，2019，31(12)：40－48.

其次，国家级绿色工业园区在事后监督机制的绿色指标要求下，倒逼企业进行清洁化生产改造，这使得国家级绿色生态园区更加倾向于改进生产技术，引进创新型人才，并通过知识和技术的溢出效应延长、优化循环经济产业链。从技术创新的可行性及必要条件来看，其一，相较于传统工业园区，国家级绿色工业园区得到的政府扶持力度大，政府会给予绿色企业政策支持和资金优惠；其二，私募基金和机构对绿色产业投资兴趣浓厚，相较于传统工业园区，国家级绿色园区资金筹集更加容易，企业要进行技术创新离不开资金支持。因此，不论是从技术创新意愿还是技术创新能力来看，国家级绿色工业园区都有着更高的技术创新水平。技术进步推动能源生态效率的相关研究颇丰，主要分为以下三类：一是认为技术进步能够促进能源效率的提高（李廉水、周勇，2006；陈军、徐士元，2008；成金华、李世祥，2010；杨越等，2018）①②③④；二是以技术进步作为中介变量，研究产业结构（张意翔等，2017；罗朝阳、李雪松，2019）⑤⑥、制造业集聚（张平淡、屠西伟，2022）⑦、环境机制（杨志江、朱桂龙，2017；叶红雨、李奕杰，2022）⑧⑨、

① 李廉水，周勇．技术进步能提高能源效率吗？——基于中国工业部门的实证检验[J]．管理世界，2006(10)：82-89.

② 陈军，徐士元．技术进步对中国能源效率的影响：1979—2006[J]．科学管理研究，2008(1)：9-13.

③ 成金华，李世祥．结构变动、技术进步以及价格对能源效率的影响[J]．中国人口·资源与环境，2010，20(4)：35-42.

④ 杨越，成力为，赵晏辰．技术进步、要素价格与区域能源效率动态演化[J]．科研管理，2018，39(8)：53-62.

⑤ 张意翔，成金华，汤尚颖，等．技术进步偏向性、产权结构与中国区域能源效率[J]．数量经济技术经济研究，2017，34(8)：72-88.

⑥ 罗朝阳，李雪松．产业结构升级、技术进步与中国能源效率——基于非动态面板门槛模型的实证分析[J]．经济问题探索，2019，438(1)：159-166.

⑦ 张平淡，屠西伟．制造业集聚、技术进步与企业全要素能源效率[J]．中国工业经济，2022(7)：103-121.

⑧ 杨志江，朱桂龙．技术创新、环境规制与能源效率——基于中国省际面板数据的实证检验[J]．研究与发展管理，2017，29(4)：23-32.

⑨ 叶红雨，李奕杰．环境规制、偏向性技术进步与能源效率[J]．华东经济管理，2022，36(4)：97-106.

市场化改革（余康，2017）①、市场扭曲（潘雄锋等，2017）② 等因素通过提高技术创新从而影响能源效率；三是研究有偏技术进步对于能源效率的影响（张华等，2015；张意翔等，2017；廖茂林等，2018；刘克龙，2018；叶红雨、李奕杰，2022）③④⑤⑥⑦，可以看到研究能源生态效率绕不开技术进步这个话题。综上，本文提出以下研究假说：

H3：国家级绿色工业园区的建设能够通过提高绿色技术创新水平提高地区能源生态效率。

三、识别策略、变量和数据来源

（一）识别策略

国家级绿色工业园区名单于 2017 年 7 月、2018 年 2 月、2018 年 10 月、2019 年 9 月、2020 年 9 月、2021 年 12 月、2023 年 3 月分七批公布，这一特征为本文进行时间和地区两个层面的“双重差分”提供了基础。因此，本文拟采用双重差分方法来分析国家级绿色工业园区试点对地区能源生态效率的影响。由于城市面板数据只更新到 2020 年，所以本文的研究范围限定于前五批国家级绿色工业园区公示名单。前五批绿色工业

① Li K, Lin B. How to promote energy efficiency through technological progress in China? [J]. Energy,2018,143(15):812 - 821.

② 潘雄锋,彭晓雪,李斌. 市场扭曲、技术进步与能源效率:基于省际异质性的政策选择[J]. 世界经济,2017,40(1):91 - 115.

③ 张华,魏晓平,吕涛. 能源节约型技术进步、边际效用弹性与中国能源消耗[J]. 中国地质大学学报(社会科学版),2015,15(2):11 - 22.

④ 张意翔,成金华,汤尚颖,等. 技术进步偏向性、产权结构与中国区域能源效率[J]. 数量经济技术经济研究,2017,34(8):72 - 88.

⑤ 廖茂林,任羽菲,张小溪. 能源偏向型技术进步的测算及对能源效率的影响研究——基于制造业 27 个细分行业的实证考察[J]. 金融评论,2018,10(2):15 - 31,122 - 123.

⑥ 刘克龙. 技术进步偏向性、产权结构与中国区域能源效率的分析[J]. 科技视界,2018(28):173 - 174.

⑦ 叶红雨,李奕杰. 环境规制、偏向性技术进步与能源效率[J]. 华东经济管理,2022,36(4):97 - 106.

园区名单共有171个国家级绿色工业园区，剔除掉位于非地级市的绿色工业园区后共128个国家级绿色工业园区，其中镇江市、哈密市、金昌市的数据缺失值较多，为不影响结果准确性，剔除以上3个地级市，其余125个国家级绿色工业园区匹配的87个地级市构成实验组，其余城市则构成对照组。

国家级绿色工业园区在不同年份分批次创建，因此本文使用渐进双重差分模型估计其对地区能源生态效率的影响，基准模型设定如下：

$$Y_{it} = \beta_0 + \beta_1 Park_{it} + \theta X_{ct} + \gamma_i + \delta_i + \varepsilon_{ict} \quad (1)$$

式（1）中因变量 Y_{it} 为城市 i 在 t 年的能源生态效率的值；核心解释变量 $Park_{it}$ 为虚拟变量，如城市 i 在 t 年获批建设国家级绿色工业园区，则取值为1，否则取值为0；X_{ct} 为城市 i 所在省份 c 层面的控制变量，包括对外开放水平、城镇化水平、产业结构、科技创新水平；γ_i 为城市固定效应，用以控制城市层面影响能源生态效率但不随时间变动的因素；δ_i 为时间固定效应，用以控制影响所有城市的时变因素；ε_{ict} 为聚类到城市层面的误差项；β_1 是本文关注的核心系数，代表拥有获批园区的城市（处理组）和没有获批园区的城市（控制组）之间的能源生态效率的差异。

本文使用的样本为2006—2020年277个城市，其中有87个获批建设国家级绿色工业园区的城市为处理组，其余城市为控制组。

（二）变量和数据来源

1. 被解释变量

本文的核心被解释变量是2011—2020年地级市的能源生态效率（*Eee*）。本文选用考虑非期望产出的超效率MinDS（Minimum Distance to Strong Efficiency Frontier）模型测算各城市的能源生态效率。通常测算含有多种投入和产出的效率值时常用传统DEA模型，但传统DEA模型在测算创新效率时并未考虑松弛变量，无法区分效率等于1的有效决策单元。所以，Tone（2002）[①] 在传统 DEA 模型基础上提出了超效率 SBM - DEA 模型。该模型有利于减小创新效率测算结果的误差，得到了较多认可与应用，但 SBM 模型使效率值最小化固有属性会导致非有效决策单元的实际表现被低估，MinDS 超效率模型采用至强有效前沿最小距离的点为投影点，能够克服传统 DEA 模型和 SBM 模型的缺陷。

样本数据主要包括投入指标和产出指标两类。投入指标包括劳动力要素、物质资本要素及能源消费投入。劳动力要素选取地级及以上城市历年从业人员数表示；物质资本要素投入参考张军等（2004）[②] 的做法，运用永续盘存法计算（以 2005 年为基期，2006—2020 年各年三类资本品比重的几何平均数计算得到，各省经济折旧率为 9.36%）；能源消费要素选取各市能源消费量表示，数据来源于各城市统计年鉴。由于部分地级市能源消费数据不可得，本文根据省域能源消费量，以各市 GDP 占其所在省域的比值表示各市能源消费量占其所在省域能源消费量的比重，来计算数据缺失地级市的能源消费量。产出指标包括期望产出和非期望产出，期望产出采用通货膨胀平减之后的真实 GDP 以及社会福利指数表示，社会福利层面的指标根据“十四五”规划中的相关描述，从就业、文化、社保、医疗、住房五个方面，分别选取就业率、每百人公共图书馆藏书、城镇基本医疗保险参保人数、医院卫生院数、人口密度五个指标，运用熵值法合成社会福利指标；非期望产出采用各市工业二氧化硫排放量、工业二氧化碳排放量、工业废水排放量、工业烟尘排放量来表示。相关原始数据来源于历年的《中国能源统计年鉴》《中国城市统计年鉴》及 EPS 数据库。

2. 控制变量

本文的控制变量选取包括：对外开放水平，具体为地区实际利用外商

① Tone K. A slacks - based measure of super - efficiency in data envelopment analysis [J]. European Journal of Operational Research, 2002, 143(1): 32 - 41.

② 张军，吴桂英，张吉鹏．中国省际物质资本存量估算：1952—2000[J]．经济研究，2004(10)：35 - 44.

直接投资与地区国内生产总值的比值；城镇化水平，采用“城镇人口比年末总人口”计算得到城市化率；产业结构，工业比重不断增加，工业生产消耗大量能源，对能源效率影响较大，产业结构控制变量具体为第二产业产值占GDP的比重；科技创新水平，科技进步水平是工业部门能源效率提高的主要原因，随着时间的推移，科技进步的作用逐渐增强①，因此要控制科技创新水平，以政府科技创新支出占GDP比重来表示。所使用的数据均来自EPS数据库、《中国城市统计年鉴》。文中使用主要变量的描述性统计如表1所示。为排除不同城市自身特征导致的政策试点选取造成的内生性，本文参考赵仁杰和陈彪（2023）② 的做法，控制样本基期城市的对外开放程度、城镇化水平、产业结构、科技创新水平等变量与年份虚拟变量的交互项。

表1　描述性统计

变量	变量名称	变量计算方法	样本数	均值	标准差	最小值	最大值
Eee	能源生态效率	超效率MinDS模型测算	4155	0.6613	0.2460	0.1632	3.9016
Park	试点政策	国家级绿色工业园区试点政策	4155	0.0724	0.2593	0.0000	1.0000
Tec	科技创新水平	政府科技创新支出/GDP	4155	2.3345	2.5571	0.0001	15.897
Fdi	对外开放水平	基期外商实际投资额/GDP	4155	0.0310	0.0245	0.0023	0.2455
Urban	城镇化水平	基期城镇人口/年末总人口	4155	0.4408	0.1677	0.1087	1.0000
Idustry	产业结构	基期第二产业产值/GDP	4155	0.4795	0.1127	0.1620	0.8972

四、计量结果和稳健性检验

（一）基础回归结果

本文首先使用Stata17软件根据基准模型式（1）估计国家级绿色工业

① 李廉水，周勇．技术进步能提高能源效率吗？——基于中国工业部门的实证检验[J]．管理世界，2006(10)：82－89.

② 赵仁杰，陈彪．税制扭曲对企业社保缴费的影响——基于增值税留抵的研究[J]．数量经济技术经济研究，2023，40(2)：181－201.

园区对地区能源生态效率的影响效应，估计结果如表2所示。表2第（1）列给出了仅包含个体固定效应的估计结果，第（2）~（4）列分别表示逐步加入了时间固定效应、省份—时间联合固定效应以及城市层面控制变量的估计结果。

表2　基础回归结果

变量	(1)	(2)	(3)	(4)
	Eee	*Eee*	*Eee*	*Eee*
Park	0.1243***	0.0744**	0.0709**	0.0790**
	(0.0265)	(0.0296)	(0.0304)	(0.0367)
_cons	0.6638***	0.6674***	0.6677***	0.6339***
	(0.0019)	(0.0021)	(0.0022)	(0.0654)
基期控制变量×年份	否	否	否	是
城市固定效应	是	是	是	是
时间固定效应	否	是	是	是
省份×时间固定效应	否	否	是	是
N	4155	4155	4155	4155
R^2	0.163	0.170	0.533	0.538
Adj. R^2	0.10	0.11	0.43	0.43

注：**、***分别表示在5%、1%的水平上显著；括号内为城市层面的聚类稳健标准误，四舍五入保留小数点后四位。

表2结果显示，当模型中未加入控制变量时，国家级绿色工业园区对能源生态效率影响的估计系数为0.1243，且在1%的水平上显著，这一结果在逐步加入时间固定效应、省份—时间联合固定效应以及基期控制变量与年份虚拟变量交乘项后基本保持稳定。包含完整控制变量的第（4）列结果说明，政策实施后，相较于控制组，获批建设国家级绿色工业园区显著提高了地级市能源生态效率。

（二）平行趋势检验

采用双重差分法进行政策评估的前提是实验组与控制组应满足平行趋势假定。本文参照文献中一般做法，进行以下的事件分析：

$$Y_{it} = \sum_{k=-6,k\neq1}^{3} \beta_k Park(k) + \theta X_{ct} + \gamma_i + \delta_t + \varepsilon_{ict} \tag{2}$$

式（2）中，变量 $Park$ 依然表示该区县是否获批创建国家级绿色工业园区，令 j_i 表示地级市 i 批准创建第一家国家级绿色工业园区的年份，定义当 $t-j=k$ 时，$Park(k)=1$，否则等于0，$k=-6$，-5，-4，-3，-2，-1，0，1，2，3。为了避免完全多重共线性，本文采用政策实施前一年作为基准组，即回归方程中不包含 $k=-1$，模型中其他部分与基准模型保持一致。如果 $k<0$ 时系数 β_k 不显著，则说明估计结果满足平行趋势。

事件分析结果如图1所示，其中横轴为年份，纵轴为估计系数，空心圆点表示国家级绿色工业园区创建第 k 年处理组的政策效应，虚线表示95%水平的置信区间。可以看出，在国家级绿色工业示范园建设之前，试点城市与非试点城市在能源生态效率层面基本不存在统计意义上的显著差异，即控制组可以作为有效反事实；在国家级绿色工业园区建设开始之后，政策效应显著提高了能源生态效率，但政策实施不具有持续性。以上分析表明，本文所采用的双重差分模型满足平行趋势假定。

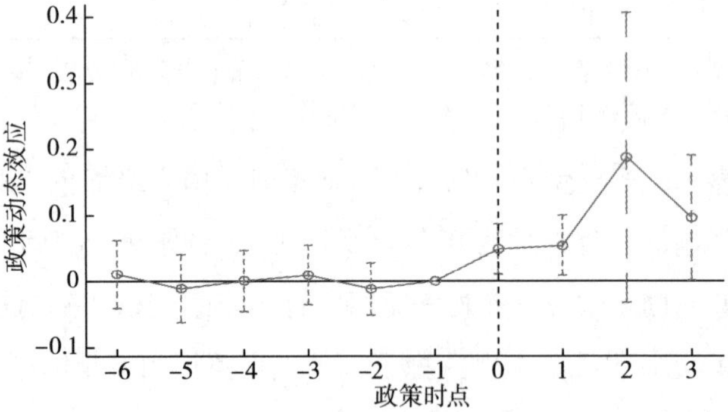

图1　平行趋势检验

（三）稳健性检验

1. 替换被解释变量

使用超效率SBM方法对能源生态效率重新测算，替代基础回归中以超效率 MinDS 模型计算的被解释变量，结果如表 3 第（1）列、第（2）列所示，在控制了基期控制变量×年份固定效应估计系数为 0.0874，说明试点政策的实施对城市能源生态效率的正向影响依然显著。

2. 调整回原政策时间

由于入选国家级绿色工业园区需要事前筛选，有地方提交园区名单，国家审核该园区是否达到绿色制造标准，只有符合标准的园区才能入选，因此在工业和信息化部正式公示绿色制造名单之前，入选园区就已经达到了入选标准，故在基准回归中，将政策时点提前了一年，稳健性检验将政策时点调整回实际政策发生的时点后，如表 3 第（3）列和第（4）列所示，调整回实际时点的政策仍然对地区能源生态效率的提高有显著作用。

表 3　稳健性检验 1

变量	替换被解释变量		调整回原政策时间	
	sbmy	*sbmy*	*Eee*	*Eee*
Park	0.0950 **	0.0874 **	0.0731 *	0.0909 *
	(0.0379)	(0.0419)	(0.0400)	(0.0472)
_cons	0.4823 ***	0.7551 ***	0.6691 ***	0.6268 ***
	(0.0027)	(0.1559)	(0.0021)	(0.0681)
基期控制变量×年份固定效应	否	是	否	是
城市固定效应	是	是	是	是
年份固定效应	是	是	是	是
省份×年份固定效应	是	是	是	是
N	4155	4155	4155	4155
R^2	0.755	0.760	0.533	0.538
Adj. R^2	0.70	0.70	0.43	0.43

注：*、**、*** 分别表示在 10%、5%、1% 的水平上显著；括号内为城市层面的聚类稳健标准误，四舍五入保留小数点后四位。

3. 剔除极端值

考虑到样本极端值可能会对基准回归结果产生影响，本文将样本进行缩尾 1% 处理后再次进行实证检验，结果见表 4 第（1）列和第（2）列。观察可知，试点政策的实施对城市能源生态效率的正向影响依然显著。

4. 更换标准误聚类层级

基准回归中参照一般做法，在所考察政策的实施层面（城市层面）进行标准误聚类，但这一聚类方式忽视了同一省份城市的工业园区之间往往存在较强的经济关联（如投资结构、劳动力规模、基础设施、招商政策等）。因此，我们重新将标准误聚类到省份层面，并作为稳健性检验在表 4 第（3）列和第（4）列报告估计结果。我们发现更换标准误聚类层级后的结果基本保持稳健（标准误有所增加，显著性有所下降），这说明同一省份城市之间的经济关联可能存在，但没有对主要结果构成实质性影响。

5. PSM-DID 估计

运用双重差分法进行样本估计时，可能会出现样本选择偏差，即无法确保实验组和控制组在政策实施前具备相同的个体特征，从而干扰政策效应的评估。倾向得分匹配（PSM）可以较好地解决选择难题，有效控制选择性偏差。经过匹配后的样本中，控制组与实验组的分布特征差异进一步有效缓解。运用双重差分法对匹配后的样本进行回归，结果见表 4 第（5）列和第（6）列。由结果可知 *Park* 的回归系数为 0. 0802，且在 5% 的水平上显著，该回归结果与基准回归结果基本一致，从而进一步证明基准回归所得结论是稳健的。

表 4　稳健性检验 2

变量	剔除极端值		更换聚类稳健标准误		PSM – DID	
	Eee	*Eee*	*Eee*	*Eee*	*Eee*	*Eee*
Park	0. 0490***	0. 0475***	0. 0709**	0. 0790*	0. 0732**	0. 0802**
	(0. 0144)	(0. 0172)	(0. 0285)	(0. 0394)	(0. 0295)	(0. 0364)
_cons	0. 6518***	0. 6345***	0. 6677***	0. 6339***	0. 6665***	0. 5818***
	(0. 0010)	(0. 0465)	(0. 0021)	(0. 0751)	(0. 0021)	(0. 0938)
基期控制变量 × 年份固定效应	否	是	否	是	否	是
城市固定效应	是	是	是	是	是	是

续表

变量	剔除极端值		更换聚类稳健标准误		PSM - DID	
	Eee	*Eee*	*Eee*	*Eee*	*Eee*	*Eee*
年份固定效应	是	是	是	是	是	是
省份×年份固定效应	是	是	是	是	是	是
N	4155	4155	4155	4155	3870	3870
R^2	0.745	0.754	0.533	0.538	0.530	0.535
Adj. R^2	0.69	0.70	0.43	0.43	0.44	0.43

注：*、**、***分别表示在10%、5%、1%的水平上显著；第（5）列、第（6）列括号内为省份层面的聚类稳健标准误，其余各列括号内为城市层面的聚类稳健标准误，四舍五入保留小数点后四位。

6. 排除同期政策

当前国内两大主要碳减排政策分别是2010年、2012年和2017年分三批实施的国家低碳城市试点和2013年开始在北京、上海、天津、重庆、湖北、广东、深圳、福建八省市开展的碳排放权交易试点。这两项试点政策影响范围大、时间跨度长、目标针对性强，且在本文样本研究期内实施，因此需要将其可能产生的对能源生态效率的影响予以排除。另外，考虑到减污降碳的协同效应，本文进一步排除了2014年开始实施的新能源示范城市、1997年开始实施的环保模范城市。表5第（1）列结果显示，在排除了低碳城市试点的影响之后，依然显著。表5第（2）列结果显示，在排除碳排放权交易试点之后，同样显著存在；考虑到减污降碳的协同效应，本文进一步排除了新能源示范城市和环保重点城市这两项政策的影响；表5第（3）列结果显示，新能源示范城市对于能源生态效率具有促进作用，但其作用有限，系数仅仅出现了略微下降；表5第（4）列结果显示，在排除环保模范点城市这一政策后结果依然显著。以上结果说明，国家级绿色工业园区对于能源生态效率的提升效应依然充分保持经济与统计意义上的显著性。

表5　稳健性检验：排除同期政策

变量	(1)	(2)	(3)	(4)
	低碳城市试点	碳排放权交易试点	新能源示范城市	环保模范城市
Park	0.0814** (0.0369)	0.0882** (0.0416)	0.0790** (0.0364)	0.0803** (0.0363)
Low	-0.0278 (0.0233)			
Trade		0.0046 (0.0714)		
Energy			0.0007 (0.0171)	
Key				-0.0797** (0.0360)
_cons	0.6457*** (0.0629)	0.6602*** (0.1271)	0.6419*** (0.0640)	0.6484*** (0.0634)
基期控制变量×年份固定效应	是	是	是	是
城市固定效应	是	是	是	是
年份固定效应	是	是	是	是
省份×年份固定效应	是	否	是	是
N	4080	4155	4080	4080
R^2	0.535	0.206	0.535	0.536
Adj. R^2	0.44	0.13	0.44	0.44

注：变量*Low*表示t年城市i是否为低碳城市试点城市；变量*Trade*表示t年城市i是否是碳排放权交易试点城市；*new*表示t年城市i是否是新能源示范城市；变量*Key*表示t年城市i是否为环保模范城市。**和***分别表示在5%和1%的水平上显著。

7. 安慰剂检验

为了排除国家级绿色生态园区对能源生态效率的促进是由其他随机性因素引起的，本文构造安慰剂检验，排除指标的统计显著的随机性。做法如下：按照277个地级市国家级绿色生态园区试点情况，随机选择年份并随机选出相应数量的城市作为处理组，通过在所有样本中随机选择几个虚拟实验组进行与基线回归一致的回归，为原始研究结论提供了稳健性保证。具体而言，本文在全部277个地级城市中抽取1000个样本，每个样本中随机选取87个城市作为虚拟实验组，其余城市作为对照组，根据模型（1）进行回归得到的核密度分布如图2所示，估计采样率的p值的绝对值落在1以内，并且以0为中心呈正态分布。因此可以得出结论，基线回归的结果不是由于某些随机因素造成的。

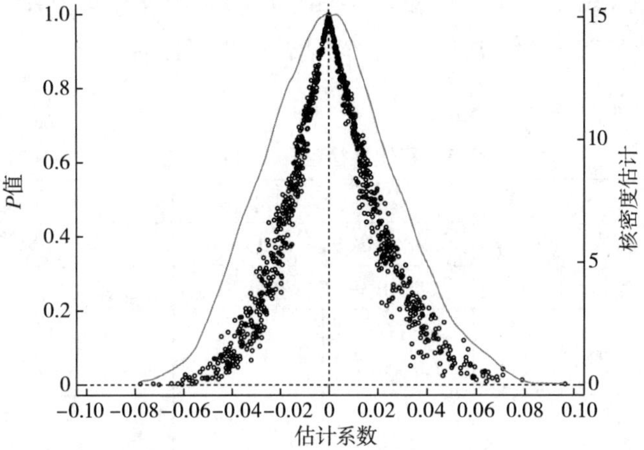

图2　安慰剂检验

8. 内生性问题：工具变量法

首先，以城市空气流通系数年均值的自然对数（vc）作为试点政策的工具变量。对于一定的污染物排放量，城市空气流通系数越小，监测到的污染物浓度越高，政府则加大环境监管力度（史丹、李少林[①]，2020）。该地区为了使污染源排放达到省和国家对于重点污染物排放总量的要求，越会加大重点工业园区的绿色发展，则该城市的工业园区入选国家级绿色工业园区的概率就越大，满足相关性假设。此外，通风系数高的地方受空气污染的影响较小，另外，由于通风系数是由大规模的天气系统决定的，可以被认为是当地经济活动的外生因素。因此，空气流通系数也可以满足外生性假设，由表6第（1）列可知，空气流通系数与时间变量交互项

① 史丹，李少林．排污权交易制度与能源利用效率——对地级及以上城市的测度与实证[J]．中国工业经济，2020(9)：19.

$vc \times park$ 的估计系数显著为正，第（3）列中 $treat \times park$ 的估计系数显著为正，与基准回归结果一致。其次，选择城市地形起伏度（$rdls$）作为工具变量，地形起伏度与人口活动成反比，经济与人口越集中的地区，工业园区越多，该地区更有能力申请国家绿色工业园区试点，满足相关性假设，城市地形起伏度也较好地满足了外生性假设，表6第（2）列为第一阶段估计结果，工具变量地形起伏度与时间变量交互项 $rdls \times park$ 的估计系数显著为正，从第（4）列估计结果可以看出，$treat \times park$ 的估计系数仍然显著为正。

表6　稳健性检验：工具变量法

变量	第一阶段回归		第二阶段回归	
	$treat \times park$	$treat \times park$	Eee	Eee
	（1）	（2）	（3）	（4）
$vc \times park$	0.142*** (0.0007)			
$rdls \times park$		0.111*** (0.0033)		
$treat \times park$			0.0722* (0.0345)	0.0936* (0.0383)
识别不足检验			121.621 [0.0000]	99.322 [0.0000]
弱识别检验			1.1e+06 [16.38]	2.0e+04 [16.38]
基期控制变量×年份固定效应	是	是	是	是
城市固定效应	是	是	是	是
年份固定效应	是	是	是	是
省份×年份固定效应	是	是	是	是
观测值	4080	4080	4080	4080
一阶段F统计量	38257.0	1111.6		

注：识别不足检验采用Kleibergen－LM统计量，[ ]中的数字为其对应的P值；弱识别检验采用Cragg－Donald Wald－F统计量，16.38为Stock－Yogo检验10%水平上的临界值。*和***分别表示在10%和1%的水平上显著。

9. 考虑多时点 DID 异质性处理效应的稳健性检验

国家级绿色生态园区试点政策包含的城市是分批次进入的，因此本文基础回归中使用了交叠 DID 模型，试点城市经历多次扩容，在第二批及以后的试点城市进入处理组后，较早接受处理组的样本会成为晚进入处理组样本的对照组，因此会产生系统性偏误。本文使用多时点双重差分法来修正这一偏误，多时点双重差分法的估计量本质是一个加权平均值：先对所有经历不同时间政策影响的处理组与控制组分别计算双重差分估计量，再以某一权重进行加权平均。权重计算结果如表 7 所示。处理 VS. 从未处理类别的 2×2DID 权重高达 92.1%，系数为 0.078，与基础回归中的系数 0.079 非常接近，说明估计结果受到由于样本进入处理组时间不同的影响较小。

表 7　bacondecomp 结果

类别	权重	平均 DID 估计量
先处理 VS. 后处理	0.065	0.023
后处理 VS. 先处理	0.015	0.058
处理 VS. 从未处理	0.921	0.078

进一步使用 De Chaisemartin 和 D'Haultfoeuille（2020）的诊断方法，De Chaisemartin 和 D'Haultfoeuille 的研究发现多时点双重差分模型的估计结果是所有处理个体的处理效应的加权平均，当存在异质性处理效应时，可能会出现负权重的情况，当负权重占比较大时，模型的估计结果可能不稳健。因此，本文采用 Stata 软件的 two way fe weights 命令进行检验。结果显示，301 个权重均为正，且异质性处理稳健性指标约为 0.5808，在一定程度上表明异质性处理效应对基准回归结果没有实质性影响，基准回归结果是稳健的。

本文根据 Callaway 和 Sant'Anna（2021）、Borusyak 等（2021）提出的“异质性—稳健”估计量进行检验。Callaway 和 Sant'Anna（2021）提出的估计量的思路为“计算组别—时期平均处理效应”，适用于样本量充足、政策不存在“退出”及存在“从未接受处理的个体”的情况。Borusyak 等

（2021）提出的估计量属于“插补估计量”，估计效率更高。两种估计量的估计结果与基准回归基本一致，基准回归结果是稳健的。

五、机制检验与异质性分析

（一）机制检验

国家级绿色工业园区围绕提升产业创新水平和强化环境规制等方面开展建设，相关重要政策文件中明确要求国家级绿色工业园区必须满足空间布局合理化、能源高效清洁利用、资源节约集约循环利用、提升绿色基础设施建设水平、产业设计绿色化、运营管理绿色智能化等绿色指标要求，其所面临的环境规制相较于传统开发区更大。国家级绿色工业园区在事后监督机制的绿色指标要求下，倒逼企业进行清洁化生产改造，这使得国家级绿色生态园区更加倾向于改进生产技术，引进创新型人才。基于国家级绿色工业园区管理运行实际状况，依据理论机制分析，本文从加强环境规制与促进绿色创新两个层面进行机制检验。

1. 提高环境规制水平

国家级绿色工业园区的建立相较于传统开发区有更加严格的环境要求。申请创建国家级绿色工业园区需要完成国家或地方重点污染物总量控制指标。对园区重点污染源稳定排放达标情况和国家重点污染物排放总量控制的明确要求，也强化了工业园的减污降碳协同效应。显然，相较于传统工业园较为粗放的发展模式，国家级绿色工业园区的设立具有更高的清洁生产和降污减排目标。本文将环境规制进一步分为激励型环境规制和约束型环境规制，激励型环境规制以政府科技支出占比作为代理变量，该值越高代表环境规制强度越强；约束型环境规制变量以每万元GDP产出能耗表示，该值越高表示环境规制强度越弱从而验证了假说H2。

2. 提高绿色技术创新水平

国家级绿色工业园区是推动科技创新的高地，在绿色低碳转型的背景下，工业园区绿色转型有利于促进企业绿色技术创新。在试点过程中，由试点园区牵头，通过加强高校、科研机构与园区企业开展产学研合作推动低碳能源技术发展。相较于传统工业园，国家级绿色工业园区的设立具有更高的技术创新水平。城市绿色创新水平的代理变量选取当年申请的绿色发明专利数量、当年申请的绿色实用新型专利数量、当年获得的绿色发明专利数量和当年获得的绿色实用新型专利数量。表8第（3）列、第（4）列、第（5）列、第（6）列结果显示，国家级绿色工业园区的创建使得当年申请的绿色发明专利数量、当年申请的绿色实用新型专利数量、当年获得的绿色发明专利数量以及当年获得的绿色实用新型专利数量显著提高。结果验证了国家级绿色工业园区对城市绿色创新水平有显著的提升作用，从而验证了假说H3。

表8　机制检验

变量	环境规制		绿色创新			
	科技支出占比	单位产出能耗	当年申请的绿色发明专利数量	当年申请的绿色实用新型专利数量	当年获得的绿色发明专利数量	当年获得的绿色实用新型专利数量
Park	0.0494*** (0.0181)	-0.0291** (0.0123)	277.0534*** (95.9175)	112.0561* (66.4980)	66.1500** (27.4670)	200.6020** (90.1451)
_cons	0.3671*** (0.0522)	0.0229 (0.0481)	443.3522*** (146.8779)	73.7805 (45.9655)	267.4434*** (89.1028)	1.4e+03*** (354.7923)
基期控制变量×年份固定效应	是	是	是	是	是	是
城市固定效应	是	是	是	是	是	是
年份固定效应	是	是	是	是	是	是
N	4080	4080	4043	4043	4013	4013
R^2	0.673	0.606	0.758	0.775	0.784	0.759
Adj. R^2	0.60	0.52	0.71	0.73	0.74	0.71

注：*、**、***分别表示在10%、5%、1%的水平上显著。

（二）异质性分析

1. 城市资源禀赋特征

城市资源禀赋的差异可能会影响地方政府对能源转型政策的需求，因此研究资源禀赋差异对国家级绿色工业园区政策对能源生态效率的影响效应的异质性影响是有必要的。根据国务院相关文件（国发〔2013〕45 号）划分的全国城市资源类型，将样本城市划分为 164 个非资源型城市和 113 个资源型城市。表 9 列（1）和列（2）给出了对资源型城市和非资源型城市的回归结果。结果显示国家级绿色工业园区对非资源型城市的能源生态效率提升效应为 0. 0814，结果在 10% 的水平上显著，但对资源型城市的影响并不显著。原因可能是资源型城市存在的“资源诅咒”问题，资源型城市输出廉价的原材料，却要输入高价的制成品，导致资源价格不能反映资源稀缺程度、环境治理与生态修复成本，导致资源浪费，使用效率低下，而非资源型城市由于资源相对匮乏导致在使用能源方面的成本较高①，因此非资源型城市更容易转向替代传统能源的可再生能源，对能源生态效率的提升也更强。这也说明国家级绿色工业园区在非资源型城市可以将政策的效应发挥得更大。

2. 城市行政等级特征

城市行政等级不同，其直接生产性体现是城市可配置的资源要素不同，因此国家级绿色工业园区政策的影响可能会因城市行政等级不同而存在异质性。文章将城市行政等级分为高等级城市和非高等级城市，直辖市、省会城市、副省级城市和计划单列市都属于高等级城市，其余城市为非高等级城市，将高等级城市赋值为 1，非高等级城市赋值为 0，构建行政等级虚拟变量和试点政策的交互项（$Crank\_did$）进行回归，由表 9 第（3）列可知回归系数为 0. 0870，且在 5% 的水平上显著，这说明国家级绿

---

① YUAN X C, LYU Y J, WANG B, ET AL. China's energy transition strategy at the city level: the role of renewable energy[J]. Journal of Cleaner Production, 2018(205): 980 – 986.

色工业园区试点政策对行政等级较高的城市的能源生态效率的提升效应较明显。行政等级较高的示范城市具有完善的基础设施、更好的市场环境和更具潜力的需求，相对其他城市具有更多的生产要素和配套设施优势，对新能源企业、人才更具吸引力，进而容易形成聚集经济、学习效应并进一步促进城市能源生态效率的提高。

3. 城市发展初始水平特征

老工业基地是指在长期的工业发展过程中，在早期就已形成并对区域经济乃至全国经济产生巨大作用的工业集群区域或城市。老工业基地城市有以下特征：首先，老工业基地城市工业相对比重大，集中度高。其次，这些老工业基地，大中型企业较多且交通便利，新中国成立后，为了均衡布局和培育区域经济增长点，交通便利的地方建设了工业基地。这些工业基地最后形成了贸易发达、功能多样的聚集体。最后，老工业基地集中了较多的高等院校和科研机构，也是国家人才培养的重要基地。因此，国家级绿色工业园区政策的影响可能会因是否是老工业基地城市而存在异质性。将老工业基地城市定义为1，非老工业基地城市定义为0，对发展初始水平特征与试点政策的交互项进行回归，回归结果见表9第（5）列和第（6）列，由回归结果可知，老工业基地城市回归系数不显著，非老工业基地城市的回归系数为0.1017，且在5%的水平上显著。由于非老工业基地城市工业发展相对起步较晚，工业占比小，能源消耗量相对较少，因此能源消费结构更加容易倾向于清洁能源的替代，因此在统计上显示非老工业基地城市的国家级绿色工业园区对于能源生态效率的提升作用更显著。

4. 城市区位特征

文章在进行城市区位特征异质性回归时，将中西部地区定义为1，东部地区定义为0，对区位特征与试点政策的交互项进行回归，回归结果见表9第（7）列和第（8）列。由回归结果可知，国家级绿色工业园区对中西部地区能源生态效率的回归系数为0.0974，且在10%的水平上显著，相比之下，国家级绿色工业园区对东部地区能源生态效率的回归系数并不显著，表明国家级绿色工业园区对中西部城市的能源生态效率提升效应更加明显。在国家倡导绿色工业园区发展的背景下，为推动绿色发展，促进碳减排，中西部地区基于自身优势，发展太阳能、风能等清洁能源，从而提高清洁能源在能源消费结构中的占比，实现能源生态效率的提高。而东部地区能源生态效率并未得到政策有效激励的原因可能有两点：首先，东部地区作为我国经济发展的“领头羊”，在财税分权的背景下，财税自由度较高，使得政府为了交出满意的“经济答卷”，提高税收而放松环境监管，使本地区能源生态效率并未得到有效提高；其次，东部地区人口密度高，经济总量大，其能源消费量也远远大于中西部城市，因此有强烈的能源依赖性，而东部地区大多处于非能源富集区，清洁能源替代存在着一定的滞后性，从而导致政策效果不显著。

表 9　异质性分析

变量	资源型城市	非资源型城市	高等级城市	非高等级城市	老工业基地城市	非老工业基地城市	东部地区	中西部地区
	(1)	(2)	(3)	(4)	(5)	(6)	(7)	(8)
treat × *park*	0.0393 (0.0279)	0.0814 * (0.0471)	0.0870 ** (0.0425)	0.0629 (0.0416)	-0.0055 (0.0333)	0.1017 ** (0.0487)	0.0419 (0.0316)	0.0974 * (0.0516)
_cons	0.6650 *** (0.0616)	0.6479 *** (0.0645)	0.6616 *** (0.0608)	0.6495 *** (0.0657)	0.6733 *** (0.0619)	0.6409 *** (0.0651)	0.6633 *** (0.0619)	0.6459 *** (0.0645)
基期控制变量×年份固定效应	是	是	是	是	是	是	是	是
城市固定效应	是	是	是	是	是	是	是	是
年份固定效应	是	是	是	是	是	是	是	是
观测值	4155	4155	4155	4155	4155	4155	4155	4155
R^2	0.538	0.538	0.538	0.538	0.538	0.538	0.538	0.538
Adj. R^2	0.43	0.43	0.43	0.43	0.43	0.43	0.43	0.43

注：*、**、*** 分别表示在 10%、5%、1% 的水平上显著。

六、结论和政策启示

国家级绿色工业园区是国家为了发展绿色产业而采取的重要举措，具有促进地区节能减排和可持续发展的巨大潜力。经过六年的逐步构建和推广，国家级绿色工业园区已经成为各地绿色发展节能减排的重要支撑，如何准确地认知和评价国家级绿色工业园区对地区能源生态效率作用是人们关注的重点问题。本文首次利用中国277个地级市2010—2020年的面板数据，采用双重差分方法对国家级绿色工业园区是否推动地区能源生态效率这一问题进行了验证。研究表明，国家级绿色工业园区的设立可以显著地提升地区的能源生态效率，这一结果在进行多项稳健性检验后仍然成立。机制分析表明国家级绿色工业园区的建设主要通过提高环境规制强度和城市绿色创新水平促进地区能源生态效率水平提升。异质性分析显示，国家级绿色工业园区试点政策对高等级城市、非资源型城市、非老工业基地城市以及中西部地区城市能源生态效率的正向影响更为显著。

本文的研究结论具有如下启示：

第一，凝练国家级绿色工业园区试点政策经验，扩大试点范围，持续推进生态文明建设。本文的核心结论表明，国家级绿色工业园区的建设能够显著提升地区能源生态效率，现实中诸多省市尚未启动国家级绿色生态园区的申报和创建，政府的覆盖范围还有极大可拓展空间，因此需要加大对国家级绿色工业园区创建的鼓励和支持，增强传统工业园区对于绿色工业园区建设重要性的认识，尝试将传统开发区申报和创建国家级绿色工业园区纳入园区主管部门和地方政府的考核指标体系。国家绿色产业园区实施具体方案由中央审核指导，并给予各试点城市一定的自由度，让试点园区所在城市可以结合自身发展情况制订发展计划，其实施效果对于我国中央与地方政府之间的环境污染治理权力分配也具有借鉴和参考作用。试点城市可以推广可复制的成功做法和技术，逐步向全国尚未开展绿色工业园区试点的城市推广。同时，中央要严格监控试点实施过程，明确各阶段、各部门的具体任务，定期监控和正确引导政策实施过程。

第二，不断完善国家绿色工业园区试点政策，因地制宜科学设计政策工具组合。本文研究结果显示，实施国家绿色工业园区试点政策对城市生态能效的影响存在较大异质性，因此需要细化和推进国家绿色工业园区政策，要充分考虑城市区位、行政级别、资源禀赋和产业基础等特点。对于资源型城市，要继续深化资源价格改革，完善税收政策。在油气税改革的基础上，逐步将煤炭等原材料产品（如稀土元素）纳入从价税，同时征收资源税。老工业基地城市要着力推进产业结构优化和现代化，培育绿色经济增长新动能，进而提高城市能源生态效率。非高等级城市应加快完善基础设施和市场环境，寻求生产要素的替代，优化配套设施，加强对新能源企业的引进，加大对人力资本的财政投入，提高地区创新水平，进而形成聚集经济、学习效应，尽快向高等级城市靠拢；针对中西部地区发展水平、产业结构相对落后，在面对传统能源约束和环境约束时对政策的需求更加强烈的现状，应进一步大力推进中西部地区适宜开展的太阳能、风能等清洁能源，进一步调动中西部城市发展新能源的积极性，提升城市能源生态效率。对于东部地区，其能源依赖度较高，未来应进一步扩大东部地区政策试点范围，扩大政策实施的广度与深度，充分释放政策红利。

第三，考虑到国家级绿色工业园区试点政策能够通过绿色技术创新和环境规制提高地区能源生态效率，政府可以通过优惠政策，为企业创造良好的绿色创新环境，引导企业提高绿色创新水平。政府应制定合理的环境规制政策，倒逼企业进行绿色创新。通过适度的环境规制政策引导让资金流入高技术行业，进一步提高城市绿色创新水平，助力能源生态效率的提升。

第四，应进一步合理统筹不同形式的绿色区位导向性政策，持续推动绿色工业示范园区、循环经济示范区、可持续发展议程创新示范区、国家生态工业示范园区等已有政策互补互鉴，并加快形成各有重点、各具特色的中国绿色区位导向性政策体系，为传统区域治理政策的高质量转型提供更为有效的中国方案。